悪と苦難の問題への
イエスの答え

イエスと神義論

本多峰子

キリスト新聞社

謝　辞

　本書は、平成23年度から25年の日本学術振興会科学研究費補助金採択課題「イエスの神義論：聖書学的アプローチと組織神学への答え」の研究成果である。出版は、平成29年度二松学舎大学学術図書刊行費助成を受けることによって可能となった。そのことにまず感謝したい。
　キリスト教では、神は絶対的な善である全能の創造主だと信じる。しかし、そのような神に造られたはずの世界になぜこのように多くの苦しみや悲しみがあるのか——そうした問いは、学術的な哲学にとどまらず、宗教的信仰を真剣に考える多くの人が直面する問いであろう。日本でも東日本大震災の時に、筆者自身、「なぜ神様はこのようなことをお許しになるのでしょうか」という問いを受けた。この世界には過去も現在も、数かぎりない苦しみや悲しみがある。そして、そのような苦しみや悲しみに値しないと思えるような人たちが苦しんでいる。神はそのような苦しみをどうして許すのか。それとも、許しておかず何かしてくださるのだろうか。そのような苦しみがあることは神の善や善性の反証になるのだろうか。
　本書は、キリスト教の創始者であるイエスはそのような問いにどのような答えを差し出してくれているのかを、可能な限り明らかに、また、分かりやすく答える試みである。学術的貢献をすることは大切な目的であるが、一般の方たちがキリスト教における悪の問題を理解し、この問題に対する答えの、少なくとも一つの可能性を得て下さるように助けとなることが、それと並ぶ大きな目的である。いずれにしろ、学問は一般の社会に役立つものでなくてはならず、本書はこれを読んでくださった方の幸福に役立つものではなければならないと思っている。
　最後に、私が新約聖書学を志して以来、ずっとお世話になり続けている大貫隆先生をはじめとする諸先生、研究を可能にして下さった二松学舎大学の理事長、学長、同僚の皆様に改めて感謝をしたい。二松学舎大学には、今回

の出版助成のみではなく、2009年度の長期海外研修で、英国ケンブリッジ大学神学部客員フェローとしての1年間の研究や2014年度の夏期研修旅行助成など、非常に多くの援助を得ており、それがすべて本書に役立っている。本書がその恩に少しでも報いる成果となっていることを願うものである。

  2017年9月   本多峰子

目　次

　　謝　辞 　3
　　凡　例 　10

序　章 　11
　1　問題の所在 　11
　2　研究方法 　21
　3　先行研究 　23
　　1）ゲルト・タイセン 　23
　　2）大貫隆 　25

I章　悪の問題と神の義──思想史的背景 　28
　1　序──問題の所在と本章の目的 　28
　2　悪の起源と悪の本質についての理解 　28
　　1）旧約聖書 　28
　　2）中間時代 　33
　　3）クムラン共同体 　33
　　4）ラビ文献 　34
　3　「神の義」の概念 　36
　　1）序 　36
　　2）神の信義──裁きと恩寵の神義論 　38
　　3）応報思想──祝福と呪い・禍の神義論 　42
　　4）申命記史家の応報の神義論の採択と強化 　45
　　　a 歴代誌における応報思想 　45
　　　b 箴言における応報思想 　47
　　　c ラビ文献における応報思想 　48

- 4 禍を下すのは神か？ 50
- 5 恩寵と応報の緊張 54
  - 1）旧約聖書 54
    - a モーセ五書 54
    - b 預言者 56
    - c ヨブ記 58
    - d 詩編 62
  - 2）中間時代 70
    - a 黙示文学 70
    - b ベン・シラの知恵 74
- 6 病と穢れの問題 76
  - 1）旧約聖書 76
  - 2）クムラン共同体 80
  - 3）ラビ文献 81
- 7 悪霊とサタン 87
  - 1）旧約聖書 87
  - 2）ヨセフス 90
  - 3）『エノク書』『ヨベル書』『アダムの書』における悪の起源とサタン 90
  - 4）クムラン共同体 93
  - 5）ラビ・ユダヤ教 94
- 8 貧者、弱者の存在と神の義 96
  - 1）序 96
  - 2）神の憐れみの対象としての弱者、貧しい者 96
  - 3）罪の報いとしての貧しさという概念 100
- 9 死後の報いの概念の発達 101
  - 1）序 101
  - 2）旧約聖書における「天」 101
  - 3）ダニエル書から中間時代に至る復活信仰の発達 102

a ダニエル書	104
b マカバイ記二	105
c 『モーセの遺訓（モーセの昇天）』	107
d 『ヨベル書』	108
e ソロモンの知恵	109
f 『エノク書』	111
g ベン・シラの知恵	112
h 第四エズラ書	113
4) ラビ文献	114

II章　神の憐れみ　116

1　序――問題の所在と本章の目的　116
2　σπλαγχνίζομαι の字義的意味と ἐλεέω、οἰκτίρω　117
3　福音書における「憐れみ」σπλαγχνίζομαι　120
　1) イエスの譬えにおける憐れみ　123
　　a「よきサマリア人」の譬え（ルカ 10:25–37）　123
　　b「放蕩息子」の譬え（ルカ 15:11–32）　127
　　c「仲間を赦さない家来」の譬え（マタイ 18:21–35）　132
　　d 上記3つの譬えに共通する「憐れみ」の性質
　　　　――まとめと考察　136
　2) イエスの宣教活動に実行された憐れみ　138
4　インマヌエルなる救い主　141
5　本章の結論　144

III章　罪と赦しの問題　145

1　序――問題の所在と本章の目的　145
2　罪人とは誰か　146
3　イエスの譬えにおける罪と赦しの問題　150
　1)「ファリサイ派の人と徴税人」の譬え（ルカ 18:9–14）　150
　2)「放蕩息子」の譬え（ルカ 15:11–32）　160
　3)「仲間を赦さない家来」の譬え（マタイ 18:23–35）　166

4)「ぶどう園の労働者」の譬え（マタイ 20:1–16）　　166
　　4　本章の結論　　170

　補1　裁きの預言　　172

Ⅳ章　応答としての行為　　174
　　1　序——問題の所在と本章の目的　　174
　　2　ローマでの奴隷とヘブライ社会での
　　　　奴隷の性質の違い　　177
　　3　イエスの譬えにおける奴隷の役割　　179
　　　1）概論　　179
　　　2）「タラントン」の譬え（マタイ 25:14–30）　　183
　　　3）「不正な管財人」の譬え（ルカ 16:1–13）における
　　　　　主人と奴隷　　189
　　　4）「忠実な管財人」の譬え（ルカ 12:42–46）　　194
　　4　神の「憐れみ」と人間の隣人愛の行為の要請　　197
　　5　本章の結論　　198

Ⅴ章　病の癒し　　200
　　1　序——問題の所在と本章の目的　　200
　　2　イエスの治癒奇跡の伝統的見方
　　　　——罪の赦し（禍の神義論）——の再考　　202
　　3　事例分析　　204
　　　1）「もう罪を犯してはいけない」（ヨハネ 5:2–16）　　204
　　　2）「罪の赦しの権威」論争（マルコ 2:1–12）　　207
　　4　本章の結論——禍の神義論の否定　　215

Ⅵ章　穢れ　　218
　　1　序——問題の所在と本章の目的　　218
　　2　イエスによる穢れの清め　　218

目次

  3　事例分析　220
   1）長血の女とヤイロの娘（マルコ5:21–42）　220
   2）ナインのやもめの息子（ルカ7:11–17）　224

 補2　イエスの癒しと信仰　228

VII章　サタンからの解放　231

 1　序――問題の所在と本章の目的　231
 2　事例分析　231
  1）腰の曲がった婦人（ルカ13:10–17）　231
  2）ベルゼブル論争（マルコ3:22–27、ルカ11:18–20、
   マタイ12:22–28）　237
  3）カファルナウムの会堂での悪霊祓い（マルコ1:21–28）　246
  4）ゲラサの悪霊祓い（マルコ5:1–20）　250
 3　本章の結論――イエスの悪霊祓いの意味　257

VIII章　貧しい者への福音　261

 1　序――問題の所在と本章の目的　261
 2　「幸いなるかな貧しい人々は。
  神の国はあなたがたのものだから。」（ルカ6:20）　263
 3　神の配慮（ルカ12:22–31／マタイ6:25–33）　265
 4　イエスの譬えにおける裕福な者、貧しい者への使信　267
  1）「愚かな金持ち」の譬え（ルカ12:16–21）　267
  2）「金持ちとラザロ」の譬え（ルカ16:19–31）　270
 5　本章の結論　276

結　論　278

 補3　イエスの真正な言葉の基準　282

 参考文献　297

凡　例

旧約聖書

創世	創世記	歴代下	歴代誌下	ダニエル	ダニエル書
出エジプト	出エジプト記	エズラ	エズラ記	ホセア	ホセア書
レビ	レビ記	ネヘミヤ	ネヘミヤ記	ヨエル	ヨエル書
民数	民数記	エステル	エステル記	アモス	アモス書
申命	申命記	ヨブ	ヨブ記	オバデヤ	オバデヤ書
ヨシュア	ヨシュア記	詩	詩編	ヨナ	ヨナ書
士師	士師記	箴言	箴言	ミカ	ミカ書
ルツ	ルツ記	コヘレト	コヘレトの言葉	ナホム	ナホム書
サムエル上	サムエル記上	雅	雅歌	ハバクク	ハバクク書
サムエル下	サムエル記下	イザヤ	イザヤ書	ゼファニヤ	ゼファニヤ書
列王上	列王記上	エレミヤ	エレミヤ書	ハガイ	ハガイ書
列王下	列王記下	哀	哀歌	ゼカリヤ	ゼカリヤ書
歴代上	歴代誌上	エゼキエル	エゼキエル書	マラキ	マラキ書

新約聖書

マタイ	マタイによる福音書	Ⅰテモテ	テモテへの手紙一
マルコ	マルコによる福音書	Ⅱテモテ	テモテへの手紙二
ルカ	ルカによる福音書	テトス	テトスへの手紙
ヨハネ	ヨハネによる福音書	フィレモン	フィレモンへの手紙
使徒	使徒言行録	ヘブライ	ヘブライ人への手紙
ローマ	ローマの信徒への手紙	ヤコブ	ヤコブの手紙
Ⅰコリント	コリントの信徒への手紙一	Ⅰペトロ	ペトロの手紙一
Ⅱコリント	コリントの信徒への手紙二	Ⅱペトロ	ペトロの手紙二
ガラテヤ	ガラテヤの信徒への手紙	Ⅰヨハネ	ヨハネの手紙一
エフェソ	エフェソの信徒への手紙	Ⅱヨハネ	ヨハネの手紙二
フィリピ	フィリピの信徒への手紙	Ⅲヨハネ	ヨハネの手紙三
コロサイ	コロサイの信徒への手紙	ユダ	ユダの手紙
Ⅰテサロニケ	テサロニケの信徒への手紙一	黙示録	ヨハネの黙示録
Ⅱテサロニケ	テサロニケの信徒への手紙二		

序　章

1　問題の所在

　なぜこの世にはこれほどの悪や苦しみがあるのか。神は善で全能のはずなのに、なぜ私たちが苦しみ、悲しむような状況を許しておくのか。本論の目的は、悪と苦難のこの問題に答えようとする取り組みが組織神学において今日行き詰まっている状況を聖書のイエスに戻ることによって打開し、一つの神義論を提示することである。

　今日、宗教哲学並びに組織神学の主要な分野のひとつであるいわゆる「神義論」は、悪の存在に対して神の正当性を論理的に弁証しようとする試みである。これは、1710年にアムステルダムで出版されたライプニッツの『神義論』(*Essais de Théodicée*)[1] に遡るとされる (「神義論」(仏) theodicée、(独) Theodizee、(英) theodicy という語自体、ここに初出のライプニッツの造語でギリシア語の「神」(θεός [theos]) と「正義」(δίκη [dikē]) に由来する)。善なる創造主を唯一の神と信じるキリスト教においては、この世の悪の存在が信仰上の大きな問題となる。全能かつ善なる神が創造した世界に悪が存在することは、明らかな論理矛盾に思われるからである。神が善であれば、悪をなくしたいと望んだはずであり、神が全能であればそうできたはずである。しかし悪は存在する。神は善性か全能のどちらかに欠けるのであろうか[2]。

　この問い自体は本質的に新しいものではなく、すでにギリシアのエピクロ

---

1) Cf. Gottfried Wilhelm Leibniz, *Theodicy: Essays on the Goodness of God, the Freedom of Man and the Origin of Evil*, ed. Austin M. Farrer, tr. E. M. Huggard translated from C. J. Gerhardt's edition of the collected philosophical works, 1875–90 (London: Routledge & Kegan Paul, 1951).
2) Cf. David Hume, *Dialogues Concerning Natural Religion*, ed. Henry. D. Aiken (New York: Hafner Publishing Company, 1948), p. 66.

ス（BCE 341–BCE 270頃）が「自然界は絶対にわれわれの為に神が整えてくれたものではない。この世にはあまりに罪が備わり過ぎている」("*nequaquam nobis divinitus esse paratam naturam rerum: tanta stat praedita culpa*")[1]との問題を提出していたことが、BCE 1世紀のエピクロス派学者ルクレティウスの哲学詩によって伝えられている。キリスト教世界では、問題の論理矛盾を解くために、2世紀にはギリシア教父、リオンの司教エイレナイオスが、悪の存在は人間の成長の糧となり不可欠であると論じ（『異端反駁』(4.39.1)、5世紀にはアウグスティヌスが人間の自由意志の乱用による堕罪（原罪）が悪の根源であるという自由意志神義論を唱え（『神の国』4.12.22; 3.13.1)、この自由意志論が西洋ラテンキリスト教の正統的な教義として広く受け入れられてきた。また、20世紀後半からプロセス神学者 D・R・グリフィンらに提唱されているプロセス神義論もある。

　こうした流れから、組織神学の神義論的問いに対する現在有力な回答の試みは、主として次の三つの型となっている。

・「自由意志」論型神義論（アウグスティヌス、C・S・ルイス、アルヴィン・プランティンガ）

・「成長の糧」論型神義論（エイレナイオス、ジョン・ヒック）

・プロセス神義論（デヴィット・レイ・グリフィン）

　アウグスティヌスに発する「自由意志」論型神義論の大筋は創世記3章の堕罪物語に依拠し、神は人間に自由意志を与えたが人間はその自由意志を濫用して堕罪を犯し、それゆえ今悪があると考える。アウグスティヌスは、あらゆるものは善として造られたのであり、悪は善の欠如あるいは歪曲にすぎない[2]として、神が人間に自由意志を与えたのは人間が自由に神に従うという善を可能にするためであったのに、人間は悪い意志に従ってしまったと考

---

1) Lucretius, *De Rerum Natura*, with tr. W. H. D. Rouse, 2nd ed. in Loeb Classical Library (Cambridge: Harvard Univ. Press, 1982), pp. 394–395. ただし、ここでは悪の存在は、世界が人間に好意的に作られたことへの反証として見られたのであって、近代の神義論の見る問題とは異なる角度からとらえられている。

2) St. Augustine, *City of God,* tr. Henry Bettenson (London: Penguin, 1972; rep, with introd by John O'Meara, 1984), XI, Ch 9, p. 440.

える。そしてこの悪い意志を、すべての悪の根源と解釈している[1]。救済論的には、この罪を贖うために神のひとり子イエスが十字架にかかったという贖罪論が採られる[2]。しかし、この「自由意志」論に対しては反論として、

---

1) アウグスティヌスの自由意志神義論については、St. Augustine, *City of God*, XII, 6, p. 477; XII, 22, p. 502; XIII, 1, p. 510; Augustine, *On Free Choice of the Will*, tr. Thomas Williams (Indianapolis: Hackett Publishing Company, 1993), III, 17, p. 104などを参照。アウグスティヌスの考えを現代受け継いで一般大衆に分かりやすく紹介しているのがC・S・ルイスで、彼は、神は全能であるが、神の全能もこの堕罪を防ぐことはできなかったと説明する。なぜなら、自由意志を与えておきながら堕罪を犯させないように人間を縛るのは、自由を与え同時に自由を与えないという論理矛盾だからである。神の全能とは、論理的に可能なことをすべて行ない得る能力であり、矛盾したナンセンスを行なうような力ではないのである。たとえば、丸い四角形をつくるようなことは全能の者にも出来ない (Cf. C. S. Lewis, *The Problem of Pain* (1940; Collins, 1957; paperbacks, 1977), p. 16)。アルヴィン・プランティンガは、論理的な弁証では今日の自由意志論を代表する。しかし彼は、今日悪の問題について理論的に神の義を「証明」することの困難さを意識して、自らの議論を「自由意志弁護論」(Free Will Defense) として提唱している。それは、「神は全能、全知で、完全に善である」との命題と「世界に悪が存在する」との命題の二つに矛盾が無いことを示す試みであり、二つの命題がともに真であることを証明するものとしては主張されていない。彼の論点は、次の三点からなる。1) 道徳的善は自由になされなければ善ではない。2) 自由に善をなす被造物を含む世界は自由な被造物をまったく含まない世界より価値がある。3) 神は、自由な被造物を創造することが出来るが、論理学的必然として、その自由な被造物が正しいことのみをするようにしたり、定めたりすることは出来ない。もしそうするならば、それは結局、本当の自由ではなくなるからである。ゆえに、道徳的に善をなせる被造物を創るためには、神は、悪もなせる被造物を創らざるを得ない。だから、悪があっても神が全能、全知、完全に善であることが成り立たないとは限らない。(プランティンガの考えは、Alvin Plantinga, "The Free Will Defense," in William L. Rowe ed. *God and the Problem of Evil* (Oxford: Blackwell, 2001), pp. 92–94にまとまった形で示されている。)
2) 本論では「贖い」「贖う」という表現の多用は避ける。日本語の新共同訳などの聖書でこれらの語に値する言葉は、旧約聖書のヘブライ語聖書本文や、70人訳ギリシア語旧約聖書 (以下70人訳と言及) では一語にとどまらず、意味も多様なので、曖昧さを避けるためである。また、「贖罪」の仕組みについても多様な理論があり、本論の範囲を超える。新約聖書で「贖う」という概念が、旧約でのどれに当たるかは、文脈によってかなり異なる。それゆえ、たとえば「罪の贖い」と言った時に、それがどのような内容を表現しているのかは、実は明確ではないのである。旧約、新約、

70人訳、日本語（新共同訳を用いる）によって、聖書における「贖い」の意味を辿ってみると、以下のようになる。

レビ記での祭儀的な「贖い」はכִּפֶּר (kipper, 洗い流す)、という原義の動詞で、新共同訳では「贖いの儀式を行う」(12:7) としてある。これは、出産の出血で穢れたとされる産婦を清くする、あるいは、贖罪の雄牛を屠って焼き尽くす「贖罪の儀式をおこなう」(4:20) ことを表す。70人訳ではどちらも、ἐξιλάσκομαι（なだめる）を用いている。ヘブライ語の原語からは、祭儀的な贖罪の概念には、本来「穢れ」からの洗い清めがあったことがうかがわれる。それが、70人訳では、神をなだめることに意味が限定、あるいは変化しつつあることが見える。また、レビ記では、「贖罪の献物」自体には、חַטָּאת (ḥaṭṭâṭ, 70人訳ではἁμαρτίας) が用いられ、これは「罪」と同じ語である（レビ4:3, 14, 20, 29, 32, 33など）。このことも日本語での「贖い」の概念とは異なっている。パウロがキリストを時にἁμαρτίας「贖罪の献物」として語るのは、この用法である（ローマ8:3、おそらく、ガラテヤ1:4やⅠコリント15:3のὑπὲρ τῶν ἁμαρτιῶν ἡμῶνも通常（新共同訳など）、「われわれの罪のために」と訳されているが、「われわれの罪の贖いのために」という意味が入っているであろう）。

このכִּפֶּרは、申命記「主は〔…〕苦しめる者に報復して、その民の土地を贖われる」（新共同訳下線部）にも用いられているが、70人訳ではここは、ἐκκαθαρίζω（きれいに一掃する）が当てられ、土地から「敵を一掃してきれいにする」という意味であろう。

第二にפָּדָה (pādâ) という語がある。これは、ransom (身代金を払って救い出す) の意味である。たとえば、すべての初子は本来神に献げて犠牲に殺さなければならないのだが、その代わりに他の動物を犠牲にすることを、この語を用いて「贖う」という。出エジプト記の13:13、34:20、民数記18:15, 16, 17が代表的な例である。70人訳ではἀλλάσσω（代える、交換する）と訳してある。

旧約のヘブライ語で「贖う」に当たるもうひとつの代表的な語はגָּאַל (gāʼl) で、これは、貧しさなどのために売ってしまった土地や、家畜や自分自身を買い戻すという意味で「贖う」こと（レビ25:26; 27:13, 19, 31、民5:8）を言う。この贖いをすべき人間が最も近親の者であったところから、「一番の近親者として行動する者」の意味ともなる。さらに、具体的にその行動としてとられる、身売りした親族を買い戻す（レビ25:48）、親族が売り払った土地を買い戻してやる（レビ25:26 etc.）の他に、レヴィヤート婚で子孫を残す（ルツ3:13）こと、近親の血の復讐をする（民数35:24）、贖って自分のもとに取り戻す（ヨブ3: 5）などの意味でも用いられている。この語の多様な意味はヨブ記19:25でヨブが言う「わたしのגֹּאֵל (goʼēl)」の解釈が分かれる原因ともなっている。イザヤ書44:23のגָּאַל主はヤコブを贖ったは、70人訳では（λυτρόομαι: 自由にする）であり、キュロス王による捕囚の民イスラエルの解放に言及している。この場合は、身代金も買戻しも関係なく、救済者による解放を意味していることが、注目される。

1）全能の神ならば自由意思で善のみ行なう者も造れたはずである[1]。2）悪が全くない無垢の状態に造られたものが悪を行なうということは、矛盾している[2]。3）人間にはそれほどの自由は与えられていない[3]。4）生物の進化などを見れば人間も、低次から完成に近づくと見るほうが自然であり、人間がまず完全な形で造られ、堕罪を犯し、それを贖うために神が十字架にかかったなどという教義は信じられない[4]。5）たとえ堕罪が史実だったとしても、最初の人間の罪の結果とされる悪は、人間の責任を越えるほど過度である[5]などということが指摘されている。

　このように、旧約聖書だけでも「贖い」の概念は多様であり、日本語でこの語を用いるときには注意が必要である。ただしそれと同時に、これらすべてに「救済」の意味が共通していることも見て取れる。そこで、本論であえてイエスの行為に「贖い」の形容を用いる場合、その「贖い」とは大きな意味で、苦難からの「救済」という意味で理解されたい。イエス自身に特別な意味での「贖い」の概念があったか否かは、本論では解決しない。それにはイエスの十字架と復活の出来事に続く贖罪信仰の発展についての考察を踏まえて論じることが必要となろう。また、原始キリスト教が「贖い」として語るとき、たとえばヘブライの信徒への手紙の著者が ἁμαρτίας（罪を贖うための燔祭）を永遠に不要のものにする贖い手としてキリストを語るとき（10:8-10）、あるいはパウロが、解放の意味を持つ ἀπολύτρωσις（ロマ 3:24、8:23）を用いて「贖い」を語る時、その贖いがいかなるものととらえられているか、また、どのようにしてもたらされたと考えられているかも、キリスト教の神義論を考察する上で非常に重要な点となることをここでは認識して、将来の課題としたい。（本注では、辞書として Henry George Liddell & Robert Scott, *Greek- English Lexicon,* Abridged ed.（Oxford: Oxford Clarendon Press, 1986）（以下 Liddell-Scott と略記）; F. Brown, S. R. Driver & C. A. Briggs, *The Brown-Driver-Briggs Hebrew and English Lexicon: With an Appendix Containing the Biblical Aramaic*（Peabody, Mass.: Hendrickson, 1997）（以下 *BDB* と略記）を用いた。）

1) J. L. Mackie, "The Logical Problem of Evil," in William L. Rowe ed., *God and the Problem of Evil*（Oxford: Blackwell, 2001）, p. 86.
2) John Hick, "An Irenaean Theodicy," in Stephen T. Davis ed., *Encountering Evil: Live Options in Theodicy,* 2nd ed.（Louisville, Kentucky: Westminster John Knox Press, 2001）, p. 44.
3) John K. Roth, "A Theodicy of Protest," in Stephen T. Davis ed., *Encountering Evil,* 2nd ed., p. 12.
4) Hick, "An Irenaean Theodicy," p. 41.
5) Marilyn McCord Adams, *Christ and Horrors: The Coherence of Christology*（Cambridge: Cambridge Univ. Press, 2006）, p. 36.

上で「成長の糧」論とした第二の神義論は、悪の存在は人間の成長の糧となり不可欠であると見る、エイレナイオスが採択し著した理論である。この見方によれば、人間は子どものように未成熟な状態で作られ、善と悪とを両方体験することによって神の似姿としての完成に導かれてゆく[1]。神は最初から人間に完成を与える力があったが、人間は幼児期にあったのでそれを受けとることが出来なかった[2]。この論は、救済論的には人間の完成、人間の神化を考えている。この論に対する批判としては、1) この理論は、魂を成長させるのに役立たない苦痛や、精神障碍を伴う病気を説明せず[3]、人間性を破壊する洗脳のような悪にはあてはまらない[4]。2) なぜ神は最初から霊的に立派な人を造らなかったのか[5]、3) なぜ、神は何億年もかけて人間を完成に導かねばならなかったのか、その間には、全く不要な苦難が多数あったであろう[6]、などが出されている。

　第三のプロセス神義論は、ホワイトヘッドのプロセス哲学に依拠し、現代アメリカのプロセス神学者デヴィット・レイ・グリフィンが最も体系立った形で提唱しているものである。聖書学的には創世記1:1–2aの原文に即した読みが、無からの創造ではなく、混沌からの創造であると論じるところから論を立て、その際に用いられた素材に対しては神でさえも強制的支配力を持たないと考える[7]。神は善へと人間を説得するが、その説得に従わずに罪を犯

---

1) Irenaeus, *The Scandal of the Incarnation*, tr. and annotated by Joseph P. Smith (San Francisco: Ignatius, 1952), p. 68.
2) Irenaeus, *The Scandal of the Incarnation*, p. 66.
3) Eg. John Hick, *Evil and the God of Love* (Houndmills and London: Macmillan, 1985), pp. 330 & 375.
4) Eg. Hick, *Evil and the God of Love*, p. 309 & 375.
5) Hick, *Evil and the God of Love*, p. 375.
6) Eg. David R. Griffin, "Critique by David R. Griffin," in Stephen T. Davis ed., *Encountering Evil: Live Options in Theodicy*, 1st ed. (Edinburgh: T. & T. Clark, 1981), p. 53; Hick, *Evil and the God of Love*, p. 375.
7) グリフィンは、ホワイトヘッドの考えに従い、現実契機（経験主体である）はそれぞれ二つの様態で存在すると考える。一つの契機は、先行する現実的契機が与える与件を経験する主体として生まれる。与件の受容（「積極的（positive）抱握」）と統合「合生」（concrescence）によって統合された主体となるのである。そして新た

すのは人間の責任である。また、プロセス哲学の仮説では、楽しむ能力と苦しむ能力は必然的な形而上学的相関関係にあり、高度な生物ほど楽しむ力が大きいがそれに比例して苦しむ素質も大きくなる。それゆえ、善しかない世界は論理的な不可能性として神にも造れないとグリフィンは考える[1]。神には悪の存在に責任はない。

　救済論的には、プロセス神義論は、神の持つ至高の力を強制力ではなく愛による力と考え、苦しむ人間と共に苦しむ神の愛の象徴を十字架に見る[2]。この神義論に対する批判は主に、1）神の全能はキリスト教の本質的教義であり[3]、2）聖書に暗示されているのはやはり〈無からの創造〉である[4]。3）プラスの価値を享受する能力は苦しむ能力や破壊能力の増加を伴うという仮説は経験に反する[5]など、この議論の前提となる部分に向けられている。

　このように、論理学的に悪の存在がキリスト教の絶対的唯一神論への信仰と矛盾しないことを示そうとする組織神学の神義論の主な三形態は、いずれも創造主なる神に注目し、聖書では旧約聖書（あるいはヘブライ聖書[6]）の創

に出来たその主体は、今度はひとつの客体である現実契機として、他の経験の与件になる。それゆえ、事物はすべて形而上学的原理として、自己決定力と他への作用力への二種の力を持ち、その原理の必然として、神は他のいかなる現実契機をも強制できないのであると、彼は考えるのである（David R. Griffin, *God, Power and Evil: A Process Theodicy*（1976; London: Westminster John Knox Press, 2004）, pp. 277–278）。グリフィンはまた、強制力の行使は肉体を持ってしか為され得ず、肉体を持たない神は人間を強制することは出来ないとも考える（David R. Griffin, *Evil Revisited: Responses and Reconsiderations*（New York: State University of New York Press, 1991）, p. 112）。

1）Griffin, "Creation out of Nothing, Creation out of Chaos, and the Problem of Evil," pp. 123–124. Griffin, *God, Power, and Evil*, p. 291.
2）Griffin, *Evil Revisited*, p. 33.
3）Stephen T. Davis, "Critique［of Griffin's argument］by Stephen T. Davis," Davis ed., *Encountering Evil*, 2nd ed., pp. 135–136.
4）Davis, "Critique［of Griffin's argument］by Stephen T. Davis," p. 135.
5）John K. Roth, "Critique［of Griffin's argument］by John K. Roth," Davis ed., *Encountering Evil*, 2nd ed., pp. 126–127.
6）旧約聖書という呼称はキリスト教から見た言い方であり、ユダヤ教では聖書と言えば唯一これのことを指すのであるが、本論では議論の便宜上旧約、新約という呼称を用いる。

世紀の1–3章に依拠している。しかし、これらの議論はいずれも十分とは認められておらず、組織神学の内部でも結局、「神の責任は、神が究極的にはわれわれの生き、動き、存在する限界を定めたという事実にある」[1]という認識に合意が見られる[2]。結局、論理的に悪の存在を説明しようとする神義論は、それだけでは神の義を論証することは出来ない。

　組織神学界で、神義論が悪の存在の論理的矛盾を解こうとする営みに限界を見ている代表的な一人はケネス・スーリンである。彼は、神義論の問いには、1)〈悪〉は本質的に理解可能なものか、2) 神の存在は、悪の存在と論理的に矛盾しないか、また、2の問いのバリエーションとして、2b) 神の存在は悪の多様性とあまりの多さと論理的に矛盾しないか、3) 悪の存在は、有神論を否定する（あるいは、有神論の可能性や真実性を減じる）証拠となるか、の、3種類の理論的問いの他に、4) 神は、自分が造った被造界に存在する悪と苦難を克服するために何をしているか、5) われわれは（神の被造物として）悪と苦難を克服するために何をしているか、という実践的な問いがあり、今問えるのは4と5の実践的問いであると論じている[3]。

　20世紀における2つの世界大戦と、世界の諸地域での民族殺戮の悲惨さを前にして、スーリンは、「われわれの時代の歴史的状況下では、もはや悪を、神義論のように本質的に知的で理論的な営みによって〈答え〉を出せるような〈問題〉と見なすことは出来ない」[4]と言っている。悪の存在の論理的側面を論じる理論は抽象的すぎる。たとえば悪の問題を知的に解決しようとする試みは、悪の結果生じる善や、苦しみの埋め合わせを考えて解決しようとするが、実際はいかなる善が人々の苦しみから生じたとしても、苦しんだ個々の人々の苦しみは義しいことであったとは決して言えない。

　「1945年の広島の一人の住民にとって、第二次世界大戦中の一人の囚人に

---

1) John K. Roth, "A Theodicy of Protest," in Stephen T. Davis ed., *Encountering Evil,* 2nd ed., p. 8.
2) Marilyn McCord Adams, "Afterword," Davis ed., *Encountering Evil,* 2nd ed., p. 196; Hick, *Evil and the God of Love*, p. 290 など。
3) Kenneth Surin, *Theology and the Problem of Evil*（Basil Blackwell, 1986), p. 67.
4) Surin, *Theology and the Problem of Evil*, pp. 9 & 39.

とって、これらの場所で経験された苦痛と極度の孤独は抽象的な問題ではなかった。〔…〕これは、犠牲者にとって（神義論者にとってはそうではなかろうとも）神の義に対する疑問を持たせずにはいられないことだ。他の人々の苦しみを見て（自分自身はほとんど痛い思いをしないで）責任ある行動を学ぶことが出来る人々がいるからと言って、義なる神がいったいどうしてこれほど多くの無垢な人々が苦しみ死んでゆくのを許すことができるのか。神の義をこのように問うことは、イヴァン・カラマーゾフの激しい主張、無垢な人々がいわれのない悲痛な苦しみを被るような状況からいかなる善が生じたとしても、そのような善はけっして苦しんだ人々が味わった悪を凌駕したり相殺したりしたりできない、という主張を支持することだ。」[1]

神の義は、アウグスティヌスが考えたように人間に自由意志を与えることや、エイレナイオスが考えたように試練を通して人間を完成に導くことにあるとは言えない。スーリンは、「神が御自身によってか、御自身の被造物によって義とされるのは、神が歴史の過程に介入して被造界に救済をもたらす聖なる神秘であると言える場合のみである。そして、神がこの世界の創造主としての責任を負い、この世界への神のやり方が（神自身によってかあるいは被造物によってか）義とされ得るようにすることは、神の神秘が人間の歴史への介入を含むことだけではなく、神が被造物に降りかかる苦難を負うことによってこの歴史に参与することをも要する。〔…〕〈悪の問題〉には、神とその被造物がいかなる者で何をするかが論理的にどのように可能なのかだけではなく、神とわれわれがいかなる者で何が出来るか、何をしてきたかの点から取り組まなくてはならないのである」[2] と論じている。

このように、現在の組織神学の神義論者たちは、悪の問題が、神の全能、善性と悪の存在の論理的矛盾にとどまらないことを重視し始めている。実際、悪の問題とは第一に悪とは何か、であろう。あるいは、そもそも悪は存在するのか、ということである。第二に、悪の起源や由来は何かである。第三は、悪の意義である。善かつ全能の神が造ったこの世に悪があるとすれ

---

1) Surin, *Theology and the Problem of Evil*, pp. 80–81.
2) Surin, *Theology and the Problem of Evil*, p. 77.

ば、その悪には何か存在意義があるのだろうか[1]。そして第四に、存在する悪はいかにして克服されるのかの問題である[2]。この第四の問題は、宗教的には悪や苦難からの救済論に関わるであろう。この問題は看過できず、神義論は救済論の問題を視野に入れずには答えが出ないであろう。ポール・リクールはこれを、神義論が「考えること」（なぜ悪があるのか）において破れ、「行動すること」、つまり、悪と戦うことに進む、ととらえている。悪の問題は、単に思弁的な問題ではない[3]。それゆえ、キリスト教においては、この宗教の中心であるイエス・キリストの出来事が、この宗教の提示する神義論の重要な要素となるのである。

　福音書の記録を見る限り、イエスは、悪とは何か、その起源や由来はいかなるものか、については論じていない。しかし、イエスの宣教において、悪の克服は中心的位置を占めており、そのことは近代神義論での第四の問題に関わり、神義論においてそれは看過されるべきではない。それにもかかわらず、近代の組織神学で悪の定義や由来が論じられるとき、また、悪の存在と神の全能と善の間の論理的矛盾が論じられるとき、聖書からイエスの言葉や行為が引用されることはほとんどない。これは奇妙なことである。そもそも、キリスト教の神義論としての答えを模索する以上、神義論はこの宗教の

---

1) しかし、存在する悪が何らかの善に寄与すると考える見方はそもそも真の悪の存在を認めていないという指摘がされる。
2) 悪の問題のこの4種の範疇については、芳賀力『自然、歴史そして神義論――カール・バルトをめぐって』（東京：日本キリスト教団出版局、1991）、p. 25参照。
3) ポール・リクール『物語神学へ』（ポール・リクール聖書論集3）久米博、小野文、小林玲子訳（東京：新教出版社、2008）、pp. 190–193。リクールはさらに、その「実践的」神義論で答えが出ないとき人は、悲嘆や訴えの感情自体を変化させる「情感的回答」を求めることに進むとしている。不正や自然災害、老化や死など、実践的回答では解決しない問題に対しては、最終的には、悪があるにも〈かかわらず〉神を信じること、あるいは、十字架の神学によって、悲嘆が変質すること、応報の循環から完全に抜け出ることによって答えてゆくしかないと、リクールは示唆している（リクール, pp. 193–198）。その段階はキリスト教においては、イエスの死と復活以降の神義論に関わる部分であると思われる。史的イエスの神義論はかなりの点までは実践的なレベルで論じうると本論では考え、その前提で論を進めたい。

基となったイエスの言葉、あるいは行動に基づくものでなくてはならないはずである。

　たしかに、1世紀のイエスは近代組織神学の意味でのいわゆる「神義論」としての意識的取り組みはしていなかったであろう。しかしそれでも、キリスト教の源となった彼が今日の神義論の問いにいかなる答えを提供、あるいは示唆しうるかを考察することは意味がある。その確信に立って、本論では、組織神学的論考の限界を超えるため、歴史的方法をとり、生前のイエスに焦点を当てる。キリスト教においてキリスト・イエスを語る視点は、宣教活動を行っていた時期のイエス自身の言行に注目する見方と、イエスの復活の出来事を十字架の死と共に中心において見る見方、いわゆる復活のイエスを語る視点があり、パウロ書簡などでは後者をとっている。この二つの見方に対応し、キリスト教神義論も、十字架と復活を含めて考える場合と、それ以前のイエスの言行にのみ注目する場合とで、異なってくる。イエスの弟子たちがイエスの受難と復活の出来事を経験し、その意味を考えたことによって、イエスをメシアとして宣べ伝えるキリスト教が始まった事を考えると、キリスト教においては十字架と復活の神義論が非常に重要であることは確かである。しかし、そうしたキリスト論的考察はイエスが教えたものではなく、後世の論考なので、本論ではあえて、受難以前のイエスの言行に限定してイエスの思想を論及する[1]。

2　研究方法

　聖書学を基礎として組織神学で言う意味でのキリスト教の神義論を扱っている学者は今までのところほとんどない。数少ない貴重な論考のひとつとして上げられるのは、ドイツのゲルト・タイセンと、国内では、大貫隆の論考である。そこで、まずこの二人の研究を見ておきたい。その後、本論となる考察に進むのであるが、資料としては、イエスに関しては福音書を中心にする。イエスの真正な言葉を選ぶ基準については今日まだ、決定的な学問上の

---

1) イエス後のキリスト教での神義論の展開は、後の課題とする。

合意はできていないが、本論では、福音書記者の明らかな加筆や変更を除いてみれば、福音書に記されているイエスの言動の大きな意味は、元来のイエスの言動と大きく異なるものではないであろうとの作業仮設に立って議論を進めることにする[1]。その際、福音書間で並行箇所が存在する場合には、可能な限りイエスのもとの発言に近いと考えられる記述を重視する。すなわち、現在の二資料仮説に従って、共観福音書の場合にはマルコによる福音書を最優先し、マタイ、ルカ、ヨハネの特殊資料、その他Q資料[2]等も考慮に入れて論じる。本文中の聖書引用は、断りなき限り新約の日本語は本多の私訳を用いる。旧約聖書と旧約外典に関しては、邦訳「新共同訳」すなわち、「聖書新共同訳　旧約聖書続編つき」（東京：日本聖書協会, 1989）を参照し、必要に応じて変更を加えている。新約聖書原文は *Novum Testamentum Grace,* ed. B. et K. Aland, J. Karavidopoulos, C. M. Martini, B. Metzger, 27 revidierte Auflage（Stüttgart: Deutsche Bibelgesellschaft, 1993）, 旧約聖書原文は、*Biblia Hebraica Stuttgartensia* 5 Auflage（Stüttgart: Deutsche Bibelgesellschaft, 1997）を使用する。70人訳はLXX Septuaginta（LXT）（Old Greek Jewish Scriptures）edited by Alfred Rahlfs（Stüttgart: Deutsche Bibelgesellschaft, 1935）を用いる。

　イエスの悪との対峙は理論のレベルではなく、苦しむ人々に手を伸ばし、罪人と言われている人々と食卓を共にし、病や障碍を癒し、悪霊やサタンと戦う実践においてなされた。彼の宣教活動において罪の赦しの問題が重要であったことは、「私が来たのは、正しい人を招くためではなく、罪人を招くためである」（マルコ2:17//並行マタイ9:13//ルカ5:32）との彼の言葉と、彼自身、「罪人の仲間」（マタイ11:19、ルカ7:34）と言われるほどに、その言葉を実践していたことに表れている。また、それと同様に、癒しと清めと福音、特に、貧困に苦しむ社会的弱者への福音宣教が彼の活動において重要な意味を持っていたことは、洗礼者ヨハネが自分の弟子たちを遣わしてイエスに尋ねた、「来るべき方は、あなたでしょうか。それとも、ほかの方を待たなければなりませんか」（マタイ11:3//並行ルカ7:20）との問いに対する

1）イエスの言葉の真正性についての議論については、補遺4「イエスの真正な言葉の基準」を参照されたい。
2）マタイとルカが用いたと想定される言葉資料。

イエス自身の答えとされる、「目の見えない人は見え、足の不自由な人々は歩き、重い皮膚病を患っている人々は清くされ、耳の聞こえない人々は聞こえ、死者は起こされ、貧しい人々は福音を告げ知らされている」(マタイ 11:5–6//並行ルカ 7:22–23) に最も明らかに示されている。この言葉は、イザヤ書35章5–6節と61章1節を混合させて引用し、そこに「死者の甦り」の項目 (イザヤ 26:19) を加えたものだが、四海文書 (4Q512) に並行個所がある。当時このような形のメシア期待が広まっていた[1]ことを考えると、これはイエス自身の言葉であるかは確定できないが、彼の活動において中心的役割を果たす要素は、ここに網羅されている。そこで本論では、罪と赦し、病と癒し、貧しい者への福音の問題とそこから読み取ることのできる神観を考察することによって、イエスがこの世界での悪や苦難の問題に対し、いかなる神義論的回答を提示しているかを考察したい。

しかしそもそも「悪」とは何か、「義」あるいは「正義」とは何か、ということについては古今東西非常に多様な見方がある。そこで、本書では第一に、神義論の中心的概念となる「悪」と「神の義」について、イエスの思想的背景を整理しておくことが必要である。

さらに、イエスの言動の意味を理解するために、罪と赦し、病と癒し、貧困の問題、死後の報いの概念など、II章以降で重要となる問題について旧約時代、中間時代からイエスの後のラビ文献に至るまでのイスラエルの人々の見方をI章で考察しておきたい。これは、イエスがいかなる思想枠の中で、いかなる人々にいかなる答えを提示していたかを明らかにする土台となる。

3 先行研究

1) ゲルト・タイセン

タイセンは、神義論の問いを「善なる神への信仰がその神によって創造された世界の中に苦難が存在する事実と両立が不可能になるという問題」[2]と

---

1) 本書VIII章1、p. 261 注1を参照されたい。
2) ゲルト・タイセン『原始キリスト教の心理学――初期キリスト教徒の体験と行動』大貫隆訳 (東京: 新教出版社、2008)、pp. 772–773。

定義し、神義論を大きく、「因果帰属の神義論」と「共同の神義論」に分ける。

「因果帰属の神義論」は、悪や苦難の存在の責任を誰あるいは何に帰すかによって、人間の責任に帰す神義論、世界の責任に帰す神義論、神の責任に帰す神義論に分類される。人間の責任が強調される神義論では、神は悪を処罰し、悪に褒賞を与える。人間は自分の苦難に責任があるが、苦難によって浄化されると考えられる。この神義論では、新しい自分に生まれ変わることが人間の課題となる。

世界の責任が強調される神義論には、終末論的神義論やグノーシス的神義論がある。神は来るべき世で自分の正義を明らかにするだろうと考えられる。世界は解消されねばならない。世界の責任に帰す神義論は、聖書では、世界の敵対性をサタンに擬人化して責任を負わせる。

神の責任が強調される神義論には、類型として、奥義の神義論（謎の神義論）や宿命の神義論（運命の神義論）がある。ここでは、神の行動はそもそも理解できない。その計画を人間は左右できないと考えられる。人間ができるのは、断念して神を信じること、運命に従うことである。

神、人間、サタンからなる三つの要因は「救済論的三角形」[1]を形成し、事実上の相互依存関係にある。三項の一つが変化することにより救いに向かってこの三角形を変形することができるからである。たとえば、現下の神は苦難を下すが来るべき神がこれを克服する、古い人間は悪をもたらしたが新しい人間にはその罪が赦される、現下のサタンは世界を支配しているが、来るべき未来において彼は支配権を喪失する、などである。

イエス伝承とパウロの神学には神、人間、サタンを禍と救いに関係する三つの項として互いに均衡させていること、とりわけ、三つとも変化することができるのであると捉えていることが共通している。

一方、共同の神義論の主な型は共苦の神義論であり、苦難のただ中においてこそ神は人間のすぐ近くにいると考えることによって、その苦難を乗り越える。

タイセンは、キリストがその受難と復活と人間との共苦によって、因果帰

1）タイセン『原始キリスト教の心理学』, p. 773.

属の神義論における救済の三角形を救済へと変形させ、神義論のアポリアを克服すると論じている。

　すなわち、受難した後復活をとげた神の子が人間をそれぞれの苦難と和解させ、それぞれの罪を赦し、悪の恐ろしい力を打ち破り、神をさえ無条件の愛へと転換させる。禍の原因という責任を負わされてきた三つの要因、すなわち、人間と神と世界のすべてが、キリストによって変えられる。しかし、とりわけキリストはその死においても人間と結ばれてあることによって、共同の神義論の基礎を据える。それゆえ、キリストの死は中心的な位置を占め、さまざまに解釈されることになる。[1]

　イエスの死は、殉教者の死の範例（exemplum）として、また同時に、人間が背負いきることができないことを免除するサクラメント（sacramentum）としての買戻し、贖い、愛のささげもの、大祭司としての自己犠牲と解釈されるのである[2]。

　このように、タイセンの考察は、救いをキリスト論を抱合した形で考える。これは、組織神学よりもむしろ聖書学に基礎を置く神義論として先駆的な考察であり貴重である。ただし、キリスト論を中心にしている必然であろうが、生前のイエスの神の国宣教や、癒し、貧しい者への福音などの神義論意味については、ひとつ異なる視点での論述が必要であろう。

2）大貫隆

　大貫隆は、『イエスという経験』とその後出版された『イエスの時』で神義論の問題を扱っている。『イエスという経験』の論考の焦点は、神義論の答えを模索すること自体ではなく、「紛れもなく一人の歴史上の人物であったナザレのイエスが、ほぼ二千年前の昔、彼自身の「今」をどう理解し、経験していたか、ということ」[3]を明らかにすることにある。しかし、論考上、

---

[1] タイセン『原始キリスト教の心理学』, p. 777.
[2] タイセン『原始キリスト教の心理学』, pp. 372–427; 772–779.
[3] 大貫隆『イエスという経験』（東京：岩波書店, 2003）, p. vi.

この書では神義論が重要な意味を持っている。大貫は、イエスの言動を統合的に理解するために、イエスの思考に見出される「神の国」の神話的イメージに着目した。彼は、ルカ 10:18 の「私はサタンが稲妻のように天から落ちるのを見ていた」を、イエスの思想の中心となる幻視体験の報告と考える[1]。すでにサタンが天上から追放されている、との理解は、「天上の祝宴」のメタファー（天上ですでに神の支配が実現している）（マタイ 8:11–12/ルカ 13:28–29; ルカ 16:19–31）[2]、すでに死者が甦り生きているイメージ（マルコ 12:18–27、特に 26–27 節）[3]、地上での「神の国」とサタンとの勢力の戦い（マタイ 11:12/ルカ 7:28）などのイメージと結びつき、一つのイメージ・ネットワークを形成する。

そのイメージ・ネットワークについて、大貫自身が簡潔にまとめなおしている文章が『イエスの時』にあるので、それを引用する。

> イエスは一人の古代人として、天上と地上と地下の三層から成る古代的宇宙像を前提している。すでにサタンはその天上世界から追放されて地上に墜落し、天上では「神の国」の祝宴が始まっている。アブラハム、イサク、ヤコブを初めとする過去の使者たちがすでに死から復活して、天上の祝宴の席に着いている。それとともに、洗礼者ヨハネにも影を落としていた黙示思想的な陰鬱な世界像は変貌し、今やイエスの目には被造世界全体が晴朗な姿で見えている。もちろん、地上では落下してきたサタンが、配下の悪霊たちを使って、最後の足掻きを執拗に続けている。しかし、イエスは「神の国」の宣教の途上、悪霊憑きやその他の病気や障害をいやしてゆく。その一挙手一投足と共に、天上ですでに始まっている「神の国」が地上にも拡大してゆく。もちろん、その完成は

---

1) 大貫『イエスという経験』, pp. 43–44.
2) 大貫『イエスという経験』, pp. 47–50.
3) 大貫『イエスという経験』, pp. 58–62. 大貫は、「『私はアブラハムの神、イサクの神、ヤコブの神である』（出エジプト 3:6）とあるではないか。神は死者たちの神ではなく、生ける者たちの神なのだ」（マルコ 12:26–27）の含意として、アブラハム、イサク、ヤコブはすでに復活して生きていると読んでいる。

なお近未来に待望されている。それは「人の子」、すなわちすでに天上の祝宴についている者たちが「天使たち」と共に到来する時である。それは同時に、「さばき」の時でもある。今、イエスの宣教を拒む者たちは、その「神の国」から自分を締め出すことになる。反対に、東から西から多くの者たちがやってきて、アブラハム、イサク、ヤコブと共にその祝宴の席に着く。アブラハム、イサク、ヤコブは過去の人物であるにもかかわらず、すでに復活して、天使のようになり、未来へ先回りして、今現に地上でイエスのメッセージを聞いて受け入れる者たちがやがて祝宴の席に加わるためにやってくるのを待っている。この意味で、イエスの「今」において、過去と未来が一つになっている。それは言わば「全時的今」である[1]。

『イエスという経験』の論考の中で、神義論が問題になっているのは第一に、癒しの奇跡についての章においてである。大貫は、イエスの当時の人々には、病気や障害を悪霊の業に帰す見方と、病気や障害を含め人間に襲いかかる禍をすべて、どこかで律法違反の「罪」をおかしていた罰であると考える、いわゆる「禍の神義論」[2]の見方とがあったことを指摘する。そして、イエスはそのような「禍の神義論」を退け、人々に、「神の国」に直面した「今ここでの」回心の決断を要求したと論じている[3]。

---

[1] 大貫隆『イエスの時』(東京：岩波書店, 2006), pp. 67–68. 大貫は本文に図を付しており、本文中には図の該当箇所を示すA~Iの記号が入っているが、本引用では省略した。
[2] 禍の神義論についてはⅠ章3節3で論じる。
[3] 大貫『イエスという経験』, p. 157.

I章　悪の問題と神の義——思想史的背景

1　序——問題の所在と本章の目的

　イエスの行動や思想はいかなる土壌から生まれいかに理解すべきであるか。本章では、神義論で問題となる神の「義」や「悪」が、イスラエルの思想の中でいかなるものととらえられてきたのかを、歴史的に概観し、その中で発展してきた神義論的問いの具体的な内容と、それらの問いにイスラエルの人々がいかに向かってきたのかを論考する。それによって、II章以下で論じるイエスの言動の神義論的意味を理解する助けとなる、思想史的背景を見ておくことがI章の目的である。

2　悪の起源と悪の本質についての理解

1) 旧約聖書

　旧約聖書では、悪は、一般的に「悪」を表す רַע（raʿ）の他に、主に חַטָּאת（ḥaṭṭât「罪」）、פֶּשַׁע（pešaʿ「背き、罪」）、עָוֹן（ʿāwôn「不義、咎」）などの概念でとらえられる[1]。特に、モーセが神ヤーウェに授与されたとされる十戒（出

---

1) ただし、חַטָּאת「罪」、פֶּשַׁע「背き、罪」には、さらにその罪や背きに対する罪悪感、罪の結果、罰、さらには罪や背きの贖罪の奉献までを含む広い意味があった。レビ記（4:3; 5:9, 11, 12 など）で定められている贖罪の献物は חַטָּאת である。また、פֶּשַׁע（ミカ6:7）は「咎を償うための献げ物」の意味で使われている。עָוֹן「不義、咎」もそれに対する罪悪感、罪の結果、罰を含む広い意味を持つ。このことから、ヘブライ語の思考でこれら「罪」の範疇を表す語を用いている場合に、罪はそれに対する罰や贖罪までを含む抱合的なイメージで捉えられていた可能性がある。そこでは、罪とその結果が完結し、ひとつの調和が成り立っているようにも見える。חַטָּאת は70人訳では、ἁμαρτίας となっており、たとえばレビ記4:3 לְחַטָּאת（贖罪の献げ物として）は、70人訳では περὶ τῆς ἁμαρτίας である。（以上、語彙に関し

エジプト20:2-17）の侵犯は、神への背き[1]であり、悪であると考えられている。中でも第一戒と第二戒で禁止された異教神崇拝・偶像崇拝は、アシェラ崇拝や「聖なる高台」での祭儀など、この戒めにもかかわらずイスラエル滅亡に至るまで繰り返された罪であり続けた。列王記を記した史家たちは特に、北イスラエルの滅亡の原因が、この国で、初代ヤロブアム以来の王たちが繰り返し偶像崇拝・異教崇拝を行い、民にも行わせたことにあると理解している（列王上13:14、列王下17:3-18; 18:10-12）。歴代の王の偶像崇拝を表す表現として、「イスラエルに罪を犯させたヤロブアムの罪」あるいはそれとほぼ同じ文言が列王記上、下を通じて17回用いられていることで、そのことが強調されている。また、十戒に続く契約の書の中でも、特に人道的律法によって戒められている、孤児、やもめ、寄留者、貧しい者などの社会的弱者に対する搾取や社会的暴力も背信の罪として弾劾されている（アモス2:6-8; 8:4-7等）。

　これらの罪や悪は、神ヤハウェに反して犯されるものと理解されており、旧約聖書では、悪の存在そのものに対して神の責任を問うという態度は見られない。責任を問われるのは、堕落した人間の側であって神ではない。そもそも神はなぜ人間がそのような罪を犯すように創造したのか、というような問いは見られないのである。その理由として考えられるのは、ひとつには、そもそもヤハウェを創造神として信じるようになったのが、旧約聖書の書かれた初期の時代からではなく、捕囚期以降、つまり、創世記1:1-2:4aを含む祭司資料が書かれた時期以降であったからということがあろう。そしてまた、現在組織神学で考えられているような神の全能が、「論理的矛盾のないことならば何でも出来る能力」[2]として神に帰されるようになったのもまた、

ては、*BDB*およびLiddell-Scott参照。）これは、旧約における罪の罰がヤハウェの与える応報か否かという問題につながる。その問題は、ヤハウェという神の性質や正義にもかかわり、本論で後に考察することになる。

1) ここで「背き」という意味は、上のפֶּשַׁעに限ることではなく、すべての罪に関して当てはまると理解されたい。
2) ヘブライ語聖書の翻訳で、「全能者」「全能」と訳されているשַׁדַּי（シャダイShaddai）は、神に言及する名前として旧約聖書には48回用いられているが、そのうち、31回はヨブ記に出てきている。シャダイだけで用いられているのが、41回、

創造神話が書かれた捕囚期以降頃であったと考えられることである[1]。G・F・ムーアは、「ユダヤ教においては神の全能は、神の完全性の概念に属する神学的属性としての全能ではなく、〔…〕世界の創造主であり支配者である神がすべてのものをひとつの偉大な計画のうちに包括しているということなのだ」と説明し、神の全能の概念が、創世記1章冒頭の創造の物語に依拠して

神を表す「エル」がついて、「エル・シャダイ」の形で用いられているのが7回である。しかし、これがもともと全能者という意味であったのかどうか、問い直されている。今日では、「全能の神」とは異なる含意を見る者も出ている。「シャダイ」が、ヘブライ語の動詞שָׁדַדシャダッド「破壊する」からきており、「破壊者」の意味を含むという説もある。また、「シャダイ」はアッカド語のšadu「山」から来ており「エル・シャダイ」は「山の神」と訳すべき意味であるという説もある。ヤハウェは、殊に、山で自己啓示をすることから、この説はありそうに思われる。これは、ヘブライ語聖書が70人訳（BCE 3世紀）に翻訳された時、παντοκράτωρとされた。παντοκράτωρは現在ではalmighty「全能の」と訳されるが、παντο+κρατέω(all＋rule over)を語源とし、もともと「すべてを統べ治める者」(all sovereign, controlling all things)という意味である (Cf. G. W. H. Lampe, D. D. ed. *A Patristic Greek Lexicon* (London: Oxford Clarendon Press, 1961), pp. 775&1005)。それが、ラテン語のウルガタ訳において、omnipotens「全能の」となった (Cf. שׁדיの項 *TWOT Hebrew Lexicon*, Bible Works for Windows (Bible Works LLC, 2001)。宗教改革までは、聖書はラテン語で読まれるのが常であったから、神を「全能の主」と呼ぶ言い方が定着したまま、反省されることもなかったのであろう。一方ユダヤ教の内部では、タルムードなどでも、この意味は問われており、自明なものではない。タルムード、アモライーム時代の文献には、天地創造の際に神が天地に「十分だ」と言ったことが、その意味だと述べられている。שׁ(who (said))די(Enough)「十分だと（言った）者であるところの」神が「エル・シャダイ」なのである (Chagigah 12a)。この解釈では、「と言った」は意味上補われており、「と言った」ではなく、be動詞なしに補語を採る言語であるヘブライ語で普通の意味の「〜である」を補えば、「エル・シャダイ」は、「充足している神」という意味ともなる。こうした分析から、全能の神という概念自体は否定できないとしても、「全能の神」という表現が、もともとは、文字通りの万能、全能、というよりも、至高の神、いと高きところにいます神、というように、信仰を表す比喩的、誇張的表現であった可能性も高く思われる。

1) 山我哲雄「旧約聖書の宗教はいかなる意味で『一神教』であったのか」、大貫隆、金泰昌、黒住真、宮本久雄編『一神教とは何か』（東京：東京大学出版会、2006）、特に pp. 63–66 でも、申命記成立の後期に唯一神教への移行があったことが示されている。

いることを示唆している[1]。ゲルト・タイセンも、イスラエルが拝一神教から唯一神教に移行したのが捕囚期のことと指摘し、そのことと神の全能の信仰を結びつけている。タイセンによれば、イスラエルは第一神殿が破壊されたことを自分たちの神が敗北したこととは考えず、むしろ、イスラエルが自分たちの神に対して不実であったことに対してその神自身が下した罰と解釈し、ヤハウェの敗北を認めるのとはむしろ逆に、「イスラエルの神が今や唯一の神となって、世界の歴史全体を決定するという考え」[2]をとるようになった。しかし、タイセンがさらに指摘しているように、唯一神教に移行したときに、「神の全能というものが人間の自由を、苦難の厳然たる実在が神の善性を脅かす」こととなったのである[3]。

しかし、神の全能と善と、悪の存在という論理的矛盾が意識されるまでには時間がかかり、旧約聖書の内部ではまだ、比較的後期のヨブ記の時代ごろまでは、表面化していないように見える。

* * *

旧約聖書では、悪の存在の起源は、創世記3章に記された堕罪と、創世記6章1-4に記された、神的存在（神の子たち）が人間の娘達と交わったこととそこから生まれた「ネフィリム（巨人）」達[4]との2つに見出される。ただし、

---

[1] George Foot Moore, *Judaism in the First Centuries of the Christian Era: The Age of Tannaim*, vol. 1 (1927; Massachusets: Hendrickson, 1997), p. 375.

[2] タイセン『原始キリスト教の心理学』, p. 392.

[3] タイセン『原始キリスト教の心理学』, p. 395. ただし、メソポタミア、エジプト、シリアなど、広範な地域で、ヨブ記の原型とも言えるような義人の苦しみと神の義についての問いを表した文学がBCE 1750年頃にまで遡って存在していたことが指摘されており、苦難の存在が神の善性を脅かす問題となっていたのは、はるか昔からである。捕囚期には、この問題が切実に強調されるようになったということであろう（Cf. Samuel E. Balentine, "Book of Job," in *The New Interpreter's Dictionary of the Bible*, vol. 3 (Nashville, Abingdon Press, 2008), pp. 319-323; James L. Crenshaw, "Book of Job," in *The Anchor Bible Dictionary*, vol. 3 (New York: Doubleday, 1992), pp. 863-865）。

[4] Cf. Samuel Sandmel, *Judaism and Christian Beginnings* (New York: Oxford Univ. Press,

旧約正典では、どちらも創世記の外ではほとんど言及されていない。アダムの堕罪物語はユダヤ教、キリスト教両方の思想に重要な影響を与えてきたが、旧約聖書本文中では、創世記以外にはヨブ記（31:33）とホセア書（6:7）で触れられるだけである。

6章の話は、オルペウス神話[1]の影響で入り込んだという指摘があり、旧約聖書正典の中にはこの箇所以外出てこない。キリスト教組織神学の神義論でもほとんど取り上げられていない。しかしこの話は、聖書外のユダヤ教の伝統の中では3章の堕罪物語とともに、この世の悪の起源を示すものとして読まれ続けてきた[2]。そして以下に見るように、中間時代、BCE 1世紀頃アラム語で流布した『エノク書』[3]に描かれた悪の起源の下敷きとなっていると考えられる。神的存在が本来の住いである天を離れて、地上の子らにならって妻をめとり交わったことから恐ろしい禍がもたらされたという考えは、人間の予期できない禍や悪の原因に超自然的要素（堕天使サタンを連想させる）を見る見方に結びつき、後に見るような、病の原因を悪霊に帰す見方を説明する要素のひとつともなろう。フォン・ラートは、創世記の3章と6章の二つの物語に共通する点として、人間と神との間のしかるべき境が破られ、神と人間との正しい関係、正しい秩序が壊されたことに悪の起源を見ている。3章で、人間は知識の領域において神のようになろうとして、被造物の限界

1978), p. 173 など。

1) ポール・リクール『悪の神話』一戸とおる、佐々木陽太郎、竹沢尚一郎訳（東京：渓声社, 1980), p. 90.
2) D. S. Russell, *From Early Judaism to Early Church* (London: SCM Press, 1986), p. 87.
3) 『エノク書』は、イエス誕生時代に四海のほとりに中心を持っていたクムラン教団の洞窟から出土したいわゆる死海文書の中に断片があり、執筆年代の異なる文書が編集され、BCE 3世紀からペルシア時代、ヘレニズム時代初期にまでわたる可能性が考えられている。この「天の番人」の書を含む複数の箇所についてはイエス時代の日常語であったアラム語の写本も発見されている（村岡崇光「エチオピア語エノク書概説」日本聖書学研究所編『聖書外典偽典4 旧約偽典II』（東京：教文館,1975), p. 164)。クムラン教団がBCE 2世紀後期からCE 70年まで死海の北西部の砂漠、クムランの洞窟を本拠とするエッセネ派であったという有力な説については、cf. 蛭沼寿雄、関根正雄「総説 死海文書の全容」『死海文書——テキストの翻訳と解説』日本聖書学研究所編（東京：山本書店, 1963), p. 13.

を超え、神に対する服従から逸脱する。死はその結果である。6章においては、神的存在が人間と混ざり合うことによって、ヤハウェが人間と天上の存在との間に定めた限界が破られる。これは、ノアを残して人類を滅亡させることを神に決意させるほどに深刻な悪であった[1]。

2) 中間時代

　新約聖書の時代に先立つBCE 2世紀頃から、新約時代と重なる2世紀頃までの文献には、悪の起源の神話的解釈として、悪霊やサタンについての民間伝承が現れる。これは、とくに『エノク書』、『ヨベル書』、『アダムの書』などの黙示文学において明らかである。その思想的展開は本章の7でより詳しく見るが、中間時代の一つの大きな特色は、このような超自然的な存在をこの世の悪と結びつける思想が現れることである。悪霊やサタンについてこの時代にイスラエルに根付いた民間信仰はイエスの癒しや悪霊祓いの活動に密接に結び付いている。

3) クムラン共同体

　イエスの時代に死海のほとりに存在したクムラン共同体では、悪の起源として、神が人間を創造したときに二つの霊を人間に与えたという、今まで見た諸文書にない考えが現われている。クムランの第一洞窟から発見された「宗規要覧」は、BCE 100–50年頃に書かれたとされ[2]、イエスの出現にかなり近い時代に属するものとして、また、イエスが活動した近辺から出土したものとして重要であるが、そこには、

　　　彼〔神〕は人を創って地を支配させ、彼の刑罰の時までそれにそって
　　　歩むべき二つの霊を人に与え給うた。これすなわち真実の霊と不義の霊
　　　である。真実の由来は光の泉に、不義の由来は闇の源から。義の子らは

---

1) G・フォン・ラート『旧約聖書神学I』荒井章三訳（東京：日本キリスト教団出版局、1980）, p. 210–211.
2) 関根正雄、松田伊作訳「宗規要覧」『死海文書——テキストの翻訳と解説』日本聖書学研究所編, pp. 86–87.

みな光の君に支配され、光の道を歩む。不義の子らはみな闇の天使に支配され、暗黒の道を歩む。(3:17–21)[1]

と、書かれている。これは、次に見るラビ文献にもあるように、これ以降のユダヤ教の中に根づく、善悪二つの霊という考えと悪霊の思想とに共通するものである。

4) ラビ文献

旧約聖書と並んで、病や癒しに対するイエス当時の思潮を知る参考となるのは、タルムード等ラビ文献に記された人々の理解であろう。タルムードは、ファリサイ派の思想に限られているという限界はあり、またその成立年代こそイエスの後代（ミシュナが紀元200年ごろ[2]、ミシュナへの注解ゲマラの部分はその後6世紀ごろまでになされたとされる[3]）となるが、1世紀のラビ、ヒレルやハニナ・ベン・ドーサに帰される言葉も記録されているので、イエス時代から数世紀のラビ・ユダヤ教の思想の第一資料であり、ユダヤ思想の内部資料として貴重である。

タルムードにも、神が人間を造った時に善悪二つの衝動を与えたという考えが示されている (Berachoth 61a)[4]。しかしだからといって人間は善も悪も

---

1) 関根、松田訳「宗規要覧」, p. 98.
2) Herbert Danby, "Introduction," in Herbert Danby tr. *The Mishnah: Translated from the Hebrew with Introduction and Brief Explanatory Notes* (London: Oxford Univ. Press, 1933), p. xiii.
3) Cf. Wilhelm Bacher, "Talmud," in *Jewish Encyclopedia: A Descriptive Record of the History, Religion, Literature, and Customs of the Jewish People from the Earliest Times to the Present Day*, vol. 12 (New York & London: Funk & Wagnalls, 1906), p. 1; J. Z. Lauterbach, "Mishnah," in *Jewish Encyclopedia: A Descriptive Record of the History, Religion, Literature, and Customs of the Jewish People from the Earliest Times to the Present Day*, vol. 8 (New York & London: Funk & Wagnalls, 1904), pp. 610–611.
4) このことは、言葉を操るラビ的論法によって、次のように示されている。「ラビ・ナフマン・ベン・ラビ・ヒスダは解説した。『そして、神は人間を形作ったוייצרとはいかなる意味か？ וייצרはふたつのヨッド (י) を使って書かれている。これは、神がふたつの衝動 יצרים、善の衝動と悪の衝動を作ったということを示すためで

行って良いわけではなく、いつも自分のうちにある善の衝動を呼び起こして、悪の衝動と戦わねばならないのだと考えられている (Berachoth 5a)[1]。神が人間の中に植え付けた悪い衝動は、時にサタンと同定されることがある。たとえば、神は「悪の衝動を作ったが、その矯正手段として律法も作った。律法に励んでいれば、彼の手に落ちることのないようにである」(Kiddushin 30b) とある。ここで、「彼」とは悪の衝動が擬人化されたサタンであると解釈されている[2]。タルムードではサタンは、神に対して人間を告発する「告発者」(Rosh HaShana 16b) の役割を果たすと同時に、人を誘惑したり、悪い行動に導くこともあるとされている (Sukkah 38a, Kiddushin 81a)。ヨブ記のサタンはヨブを試みる。その際神がサタンに「ヨブの命だけは奪うな」と言っているところから解釈して、ラビたちは、ヨブの命はサタン次第なのだと演繹し（命を奪えるからこそそうするなと神が命じたということである）、サタンを「死の天使」と同定することもある (Baba Bathra 16a)。ただし、サタンの力はそれほど強いものとは考えられていない。「サタンは、大贖罪日の日には、告発者としての行為をすることを許されていない」(Yoma 20a)、というように、神に従属する立場は明確にされている。

ある」(Berachoth 61a)。

1) Cf. 同様の見方が、ラビ・ユダヤ教以前、ハスモン王朝以降からキリスト教の成立期と重なる時代にわたって書かれたと考えられ、クムランでもその一部であるレビの遺訓とナフタリの遺訓の断片が発見された『十二族長の遺訓』にも見られる。すなわち、「神は人の子らに二つの道と二つの心、二つの行為、二つの方向、二つの結果を与えた。〔…〕そこでもし魂が正しく歩こうと思えばそのすべての行為は正しく、〔…〕もし思いが邪悪に傾くなら、(魂の) すべての行為は邪悪になり、善を追いやり、悪に固執してベリアルに支配される」。「十二族長の遺訓 アセル」(1:3-8) 笈川博一、土岐健治訳『聖書外典偽典 5 旧約偽典 III』、p. 323。同文書の年代については同書解説 p. 223。また、クムランの第一洞窟から発見された「宗規要覧」(BCE 100-50 年頃に書かれたとされ、地理的にも時代的にもイエスの活動と近い) には、悪の起源として、神が人間を創造したときに二つの霊、すなわち「真実の霊と不義の霊」を与えたとの叙述がある (3:17-24) (関根正雄、松田伊作訳「宗規要覧」『死海文書——テキストの翻訳と解説』日本聖書学研究所編 (東京：山本書店、1963)、p. 98。

2) *The Soncino Talmud,* Kiddushin 30b, 注 12.

3 「神の義」の概念

1) 序

　神義論の根幹である、神は絶対的に善である、という概念は、そもそもイスラエル民族の成立期の信仰にはなかったと考えられる。現在の組織神学者が考えるような、神の行為が論理矛盾でない限り常に人間にとって最善のものであるはずだ、という発想は見出されない。ヤハウェは「善」というよりもむしろ「聖」をその本質としてとらえられ、その「聖性」はおそらく分離の概念——つまり、人間にとって不可侵の超絶的存在であるとの概念で理解すべきものであった。サムエル記下 (6:6–7) で神の箱に触れたウザが神の怒りに触れ、その場で打たれたのは、その聖性を侵害したからである[1]。ウザは神の箱を支え守ろうとしたのであるから、罪と罰の範疇でも善悪の次元でも彼の死は説明できない。

　マックス・ヴェーバーの指摘では、ヤハウェは古来自然災害の神であり、人々に対して怒ればあらゆる種類の禍を送ることが出来た。その自然災害に加えて、戦争という政治的禍もヤハウェに帰され、意義を増した。捕囚前、BCE 8 世紀の預言者アモスにはすでに、ヤハウェはイスラエルの民だけと契約関係を結んだ故にこそ彼らの罪を特に追及するのだという思想が見られる。そうした論理によって、ヤハウェは常に契約を守ってイスラエルに祝福を与える神だが、ただしその約束の履行の条件として民に戒めの遵守を要求する倫理的な神なのだ、と見られるようになってゆく。そして次第に、イスラエルの民だけでなく、他国民同士の残酷な戦争などの罪までも罰する神と考えられるようになる。このような倫理的な見方は神観の普遍主義的高まりに伴って進んだと、ヴェーバーは論じている[2]。たしかにイザヤ書などを見ると、神の絶対化と正義の神としての性格付けが同時に起こっているこ

---

[1] 船水衛司「聖」『旧約聖書神学事典』東京神学大学神学会編 (東京：教文館, 1983)、p. 260.
[2] マックス・ヴェーバー『古代ユダヤ教』(下) 内田芳明訳 (東京：岩波書店, 1996)、pp. 723–726.

とが認められる。イザヤの預言では、ヤハウェは自らを「義[1] צֶדֶק (ṣedeq)[2]を語り、正義 מֵישָׁרִים (mêšārîm) を告知する者」とし、「私をおいて神はない。義しい[3]神 אֵל־צַדִּיק (ʾēl-ṣaddîq)、救い出す神は、私のほかにはない」(45:19–21) と啓示したとされ、それは捕囚以後に書かれたものである。しかし、ヴェーバーが見るところ、ヤハウェの本質についての預言者たちの見解は揺れており、たとえばイザヤは、イスラエルについての預言者の言葉が拒否され続けているのは、ヤハウェ自らが民を滅ぼすためにわざと民を頑迷にしているからに違いないと確信するに至っている。結局ヤハウェは、依然として「一個の恐るべき神であったのである」[4]。ヤハウェが正義であり善であるという信仰がいつ表れたのかは確定できないが、旧約時代の比較的後期まで、ヤハウェの影のない善性というものが自明なものとは考えられていなかったとすれば、悪の存在と神の全能と全き善の間の論理矛盾を解こうとする現代的意味での神義論が発達しなかったことに不思議はない。たしかに、契約の神という意味での「義」なる神の思想は、すでに創世記のエロヒスト資料（遅くともBCE 8世紀）が書かれた時代[5]からあり（cf. 創世15:6)、それ

---

1) ここでの צֶדֶק の新共同訳での訳語は「正義」だが、法概念に照らした「正義」に限らない「義」と訳出することが可能であろう。新共同訳では、次の מֵישָׁרִים を「公平」と訳してあるが、מֵישָׁרִים を「正義」としてある個所もある（創世18:25、ヨブ8:3、箴言8:20; 12:5、イザヤ5:16など)。

2) ヘブライ語のアルファベット表記法は原則として Weingreen, pp. 1–4 のローマ字転記法を参考にする。ただし、研究者の文献からの引用の際には、各研究者の表記のままを用いる。

3) 本論では、「ただしい」と読む当て字を使う。「正しい」では、ふさわしい意味が表せないことと、「義なる」では、現代用語としては古くなるからである。

4) ヴェーバー『古代ユダヤ教』（下), p. 743。ヴェーバーは、おそらくイザヤ書のいわゆる頑迷預言、すなわち次の箇所を念頭においてこのように考えているのであろう:「主は言われた。『行け、この民に言うがよい。よく聞け、しかし理解するな。よく見よ、しかし悟るな、と。この民の心を愚鈍にし、耳を鈍く、目を暗くせよ。目で見ることなく、耳で聞くことなく、その心で理解することなく、立ち帰っていやされることのないために。』」(新共同訳6:9–10) —— ただし、これが実際「頑迷」預言であったかどうかは、意見が分かれている（Cf. 上村静「イザヤ書6章9–10節——頑迷預言？」『聖書学論集34』（日本聖書学研究所、2002), pp. 23–67 など)。

5) 教文館『キリスト教大事典』（東京：教文館、1963; rev. 1991), p. 169 によるとBCE

が、アモスなどの思想を生んだとは言えるであろう。しかし、この義と「善」とは、必ずしも同一ではない。実際、出エジプト記で、ヤハウェがモーセに語った言葉、「私は私が恵む者を恵み、私が憐れむ者を憐れむ」(33:19)などを見ると、ヤハウェが現代の法社会で考えられる正義や平等の概念の彼岸にある、人間の善悪の判断では予測のつかない存在であるとの印象を与えられる。後の申命記やラビ文献に見られるような応報思想も、神が倫理的に善であると考えられるようになるまでは発達しない。それのみではなく、旧約聖書においては神の「義」という概念が一つに統一されていないのである。

旧約聖書において神の義צֶדֶק, צְדָקָה (ṣedeq, ṣᵉdāqâ) は大きく2つの形でとらえられ、描かれている。その一つは、神の側からの一方的な選びや愛に基づく祝福の約束に神が忠実であるという意味での「義」である。これは、モーセ五書の中では、最初に神がアブラハムに与えた祝福の約束への忠実さという形で最も顕著に表れている。もう一つは、申命記史家の歴史観に顕著な、モーセに与えた律法に基づく契約概念に立つ正義の神としての「義」である。神の、人間の悪に対する処遇の仕方や人間の苦難の問題についての見方は、この2つの系列のそれぞれで異なっている。*TDOT*旧約聖書神学辞典には、神の「義」については、法概念に基づく「義」と見る見方と、救済論的に見る見方があり、そのどちらが正しいかが議論されていると示されている[1]が、むしろ、旧約聖書の著者と文書によって「神の義」の意味が異なってとらえられていると言う方が正しい。この2つの「義」の違いを見ておくことが本書での、神義論に関わる考察の基本となる。

2）神の信義——裁きと恩寵の神義論

ヤハウィスト資料の、特に創世記の原初の物語においては、神は、人間の悪に対して、裁きと恩寵によって人々を遇することが特徴的である。

750年頃。しかし、異説もあり、BCE 10世紀から8世紀の間で、いまだに定説はない。Cf.Alan W. Jenks, "Elohist," *The Anchor Bible Dictionary,* vol. 2 (New York: Doubleday, 1992), p. 479.

[1] B. Johnson, "צָדַק *ṣādaq*; צֶדֶק *ṣedeq*; צְדָקָה *ṣᵉdāqâ*; צַדִּיק *ṣaddîq*," in *Theological Dictionary of the Old Testament,* vol. 12 (Grand Rapids: Eerdmans, 2003), pp. 243–245.

創世記の多くの部分をなし、アダムとエバの堕罪物語を含むいわゆるヤハウィスト資料は、BCE 10世紀頃に書かれたとするのが現在の定説となっている[1]。この時代の記述の関心は神が全能で善かつ義であることにはなかった。問題は神の祝福を得ることであった。そして、その祝福は、決して、善人だからとか、優れているから与えられるものではない。神の愛顧が何ゆえに或る者には与えられ、何ゆえに他の者には与えられないのかは説明されない。創世記4:4–5で、ヤハウェはアベルとその献げ物は受け入れたが、カインとその献げ物には目を留めなかった。しかし、その理由は人間には知られないままである。また、そのことに対して怒ったカインがアベルを殺したとき、カインはその罪ゆえの呪いとして地上をさまようこととなるが、その際に神はカインに守りの「しるし」をつける（創世記4:15）。このように、ヤハウェの恩寵は、善行と悪行の因果応報として与えられるのではなく、人間の理解を超えて、時に罪を犯した者に対して特に与えられることさえある。実際、ヤハウィストの描く「創世記」は、人間の罪と、それに対する罰と恩寵のサイクルのうちに、徐々に恩寵が増し加わり、イスラエルの民が神に導かれて増えてゆく様子を描く歴史記述である。そこに属する資料には最初の11章のみを見ても、アダムとエバの堕罪（3:1–24）、カインによる最初の殺人（4:3–15）、ノアの洪水物語（6:5–8:22）、バベルの塔の物語（11:1–9）がある。神は人間の罪をただ看過することはない。しかし、特徴的なのは、罰と共に必ず、その罰を担うための助けが与えられること、罰と同時に恵みが与えられるということである。アダムとエバは楽園を追われた。そしてそれは、決して、「死んでしまう」という予告の罰の軽減ではない。並木浩一は、

---

[1] G. フォン・ラートはヤハウィストの活動した年代をBCE 950年頃としている（ゲルハルト・フォン・ラート）『創世記　私訳と註解 I』山我哲雄訳（東京：ATD・NTD聖書註解刊行会, 1993）（原著1981年）, p. 20. この学説がほぼ定説になっていることについては、野本真也「モーセ五書」、石田友雄、木田献一、左近淑、西村俊昭、野本真也著『総説旧約聖書』（東京：日本キリスト教団出版局, 1984）, p. 148 などを参照。また、ヤハウィスト資料の範囲については、フォン・ラート同書 pp. 18–26；野本真也の同著 pp. 138–141を参照できる。より最近に、Bruth Chilton, "Genesis, the Book of," in *The New Interpreter's Dictionary of the Bible*, vol. 2（Nashville: Abington, 2007）, p. 540 も、ヤハウィストの執筆年代をBCE 10世紀中頃としている。

旧約聖書に根本的な死生観では、生の本質は交わりにおいて見られていると指摘し、アダムとエバがその堕罪によって神との関係においても夫婦間の信頼の点でも互いに相手に責任を帰すような態度に陥り、喜びに満ちた交わりを保つことができなくなったことは、死を意味していたと論じている[1]。しかしそれでも、アダムとエバは死と楽園追放という罰だけを与えられたわけではない。「主なる神はアダムとその妻のために皮の衣を作り、彼らに着せた」(3:21)。そして、人は、楽園を追われはしたが、子孫を与えられ、増えてゆく。カインも、追放と流浪の罰を科せられると同時に神による護りのしるしを与えられる(4:15)。地上の罪を滅ぼし去るための洪水の後には、神はノアとその息子たちに、「産めよ、増えよ、地に群れ、そこで増えよ」(9:7)という祝福を与え、もう二度と生き物をことごとく滅ぼすことも、地を滅ぼすこともしないという新たな恵みの契約を結ぶ(9:11)。バベルの塔の裁きの後でさえも、神が人間を全地に散らされた結果(11:9)人間が地に満ちることになったのであり、ここでも裁きと同時に、いや増す恩寵の摂理が働いている。この恩寵は、人間の側の業とは無関係に神の方から一方的に与えられるものとして描かれている。ここには、E・ケーゼマンのいわゆる「創造者信義」、すなわち、「創造者が堕落した者、背いた者を新しい被造物へと変え、われわれが誤用した彼の約束を罪と死の世界のただ中において再び立て、成就することを意味する」[2] 救済の構図が示されている。

　フォン・ラートは、ヤハウェの義は規範ではなく、行為つまり救済の証言であったと指摘している[3]。人間の側の美徳の如何にかかわらず神の側から与えられる祝福の約束を必ず守る神、というこの神観の見る神の義は、特にイスラエルの民に対してはヤハウェがアブラハムに誓った三つの約束を必ず守り成就する信実として信じられている。創世記15章、17章に示されたそ

---

1) 並木浩一『ヘブライズムの人間感覚』(東京：新教出版社, 1997), pp. 103-104.
2) E・ケーゼマン『パウロ神学の核心』佐竹明, 梅本直人訳 (ヨルダン社, 1980), p. 119. この成就をケーゼマンはパウロ思想を語りつつ、新約に見出すのであるが、われわれの目下の関心にとってはそれは議論の先取りになり、また、本書の議論の枠を超えるので、ここでは新約へのつながりを指摘する以上の深入りはしない。
3) ゲルハルト・フォン・ラート『旧約聖書神学I』荒井章三訳 (東京：日本キリスト教団出版局, 1980), p. 494.

の約束とは、アブラハムの子孫の増加と繁栄、土地の付与、ヤハウェがアブラハムとその子孫の神となるということ、である。15:13-16には、エジプトの苦役からの解放も約束されている。大貫隆は、その15:13-16の部分が、事後預言的に後から挿入されたと考える。この事後預言は、出エジプトの出来事をアブラハムに与えた神の祝福の約束の実行と見る理解の表れであり、アブラハム契約に対して信実である神という概念にモーセの出来事をも結びつける試みとして重要である[1]。イスラエルの民がこの「義」を信じる信条は、申命記26章に記された、彼らのカナン定住に際しての信仰告白に明確に表されている。

> 26:5「私の先祖は、滅びゆく一アラム人であり、わずかな人を伴ってエジプトに下り、そこに寄留しました。しかしそこで、強くて数の多い、大いなる国民になりました。6エジプト人はこの私たちを虐げ、苦しめ、重労働を課しました。7私たちが先祖の神、主に助けを求めると、主は私たちの声を聞き、私たちの受けた苦しみと労苦と虐げを御覧になり、8力ある御手と御腕を伸ばし、大いなる恐るべきこととしるしと奇跡をもって私たちをエジプトから導き出し、9この所に導き入れて乳と蜜の流れるこの土地を与えられました。」(申命記26:5-9)

ここで、イスラエルは、まだ一神教には至っておらず拝一神教の段階において、「先祖の神」すなわち、アブラハムに子孫繁栄と土地取得の約束をし、彼の子孫を神の民として祝福すると契約した神としてヤハウェを拝している。他国民はどうであれ、イスラエルの民を救う救済の業を、彼らは神の「義」と考える。この救いは、ときにイスラエルを虐げる者に対しては過酷な裁きとなり（士師記5:11など）、時にはイスラエルの民自身にとっても厳しい裁きとなる[2]が、それでも究極的には彼らにとっての救いとしてゆらが

---

1) 大貫『イエスの時』, pp. 16-17.
2) J. A. Ziesler, *The Meaning of Righteousness in Paul: A Linguistic and Theological Enquiry* (Society for New Testament Studies. Monograph serie; Cambridge [Eng.] : University Press, 1972), pp. 40-41.

ぬものである。

　とくに、ダビデ王の時代に、神が預言者ナタンを通じてダビデに与えた次の約束は、アブラハム契約の確約となる更新と考えられており、ダビデがバト・シェバとの不倫の罪を犯した（サムエル下11:1–26）後も、取り去られることはない。

> 7:9あなたがどこに行こうとも、私は共にいて、あなたの行く手から敵をことごとく断ち、地上の大いなる者に並ぶ名声を与えよう。10私の民イスラエルには一つの所を定め、彼らをそこに植え付ける。11〔…〕主があなたのために家を興す。12あなたが生涯を終え、先祖と共に眠るとき、あなたの身から出る子孫に跡を継がせ、その王国を揺るぎないものとする。〔…〕15私は慈しみを彼から取り去りはしない。〔…〕16あなたの家、あなたの王国は、あなたの行く手にとこしえに続き、あなたの王座はとこしえに堅く据えられる。」（サムエル下7:9–16）

　この神の「義」は、ヤハウェ宗教が一神教になった後にも信じ続けられている。先に見た、イザヤ書の神の言葉の預言、「私をおいて神はない。義しい神、救い出す神は、私のほかにはない」（45:21）は、その例であろう[1]。これは旧約時代を超えて、黙示文学にも表れる概念であり、次に見る申命記的応報概念が破綻した後もイスラエルの思想の中心的位置を占めている。とくに、ダビデへの神の約束は、新約の時代にローマ占領下にあったイスラエルには、ダビデ王の末のメシアが彼らを占領下から解放し、独立を勝ち取ってくれるであろうとの期待を生んでいた。（Cf.マタイ1:1;マルコ11:10//並行マタイ21:9; 12:35//並行マタイ22:42//ルカ20:41など）。

3) 応報思想——祝福と呪い・禍の神義論

　もう一つの「神の義」は、申命記からルツ記を除く列王記下までを含む、

---

1) Dunn, *NT Theology*, p. 78は、イザヤ書での神の「義」(righteousness)はしばしば「救済」(salvation)と同義であり、実際、「解放」(deliverance)「救済」、義の証し(vindication)などと訳される方がふさわしいことがあると指摘している。

研究上「申命記史家の歴史記述」と呼ばれる史書の歴史理解に特徴的な、「祝福と呪い」の配分によって示される正義である。これは、人間のあり方に対する正しい報いという観点で理解される。神の命令に従う善の道を選ぶか、それに背く悪の道を選ぶかが人間の側の意志と選択の問題とされ、神はそれにふさわしい報いを与えるであろうとされたのである[1]。律法は本来、その遵守による報いを目的として啓示されたものではなく、むしろ、十戒の前文に示されるように、神がイスラエルの民を自分の民とすること（契約）が先立ち、それに対する応答として主なる神の戒めに従うことが求められるという順序で啓示されたものである。それは、申命記においても同様であり、「あなたは今日、あなたの神、主の民とされた」（申命28:7）という選びと救いの宣言があり、それに続いて「あなたの神、主の御声に聞き従い、今日私が命じる戒めと掟を行わねばならない」（申命27:10）という、戒めの授与の言葉がある。しかし、申命記には、選びと救いの約束のみではなく、授与された神の戒めに従うか否かが個人の幸不幸を左右するとの応報思想に発展する預言が見出されるのである。

> [11:26] 見よ、私は今日、あなたたちの前に祝福と呪いを置く。[27] あなたたちは、今日、私が命じるあなたたちの神、主の戒めに聞き従うならば祝福を、[28] もし、あなたたちの神、主の戒めに聞き従わず、今日、私が命じる道をそれて、あなたたちとは無縁であった他の神々に従うならば、呪いを受ける。（申命11:26–28）

---

1) 申命記史家は、BCE 621のヨシア王の宗教改革の頃から捕囚期（BCE 587–538）あるいはそれ以降まで活動し、イスラエルの土地喪失が、バアル信仰への絶えざる堕落に対する神の裁きであったと考え、ヤハウェに対する信仰のあり方次第で幸あるいは不幸が与えられるという見方でヨシュアのカナン征服から捕囚までの歴史を記した。旧約には、神がダビデに無条件の祝福を与えたと考えるダビデ王台頭史の歴史観もあり、申命記史家の歴史観だけが旧約の原理ではないが、神義論的には、この申命記観が後世まで強い影響を持った（東京：教文館『キリスト教大辞典』「申命記史家」の項、p. 579；G・フォン・ラート『旧約聖書神学Ⅰ』荒井章三訳（東京：日本キリスト教団出版局、1980）、p. 174などを参照）。

このことから、人間に降りかかる災いや不幸はその人（々）が意識して、あるいは無意識に犯した律法違反に対する罰であると理解されるようになる。「禍の神義論」[1]の適用である。たとえば、祭司エリの家に下った禍は、彼の息子達が神に捧げる供え物を軽んじたために彼らに下された罰であり（サムエル上2:12–17; 4:16–18）、イスラエルの王アハブの家の禍は、彼と妻が民ナボトの嗣業のぶどう畑を奪うためにナボトを殺したためであった（列王上21:1–29、列王下9:26）。偶像崇拝の罪、とくにヤロブアムの異教崇拝が北王国の滅亡を招いた罪とされている（列王上13:34）ことはすでに見たとおりである。個人の罪が民全体に禍をもたらすという概念がここにはある。旧約聖書のなかでは、大体において禍の神義論はイスラエル国家全体の運命と結びつけて考えられるが[2]、これはその際立った例であろう。ただし、エゼキエル18:1–20、殊に、「罪を犯した本人が死ぬのであって、子は父の咎を負わず、父もまた子の咎を負うことはない。義しい人の義しさはその人のものであり、悪人の悪もその人のものである」（18:20）には、個人レベルの応報思想が現れている。個人の選択に、その個人の受ける報いがかかっているという考えであり、これは、人間の自由な選択を認める立場でもある。

　申命記史家の著述においては、個人の幸福のすべての面はその人がどれだけ忠実に律法を守っているかに左右される。申命記には、ヤハウェは「殺し、また生かす、傷つけ、また癒す」（32:39）神であると啓示され、ヤハウェは、戒めに従わない者に対しては、「心を揺れ動かし、目を衰えさせ気力を失わせる」（申命28:65）とある。一方、ヤハウェに忠実な者、たとえば、王ヒゼキヤなどの例では、死の病に罹っても、ヤハウェによって奇跡的に癒されることがあった（列王下20:1–11、イザヤ38:1–8）。主ヤハウェの戒めに忠実ならば幸を、不実ならば禍を与えられるという応報思想は、箴言にも

---

1) Cf. マックス・ヴェーバー『古代ユダヤ教』（下）pp. 723–724 & 731. ヴェーバーは、「禍の神義論」という術語をアモスの思想について用いている（p. 731）。「禍の神義論」とその適用については大貫『イエスという経験』、pp. 156–157 も参照。
2) イスラエルの民が神の前で集合人格的に責任を持つとの考えについては、Cf. H. Wheeler Robinson, "Hebrew Psychology," in A. S. Peake ed., *The People and the Book* (Oxford: Clarendon Press, 1925), pp. 353–382, 特に、p. 376.

明らかに見いだされる。特に、10章から12章では、延々と、ヤハウェに従う者は健康と安寧と成功に恵まれ、逆らう者は惨めな逆境で罰せられると強調されている。健康に関しても、たとえば、「主を畏れれば長寿を得る。主に逆らう者の人生は短い」（箴言10:27）と助言されている。このように、旧訳聖書には、善人と健康、罪と病／疾患を結びつけて見る大きな流れがあった[1]。詩編25:18、41:5、そして特に103:3は、旧約においてはしばしば、癒しが主ヤハウェの赦しのしるしと考えられていることの例証とされている[2]。

4）申命記史家の応報の神義論の採択と強化
a 歴代誌における応報思想

歴代誌は、列王記を底本として書かれ、その主要主題は、ダビデ王朝とエルサレム聖所の歴史[3]であり、歴代誌上13:4–13では、ユダヤの王アビヤの演説によって、ダビデ王朝とエルサレム神殿の正当性が主張されている。上記でわれわれは、恩寵の神義論を禍の神義論と対比させ、ダビデ契約の流れを恩寵の神義論と結びつけて論じたが、ダビデ王朝継承史に好意的な書が必ずしも禍の神義論を退けているとは限らない。むしろ歴代誌は、神に従えば祝福を、従わなければ呪いを与えられるという申命記的な思想を、申命記史

---

1) ただし旧約聖書でも、新共同訳で神が罪を癒すとされている箇所が必ずしもそのとおりに解釈されうるかは疑問である。たとえばホセア書14:5では אֶרְפָּא מְשׁוּבָתָם I shall heal their faithlessness (RSV)、I shall cure them of their disloyalty (NJB)、とされているが、これは、ヘブライ語では赦す forgive に当たる言葉がないために רָפָא を用いていたと考えられる。70人訳のギリシア語訳では ἰάσομαι τὰς κατοικίας αὐτῶν (14:4) I will restore (/ heal) their dwellings, としてある。この訳は、רָפָא は heal と restore の両方の意味を持つ動詞 ἰάσομαι をもって直訳しているが、מְשֻׁבָה（背教）を κατοικία（住まい）と変えている。これは、70人訳の訳者が、背教を癒すという概念をおかしいと考えたからであろう。同様のことがエレミヤ書（3:22）אֶרְפָּה מְשׁוּבֹתֵיכֶם にも言える。ここでは、「彼らの背教を癒す」を、ἰάσομαι τὰ συντρίμματα ὑμῶν (I shall heal your ruin (destruction)) と変えている。
2) Cf. Herbert Leroy, "ἀφίημι, ἄφεσις," *Exegetical Dictionary of the New Testament*, vol. 1 (Grand Rapids: Eerdmans, 1990), p. 182.
3) 山我哲雄「歴代誌上・下」『新共同訳旧約聖書注解 I　創世記―エステル記』（東京：日本キリスト教団出版局, 1996）, p. 665.

家たちの手による列王記よりもさらに徹底させている。歴代誌家は、応報原理を貫徹させるために、定本となった列王記の歴史記述に変更、加筆、あるいは削除さえ加えている。その際、個人の罪についてはその犯した当人が報いを受けるように、修正されている。ウジヤやヨシヤなど、律法に従った義しい王（列王下 15:34; 22:2; 23:25）が非業の死を遂げたことに対して、列王記はウジヤについては何も語らず、ヨシヤについてもただ彼がエジプト王ネコを迎え撃ちに出て戦死したことを記すのみである（列王下 23:29）。しかし、歴代誌家は、ウジヤについては、彼が祭司の職能を侵害して聖所で香をたこうとした逸話を加筆し（歴代下 26:26–19）、ヨシヤについては、ネコが彼に「神の口から出た」警告を伝え、思いとどまらせようとする一節を加筆し（歴代下 35:21–22）、神の警告を聞かなかったことが彼の死の原因であると合理化している。逆に、律法に違反し、罪を犯した王が何も災いを経験することなく人生を全うすることも、修正される。ユダの王マナセはバアルや天の万象を礼拝し、エルサレム神殿の中に異教の祭壇を築き、占い、呪術、霊媒など、ヤハウェの目に悪とされることを行ったが（列王下 21: 3–5; 歴代下 33:3–4）、列王記では、彼自身は天寿を全うし、その罪は、後代のユダの滅亡という形で罰せられている（列王下 21:11–12；23:26–27; 24:3–4）。しかし、歴代誌では、マナセが自己の人生で罰せられなかった理由が、彼の改悛（歴代下 33:12–13）という形で加筆され、ユダの滅亡は最後の王ゼデキアと民、すべての祭司長の背信と傲慢の罪に対する神の怒りに帰されている（歴代下 36:12–16）。

　ユダの王アハズは列王記では、異教崇拝の罪を犯し、神殿の宝物をアッシリアの王に寄進し、ダマスコの祭壇を模して作らせた祭壇で自ら供儀を行うという罪を犯したが、アッシリアの援助を得てアラムとイスラエルを敵にした戦いを乗り切り、天寿を全うして「ダビデの町に先祖と共に葬られた」（列王下 16:2–20）。しかし、歴代誌では、彼は、宝物の寄進にもかかわらずアッシリアの援助を得ることはできず、アラム、イスラエルに大敗し、エドムにも侵略されている。さらに、死後も、「エルサレムの都に葬られた。しかし、その遺体はイスラエルの王の墓には入れられなかった」と記されている（歴代下 28:1–27）。

しかし、歴代誌家は、行為の結果が必ず報いとなって現れる例外のない応報思想を考えていたわけではない。マナセの例に見られるように、人々の立ち帰りや改悛、祈りに答えてヤハウェは人々を赦し、災いを免れさせることもある。

「誌家の考える応報とは、行為が自動的にそれにふさわしい結果を引き起こすというような、神との人格的な交わりを欠いた機械的な法則（コッホ）ではない。重大な罪が犯される際に、史家はほとんどの場合、底本にない預言的人物を登場させ、罪を叱責させたり警告を与えさせている。〔…〕誌家の神は、決して非人格的な法則の冷たい執行者ではなく、悔い改めを聞き入れ罪を赦す「生ける神」なのである」[1]。

フォン・ラートもまた、王の歴史におけるヤハウェの行為を叙述する際、歴代誌が申命記的歴史記述に依存しながら、申命記史家が主要な関心事とした、罪と罰の対応関係の証明をさらに完全に合理的に確認していると、指摘している[2]。

b 箴言における応報思想

歴代誌はイスラエルの王たちの振る舞いの結果としての民族の運命に関心をおいているが、申命記的応報思想は個人のレベルにおいても受け入れられていた。そのことは、旧約文書の中でも知恵文学として一般によく読まれている書の一つである箴言に表れている[3]。 この書には、律法を守って生きている者には報いがあるとの期待と確信にたつ助言が、「主は正しい人のために力を、完全な道を歩く人のために盾を備えて裁きの道を守り、主の慈しみに生きる人の道を見守ってくださる」(2:7-8)、「主は曲がった者をいとい、まっすぐな人と交わってくださる。主に逆らう者の家には主の呪いが、主に

---

1) 山我「歴代誌上・下」, p. 668. 山我が参照しているコッホの議論については以下（本章4）で検討する。
2) フォン・ラート『旧約聖書神学I』, p. 458.
3) ただし、ユダヤ人が律法を守るのは救われるためはなく、出エジプトの際に彼らを助け、律法を授けてくれた神への感謝と喜びの応答としてであるので、ユダヤ教が行ないによる救いを目的とすると考えるのは誤りである。

従う人の住みかには祝福がある」(3:32–34) などとあり、また、ほぼ2章にわたる10:6–12:28にも、この書全体のひとつの基調をなす大きな使信として見出される。

　箴言にはまた、悪に対する罰が、当人のためになる懲らしめであるとの考えも表れている。「わが子よ、主の諭しを拒むな。主の懲らしめを避けるな。主は愛する者を懲らしめる。父親がかわいい息子にそうするように。」[1]（3:11–12）

　c ラビ文献における応報思想

　タルムードでは、応報思想は個人レベルで発達し、人が罪を犯すか否かの責任がその当人にあることが強調される。現在西方キリスト教の中心的教義となっている原罪の教義は見られない。確かに、創世記でアダムが神に背いた話はタルムードでも言及され、そのためにアダムに死の罰が与えられたという考えはある。なぜ神はアダムに「死の罰を与えたのか」が問われ、答えとして、「〔神〕は彼にわずかな戒めを命じただけなのに、彼はそれを犯したからだ」（Shabbath 55b、cf. Baba Bathra 75b）と言われている。しかしアダムの罪が子孫に遺伝するという教義はない。3世紀アモライーム第三世代のラビ・アンミ[2]は、「息子は父の咎を負わず、父は子の罪を負わない。義しい人の義はその人に、悪人の悪はその人にある」（Shabbath 55a）と述べている。これは、エゼキエル書18:20に依拠しているとされる[3]が、そこにあるのは、罪はその当人の責任によって犯され、その報いもその本人だけが負うべきだという個人レベルの応報思想である。マタイには、「あなた方は自分の裁く裁きで裁かれ、自分の量る秤で量り与えられる」（マタイ7:2）という言葉が

---

1) 箴言 3:12 ὃν γὰρ ἀγαπᾷ κύριος παιδεύει μαστιγοῖδὲ πάντα υἱὸν ὃν παραδέχεται では、試練が鍛錬という見方を含む。ヘブライの信徒への手紙 12:6 ὃν γὰρ ἀγαπᾷ κύριος παιδεύει, μαστιγοῖδὲ πάντα υἱὸν ὃν παραδέχεται で引用されているのは70人訳からである。

2) "AMMI, AIMI, or IMMI," *Jewish Encyclopedia, A Descriptive Record of the History, Religion, Literature, and Customs of the Jewish People from the Earliest Times to the Present Day*, vol. 1, (New York, NY: Funk & Wagnalls, 1901), p. 522.2

3) *The Soncino Talmud,* Shabbath 55a注 27.

あるが、これに似た考えはタルムードでは、明白な応報思想として、多くの例で強調されている。「人は尺には尺を受けるのだ」(Megilah 12b)。

> 人は、自分が用いる尺で自分も測られる。罪を犯すために自分を飾った女は、聖なる方が(その方が讃えられますように)彼女をさらし者にするだろう。彼女は、太ももで罪を犯し始め、後に子宮で罪を犯した。それゆえ、彼女は最初に太ももで罰せられ、後に子宮で罰せられるだろう。しかし、体全体も逃れることはできない。(Sotah8bミシュナ)

このように、人の行ないには、神がそれに見合った報いを下すと考えられた。これは、悪行にも、善行にもあてはまり、旧約聖書の人物もこの基準で測られる。たとえば、アブサロムは自分の髪の美しさを誇ったので、髪の毛によってつるされることになった(サムエル下14:25–26; 18:9–14)。ミリアムは立ち止まってモーセを見守っていたので(出エジプト22:4)、イスラエルの民は彼女を待って7日間旅路を中断する(民数12:15)、などである(Sotah 9bミシュナ)。ミシュナの部分は200年頃までには完成していたと見られるので、このような明確な応報思想はその頃までにはできていたと考えられる。

また、罪を見て罰を予期するこの応報思想から逆に、禍を見てそれを何かの罰と推測し、その罰の原因となった罪の存在を帰納する見方も示されている。災厄や不幸に見舞われた者は何かそれに値するような罪を犯しているに違いないとの見方、個人レベルの禍の神義論である。たとえば、溺れて死んだ者は誰かをおぼれさせたから溺死したのだ。こんどはその者を溺死させた者が溺死するであろう(Sukkeh 53a)[1]、と言われている。

この因果応報の考え方では、自然の災害や、政治的、社会的災害も、それを被る者たちの罪に起因すると考えられた。偽証罪を犯したり、神の名を汚したり、安息日を守らなかったりすれば野獣が増え、家畜がいなくなり、人

---

1) 石川耕一郎訳「ピルケ・アボス」『聖書外典偽典3 旧約偽典I』(東京:日本聖書学研究所, 1975), p. 265にも、同じ見方がある。

口が減り、街がさびれる。人の血を流すと、神殿が破壊され神はもはやイスラエルとともにいなくなる、などの因果関係が考えられていた（Shabbath 33a）。

4　禍を下すのは神か？

　しかしクラウス・コッホによれば、禍の神義論に顕著な応報の思想は、罪に対してヤハウェが罰として禍を課すという考えではない。むしろ、悪しき行為にはすでに内在的に禍の芽が含まれており、その自然な結果として必ず禍が起こるのだとの思想である[1]。これは、神義論的には、罪を犯せるように人間を作ったのは神であるのに、神は罪を犯した人間を罰し滅ぼすのかとの問いとかかわる問題である。これに対しコッホは、箴言の

> [1:18]待ち伏せて流すのは自分の血。隠れて待っても、落とすのは自分の命。
> [19]これが不当な利益を求める者の末路。奪われるのは自分の命だ。

> [5:22]主に逆らう者は自分の悪の罠にかかり、自分の罪の綱が彼を捕える。
> [23]諭しを受け入れることもなく、重なる愚行に狂ったまま、死ぬであろう。

> [10:29]主の道は、無垢な人の力、悪を行う者にとっては滅亡。

> [22:2]善人は主に喜び迎えられる。悪だくみをする者は罪ありとされる。

など多数の個所に言及し[2]、これらの個所では神の「罰」ということは全く語

---

1) Klaus Koch, "Is There Doctrine of Retribution in the Old Testament?" in James L. Crenshaw ed. *Theodicy in the Old Testament*（Philadelphia: Fortress Press, 1983）, pp. 57–87.
2) Koch, "Is There Doctrine of Retribution in the Old Testament?" p. 63. 彼が挙げている

られておらず、むしろ、「閉じた〈行為―結果　構造〉」[1]が前提されていると読んでいる。罪の結果の禍が罪を犯した人間に降りかかる際に、ヤハウェの行為は、「人間の行為の結果を動き出させることにある。〔…〕民は自らの行為の種をまき散らし続け、ヤハウェはそれらの行為の実が熟し、収穫が実ることを許すのである」[2]と彼は論じ、報いとも訳される עֵקֶב（ʿēqeb）（箴言22:4など）は、「結果」と訳すほうがよいと述べている[3]。一見、神が罰を与えるとの預言に見えるホセア書「私は、彼らを行いに従って罰し、悪行に従って報いる」（4:9b新共同訳）なども、むしろ「私は、彼のやり方をすべて彼らに返し、彼らの行いを彼に返す」と訳せ[4]、ヤハウェがなすのはただ、行為―結果の動きが、悪事を行なった当人に戻るようにすることのみである。

　さらにコッホが注目するのは、ヘブライ語の言語的特徴である。彼はファルグレンの研究に依拠して、ヘブライ語の一連の単語においては同一の語幹が行為とその結果の両方を表すために用いられていることに注目する。コッホの指摘では、旧約聖書では、一般的に「悪」を表す רַע（raʿ）には「道徳的に堕落している」という意味と「不幸をもたらす」という意味の両方があり、חַטָּאת（ḥaṭṭât）は「罪」と「災厄」の両方を意味する。同様に、פֶּשַׁע（pešaʿ）は「邪な背き」と「背きの報い」を意味し、עָוֹן（ʿāwôn）は「咎」と「禍」の両方の意味をもつ。このような2つの意味は、צְדָקָה にも見られ、この語は正義をうちたてる行為に言及し、「共同体の真実な構成員」（創世18:19、列王上 3:6）と正義の実である祝福の両方に当てはまる[5]。しかも、ゲゼニウス、ブール、ケーニヒなどの辞書に当たる限り、ヘブライ語には「罰」（punishment）に相当する語がない。コッホによれば最もそれに近い意味を持

例は 1:18, 19; 4:17, 18; 5:22, 23; 10:3, 6, 16; 10:29; 12:2; 12:21, 26, 28; 14:32, 34; 15:25; 16:5; 16:31; 18:10; 19:17; 20:22; 21:21；22:4, 22–23; 24:12b である。

1) Koch, "Is There Doctrine of Retribution in the Old Testament?" pp. 62, 68 et al.
2) Koch, "Is There Doctrine of Retribution in the Old Testament?" p. 67.
3) Koch, "Is There Doctrine of Retribution in the Old Testament?" p. 62.
4) Koch, "Is There Doctrine of Retribution in the Old Testament?" p. 67. ただし、ここで「彼ら」としたのは、コッホでは his action, him などと単数形になっている。意味上複数なので、ここでは彼らと邦訳した。
5) Koch, "Is There Doctrine of Retribution in the Old Testament?" pp. 75–76.

つのは、חַטָּאת であるが、これは特に「罪」を表す語でもある。同様に、正義を表す צְדָקָה（ṣᵉdāqâ）も、罰を下すことではなく、「報いを与えること」を表す[1]。

　コッホは、この〈行為－結果　構造〉の作用とヤハウェの働きの関係についての見方には、旧約聖書の中でも発展があり、詩編にはより積極的な働きをヤハウェに認める見方が出ていることを指摘している。たとえば、詩編作者はしばしばヤハウェに対して、自分のことや、敵のことを「心にとめてください」、「覚えていてください」（25:7; 74:18, 23; 79:8; 137:7 など）[2] と祈願するが、これは、自分が受けるべき報いや敵にふさわしい罰が実現するのが、ヤハウェに覚えられていてこそであり、機械的に起こることではないとの思想の表れである。そこから、「私の若い時の罪と背きは思い起こさず、慈しみ深く、御恵みのために、主よ、私を御心に留めてください」（25:7）との祈りも可能になる。神が忘れてくれることによって、罪咎に内在する悪い結果が実現することが防げるのである。コッホは、神義論としての考察は行っていないが、彼の〈行為－結果　構造〉の見方によれば、罪は人間の側の責任であり、そこから起こる結果としての禍は自分の犯した悪しき行為に内在する結果である。ヤハウェの与える罰ではない。善の報いも同様である。ただ、その内在的結果が現実化するためには、ヤハウェに覚えられていることが必要であるという点において、ヤハウェは罪の結果としての禍に重要な役割を果たすのである。しかしこのことは逆に、ヤハウェにはそれを非現実化のままにとどめる可能性のほうをむしろ現実となす力もあるということである。

　そしてこの点において、コッホは、詩編では特に、悪の結果としての禍よりも、善の結果の祝福のほうが多く言及され、強調されていることに注意を促している。例として、詩編1編6節の「神に従う人の道を主は知っていてくださる。神に逆らう者の道は滅びに至る」を挙げて彼は、「ヤハウェは詩行の前半にだけ言及され、後半は、行為がただ内在的に埋め込まれた結果だ

---

[1] Koch, "Is There Doctrine of Retribution in the Old Testament?" p. 77.
[2] Koch, "Is There Doctrine of Retribution in the Old Testament?" p. 73.

けを伴って言及されている。〔…〕詩編124:45でも同じ状況である」[1]と指摘している。ヤハウェは、人々に罰を与える神というよりもむしろ、その与える赦しによって、人々が本来被るべき罰としての禍を免れることを可能にする慈しみ深い神、救いの神だと考えられているのである。

　旧約の世界観において罪からその結果に至るすべてが一つの悪ととらえられており、ことさら罰だけがあとからヤハウェによって課せられた正義の裁きとは考えられていなかったことは、フォン・ラートも指摘している。フォン・ラートによれば、חַטָּאתも עָוֹן も、意味論的には、行為として（罪責として）の罪もその結果も、すなわち罰をも表すことができ、罪と罪責とを区別する考え方は旧約聖書の思考と対応しないのである。たとえば、カインが自分の עָוֹן は担いきれないと言った時（創世4:13）、そこに、罪責を考えているのか、罰を考えているのかという区別はまったくされ得ない。カインは彼の行為から放浪に至るまでの複雑な悪のすべてを見て、あまりにも重過ぎると考えているのだと、フォン・ラートは指摘している[2]。彼によれば、罰はヤハウェの義によって与えられるものではない。イスラエルに与えられる צְדָקָה は常に救いの賜物である。罰を与える צְדָקָה という概念の例証はない。それは形容矛盾なのである[3]。

　ただし、その一方、旧約においてヤハウェが罪の罰を与えることが明白に示されている個所をあげて、コッホは自説に都合の良い箇所にのみ注目していると批判する者もある[4]。実際、士師記3章8節、列王記上11章9–11節な

---

1) Koch, "Is There Doctrine of Retribution in the Old Testament?" p. 70.
2) フォン・ラート『旧約聖書神学I』、pp. 350–351.
3) フォン・ラート『旧約聖書神学I』、p. 499.
4) Jay Sklar, *Sin, Impurity, Sacrifice, Atonement: The Priestly Conceptions*（Hebrew Bible Monographs 2）（Sheffield: Sheffield Phenix Press, 2005）, p. 9, footnote 1は、"創世記 6:5–7; 19:13–14; 出エジプト記32:1–10; レビ記10:1–3; 18:25; 26:14–33; 民数記11:1; 12:9–11; 14:11–12,22–23,28–37; 16:25–35; 21:5–6; 申命記4:25–28; 6:14–15; 7:4; 28:15–68; 士師記2:13–15; 3:7–8; サムエル記上2:27–32; サムエル記下12:9–14; 列王記上2:32; 8:31–40; 9:6–9; 11:9–11; 列王記下17:6–18; 歴代誌上21:1–15; 歴代誌下7:13–14; エズラ記9:13–14; ネヘミヤ記9:26–28; 詩編5:11（10）; 11:5–6; 箴言12:2; イザヤ書3:16–17; 9:13–14; 10:5–6; エレミヤ書3:1–3a; 4:4; 5:3; 哀歌3:42–47; エゼキエル書7:3, 8–9; 11:6–12; 14:7–8; 22:4, 13–15; ホセア書1:4–5; 2:10–15（8–13）; 8:13b–14; 10:1–2;

ど、神が怒りをもって民を罰する例は見られ、旧約聖書の神概念は書かれた時代と著者によって必ずしも同一ではない。しかしそのような多様性の中で、コッホのあげている例は、コッホやフォン・ラートの言うことが妥当な場合が十分にあることを例証している。

5 恩寵と応報の緊張

1) 旧約聖書
a モーセ五書

　恩寵の神の義と、人間が神に従うか否かを基準として人間に対して正義をなす神の義の間には緊張があり、そのことはすでにモーセ五書の中で創世記の時点から意識されている。ソドムの住民の罪があまりにはなはだしいために、ヤハウェがこの町を滅ぼしてしまうことにした時のことである。アブラハムは、ヤハウェに向かい、正しい者を悪い者と一緒に殺し、正しい者を悪い者と同じ目に遭わせるようなことをヤハウェがすることはありえないはずだと訴え、50人の義しい者がいれば町全体を助けるとの答えを得る（創世18: 25–26）。そこから彼はさらに掛け合って、ついには義しい者が10人いれば、町全体を赦すとの約束を勝ち取るのであるが（18:27–32）、結局ソドムには10人の義人もなく、ロトの家族を残して滅ぼされてしまう（19:1–29）。「著者は、神が不正なやり方をしているとの容疑を晴らしたいと欲している。これは、神が10人の義人のために喜んで町全体を助けようとしていることを示すだけではなく、町が全体としては容赦され得なくなってさえ、義しいわずかな人々を救うために介入するだろうと示すことによって成されている」[1]と、ケンスキーは指摘している。10人の義人がいればその義人だけ

　アモス書1:3–2:5; 3:2; ミカ書1:3–7; 6:13–16; ゼファニヤ書1:2–6." を Klaus Koch が否定している神によって下される応報的罰（divine retribution）の例としてあげている。

1）Meira Z. Kensky, *Trying Man, Trying God*（Wissenschaftliche Untersuchungen zum Neuen Testament 2. Reihe 289）,（Tübingen: Mohr Siebeck, 2010）, pp. 24–25. Kenskyは、ここには捕囚期にエゼキエル18:1–32などに表れた個人レベルでの応報の正義に関する関心が表れていると指摘し、この部分が捕囚期以降に神の義についての新たな理解の下に書かれたように示唆している。

ではなく、町全体を赦そうとの神の約束は、応報や正しい報いよりも恩寵が優位に立つ神の義の方向を示している。

　アブラハムに誓った祝福に忠実な神の義がシナイ契約を重視する神の義を凌駕する優先順位は、出エジプト記32章11–14節でより明確に示される。ここで、モーセは、雄牛の像を拝む民を滅ぼそうとする神にとりなし、彼らが神の民であること、神自身の民を損なうことは神の名を傷つけることになると指摘し、「アブラハムの神、イサクの神、ヤコブの神」として自ら誓ったアブラハムへの祝福、彼の子孫の繁栄と土地の授与の約束（創世15: 5–7; 17:6–8）を守ることを求める。「モーセは、神自身の名と忠実さと名誉がかかっていることを神に思い出させる。神が自分に賭けて誓ったことが有効でないのなら、この後何が有効になるのか？」[1] 神はこの訴えを聞き入れて民を罰することを思いとどまるが、そのことによって、アブラハム契約の優位が明らかにされている。

　応報の義を明示した申命記の中にあってさえも、神の信義と律法遵守における義との並存が見られる。申命記30章には次のように書かれている。

> 30:1 私があなたの前に置いた祝福と呪い、これらのことがすべてあなたに臨み、あなたが、あなたの神、主によって追いやられたすべての国々で、それを思い起こし、2 あなたの神、主のもとに立ち帰り、私が今日命じるとおり、あなたの子らと共に、心を尽くし、魂を尽くして御声に聞き従うならば、3 あなたの神、主はあなたの運命を回復し、あなたを憐れみ、あなたの神、主が追い散らされたすべての民の中から再び集めてくださる。〔…〕6 あなたの神、主はあなたとあなたの子孫の心に割礼を施し、心を尽くし、魂を尽くして、あなたの神、主を愛して命を得ることができるようにしてくださる。
>
> 7 あなたの敵とあなたを憎み迫害する者にはあなたの神、主はこれらの呪いの誓いをことごとく降りかからせられる。8 あなたは立ち帰って主の御声に聞き従い、私が今日命じる戒めをすべて行うようになる。

---

1) Kensky, *Trying Man, Trying God*, p. 26.

^{9}〔…〕主はあなたの先祖たちの繁栄を喜びとされたように、再びあなたの繁栄を喜びとされる。^{10}あなたが、あなたの神、主の御声に従って、この律法の書に記されている戒めと掟を守り、心を尽くし、魂を尽くして、あなたの神、主に立ち帰るからである。

^{11}私が今日あなたに命じるこの戒めは難しすぎるものでもなく、遠く及ばぬものでもない。^{12}それは天にあるものではないから、「誰かが天に昇り、私たちのためにそれを取って来て聞かせてくれれば、それを行うことができるのだが」と言うには及ばない。^{13}海のかなたにあるものでもないから、「誰かが海のかなたに渡り、私たちのためにそれを取って来て聞かせてくれれば、それを行うことができるのだが」と言うには及ばない。

^{14}御言葉はあなたのごく近くにあり、あなたの口と心にあるのだから、それを行うことができる。^{15}見よ、私は今日、命と幸い、死と災いをあなたの前に置く。

この個所の著者は、律法遵守における義の達成を人間の手の届くところにあるものとして提示しつつ、その実現可能性を、人間の意志を超えて戒めを人間の心に記す神の恵み、神の救済的義によるものであると考えている（30:6）[1]。

b 預言者

預言者たちは、イスラエル内部での絶えない社会の構造的悪や富者の貧者抑圧などに対して、民に、神に立ち帰ることを勧め、裁きを預言してい

---

1) Brettler は、申命記史家の著述自体は自由意志に基づく応報思想であると考え、申命記30:6が、個人の自由な選択とは無関係に、人々が神に従うように神の恵みが働くという考えを示すことを指摘し、申命記30:1-10がエレミヤ31:31-34に影響を受けた後期の「反申命記」的挿入であると論じている。Marc Zvi Brettler, "Predestination in Deuteronomy 30.1-10," in Linda S. Schearing / Steven L. McKenzie eds., *Those Elusive Deuteronomists: The phenomenon of Pan-Deuteronomism* (Journal for the Study of the Old Testament Supplement Series 268) (Sheffield: Sheffield Academic Press, 1999), pp. 171-188.

る（アモス5:10–24、エレミヤ5:1; 22:13–17など）。この裁きの預言は、民族としてのイスラエルの苦難と他民族の繁栄についての疑問が捕囚期以降とくに強くなった状況に答えるものでもあった。預言者たちの書には、神に立ち帰らない民自身への弾劾と共に、アブラハムに祝福を誓った神の介入への要請が緊張を持ちつつ持続する。苦難の中で、そこからの救いをもたらすメシアが現れる期待や、すべてが刷新される終末への待望が表されているのである[1]。たとえば第二イザヤには一時、イスラエルの民のエルサレム帰還を可能にしたキュロス王をメシアと見る、政治的メシアへの期待が見られた。「[44:28] キュロスに向かって、わたしの牧者、わたしの望みを成就させる者、と言う。〔…〕[45:1] 主が油を注がれた人キュロスについて、主はこう言われる。わたしは彼の右の手を固く取り、国々を彼に従わせ、王たちの武装を解かせる。扉は彼の前に開かれ、どの城門も閉ざされることはない」（イザヤ44:28–45:1）。しかし、キュロス王への期待は幻滅に終わり、結局イスラエルには真の独立と平和はもたらされなかった。こうした中でさらに時代を下ったマラキ書（3:19–24）[2]には、預言者エリヤの再来とも重ね合わせられる黙示的メシアへの期待が見られる。

　　　[3:19]見よ、その日が来る、炉のように燃える日が。高慢な者、悪を行う者は、すべてわらのようになる。〔…〕[20]しかし、わが名を畏れ敬うあなたたちには、義の太陽が昇る。その翼には癒す力がある。〔…〕[23]見よ、私は、大いなる恐るべき主の日が来る前に、預言者エリヤをあなたたちに遣わす。[24]彼は父の心を子に、子の心を父に向けさせる。私が来て、破滅をもってこの地を撃つことがないように。

---

1) 社会の構造悪のない世の中としてのメシアの世待望は、後代のラビ・ユダヤ教では、バビロニア・タルムードSanhedrin98bに見られ、それに対し、メシアの世をただ他国の圧政の終焉と見る見方も提示されている（Sanhedrin99a）。
2) 十時英二「マラキ書」日本基督教協議会文書事業部編『キリスト教大事典』（東京：教文館、1963）、p. 1021によるとBCE 515年からBCE 445年の間に執筆されたと想定される。

このように、メシアの到来とともにすべてが刷新される主の日というものを思い描くようになり、その日を待ち望む希望が現れるのは、旧約聖書でも後記の預言者に属する時代である。これはイスラエルの民が、現世における補償や回復が望めない状態に置かれ、しかも彼らに対する神の信義と恩寵を信じ続ける必要からの希望であろう。神義論の回答は、黙示的救いに期待されるようになったのである。これは、究極的にはアブラハム契約に根ざす希望である。

c ヨブ記

申命記史家以来のイスラエルの宗教において、「禍の神義論」は罪に対する応報として合理的に苦難の問題を処理しようとした。しかし、その解決法は、義人の苦難や悪人の繁栄の問題という、神義論上の難問を残した。その代表的な表出がヨブ記である。旧約聖書において、申命記史家たちの禍の神義論に疑問を持ち、あるいは真っ向から対立する見方、「義人」の苦難の問題を禍の神義論では解決のつかない問題として見すえる立場がそこにある。

ヨブは突然財産や子どもを失い、重い皮膚病に見舞われる。彼の友人はその苦難を彼が犯したに違いない罪の結果であると決めつける（4:7, 34:11 etc）。ヨブ自身も、時に自分の苦難は自分が過去に犯した罪、「若い日の罪」に対する神の罰ではないかと信じかけるほどである（13:26）。善行には祝福、罪には災いとの応報思想を保持し続けようとすれば、災いを受けている自分はどこかで罪を犯しているはずだと考えざるを得ないからである。

しかし、読者は冒頭から、ヨブが苦難にあっているのはただ、サタンがヨブを苦しめることを神が許したからにすぎないことを知っている。ヨブが「無垢な正しい人で、神を畏れ、悪を避けて生きていた」（1:1）ことが語りの言葉によって明示されているからである。しかも、これは、神がサタンに言うせりふによって裏打ちされる。「お前は私の僕ヨブに気づいたか。地上に彼ほどの者はいまい。無垢な正しい人で、神を畏れ、悪を避けて生きている」。これは、ヨブの潔白さを強調するように、二度、同じ言葉で繰り返されている（1:8; 2:3）。人間はいかに良く律法を守っていても不幸に陥ることがあるということがこの書の洞察である。「ヨブ記」は伝統的に知恵文学

に分類されてきたが、箴言などの禍の神義論や因果応報の合理性を否定した「反抗の知恵文学」[1]なのである。

　ヨブ記の成立年代は正確には分かっていないが、ほぼ学問的合意が成り立っているところによれば、バビロニアによるエルサレムの陥落（BCE 587）後、BCE 5世紀頃までに書かれた。この説が正しいとすれば、ヨブ記の著者、あるいは著者たちは、BCE 8世紀の北王国の滅亡からBCE 6世紀のユダ王国の滅亡に至る民族の歴史を知っていたことになる。なぜ神の民であるはずのイスラエルが不信の輩である他民族に侵害され侮辱され滅ぼされるのか[2]。申命記史家たちはこれを、イスラエルが背信の罪を犯した故に神が彼らに下した罰であり、他民族は神の道具として用いられているのだと解釈した。しかしそれに対し、ヨブ記は、理解しがたい苦難の理由については判断を保留し、ヨブの苦難の理由は究極的には人間の理解を超えたものであるとの認識に達している。神は人間に、「なぜ人間は苦しむのか」ということについては答えを与えないのである。

---

1) Katharine Dell, *'Get Wisdom, Get Insight': An Introduction to Israel's Wisdom Literature* (London: Darton, Longman and Todd, 2000), p. 38.

2) ただし、ヨブ記が申命記史家の禍の神義論に対する反論として新たに創作されたということではない。説明のつかない苦難の存在は、すでに古来から問題として意識されていた。義人の苦難に面して神の義を問うヨブ伝承は近東にBCE 第2千年紀にさかのぼってすでに存在した。メソポタミアでは、「スメリアのヨブ」（「人とその神」として知られている "Sumerian Job," ("Man and His God,") が、BCE 1750年頃すでに存在していたと考えられている。「バビロニアのヨブ」（「われは知恵の主を賛美する」として知られる）もまた、現存する最古の写本はBCE 7世紀ながら、BCE 1000年以前にさかのぼると考えられている。BCE 1000年ごろ執筆された「バビロニア神義論」は、ヨブ記と共通点が多く、ヨブ記同様受苦者とその友人との間の会話という形式を用いている。罪なき者の苦難と神の正義の問題は、古代エジプトの文学にも見られ、シリア＝パレスチナでも、第2千年紀の文学に「ヨブ」という名が見られる。カナンの叙事詩「ケレト王伝説」（BCE 1400頃）は旧約のヨブ記と似通った枠組みを持ち、主人公は、義しい王であったにもかかわらず7人の妻とすべての子どもを失い、彼の王朝の存続の見込みを断たれるという説明のつかぬ苦難を被る（Cf. Samuel E. Balentine, "Book of Job," *The New Interpreter's Dictionary of the Bible*, vol. 3 (Nashville, Abingdon Press, 2008), pp. 319–323; James L. Crenshaw, "Book of Job," *The Anchor Bible Dictionary*, vol. 3 (New York: Doubleday, 1992), pp. 863–865).

しかし、だからと言って、神が何も答えていないわけではない。ヨブが自らの苦しみに異議を唱え、神の義に疑問を投げかけた時、彼の苦しみへの答えの代りに示されたのは、神がいかにこの世界とその中に生きる者を創造し、彼らの生の営みを導く主であるかの例証であった。神は自分が創造主であること（38:4–11, 36–38）、世界の限界を定め（38:6–18）、太陽も光も闇をも（38:12–15, 19–21）支配する天の支配者であること（38:31–35）、自然現象（38:19–30）も動物界（38:36–39:30）をも支配し導く主であることを自然界の光、鳥、動物などを取り上げて思い起こさせる。それは単に、被造物に対する神の権威を示しているだけではなく、すべて生きるもの、個々の動物や鳥の日々の営みに至るまでを支え、恵みによって導いているのが神であることを示していた。これはヨブについてもまた、あらゆる時に神がその生を支えてきたからこそ、彼が今まで生き行為することができたのだと、悟らせることでもあった。ヨブが神の答えに満足したのはそのことによる。神の言葉は、人間の知恵の限界をヨブに知らせただけではない。むしろ、ヨブは、律法に基づく祝福と災いの配分の正義よりももっと根底のレベルにある、全創造を祝福した神の義、神が自ら作り祝福した世界を支え、導いていることに示された神の慈しみに神の信実を悟ったのであろう。

　さらに、ヨブ記においては、ヨブにとっての苦難の問題の質が重要である。ヨブが自らの苦難に遭遇した時に、彼にとって問題となったのは、第一には、その苦難が自分の犯した罪に対する罰に違いないという友人たちの見方と、自分が正しく生きてきたという彼自身の認識の間の齟齬であった。友人の見方は当時一般的な見方を代表し、ヨブ自身もそれが正しい見方であることを否定しきれない。しかし、一方で、彼は自分の正義を疑うこともまた出来ない。また、ヨブは、神の全能を疑うこともけっしてない。それゆえ、

1. 神は正義なら義人に苦難は与えようとするはずがない。
2. 神は全能なら義人に苦難を与えないことができるはずである。
3. 自分は義人なのに苦難をこうむっている。

という、三つの矛盾した命題の間で、ヨブは揺れるのである。これは、ヨブ記における神義論の論理的側面であり、組織神学での神義論の問題に通じる。

5　恩寵と応報の緊張

　ヨブは、義人である自分が苦難を被っているという認識から、「自分は罪がない。しかし、私は自分がわからない」(9:21)「ひとつことなのだ。神は罪のない者も悪しき者も滅ぼしてしまうのだ」(9:22)との命題の間を揺れる。神が義人には祝福を、悪しき者には呪いを与えるとの約束を守るとすれば、ヨブは自分の受けている呪いという結果から、自分にその原因となる非があると帰納するしかないが、一方で、目に見、自分が体験している現実からは、神が善人も悪人も等しく滅ぼしつくすようにしか見えない。コッホの言うように、ヨブは、「〈善行には祝福〉構造」が歪曲された事例を直接彼自身の個人的不幸において発見したのだが、そこから一般化して、ヤハウェの一般的な行動様式がそのような歪曲を起こすものなのだというように語るに至っている[1]。ここにはヨブの内的混乱が表れている。

　しかし、彼にとって問題はそれだけではなかった。もうひとつ、ヨブにとっての大きな問題は、苦難にあって彼が感じた神との疎外であり、それは、彼の嘆きに明らかである。

> 29:1 ヨブは言葉をついで主張した。
> 2 どうか、過ぎた年月を返してくれ。神に守られていたあの日々を。
> 3 あのころ、神は私の頭上に灯を輝かせ、その光に導かれて私は暗黒の中を歩いた。4 神との親しい交わりが私の家にあり、私は繁栄の日々を送っていた。5 あのころ、全能者は私と共におられ、私の子らは私の周りにいた。

神が共にいてくれるということは、申命記的歴史観においては確かに物理的平安や繁栄に結びつくと考えられてはいたが (cf. 申命記28:1–14など)、そのことよりもむしろ「神との親しい交わり」自体が、彼にとっては重要だった。これは、彼の関心が、究極的には神の法的正義の面にではなく、かつて自分を祝福してくれた神が祝福を保持してくれる神であることをどこまで信頼できるのか、という、神の信義的面にあったということである。それ

---

1) Koch, "Is There Doctrine of Retribution in the Old Testament?" p. 80.

だからこそ、最終的に神が嵐の中からヨブに自ら答え、ヨブを戒めたときに、ヨブは満足するのである。神の答えの内容だけでなく、今まで沈黙して、ヨブを捨て去ったと思われた神が自ら答えてくれたというその事実自体によって、ヨブは心の平安を取り戻したのだと考えるのが正しいであろう。

読者は、なぜヨブが苦しんでいるのかを序章ですでに知らされている。しかし、ヨブは自分の苦難の理由を知らない。A・A・ピークが言うように、「この書においては、ヨブが最後まで知らないままでいることが必至なのである。なぜなら、彼が学ぶ教訓は、まさに、彼は神の行為の理由が理解できなくても神を信頼しなければならない、ということだからである」[1]。

結局ヨブは、創造主である神との出会いによって答えを得[2]、物理的な意味でも不幸に対してこの世での埋め合わせとなる幸いを受ける。ヨブ記は、申命記的応報思想を越えた創造主としての神の信義に答えを求めているのである。ただ、それでも、現実には理不尽な苦しみの問題は残り、悪の存在に対する究極的な答えはこの書においては保留されている。

d 詩編

詩編は、苦難に面して、申命記史家の禍の神義論とそれ以外の思想、特にイスラエルを自分の民とした神の信義を信じる思想との両方を見せている。

---

1) A.S. Peake, "Job: The Problem of the Book," in James L. Crenshaw ed. *Theodicy in the Old Testament* (Philadelphia: Fortress Press, 1983), p. 107.
2) 神が直接自分に顕現してくれたことにヨブが満足したとの見方をする研究者は少なくないが、その多くは、ヨブは神の顕現によって神の全知全能と自分の取るに足りなさを思い知らされたのであると考えている（John T. Wilcox, *The Bitterness of Job: A Philosophical Reading* (Ann Arbor: University of Michigan, 1989; paperback, 1994), p. 204; David J. Clines, *Job 38–42.* (Word Biblical Commentary 18B) (Nashville, Tennssee: Thomas Nelson, 2011), pp. 1211–1212; 関根正雄『関根正雄著作集　第九巻　ヨブ記註解』(東京：新地書房, 1982), p. 361 など)。関根正雄は、ヨブが、自分も創造者なる全能の神の愛の対象であると認め、神を賛美したのだとも指摘しており（関根, p. 360）われわれはこの点に賛同する。Hartley は、ヨブの満足は雲の中からの神の顕現が神に会いたいとのヨブの渇望を満たしたことによると見ており（John E. Hartley, *The Book of Job* (Grand Rapids, Michigan: William B. Eerdmans, 1988), p. 537）、本論の見方はこれに近い。

5　恩寵と応報の緊張　　　63

詩編には、主に次の6つの態度が見出される。その混合が見られる場合もある。

・申命記的歴史観に沿った応報思想（詩編1、2、5、7、11、14、15、16、19、24、34、36、37、41、45、50、58、64、65、69、75、91、92、95、111、112、128、135編など）。
・罪の自覚と赦しの嘆願（詩編6、19、32、38、39、40、41、51、65、95、130編など）。
・なぜ悪人が栄えるのか（詩編2、3、52、53、55、58、62、73、94編など）。
・神を信じる私たちが嘲られている。あるいは、苦しめられているとの訴え。（詩編10、11、12、13、14、22、25、31、35、36、37、40、41、42、44、56、57、64、69、74、79、80、83、84、86、87、94、109、115、123、140、141、142、143編など）。
・敵からの救いの歎願。敵への罰の祈願。信頼（詩編3、4、5、6、7、9、10、12、13、14、16、17、18、20、22、25、31、35、38、40、41、42、44、64、69、74、79、80、83、86、89、94、109、115、123、140、142編など）。
・神への賛美（詩編7、89、16、19、21、22、29、30、31、47、48、56、57、63、66、67、68、71、81、84、87、89、92、93、95、96、97、98、99、100、101、103、104、105、106、107、108、111、112、113、114、117、118、124、134、136、144、145、146、147、148、149、150編など）。

申命記的歴史観に立つ詩編としては、格言的な詩編1編がその典型としてあげられる。

1:1 いかに幸いなことか、神に逆らう者の計らいに従って歩まず、罪ある者の道にとどまらず、傲慢な者と共に座らず
2 主の教えを愛し、その教えを昼も夜も口ずさむ人。
3 その人は流れのほとりに植えられた木。ときが巡り来れば実を結び、葉もしおれることがない。その人のすることはすべて、繁栄をもたらす。
4 神に逆らう者はそうではない。彼は風に吹き飛ばされるもみ殻。
5 神に逆らう者は裁きに堪えず、罪ある者は神に従う人の集いに堪えな

い。
>6 神に従う人の道を主は知っていてくださる。神に逆らう者の道は滅びに至る。

その他にも、

>5:4 主よ、朝ごとに、私の声を聞いてください。朝ごとに、私は御前に訴え出て、あなたを仰ぎ望みます。
>5 あなたは、決して、逆らう者を喜ぶ神ではありません。〔…〕

>50:22 神を忘れる者よ、わきまえよ。さもなくば、私はお前を裂く。お前を救える者はいない。
>23 告白をいけにえとしてささげる人は、私を栄光に輝かすであろう。道を正す人に、私は神の救いを示そう。

など、神は義しい者には報いとして幸いを、罪人には裁きと禍をもたらすとの確信を表す詩編は多い。ここから、自分の禍や病を自分の罪の罰と感じ、そこからの救いと赦しを乞う詩編群がある。その典型的な例が詩編6編であろう。

>6:2 主よ、怒って私を責めないでください。憤って懲らしめないでください。
>3 主よ、憐れんでください。私は嘆き悲しんでいます。主よ、癒してください、私の骨は恐れ
>4 私の魂は恐れおののいています。主よ、いつまでなのでしょう。〔…〕

ただし、詩編作者がこのように自分の病の原因を自分の過去の罪に帰してヤハウェに赦しと治癒を願う時、実際には病は罪によって引き起こされたのではなく、むしろ詩人の罪悪感は、病に神の怒りや罰を感じる申命記史家の歴史観に影響を受けた心情の表れであるように見える。詩編6編は、

5　恩寵と応報の緊張　　　　　　　　　　　65

^{6:7}私は嘆き疲れました。夜ごと涙は床に溢れ、寝床は漂うほどです。
⁸苦悩に私の目は衰えて行き、私を苦しめる者のゆえに、老いてしまいました。
⁹悪を行う者よ、皆私を離れよ。主は私の泣く声を聞き
¹⁰主は私の嘆きを聞き、主は私の祈りを受け入れてくださる。
¹¹敵は皆、恥に落とされて恐れおののき、たちまち退いて、恥に落とされる。

との、敵への呪いと神への信頼の言葉で終わるが、この「敵」は、病の詩人をその病ゆえに罪人として咎め、苦しめる社会の自称「義人」たちであるとも推測される。似た心情は、詩編38編や41編にも見られる。38編は、疫病にかかった者が社会から疎外され、その病が罪の罰と考えられることがいかに通常のことであったかを示している。

^{38:2}主よ、怒って私を責めないでください。憤って懲らしめないでください。
³あなたの矢は私を射抜き、御手は私を押さえつけています。
⁴私の肉にはまともなところもありません。あなたが激しく憤られたからです。骨にも安らぎがありません。私が過ちを犯したからです。
⁵私の罪悪は頭を越えるほどになり、耐え難い重荷となっています。
⁶負わされた傷は膿んで悪臭を放ちます。私が愚かな行いをしたからです。
⁷私は身を屈め、深くうなだれ、一日中、嘆きつつ歩きます。
⁸腰はただれに覆われています。私の肉にはまともなところもありません。
⁹もう立てないほど打ち砕かれ、心は呻き、うなり声をあげるだけです。
¹⁰私の主よ、私の願いはすべて御前にあり、嘆きもあなたには隠されていません。
¹¹心は動転し、力は私を見捨て、目の光もまた、去りました。
¹²疫病にかかった私を、愛する者も友も避けて立ち、私に近い者も、遠

く離れて立ちます。
^{13}私の命をねらう者は罠を仕掛けます。私に災いを望む者は、欺こう、破滅させよう、と決めて、一日中それを口にしています。〔…〕
^{20}私の敵は強大になり、私を憎む者らは偽りを重ね
^{21}善意に悪意をもってこたえます。私は彼らの幸いを願うのに、彼らは敵対するのです。
^{22}主よ、私を見捨てないでください。私の神よ、遠く離れないでください。
^{23}私の救い、私の主よ、すぐに私を助けてください。

しかし、この詩人が自分の「愚かな行ない」のためとし、明確に「罪」としていないところから、詩人には取り立てて罰に値する律法違反や神への冒瀆などの重い罪の意識はなかったのかもしれないとも読める。ここでもこの詩人が自分の病をヤハウェの怒りに帰していることや周囲の者が彼を避けた背景には、むしろ申命記史家の禍の神義論が社会に広く受け入れられていたことがあると理解される。月本昭男は、「病む者を忌避し、その破滅をもくろむ『おびただしい（！）〔…〕敵』とはそうした社会自体の象徴的表現であった」と指摘している。「しかし、こうした祈りは、病む者の前に敵として立ち現れる社会の様相を露にしながらも、そのような社会を醸成してきた因果応報思想の呪縛を断ち切ることはなかった。祈り手自身が、またこの種の祈りを伝えた祭司たちが、応報観念から自由ではありえなかったのである」[1]。

41編は病気を罪の罰と見る社会の声が病人を苦しめる「敵」であることをより明白に表している。

$^{41:6}$敵は私を苦しめようとして言います。「早く死んでその名も消えうせるがよい。」
^{7}見舞いに来れば、むなしいことを言いますが、心に悪意を満たし、外に出ればそれを口にします。

---

1) 月本昭男『詩編の思想と信仰 II』（東京：新教出版社, 2006）, p. 185.

⁸私を憎む者は皆、集まってささやき、私に災いを謀っています。
⁹「呪いに取りつかれて床に就いた。二度と起き上がれまい。」

　月本昭男はここでもまた、いかに周囲の人々が病者の前に「憎む」「敵」として立ち現れているかに注目し、「重い病苦を『呪い』と決めつける社会の暴力性がここに照らし出される」と指摘している。「それゆえ、『呪われた』病苦に苛まれる人は、病の癒しを祈ると同時に、こうした社会に対する報復を願わずにはいられない（11節「私が彼らに報いを返せますように」）」[1]。
　病に罹った者は、自分の病が己の罪の罰であり、ヤハウェの怒りによるのではないかと考え、ヤハウェの赦しを請うているが、それと、自分を嘲り呪う人々を敵として彼らに対するヤハウェの報復を願い信じる信頼は詩編においては奇妙に両立している。実際、たとえ自分がヤハウェに罰せられていると意識している時でさえも自分とヤハウェの結びつきを信じ、ヤハウェは敵から自分を守ってくれるという信頼を保持するところが詩編作者に顕著な特徴である。
　詩編には、自分たちが苦難にあっている時、それはただ、ヤハウェが自分たちを助けてくれるまでの一時的なことであり、究極的には救いがあるという信頼を示す祈りが散在する。
　詩編に特徴的な神への呼びかけに、「主よ、いつまで」と、の問いかけがある。これは、自分の苦難が神に無視、あるいは傍観されている、あるいは、神の怒りによるとの思いから、苦難の終結を神の意思次第と信じ、苦難からの救いが一刻も早くもたらされることを祈り乞い願う求めである。「私の魂は恐れおののいています。主よ、いつまでなのでしょう」（6:4）。「いつまで、主よ、私を忘れておられるのか。いつまで、御顔を私から隠しておられるのか」（13:2）。「主よいつまで見ておられるのですか。彼らの謀る破滅から、私の魂を取り返してください」（35:17）。「神よ、刃向かう者はいつまで嘲るのでしょうか」（74:10）。「主よ、いつまで続くのでしょう。あなたは永久に憤っておられるのでしょうか」（79:5）「万軍の神、主よ、あなたの民

1）月本『詩編の思想と信仰 II』, p. 217.

は祈っています。いつまで怒りの煙をはき続けられるのですか」(80:5)。「い
つまで、主よ、隠れておられるのですか。御怒りは永遠に火と燃え続けるの
ですか」(89:47)。「主よ、帰って来てください。いつまで捨てておかれるの
ですか。あなたの僕らを力づけてください」(90:13)。「主よ、逆らう者はい
つまで、逆らう者はいつまで、勝ち誇るのでしょうか」(94:3)。

　これらの呼びかけにおいて、詩編作者は、神が自分を忘れ、自分から顔を
隠し、あるいは捨て置いているとの疎外感を抱いているが、その一方で、い
つか神が自分を救ってくれることを信じて疑わず、神を賛美さえするのであ
る。

　「主は私の嘆きを聞き、主は私の祈りを受け入れてくださる」(6:10)、「あ
なたの慈しみに依り頼みます。私の心は御救いに喜び躍り、主に向かって歌
います。『主は私に報いてくださった』と」(13:6)、「私たちはあなたの民。
あなたに養われる羊の群れ。とこしえに、あなたに感謝をささげ、代々に、
あなたの栄誉を語り伝えます」(79:13) などと彼らはうたう。

　詩編には、自らの義を訴え、ヤハウェの裁きを求める作品が多出してい
る。7編、17編、26編などがそうである。しかし、その一方で、「御前に正
しいと認められる者は、命あるものの中にはいません」(143:2) との認識も
詩編には見られる。このように告白する詩編作者は、罪の自覚のもとに、
「あなたの僕を裁きにかけないでください」(143:2) と祈願する。特に重要
なのは、自分の罪の認識と、32編などに見られるように、罪を認識した者
がその罪を告白することによって神に赦され、「罪を覆っていただく」(32:1)
ことができるというヤハウェの憐れみへの信頼である。

　詩編51編の作者は、「[51:9] ヒソプの枝で私の罪を払ってください。私が清
くなるように。私を洗ってください。雪よりも白くなるように。[10] 喜び祝う
声を聞かせてください。あなたによって砕かれたこの骨が喜び躍るように。
[11] 私の罪に御顔を向けず、咎をことごとくぬぐってください」(51:9–11) と
祈っている。

　ヨブ記では、人間がたとえ義であっても災いに見舞われるという認識か
ら、因果応報の神義論に疑問が呈されたが、詩編では逆に、人間はヤハウェ
に対し罪を犯してもなお、その罪からヤハウェによって救われうるとの認識

が見られる。これら32編や51編で顕著なことは、詩編作者が自らの罪を自分で償いうると考えておらず、罪を「覆う」「払う」、咎を「ぬぐう」などのことができるのはヤハウェのみであり、ヤハウェが憐れみによって罪から自分を解放してくれると信じ祈願していることである。

　これらの祈りにもあてはまることであるが、詩編中もっとも重要な主題のひとつは、ヤハウェへの信頼である。月本昭男は詩編にはヤハウェへの信頼を主題とする作品が多いだけでなく、信頼を表す最も一般的な動詞バータハ／ヒブティーアハ（語根BṬḤ）を見るだけでも、旧約聖書中の全用例中45例が詩編で用いられ、他の書をはるかにしのぎ（イザヤ書19例、エレミヤ書16例が詩編に続いて多いが、その倍以上である）、その用例を通覧すれば、詩編作者の信仰の一端が垣間見えるであろうと指摘している[1]。

　コッホが旧約聖書の思想として述べた通り[2]、詩編作者たちも、罪の結果の禍はヤハウェからの罰というよりもむしろ、罪に内在する悪しき結果の表れであると見ており、ヤハウェがなすのは、その結果が実際に起こるまでに熟させるか、止めるかすることなのだと考えている。それゆえ詩編作者たちは、ヤハウェが自分たちの罪を忘れ、覆い隠してくれること、罪の結果が自分たちに戻ってくることから「救い出してくれる」ことを望むのである。詩編作者は、申命記的応報思想を受け入れつつ、その応報から救済してくれる救済の神、恵みの約束に対して信実な神としてヤハウェを見ている。

　すでに見た、詩編においてはときに、たとえ「神に従う人の道を主は知っていてくださる。神に逆らう者の道は滅びに至る」（1:6）のように善と悪の両方に対して応報が考えられているような場合であっても、「主」の積極的な行為が示されているのは、善に対してのみの場合がある。ここでは、神に逆らう者が滅びることは、とりわけ主ヤハウェの業とはされていない。善への報いと罪への罰が同等に言われているのではなく、善き人々を覚える恵みの部分のほうが強調されているのである[3]。

1）月本『詩編の思想と信仰 II』, p. 84.
2）Koch, "Is There Doctrine of Retribution in the Old Testament?" p. 67. 前述I. 4, pp. 50–54参照.
3）Koch, "Is There Doctrine of Retribution in the Old Testament?" p. 70. 前述pp. 52–53参照.

詩編作者たちは、応報思想の浸透した社会にあって、自分たちに対してはヤハウェが究極的に憐れみと赦しと救いの神であることを信じ、苦難の中でもヤハウェが自分たちを覚え、助けてくれることを祈る。彼らは救いと恩寵の神義論を保持し、それは彼らの、ヤハウェへの信頼からくるものである。

2）中間時代

a 黙示文学

捕囚期や、CE70年のローマによるエルサレム陥落後には、民族としてのイスラエルの苦難と他民族の繁栄についての疑問が強くなった。新約時代と重なるエルサレム崩壊後に書かれた黙示文学には、その疑問が明白に神義論的問いの形で問われている。

第四エズラ書の成立はCE90–100年頃とされ[1]、バルク黙示録はその前後とされているが[2]、これらの書にはエルサレムがローマによって破壊された後のユダヤ民族の苦難の理由を神に問い、その苦難に対して神は何をするのかと尋ねる姿勢が見られる。

> 4:23 なぜイスラエルは不名誉にも異邦人に渡されたのか、なぜあなたが愛された民を、神を恐れぬやからに渡されたのか。なぜ私たちの先祖の律法は滅び去り、書き記された契約はうせたのか〔…〕。25 しかし私たちに与えられた御名のために、神は何をなさろうとするのでしょうか。（4エズラ 4:23–25、類似の文言が、シリア語バルク黙示録5:1にある。）

この「私たちに与えられた御名」とは、アブラハム伝承の中で繰り返し、「アブラハムの神、イサクの神、ヤコブの神」（出エジプト 3:6, 15; 4:5）と言及されている神がヤコブに与えた『イスラエル』という名（創世 32:29; 35:10）

---

1) W・シュミットハルスは90年頃と考え（W・シュミットハルス『黙示文学入門』土岐健治、江口再起、高岡清訳（教文館、1986）、p. 213）、長窪専三は、ローマ三皇帝を示す鷲の三つの頭の象徴などから、95–100年頃と考えている（『新共同訳　旧約聖書注解III・続編注解』（日本キリスト教団出版局、1993）、p. 446）。
2) シュミットハルス『黙示文学入門』、p. 215.

を指し、ここでは、神がヤコブにイスラエルという名を与えたときに改めてこの民を祝福した次の言葉に言及しているであろう。

> ³⁵:¹¹私は全能の神である。産めよ、増えよ。あなたから一つの国民、いや多くの国民の群れが起こり、あなたの腰から王たちが出る。¹²私は、アブラハムとイサクに与えた土地を、あなたに与える。また、あなたに続く子孫にこの土地を与える。（創世35:11–12）

第四エズラ書の著者は、モーセ律法が破綻していること（先祖の律法は滅び去り、書き記された契約はうせた）を意識しているが、そこでなおアブラハムへの祝福の約束の有効であることを信じている。「ユダヤ教黙示思想においては、創世記15章でアブラハムに与えられた神の約束は、〔…〕現下の歴史の延長線上、かつその内側で成就するものではない。現下の被造世界全体がやがて終わりを迎え、超越的な神の介入によって万物が更新されること（新しい創造）が待望されている。アブラハムへの約束もそこで初めて成就する」[1]。つまり、アブラハムの約束への神の義は、モーセ律法を越えて有効と考えられている。

第四エズラ書において、もう一つ重要な点は、この書に「罪人」の救いの問題意識が表れていることである。旧約聖書には、神の民や義人の苦難は問われても、「罪人の救い」、つまり、「自分の望む善は行わず、望まない悪を行ってしまう」（ロマ書7:19）弱い人間性の救いの問題は問われていなかった。しかし、律法主義に徹することによって死後の救いを確保しようとしても、人間、とくに普通に生きている庶民は、あらゆる細かい律法や規定をすべて覚えること、まして、常にそれを遵守していることは難しい。知らずに食物規定や穢れのタブーを破っているかもしれない。そうした人間の不安が、第四エズラ書には神義論的問いとして表れてきている。

> 私は答えた「〔…〕あなたの定めを守って生きている人々は幸いです。

---

1) 大貫『イエスの時』, p. 54.

しかし私が祈った人たちはどうでしょう。今生きている人々で罪を犯さなかった者がいるでしょうか。生まれて来た人々の中であなたの契約を破らなかった者がいるでしょうか。私は、今分かりました。来るべき世に喜びを受けるのはごくわずかな人々であり、多くの人々は懲らしめを受けるのです。僅かな者にとってのみ喜びとなり、多くの者にとっては苦しみとなるのを見るのです。(7:45–47)

大地はアダムを生み出さない方がよかったのです。あるいは、産み出したとしても、彼が罪を犯さないように引き留めればよかったのです。〔…〕私たちに不死の世が約束されていても、いったい何の役にたつでしょう。私たちが死をもたらす悪行をしているのですから。〔…〕いと高き方の栄光が清く生きる人達を守るとしても、私たちは最も邪悪な道を歩んでしまったではありませんか。(7:116–122)

第四エズラ書で啓示される答えは、救われる者が少数者であるとしてもそれは、宝石が土塊よりも少数であることを喜ぶのと同じ、喜べることであり、エズラのように良き業の蓄えがある者は恐れるに当たらないということである。結局、律法を守ってきた人は救われることが、強調されている(7:49–61)。

エズラの神は、「罪を犯した者について、彼らを創造したことも、その死も裁きも滅びも気にしないことにしよう。むしろ私は、義人について、彼らを創造したことと彼らの人生の旅と救いと、彼らが報いを受けることとを喜ぼう」(8:38–39)と言う。農夫が植えた種は、すべて芽を出すわけではなく、すべてが根付くわけではない。「それと同じく、この世に蒔かれた人々がすべて救われるわけではない」(8:41)、それで構わない。これが神の正義なのである。それに対し、エズラは、自分たちの義によって救われない人々を神が憐れみによって救うことを請う。

しかし人はあなたの手で造られ、あなたの似姿ゆえに特に名付けられ、すべての者は人のために造られたのです。それにもかかわらずあなた

は、人を農夫の種と同じに扱われたのです。〔…〕あなたの世継ぎの民を憐れんでください。あなたはご自分の造られたものを憐れまれるからです。(8:44–45)

しかし、結局は、この神は、多くの人々が滅びてもかまわず、「ぶどうの房から一粒の実を、大きな森から一本の木を」(9:22) 救えばよいのだとしている。

罪を犯さずにはいられない人間の本性を創造主である神の責任に帰しつつ、救いを願う問いかけは、バルク黙示録[1]にも見出される。

> 義人たちは穀然として最期を待ち迎え、恐れなくこの住居(すみか)を去ります。彼らはあなたのみそばに、蔵に(善)行の力を預けて持っているからです。〔…〕しかし私たちときたら、今も恥をかかされ、かの時には不運を期待しなければならないとはみじめなことです。あなたがあなたのしもべたちをどういうものとしてつくられたかはあなたご自身が正確にご存知のはずです。私たちは私たちの造り主たるあなたのように何が善であるかをわきまえることができないのですから。ですが、主よ、わが主よ、私はもう一度あなたに申し上げます。〔…〕今私の見るところでは、私たちのために造られたはずの世界が存続し、私たちのためにそれ(世界)ができたというその私たちは姿を消してゆくではありませんか。(14:12–19)

この問いに関して、バルク黙示録では、

> 信者であった者は約束の幸せを得るが、(律法を)ないがしろにした者はそれと反対のものを得るであろう。近づいた者および遠ざかった者について〔…〕はじめは(真の神に)仕えていながらそののち遠ざかり、

---

[1] バルク黙示録の訳は、「シリア語バルク黙示録」村岡崇光訳『聖書外典偽典5　旧約偽典III』(東京：教文館、1976) を用いた。

雑種の異教徒の種に混ざってしまった者の場合、彼らの時の最初の部分は（重要で）なく、虫けらのように見なされる。（他方）はじめは知らなくて、そののち救いを知り、（他とは）際だった民の種にまざった者の場合、その時の最初の部分は虫けらのように見なされる。（42:2-5）

　最初のアダムが罪して万人の上に時ならぬ死をもたらした（のは事実だ）としても、彼から生まれた者は各人がそれぞれ将来の責苦を自分自身に備えたのであり、また同様に各人が将来の栄光を自ら選び取ったのである。（54:15）

と、個人個人が自ら神に立ち帰ることで救いが得られることが示されている。ただし、この立ち帰りとは律法を遵守するようになることであり、結局、弱さや貧しさのために律法を守れない者の救いは考えられていない。そのことは、救われる「信者」の対極として「律法をないがしろにした者」が挙げられていることから分かる。

　b ベン・シラの知恵
　「ベン・シラの知恵」は、ヘブライ聖書にはないが、ギリシア語70人訳旧約聖書に入れられている。このギリシア語訳は、原著ヘブライ語の著者の孫が治世38年目にエジプトに来てからこの王の治世中になしたものとされているので（ギリシア語版序文）、BCE 132-116年の間と考えられる[1]。シラによれば、人間は創造された昔からそれぞれ生に向かう道と死に向かう道への選択が与えられ、自らの意志によって生か死、善か悪を選ぶ。善を成そうとすればそうできる力も持っている人間が悪を行うのはそれを選んだからである[2]。ここでシラは、人間が悪を行うならそこには不可避的要素はないと考

---

1) G.H.Box "§6 Authorship and Date, in 'Introduction' to Sirach," R. H. Charles ed., *The Apocrypha and Pseudepigrapha of the Old Testament,* vol. 1, *Apocrypha*（Oxford: Clarendon Press, 1913）, p. 293.
2) 後世、5世紀にアウグスティヌスは、創世記3章の堕罪の物語を中心的に見て、人間は神の命じたことに従う自由意志を与えられたが、その自由意志を濫用するこ

えている。

> [15:1]「私が罪を犯したのは主のせいだ」と言うな。主が、ご自分の嫌うことをなさるはずがない。[12]「主が私を迷わせたのだ」と言うな。主は、罪人には用がないのだから。[13]主は、忌まわしいことをすべて憎まれる。それらは、主を畏れる人にも好ましくない。[14]主が初めに人間を造られたとき、自分で判断する力をお与えになった。[15]その意志さえあれば、お前は掟を守り、しかも快く忠実にそれを行うことができる。[16]主はお前の前に火と水を置かれた。手を差し伸べて、欲しい方を取ればよい。[17]人間の前には、生と死が置かれている。望んで選んだ道が、彼に与えられる。〔…〕[20]主は、不信仰であれとは、誰にも命じたことはなく、罪を犯すことを、許されたこともなかった。（シラ 15:1–20）

しかしシラ書では、その一方で、良いものも悪いものもすべてが神の創造の計画にそってしかるべき場を持っていると考えられている。「善も悪も、生も死も、貧困も富も、主からのもの」（11:14）との言葉が肯定的に示されているのである。ここでコリンズは、「おそらくこの節では、道徳悪は考えられていないだろう」と考えている[1]が、33章の以下の部分、特に12節と14節には、この世界の苦難の配分はもとより、善人悪人の存在までもが理屈や説明を超えて神の業に帰されている。「彼らのうちある者を彼は祝福し、ある者を彼は聖別して御自分のそばに近づかせた。しかし、他の者たちを、彼は呪い、いやしめ、その地位から退けた」（33:12）。「善が悪と相対し、命が死と相対し、同様に、罪人は信仰深い人と相対している」（33:14）。

とによって神に不服従の罪を犯し、堕ちた存在になってしまっていると理解していた。これは原罪の教義として西洋ラテンキリスト教に大きな影響を及ぼし続けている。しかも、アウグスティヌスは、人間は無から創造されたのであって、そのために不可避的に不完全であり、悪をまったく行わないでいることは不可能であると考えた。St. Augustine, *City of God*, XII, 6, p. 477.

1) John J. Collins, *Jewish Wisdom in the Hellenistic Age*（Edinburgh: T&T Clark, 1997）, p. 84.

シラ書では、「死は最初から創造の一部なのである」[1]と指摘される。神は人を土からつくり、土に帰す（17:1–2）。また、死後の黄泉の国（ハデス）では不平等はなくなる（41:4）からである。しかし、そうすると問題になるのは、それでは、死は良いものなのか、悪も、場合によっては肯定されるべきものなのか、ということであろう。創造主としての神の全能が強く押し出されるところでは、神の善と全能と個人の自由、そして悪の存在が緊張を増さざるを得ないのだが、シラ書でもおそらくその緊張から、33:12, 14 と 15:11 との間に矛盾が生じている。この両方をシラ書の見解とするならば、悪人は神がそのように作ったから悪人であるのだが、それでも個々の罪に関してはそれを犯した当人に責任がある、と考えるか、同じことを、個人の罪はその個人の責任であるが、究極的にはそのような罪を犯すようにその人間を造った責任は神にあると表現するかどちらかになるであろう。これは、現在の組織神学の神義論でもまだ解決がつかない問題である。

　その問題についての回答をシラは、すべてのものにはその目的があって造られた（39:22）。それゆえ時が来て神がすべての救済を完成するであろうとの希望に見出している（39:18）。ここにも、ヨブ記同様、禍の神義論が破綻したところで、創造主の信義に答えを見出そうとする思想が現れていることが気づかれる。

6　病と穢れの問題

1）旧約聖書

　民の病や穢れにも、神義論的な問題がある。病や穢れという苦しみは、アブラハムの子孫に祝福を誓った神の約束と矛盾するように見えるからである。その問題に対する一つの答えとして、旧約聖書から読み取れる一つの答えは、これが、人間の側の何らかの罪の罰である、とのことである。その例として、申命記史家の応報的歴史観においては、先に見たように、病や死は

---

[1] Collins, *Jewish Wisdom in the Hellenistic Age*, p. 83. これは後代のアウグスティヌスとの相違である。

6 病と穢れの問題

しばしば、神への背きの罰と見なされていた。

しかしその一方で、旧約聖書の祭司資料に属する部分、例えばレビ記などでは、病や障碍は罪の結果としてよりは、むしろ穢れとして扱われる傾向にある[1]。つまり、神や民の聖性に関わる祭儀的な問題として扱われているのである。重い皮膚病についての「穢れ」の判定と「清め」の規定（13–14章）はその最も明らかな例である。人間の皮膚病 צָרַעַת（ṣāraʿat）は家や衣服のかび צָרַעַת と同列に「穢れ」として扱われ、罪の罰とは考えられていない（14:54–55）。患者は完治すれば、清めの儀式をして「清い」状態になるとされていた[2]。ただし、穢れはそれ自体、その保持者を共同体から断つ、あるいは、隔離させる深刻な負の要素と見なされていた。重い皮膚病を持つ人は皮膚病が治り、清めの儀式を済ませることができない限り、「穢れている、穢れている」と叫び、人々の住む宿営の外に独りで住まねばならない（レビ13:45–46、14:1–8）とされた。また、悪性のかびが生えている物は、「衣服でも羊毛や亜麻の織り物でも、革製品でも、焼いてしまう」（レビ13:52）よう指示されている。

手足や目に障碍のある人、できものが出来ている人、背中にこぶがある人なども、聖所を穢すとして、祭司にはなれなかった（レビ21:18–23）。同様に、体に欠陥のある動物は、神に捧げる燔祭には出来なかった（レビ22:22）。このように、病や障碍のあるものを祭儀はもとより、共同体全体か

---

1) cf. Thomas Hentrich, "The Purity Laws as a Source for Conflict in the Old and New Testament," *Annual of the Japanese Biblical Institute,* vol. 30–33（2004–2005）（Tokyo: The Japanese Biblical Institute, 2007), pp. 5–21, 特に p. 15.

2) フォン・ラートは、この清めの儀式の背後には、「明瞭には述べられていないが、根本的前提として、罪と肉体の病気とは密接に関連しているという考え方が存在している」（『旧約聖書神学I』p. 361）として、詩編32:1以下;38:3以下;39:9, 12; 41:5, 69:6, 103: 3; 107:17以下をその例証としてあげている。このうち、詩編32:1は罪と肉体の病気との関係については言及箇所としての根拠が明確ではなく、他はすべて、一般の病と罪の問題以上の関連性はない。それゆえ、フォン・ラートの指摘が正しく、罪と肉体の病気が密接に関連しているという考え方が存在していたとしても、それとは別に、完治が清めの儀式で完了する「重い皮膚病」が、罪に対する罰という範疇ではなく、聖・浄と聖性侵害・穢れの範疇で扱われていたことを否定することはできないであろう。

ら遠ざける方向性は、「聖と穢れ」の範疇において、明らかに存在した。

ただし、クラーワンスが指摘しているように、旧約聖書においては祭儀的不浄（自然的要因による）と道徳的不浄は分けて考えられており、祭儀的不浄は罪とは結びつけて考えられていなかった[1]。重い皮膚病も、罪とは別の範疇の、祭儀的不浄である。

たしかに、旧約聖書で重い皮膚病が罪の罰として示されている箇所もあり、それは明確には4箇所である。しかし、民数記12:10、列王記下5:27、列王記下15:5、歴代誌下26:19の、それらの例で罰せられている罪は、いずれも聖性の侵害であり、われわれにとって、そのことが重要である。モーセの姉ミリアムは、モーセを非難し、モーセの預言者としての地位の絶対性を疑い、自らもまたモーセのような預言者であることを自認した。これは、神の立てた預言者モーセの聖性の侵害であった（民数12:1–8）。サムエル記で、エリシャの従者ゲハジは、エリシャが重い皮膚病を癒した軍人ナアマンから礼の品を欺き取り着服しようとしたために、ナアマンの皮膚病を受け継ぐことになる（列王下5:1–27）。エリシャが神に誓って受け取らなかった謝礼（5:16）を姦計で自分が得ようとしたことは、エリシャと神の両方の聖性を冒瀆することであった。ユダの王アザルヤの罪は、異教の「聖なる高台」を取り除かず、そこで犠牲祭儀を行ったことにあり、これは、ヤハウェの聖性を侵害する重罪、異教崇拝の罪である（列王下15:4）。第四の例、ウジヤ王は、祭司の職能である香をたく祭儀を執り行おうとして、重い皮膚病に打たれる（歴代下26:16–19）。これは、聖別された祭司だけの領域を侵害したからである。これらのことから、重い皮膚病は、一般的な意味での律法違反の罪への罰ではなく、特に、聖性の侵害への罰として、善悪や罪・罰の関係よりは、むしろ聖と俗、清と穢れにかかわるものであると考えるべきであろう[2]。メアリー・ダグラスが指摘しているように、旧約聖書においては祭儀的

---

1) Jonathan Klawans, "Moral and Ritual Purity," Amy-Jill Levine／Dale C. Allison Jr.／John Dominic Crossan eds., *The Historical Jesus in Context*（Princeton, New Jersey: Princeton Univ. Press, 2006）, pp. 268–269.
2) 重い皮膚病が神の罰として生じ、その罰は「民法的な罪ではなく、宗教的な罪」に対する罰である、との指摘は、Jacob Milgrom, *Leviticus, 1–16: A New Trans-*

不浄（自然的要因による）と道徳的不浄を分けて考えるべきであり、祭儀的不浄は罪とは結びつけて考えられていなかったのである。

　このような見方によれば、神の聖性を侵害したために重い皮膚病を被った者たちの苦痛については神は義であると言える。しかし、そのような罪を犯していないにもかかわらず思い穢れを負っている人々も多かった。彼らは共同体から排除され、また、差別と嫌悪の対象になっていた。ヨブ記のヨブの病は、שְׁחִין (šᵉḥîn)（ヨブ2:7）とあり、これはレビ記で「重い皮膚病」とされているレプラ צָרַעַת と言葉は異なるが、炎症性の皮膚病であり[1]、症状として「肉は蛆虫とかさぶたに覆われ、皮膚は割れ、うみが出ている」（ヨブ19:26）、「病は肌着のようにまつわりつき、その激しさに私の皮膚は、見る影もなく変わった」（ヨブ30:18）、「皮膚は黒くなって、はげ落ち、骨は熱に焼けただれている」（ヨブ30:30）とあるところから、皮膚が損なわれる重い病であることが分かる。彼の嘆きは、イスラエルで重い皮膚病に罹った人が受けた疎外と嫌悪を知らしめる。

> 19:15私の家に身を寄せている男や女すら、私をよそ者と見なし、敵視する。16僕を呼んでも答えず、私が彼に憐れみを乞わなければならない。17息は妻に嫌われ、子どもにも憎まれる。18幼子も私を拒み、私が立ち上がると背を向ける。19親友のすべてに忌み嫌われ、愛していた人々にも背かれてしまった。20骨は皮膚と肉とにすがりつき、皮膚と歯ばかりになって、私は生き延びている。

---

lation with Introduction and Commentary. Anchor Bible, 3（Garden City, New York: Doubleday, 1991）, p. 281 に詳しい。しかし、そう指摘しながら、Milgrom は、アザルヤについては語らずミリアムとゲハジの罪は、人間を相手とする（ミリアムはモーセの妻についての誹謗、ゲハジはナアマンに対する罪）罪であり、それが申命記の神の戒めに反するという点に置いて神の方に反するのだと理解している（Milgrom, pp. 281-282）。ただし、ミリアムの罪については、彼は、マイモニデスの、「モーセだけの預言者の地位」に対する侵害という見方も紹介している（Milgrom, p. 823）。

1)　BDB "שְׁחִין" の項（p. 1006）には、"n.m. boil, coll. eruption; on man; possibly leprous, in Egypt, on man and beast" とある。

このように、病や穢れによって社会において穢れと見なされ排斥されている人々の苦しみには、旧約聖書は何も答えを与えてはくれていないままである。

2）クムラン共同体

クムラン共同体では、より厳格な穢れの概念が発達していたことが分かっている。「宗規要覧」の付録である「会衆規定」では、足や目に傷のあるもの、手や足のなえた者、口のきけない者、耳の聞こえない者、老齢で弱った者はすべて、会衆の中に出てきてはならないと規定されている（2:3–8）[1]。盲目の人は穢れに打たれた者として、宗教儀礼に参加できないことが規定されている（2:6）[2]。この「会衆規定」の箇所はむしろ穢れに関連しているものであるが、「宗規要覧」では、「不義」と「穢れ」は結びつけられており、たとえば、「み言葉を侮る者」すなわち神の律法に従わない者の業は神の前に不純で、彼らの持ち物には穢れがある（5:19–20）[3]とされている（その他5:13、8:13–19も参照）[4]。クムランでは、障碍は「穢れ」であり、「穢れ」は祭儀的問題だけではなく、「罪」の問題でもあった。穢れと病と罪とを、同じく救われない人間のカテゴリーに結びつけて見る方向性がイエスと近い時代、このクムラン共同体にあったことは、イエスも知っていたと思われる[5]。

---

1) 石田友雄訳「会衆規定」『死海文書——テキストの翻訳と解説』日本聖書学研究所編、p. 117.
2) 石田訳「会衆規定」、p. 117.
3) 関根、松田訳「宗規要覧」、p. 102.
4) 関根、松田訳「宗規要覧」、pp. 101–102&107.
5) デヴィッド・フルッサーは、イエスがおそらくクムラン教団の教義を知っており、それに批判的であったと指摘する。その根拠はルカ16:8「この世の子らは、自分の仲間に対して、光の子らよりも賢くふるまっている」という、難解な言葉である。これは、自己を「光の子」（「宗規要覧」3:13など）とするクムラン教団への批判と考えれば理解できると彼は考える。（デヴィッド・フルッサー「不正な管理人の譬え——エッセネ派に対するイエスの批判」、ジェームズ・H・チャールズウァース編『イエスと死海文書』山岡健訳（東京：三交社、1996）、pp. 257–283. この論は正しく思われるが、そうとすれば、イエスはクムランのエッセネ派の「穢れ」に対する見方をも知っていたであろう。

3）ラビ文献

　現存するタルムードでは、病は、1）個人の罪や徳とは無関係に自然界の物理的原因で生じる疾患と、2）穢れ、3）罪の罰、4）悪霊によるもの、の四つの見方で見られている[1]。

　自然の原因で起こる疾患に関してのタルムードの見方は、現在見れば迷信や民間療法的なものが多く、たとえば、粉引き場で宿した子は癲癇になり、地面に寝て宿した子は長い首の子になり、からしを食べる人の子は癩癩もちになる（Kethuboth 60b）などということが記されている。自然現象として病を捉えるこの見方では、たとえば熱などが、死にいたるものでなければよいという発言[2]や、熱には大根が利くとか（Avodah Zarah 28b）、三日熱の治療法として、7本のやしからとった7つのとげ、7つの針からとった7つのかけら、7つの橋から取った7つの釘その他の指定されたものをうなじに結びつけるといった指示（Shabbath 67a）がなされている。

　ラビ・ユダヤ教のタルムードにおいて、穢れと結びつけられる病気の代表的なものは重い皮膚病（レプラ）である。レプラは、タルムードの中では「罪」と結びつけられていない。バビロニア・タルムードの英訳での用例を見た限り、leprousあるいはlepraの用例は163回あるが、それがsinと結びつけられている用例はない。むしろレビ記にあるように「穢れた」状態と見なされている（Menachoth 37b）。それは、人間だけではなく、家の壁などにも当てはまることであり、そこでは人間の道徳的悪とはまったく無関係に論じられている（Sanhedrin 87b）。レプラについて、フダンソウを食べ、ビールを飲み、ユーフラテスの水を浴びることで予防できるものとされている箇所もあり（Kethuboth 77b）、ここでは罪とも悪霊とも結びつけられていない。また、父親が放血してすぐ、あるいは旅行から戻ってすぐに宿した子は病身者となるなど（Gittin 70a）ということが考えられているが、これは、血による

1）大貫隆は、大きく1「外から」の説明（悪霊）と、2「内から」の説明（モーセ律法への違反＝罪）に分類している（大貫『イエスという経験』, pp. 154–157）。

2）Herman L. Strack／Paul Billerbeck, *Das Evangelium nach Matthäus: erläutert aus Talmud und Midrasch*（Kommentar zum Neuen Testament aus Talmud und Midrasch, Bd. 1）（München: Beck, 1922）, p. 479に報告されている。

穢れや旅行先の異邦人の穢れが子どもに影響するとの思想であろう。

病と罪を結びつけて見る見方は、典型的には3世紀のラビ・アンミが述べたとされる、「罪がなければ死はなく、咎がなければ苦しみもない」(Shabbath 55a) という言葉で明らかに示されている。ただし、この言葉には続いてすぐに反駁がなされ、モーセやアロンは罪を犯さずに死んだのではないか、というような半ば問いを含む意見や、罪を犯したからではなく蛇のせいで死んだ者の例を挙げての反論などが示されている。このことから、ラビ・アンミの考えが当時すべてのラビたちに受け入れられていたわけではないことも分かる。これは、20世紀英国の比較宗教学者で新約時代のラビ・ユダヤ教の研究者でもあるJ・ボウカーも気づき、指摘していることである。しかしボウカーの更なる指摘では、レビ記のミドラシュ37:1、コヘレトの言葉のミドラシュ5:4にはこの格言が何の異論もつけずに引用されており[1]、この見方がかなり広く受け入れられていたことを示す。罪とそれに対応した病気との関係も、「浮腫は性的犯罪の徴、黄疸は理由なき憎悪の徴、貧困は自己欺瞞の徴、咽頭炎は誹謗中傷行為の徴」(Schabbath 33a)[2] などと、論じられている。アンミと同様3世紀のラビの言葉であるが、病人は、「その罪がすべて赦されるまでは癒されない。すべての罪を赦す方がすべての病を癒すと言われているからだ」とも言われている。罪がすべて赦された者は、若者のような顔色になり、若ささえ戻る (Nedarim 41a)。また、4世紀のラビが、人の

---

1) John Westerdale Bowker, *Problems of Suffering in Religions of the World* (Cambridge: Cambridge University Press, 1970), p. 32. レビ記ミドラシュ37:1の言及箇所は、*Midrash Rabbah, Leviticus,* tr. Ch. I–XIX by J. Israelstam, B. A. & Ch. XX–XXXVII by Judah J. Slotki, M. A. 3rd. ed. (New York: Soncino, 1983), p. 466 に、コヘレト5:4の言及箇所は *Midrash Rabbah, Ecclesiastes,* tr. A. Cohen, 3rd. ed. (New York: Soncino, 1983), p. 131 に見出される。

2) 英国ティンダルハウス図書館リサーチ・フェローのDavid Instone-Brewerによれば、「これは、誰の言葉であるか不詳であるが、Eleazar b R. Jose がこれにコメントを加えていることは、これが70年より以前のものであることを示している。Eleazar b R. Jose はミシュナでは言及されていないが、この個所の後の方で彼はヤブネ (第1次ユダヤ戦争でエルサレムが陥落した後、ラビ・ヨハナン・ザッカイがラビ・ユダヤ教の学校を建てた地) にいたことが分かるので、2世紀初頭 (あるいはおそらくそれより少し前) の人物である」(David Instone-Brewer, 2010年1月8日の私信)。

見えない目は、神が目をあけるまでは開かないとして、「目を開けるのは神である」と言っていることも報告されている[1]。こうした見方は、正義の神が癒し手なる主であると見る旧約以来の見方が、申命記史家の禍の神義論と結びついて出てきたと考えられる。人間の幸不幸は当人の義と罪とによって左右されると見るこの見方によっては、病もまた、その人が意識して、あるいは無意識に犯した律法違反に対する罰と見なされるのは自然な展開であり、それが新約時代、ラビ・ユダヤ教の時代には、旧約時代にもまして一般的な見方となっていたのであろう。福音書の代表的な例として、生まれつき目の見えない人の目[2]は誰が罪を犯したせいか、親だろうか、本人だろうかという、イエスの弟子の問いがある（ヨハネ9:2）が、同じ問題意識に発する議論はタルムードにも見られる。そこではラビたちが、人間は胎児の時に罪を犯すことは可能かどうかを論じている。あるラビは、自分の息子を裁判官に訴えるやもめを想定し、次のように言っている。「彼女は彼に言った、『彼が私のお腹の中にいた時、蹴飛ばしたのです。（反抗的な動物のように突いたのです）』。彼は彼女に言った、『それ以外に彼はあなたに何かしたか？』彼女は答えた、『いいえ！』そこで彼は彼女に言った、『行きなさい、それではそのことに何も咎はない』」（レビ記ラッバー27.6）[3]。ここでは、子どもが母親

---

1) Genesis Rabbah 53.13. *Midrash Rabbah, Genesis,* tr. H. Freedman（New York: Soncino, 1939), p. 474; cf. Strack/Billerbeck, I, p. 525 は、該当個所を Genesis Rabbah 53 (34b) としている。

2) P・ミュラーは、盲目は特に、ユダヤ教ラビ文書でも繰り返し罪と結び付けられて言及され、クムランの宗教要覧では、盲目の人は汚れに打たれた者として、宗教儀礼に参加できないことが規定されていると指摘している（『宗教要覧』付録「会衆規定」2:6. Cf. P・ミュラー『この男は何者なのか――マルコ福音書のイエス』大貫隆訳（東京：教文館, 2007), p. 150)。ただしミュラーの挙げているタルムードの箇所は、たとえば、サムソンは自分の目の欲に従ったので目をくりぬかれた（Sotah 9b)、盲目の人に盲目でもないのに盲目のふりをして人の慈善を受けているものはそのとおり盲目になる（Kethuboth, 68a)、などの主旨で、実際は盲目自体を罪と結び付けているというよりも、上で見た禍の神義論の例としたほうがふさわしいと思われる。

3) Leviticus Rabbah (27.6), *Midrash Rabbah, Leviticus,* tr. Chs. I-XIX: J. Israelstam, B.A.; Chs. XX-XXXVII: Judah J. Slotki, 3rd. ed.（New York, Soncino, 1939), p. 350. Cf. Herman L. Strack/Paul Billerbeck, *Das Evangelium nach Markus, Lukas und Johannes*

に痛みを与えて生まれてくることにも、罪はないとされている。胎児は罪を犯さない。悪の性質が人に支配力を振るうのはいつからだろうか、という問いに際しては、ひとつ「胚子の形成時からだ」という答えがなされているが、それに対して、「もしそうならば、胚子は反抗して母親の子宮から出てきてしまうだろう」との反論がなされる。その反論は認められ、そこの議論では、人が罪の性向に左右されるのは「出てくる時」つまり、生まれる時からであるという結論が出ている。そして、その裏づけとしては聖書の「罪は戸口で待ち伏せている」（創世4:7）が引用される（Sanhedrin 91b）。生まれつき障碍を持って生まれた人々の苦しみに関して、全能の神ヤハウェの義しさを疑わないならば、このように、子どもは生まれる前に罪を犯すことが可能か否か、ということまでが真剣に問われることになるのである。

　ただし、タルムードでは、このように障碍や病を罪と結びつける見方があるとしても、それが必ずしも支配的な見解であったと考えるべきではない。口がきけないことや目が見えないことにしても必ずしも罪と結びつけられているわけではない。耳が聞こえない人に関しても、そのような人たちはシェマーを聞けないので、しかるべく献げものをなす事ができないという意見が出される一方で、聞けなくても唱えれば、義務は果たしているのだ、というような意見も出されている（Berachoth 15b）。ここには、耳が聞こえない人々がたとえ、その障碍のために重要な戒め（シェマーを聞くこと）を守れなくても、必ずしも共同体から断たれるような罪人とは見なされていないことが示されている。逆にむしろ目の見えないラビが、サドカイ派の人間よりもその場の状況や真理をよく分かっているというような逸話もある（Berachoth 58a）。また、口がきけない障碍を持った人が、口がきけない間にタルムードをすっかり学んでおり、後に、あるラビによって奇跡的に癒されて、自分たち自身ラビになったと記録されている例もある（Chagiga 3a）。ここでの障碍者は呪われた者とも罪人ともされていない。罪とは別の範疇ではあるが付言

---

und die Apostelgeschichte : erläutert aus Talmud und Midrasch（Kommentar zum Neuen Testament aus Talmud und Midrasch, Bd2）（München: Beck, 1924), pp. 527–529. レビ記ラッバーからの引用は本書のp. 527を参照．ただし、StrackとBillerbeckは該当個所を27（125d）としている。

6 病と穢れの問題

すれば、悪霊に憑かれた者とさえもされていないのである。むしろ、人間の障碍についてさえも神を讃えるラビの言葉さえ記されている。生まれつき背中が曲がっていたり、小人、水腫だったりする人がいることについては、多様な被造物を造った神を讃え、生まれた後にそのような障碍を負った人がいることについては、真実なる裁き手である神を讃える、というのである（Berachoth 58b）。これも、生まれつきの障碍という不可解な事実に対する神義論的弁論のひとつであろう。

ラビ文献の時代には、旧約では穢れとして共同体の宗教儀式から排除されていた障碍者たち（レビ21:18-21）も、必ずしも穢れとは見られていないということが分かる。病や障碍は、罪や穢れと別の範疇で見られることもあったのである。

それに対し、奇跡的な癒しの場合は、罪の罰とははっきりと特定されない熱病のような病気の場合でも、その治癒は神の恵みと考えられた。つまり、罪の赦しとは結びつかない癒しがあり、それもまた、恵みなのである。1世紀の奇跡行為者として知られた、ラビ・ハニナ・ベン・ドーサがガマリエルの息子の熱病を癒した事例においては、ハニナが、自分の行った癒しの奇跡を、「私の祈りの言葉が私の口をついて流れ出るときには、私は彼〔あるいは「それ＝祈り」〕が神に受け入れられていると分かる。そうでなければ、退けられていると分かる」（Berachoth 34b）と述べている。これは、ヘレニズムの奇跡行為者、ウェスパシアヌスなどの奇跡[1]が彼自身に備わった資格を示すものと理解されているのとは異なる。ここでは、奇跡治癒を行う力も、その人の祈りに答えて働く業と考えられている。そして、そのような祈りができるハニナは、神の「僕עבד」と呼ばれている（Berachoth 34b）。ラビ・ユダヤ教では、通常癒しの奇跡は神への祈りによってなされるというこ

---

1) タキトゥスが記しているウェスパシアヌス帝（位69-79）が帝位に着く前に行った癒しの奇跡は、サラピス神の信奉者たちの視力や手の力の回復であり、これは彼がこのエジプトの神の好意を得ていることを示した（タキトゥス『同時代史』(4:81); *Tacitus: In Five Volumes*, III, *The Histories,* Books IV–V, with and English Trnslation by Clifford H. Moore, *The Annals,* Books I–III, with an English Translation by John Jackson (London: William Heinemann & Cambridge, Massachusetts: Harvard Univ. Press, 1931), pp. 158–161）.

とも気づかれているが[1]、ハニナの例は、このことと符合する。4世紀パレスチナのラビ・ピネハス・ベン・ハマは、「自分の家に病人がいる人は、賢者のところに行くがよい。彼は、患者のために〔天の〕憐れみを呼び起こしてくれるだろう。『王の怒りは死の使い。それをなだめるのは知恵ある人』といわれているからである」と言っている（Baba Bathra 116a。言及箇所は、箴言16:14）。ここに見られるのも、癒し手は神であり、治癒をもたらす賢者は、その賢者自身に力があるわけではないが神の慈悲を取り次ぐのだという理解である。

ラビの伝承ではアブラハムは、その祈りによって治癒を行ったとされている。また、彼を見るだけでも病が癒されたという話も記されている[2]。これは旧約聖書にはない伝承であるが、アブラハムが神の祝福を受けていたことを示すと同時に、彼の義が神によしとされたしるしであろう[3]。

悪霊に帰される病や障碍については、本論でⅦ章にイエスの悪霊祓いを病や障碍の癒しとは異なる意味を持ったものとして論じるので、その背景としてここでも節を変えて次に論じることにする。

---

[1] Paul Fiebig, *Jüdische Undergeschichten des neutestamentlichen Zeitalters, unter besonderer Berücksichtigung ihres Verhältnisses zum Neuen Testament bearbeitet: Ein Beitrag zum Streit um die „Christusmythe"* (Tübingen: J. C. B. Mohr, 1911), p. 35; Barry Blackburn, *Theios Anēr and the Markan Miracle Traditions*, Wissenschaftliche Untersuchungen zum Neuen Testament. 2. Reihe 40 (Tübingen: J. C. B. Mohr, 1991), p. 130.

[2] Strack/Billerbeck, *Das Evangelium nach Matthäus*, p. 521 による。Genesis Rabbah 39 (24b). ただし *Midrash Rabbah, Genesis,* tr. H. Freedman. 3rd ed. には、該当箇所は見出せなかった。

[3] キーは、イエスと同時代のユダヤ教の一派であるエッセネ派が残した死海文書のひとつ、Genesis Apocryphon（IQ GA 20:12–29）で、アブラハムがファラオの病を引き起こしている悪魔を祓うことによって癒しをなす逸話に言及し、ここには悪魔祓いに、ファラオが知らずに犯した姦淫の罪への赦しのモチーフが入っていると指摘している。これは同じ伝承からきたものであろう（H.C. Kee, *Medicine, Miracle and Magic in New Testament Times* (Cambridge: Cambridge Univ. Press, 1986), p. 24）。

7 悪霊とサタン

1) 旧約聖書

　新約聖書には悪霊が多出するが、旧約では悪霊は、新約聖書におけるような「穢れた霊」τὸ πνεῦμα ἀκάθαρτον (to pneuma akatharton) という形では登場しない。ギリシア語で比較するために70人訳で見る限り、BCE 3-2世紀の著とされる[1] 後期の預言書ゼカリヤ書 (13:2) に「穢れた霊 (τὸ πνεῦμα τὸ ἀκάθαρτον) を、私はこの地から追い払う」とあるのが文言上唯一の似た例である。新約聖書で悪霊を指すもう1つの語である δαιμόνιον (daimonion) は、70人訳 (BCE 3–BCE 1世紀頃成立)[2] にはいくらか見られるが、それらは、比較的新しい外典以外ではどの例も、新約での悪霊とは異なる異教の神などをさすか (申命32:17、イザヤ13:21,14、詩106:37など)、あるいは、原文のヘブライ語聖書には相当するものが何も言及されていないところに70人訳で δαιμόνιον が導入されているものである (イザヤ65:3,11、詩91:6)[3]。このことは、70人訳の書かれた紀元前2世紀にはもともとイザヤ書が書かれたときには考えられていなかった δαιμόνιον の存在が民間信仰に入っていることを示す。

　士師記には、自分の兄弟70人を殺してイスラエルの権力を握ったアビメレクに対してシケムの首長たちが抱いた謀反心のようなものが「悪い霊」(πνεῦμα πονηρόν [pneuma ponēron]) (9:23) と呼ばれているが、これは、アビメレクがなした悪事の報復として彼を殺すために神自身が送り込んだ霊

---

1) ゼカリヤ書の年代については、cf. 神星徳治「ゼカリヤ書」教文館『キリスト教大事典』, p. 644.
2) 70人訳の成立年代については正確には分かっていないが、Leonard Grenspoon, "Septuagint," Katharine Doob Sakenfeld ed., *The New Interpreter's Dictionary of the Bible,* vol. 5 (Nashville: Abingdon Press, 2009), p. 171及び教文館『キリスト教大事典』の「セプトゥアギンタ」の項、p. 652参照。
3) これら、ヘブライ語聖書に変更を加えて入れられたイザヤ書65章や詩編91編の δαιμόνιον の用例は、ヘブライ語の原文が書かれた時には考えられていなかったこのような悪しき悪霊の存在が、70人訳の成立した BCE 3–BCE 1世紀頃までには民間信仰のなかで一般的になっていたことを示唆する。

と位置づけられている(士師9:56)。サムエル記には、神からの悪霊πνεῦμα πονηρόνがサウルを悩ました(サムエル上16:14–23; 18:10; 19:9)とあるが、これは、サウルが神の命令に背いた結果、王位を取り上げられるとの預言を受けたところから起こった鬱状態のようなものと理解される。病が悪鬼、悪霊によって引き起こされるという見方は、おそらくペルシア起源のもので、ユダヤ教には捕囚後から新約時代に強い影響を持つようになったという説が有力である[1]。その通りであれば、悪霊の憑依という考えはペルシアの影響が入る前、つまり、捕囚期以前のユダヤ思想にはなかったということになる[2]。実際、旧約聖書には悪霊による病や、悪霊祓いによる治癒奇跡はない。申命記史家の著述には悪霊という存在自体入っていない[3]。サウルは神からの霊が下ることによって鬱にもなるが、他の箇所では神の霊によって預言する状態にもなった(サムエル上10:10; 19:23)。イスラエルの預言者たちは、神の霊が下ったことによって預言者として立てられてきた(歴代下15:1; 24:20、イザヤ61:1、エゼキエル11:24、ダニエル4:5, 6, 15; 5:11)。狂気のような状態は、後の新約聖書では悪霊憑きの症状とされているが、旧約時代のイスラエルの民にとっては必ずしもそのような悪しきものとは見なされなかった。20世紀のユダヤ学を代表する学者の一人であるA・J・ヘッシェルによれば、狂気はむしろ、旧約預言者の特徴的な資質でさえあった[4]。

---

1) Kee, *Medicine, Miracle and Magic in New Testament Times*, p. 62; また、H・カーペンター『イエス』滝沢陽一訳(東京: 教文館, 1995), pp. 145–146; Thomas Kazen, *Jesus and Purity* Halakah: *Was Jesus Indifferent to Impurity?* Coniectanea Biblica New Testament Series 38(Stockholm: Almqvist & Wiksell Internationl, 2002), p. 302.
2) ただし、創世記6:1–4の神話は、神的存在に悪のひとつの起源を見ており、この世における超自然的な悪の要素という概念がユダヤ思想に存在したことを示す。事実、この神話は後のBCE1世紀頃アラム語で流布した『エノク書』(15:1–12)に「天の見張り」の堕落として再び現れる。
3) 彼らが意識的に悪霊の導入を避けたのか、まだ、彼らが取り入れるほどに悪霊という概念が当時の思想界に入ってきていなかったのかは、ここでは判断できない。
4) A・J・ヘッシェル『イスラエル預言者』(下)森泉弘次訳(東京: 教文館, 1992), pp. 145;148. ただし、この狂気は、異教の狂躁宗教の陶酔とは異なる。ここでヘッシェルは、神の「霊」にあたるרוחに熱情という意味があり、神の霊が下った預言者は神の熱情に満たされた人と考えられたと指摘している。さらに彼は、J. A. Bewer,

また、新約聖書では悪霊の頭と考えられているサタンも、旧約ではそのような役割は果たしていない。列王記ではשָׂטָן (śāṭān) は、「敵対する者」という普通名詞として用いられている。ソロモン王に反旗を翻したエドム人ハダドやエルヤダの子レゾンは、ソロモンの「サタン」となったと言われる (70人訳ではσατάν [satan] = adversaryで、固有名詞Σατανᾶς [Satanas] とは異なる)。しかし、彼らは神がソロモン王の背信と異教崇拝を罰するために立てた者とされ、神ヤハウェの意思には適っていると解釈されている (列王上11:5–14)。旧約で「サタン」שָׂטָןが登場するのは、その他にはゼカリヤ書 (3:1–2) とヨブ記 (1:6–2:7)、そして歴代誌上 (21:1) だけである。しかし、そのいずれも、70人訳ではδιάβολός (diabolos) であり、σατανᾶςではない。その果たす役割も、ゼカリヤ書では、神の前で人間の「敵対者」となる (告発をする) という語義の通りに過ぎない[1]。ヨブ記のサタンも、神の許可を得て人間を試み苦痛を与える役割をするにとどまっている。歴代誌上では、サタンはダビデが人口調査をするように誘ったとされ、ここでは、人口調査は神の意思に反するものであり、列王記やヨブ記でのサタンが神の道具のように用いられていたのとは異なっているが、旧約の中ではサタンは大きな力を持つことはなく、ダビデの人口調査にしても即座に神に罰せられている (21:7)。つまり、新約聖書に現れるような、この世の悪の力を体現するような悪魔サタンは、旧約には存在しないのである。

American Journal of Semitic Languages and Literatures, XVIII (1901–1902), p. 120を参照しつつ、錯乱がイスラエル人にとっては聖なるものであったという見方を示し、T. H. Robinson, *Prophecy and the Prophets* (London, 1923), p. 36を引いて、アモスやエレミヤは、同時代人にとって癲癇患者や狂人と似た症状を伴う忘我の徒と容易に区別がつかなかったと示唆している (ヘッシェル『イスラエル預言者』(下)、pp. 244–245)。

1) ①וְהַשָּׂטָן עֹמֵד עַל־יְמִינוֹ②לְשִׂטְנוֹ (ゼカリヤ3:1) 下線部は、「①サタンは」②「彼を告発しようとして」と訳せるが、両者は同じ語根שטןを用いている (שָׂטָןと同根の名詞שִׂטְנָהはaccusationの意であり〔*DBD*, s.v. p. 966〕、②の動詞שָׂטַןも「訴える」〔口語訳、新改訳、新共同訳〕や"accuse"〔RSV, ESV, NIVなど〕と訳出されている例が多い)。

2) ヨセフス

　病気治癒や悪霊祓いの奇跡に関しては、ヨセフスの著書にはほとんど記録されていない。ソロモン王が悪鬼を追い出す秘儀を神に授けられていたと記されている（古代誌8:45-48）のが、数少ない例である。ソロモンは病を癒す呪文を考案し、魔よけの秘法を案出して残したとヨセフスは語り、ヨセフスの同胞のエレアザロスという男がソロモンの呪文で行った悪霊祓いを報告している[1]。これは、ソロモンの知恵の例としてあげられており、悪霊に憑依されていた者自身への関心はほとんど示されていないので、この癒しが癒された者にとってもつ意味は読み取ることが出来ない。そもそも、ユダヤの古代史やローマとの戦争を記録した彼の著書の関心は、個人の救いというよりも民族の運命にあり、個々の人間の救いの問題は論じられていないからである。

3)『エノク書』『ヨベル書』『アダムの書』における悪の起源とサタン

　『エノク書』は、イエス誕生時代に四海のほとりに中心を持っていたクムラン教団の洞窟から出土したいわゆる死海文書の中に21あるいは数え方によっては23の写本が発見されており、ペルシア時代あるいはヘレニズム時代の初期頃から、BCE 100年頃にわたって書かれたと見られる5つの主要部分からなる文書である[2]。その正確な成立年代は確定されていないが、われわれの関心にとっては、これがイエス時代にすでにパレスチナに流布していたことで、十分な情報である。この書をイエスが知っていた可能性は高いと思われる。

　『エノク書』は、天的存在が地上の女と交わったことに悪の起源を見る。この書の中でBCE 2世紀に書かれたとされる「巨人の書」には、「天の番人」が永遠の住まいである天を離れて、地上の子らにならって妻をめとり交わっ

---

1) ヨセフス『ユダヤ古代誌』(3)秦剛平訳（ちくま学芸文庫）(東京：筑摩書房, 1999) (VIII 45-48), p. 26.
2) 村岡崇光「エチオピア語エノク書概説」日本聖書学研究所編『聖書外典偽典4、旧約偽典II』(東京：教文館,1975), p. 164.

たことから恐ろしい災いがもたらされたと書かれている (15:1–12)[1]。これは、創世記6:4「当時もその後も、地上にはネフィリムがいた。これは、神の子らが人の娘たちのところに入って産ませた者であり、大昔の名高い英雄たちであった」を敷衍したものである。『ヨベル書』には『エノク書』のこの「天の番人」が引用され、しかも旧約聖書には登場しなかった「悪霊」たちがその「番人たち」の子として考えられている。それら悪霊たちは「ノアの子らを迷わせ、彼らをして道を誤らせ、滅ぼし始めた」(10:1)[2]と書かれているのであるが、悪霊が人々に道を誤らせるというこの思想は、旧約にはなかった特徴である。『ヨベル書』では、創世記6章にあたる洪水物語の後、ノアが神にこのように祈っている。

　　　これらの (悪) 霊の父たるあなたの寝ずの番人たちが私の時代にどうふるまったかを、あなたはご存知です。現に生きているこの霊どもは (牢に) 閉じ込め、さばきの場所につないでおいてください。神よ、彼らがあなたの僕の子らを滅ぼしなどしてはなりません。彼らは悪党なのです。彼らは (他の者を) 堕落させるべく創られたのです。(10:5)[3]

しかもここではさらに、悪霊たちがサタンの支配下に置かれ地上で活動するようになった次第が記されている。すなわち、上記のノアの祈りに答えて神が悪霊を全員捕縛するように天使に命じた時、霊たちの首領マステマがやってくる。そして、悪霊たちの役割は彼マステマの決定に従って「堕落させたり、滅ぼしたり、迷わせたりする」ことなのだから、何人かの悪霊は残しておいてくれと神に願う。その願いは聞かれ、悪霊の「十分の一は地上でサタンに仕えるように残して」[4]おかれる。つまり、マステマと同一視さ

---

1) 『エノク書』の「巨人の書」は、BCE 2世紀末とされる (村岡崇光「エチオピア語エノク書概説」, p. 164)。
2) 村岡嵩光訳「ヨベル書」『聖書外典偽典4　旧約偽典II』日本聖書学研究所編 (東京: 教文館, 1975), p. 52.
3) 村岡訳「ヨベル書」, p. 53.
4) 村岡訳「ヨベル書」, p. 54.

れるサタンの部下としてそれら悪霊がこの地上で病気を引き起こしたり、人々を誘惑したりしていることが示唆されているのである (10:8–12)[1]。ジョルジュ・ミノワの指摘によると、『ヨベル書』の「マステマ」mastema は、「憎む」を意味する stm という動詞から派生した名称であり、stn（「対立者、敵」の意）に由来する「サタン」の近似値である[2]。このマステマは、ヨブ記のサタンのように神に進言して、アブラハムの信仰を試すためにイサクの犠牲を求めてみるように促し（ヨベル17:16）、モーセがイスラエルの民をエジプトから導き出そうとしたときには、主〔ヤハウェ〕に派遣されてエジプト全土の長子を殺す（ヨベル48:2–5）。また、イスラエルの民を「告発する」(שָׂטָן śāṭān) という、「サタン」という語の本来の意味での活動もなしている（ヨベル48:15,18）。

『ヨベル書』の執筆年代は通説でBCE 2世紀後半[3]とされる。その通りであれば、悪霊がサタンの支配下にありこの世で悪をひきおこしているという考えがすでに新約時代に先立って存在していたことになる。

この時代の黙示文学には、アダムとエバの堕罪におけるサタンの役割理解にも発展が見られる。

『ヨベル書』では、アダムとエバの堕罪は蛇の誘惑に帰されるが、その蛇はサタンとは結びつけられてはいない。つまり、サタンと原罪とが結びつけられているわけではない。イスラエルの民が神に反抗すること（1:22）も、カインがアベルを殺したことも（4:2）、サタンには何の言及もなく語られている。しかし、この地上で悪の原因となっている悪霊を支配しているのがサタンであるという思想がここに見られることは新約へのつながりにおいて意味がある。

『ヨベル書』よりさらに時代が下った『アダムの書』と呼ばれる聖書外典は、ミノワによればBCE 1世紀にユダヤ教のセクトから生まれたものであるが[4]、これは、サタンの役割、エバの責任、および贖罪の概念を前面に出し

---

1) 村岡訳「ヨベル書」, pp. 53–54.
2) ジョルジュ・ミノワ『悪魔の文化史』平野隆文訳（白水社, 2004）, p. 30.
3) 村岡崇光「ヨベル書概説」『聖書外典偽典4　旧約偽典II』, p. 15.
4) ミノワ『悪魔の文化史』, p. 31. 土岐健治は、「アダムとエバの生涯」の執筆年代を

ている。これが史上初めて、エバの誘惑者である蛇とサタンとを明確に結びつけている[1]と考えられているものである。この書には、カインがエバと悪魔の間にできた子であるという伝承や、サタンが神に反逆したのは嫉妬心からだったという伝承が入っており、サタンが反逆の結果地上に追いやられたと語られている。それによると、アダムが神の似姿として造られた時、天使ミカエルはアダムを拝し、サタンにもそうするように促すが、サタンはそれを拒む。アダムは彼より後に造られたのだから彼より劣り、むしろアダムが彼を礼拝すべきだとの道理である。ミカエルは彼に、神の似姿を礼拝しないなら神が怒るであろうと忠告する。サタンは反発し、神が怒るなら自分は天の星よりも高く座して神と似たものになってやると豪語して神の怒りに触れ、地上に投げ落される。そして、アダムとエバの幸福を見てねたましくなり、腹いせにエバを誘惑する[2]。ここでは、旧約聖書にはない、悪としてのサタンが登場している。

4) クムラン共同体

クムラン共同体の「宗規要覧」では、神が創造の時に人間に与えた真実の霊と不義の霊のうち、不義の霊がサタンと結びつけて考えられている。

> 闇の天使の故に不義の子らはみな迷い、その過ち、罪、咎、背きの行いはすべて時至るまで神の秘密に従って彼（＝闇の天使）の支配下にある。また彼らの苦難と悩みの時期とはすべて彼の敵意の支配下にある。そして彼に割当てられた霊どもはみな光の子らを躓かせようとする。しかしイスラエルの神とその真実のみ使いはすべての光の子らを助ける。

BCE 1 世紀終わり頃から CE1 世紀の前半と考えている。「アダムとエバの生涯　概説」『聖書外典偽典別巻　補遺I』（東京：教文館, 1979）, p. 196.

1) ミノワ『悪魔の文化史』, p. 31.
2) 小林稔訳「アダムとエバの生涯」『聖書外典偽典別巻　補遺I』, pp. 208–211; Cf. 大貫隆『グノーシス「妬み」の政治学』（東京：岩波書店, 2008）, pp. 110–111. 土岐健治は、「アダムとエバの生涯」の執筆年代を BCE 1 世紀終わり頃から CE 1 世紀の前半と考えている（土岐健治「アダムとエバの生涯　概説」『聖書外典偽典別巻　補遺I』, p. 196）。

（3:21–24）[1]

　これは、終末論の一環であり、闇の天使とはサタンの別名ベリアルであることが、1:24, 2:5に示され、「不義の子」は、ベリアルに「割当てられた者」（2:4–5）とされている。クムランの洞窟から発見されたもう一つの書「戦いの書」では、ベリアルに割当てられた者たちは神の最終的な戦いの日に破滅する（15:1–2）とされている[2]。サタン＝ベリアルは、ここではこの世の悪の側をすべて支配する力と見られており、光に対して闇の側を代表する。ただし、闇は結局光に勝たないものと考えられており、完全な二元論ではない。

5）ラビ・ユダヤ教

　ラビ・ユダヤ教のタルムードでは、旧約のユダヤ思想と異なる顕著な特徴として、多くの病や災害が悪霊によって引き起こされていると考える思想が見られる。タルムード中のあるラビによれば、人間は何千もの悪霊に取り囲まれていて、修学生の講義がだめになるのも、ひざが弱るのも、学者の衣服が擦り切れるのも悪霊のせいである（Berachoth 6a）。

　これらの悪霊にはそれぞれ役割があり、ほとんどあらゆる災悪が彼らに帰されたように見える。タルムードの中では、さまざまな論点において多様な見方が提示されており、病気ひとつの原因についてもただひとつの見方に固定していないのだが、重い皮膚病を引き起こす「レプラの悪霊」（Kethuboth 61b）があり、食べ物の上を飛んでいるのが目撃されたり[3]、眼を見えなくする悪霊がいると考えられ、それを追い払う呪文が教えられたりしている（Pesachim 112a）。狂気は、悪霊によるものと見られる代表的な例であるが、その症状によって、夜に走り出る、もらったものを壊すなどの場合は狂犬病

1）関根、松田訳「宗規要覧」, p. 98.
2）関根正雄、松田伊作訳「戦いの書」『死海文書──テキストの翻訳と解説』日本聖書学研究所編, p. 145.
3）ただし、「レプラの悪霊」という用例は一箇所であり、すべての重い皮膚病が悪霊に帰されているわけではない。

の兆候と見られることもある[1]。それに対し、悪霊に憑かれた者の特徴的な行動は、墓に寝泊りする（不浄な場を住処とする）、自分の衣服を引き裂くなどである[2]。癲癇はしばしば悪霊によって起こると考えられた。特に月の夜には月の影響でかあるいは、悪霊の活動が月のもとで盛んになるために狂気が起こると考えられた[3]。

この悪霊たちが、穢れと結びついて考えられることもある。一例だけではあるが「穢れた霊」、と悪霊を呼ぶ例も見出される（Sanhedrin 65b）。

しかし、タルムード中の用例では悪霊はほとんど、「罪」（英訳ではsin）と結びつけられてはいない[4]。人を誘惑したり、悪行をさせるのは、サタンであり、このサタン自身は直接病気を引き起こしたりすることはない。E・シュヴァイツァーは、「ラビたちは、サタンや悪霊たちに引き起こされるものとして主に物質的な損傷を考えていたが、新約聖書は常に罪と誘惑を考えている」[5]と指摘しているが、これは、悪霊について正しい。しかし、タルムードにおいてはサタンと悪霊の役割は切り離して考えるべきである。タルムードにおいては罪を引き起こすもの（satan）と病気を引き起こすもの（demon）は分離しており、悪霊によって引き起こされた病気と罪とは必ずしも結びつけられていないということが言える。障碍同様、病も罪とは無関係であり得るというのが、タルムードから読み取ることのできる見方である。

---

1) Chagigah3b；Strack/Billerbeck, *Das Evangelium nach Matthäus,* p. 491にも指摘がある。
2) Chagigah3b；Strack/Billerbeck, *Das Evangelium nach Matthäus,* p. 491にも指摘がある。
3) Pesachim112b ; Strack/Billerbeck, *Das Evangelium nach Matthäus,* p. 758にも指摘がある。H・C・キーの指摘によれば、悪霊という考え方がペルシアから持ち込まれた一方、ヘレニズム世界の医学では占星術が重視されていた。1世紀に薬草についての本 *Greek Herbals* を書いたディオスコリデスは、月夜に抜いた草は薬効が高いなどと記している（Kee, *Medicine, Miracle and Magic in New Testament Times,* pp. 45 & 62）。ここでのラビたちの、月の影響と悪霊の働きの相乗効果を見る見方には、その両者の影響が見られる。
4) ただし全くないわけではなく、Lilithという、女性の悪霊が男性を誘惑するとの伝承があり、タルムードにも入っている。「家で独りで寝てはならない。独りで寝るものは誰でもリリスに捕えられる（*Sabbath* 151b）。
5) Eduard Schweizer, *The Good News According to Luke,* tr. David E.Green（Atlanta: John Knox Press, 1984）, p. 145

8　貧者、弱者の存在と神の義

1) 序

　旧約聖書には、貧しい者については、彼らをヤハウェの憐れみの対象と見る見方と、彼らをヤハウェの愛顧からもれた救われにくい人々と見る見方を助長する思想の二つが共に存在する[6]。

2) 神の憐れみの対象としての弱者、貧しい者

　ヤハウェが弱い者、貧しい者に心を留める神であるという思想は、申命記7章の信仰告白に照らして理解しうる。

> [7:7]主が心引かれてあなたたちを選ばれたのは、あなたたちが他のどの民よりも数が多かったからではない。あなたたちは他のどの民よりも貧弱であった。[8]ただ、あなたに対する主の愛のゆえに、あなたたちの先祖に誓われた誓いを守られたゆえに、主は力ある御手をもってあなたたちを導き出し、エジプトの王、ファラオが支配する奴隷の家から救い出されたのである。[9]あなたは知らねばならない。あなたの神、主が神であり、信頼すべき神であることを。この方は、御自分を愛し、その戒めを守る者には千代にわたって契約を守り、慈しみを注がれるが、[10]御自分を否む者にはめいめいに報いて滅ぼされる。主は、御自分を否む者には、ためらうことなくめいめいに報いられる。

　イスラエルの民がもっとも貧しく弱かった時、エジプトの地での寄留者であった時に、ヤハウェは彼らを救った。それは、そのような弱いままの彼らに対する愛と、アブラハムに誓った恵みの約束に対して信実な神の義による

---

6)「[30:8]むなしいもの、偽りの言葉を、私から遠ざけてください。貧しくもせず、金持ちにもせず、私のために定められたパンで私を養ってください。[9]飽き足りれば、裏切り、主など何者か、と言うおそれがあります。貧しければ、盗みを働き、私の神の御名を汚しかねません」（箴言30:8–9）など、過大な富と貧困の両方が罪につながる危険性を含んでいるという認識もある。

ものである。

　貧しい人々を、寄留者などと共に社会的配慮が必要な弱者として、彼らを憐れみ、彼らに対する援助を促す思想は、モーセ五書の戒めにも、預言者の勧告にも明らかである。たとえば、やもめや孤児や寄留者を苦しめてはならないとの出エジプト記の戒めがあり（20:20-21）、レビ記や出エジプト記には、穀物やぶどうの収穫の際に落穂や落ちた実を貧しい人々のために残しておくように定められており（レビ 19:9-10, 23:22）、貧しい人々から利子を取って金を貸してはならないとの戒め（出エジプト 22:24）、利子を取ってならないことはもとより、彼らを助けて彼らと共に生きるようにとの奨励（レビ 35:35-36）がある。特に、このような貧しい同胞への援助の促しの奨励は、申命記にも繰り返されている（申命 15:7-11）。

　旧約の民は、そのように命じる神の義を信じ、その信頼を次のような言葉に表している。

　　　9:13 主は流された血に心を留めて、それに報いてくださる。貧しい人の叫びをお忘れになることはない。〔…〕9:19 乏しい人は永遠に忘れられることなく、貧しい人の希望は決して失われない。（詩編 9:13-19）

　　　2:7 主は貧しくし、また富ませ、低くし、また高めてくださる。8 弱い者を塵の中から立ち上がらせ、貧しい者を芥の中から高く上げ、高貴な者と共に座に着かせ、栄光の座を嗣業としてお与えになる。大地のもろもろの柱は主のもの。主は世界をそれらの上に据えられた。（サムエル上 2:7-8）

　しかし、現実の社会においては、富者が貧者を搾取し、貧富の差は激しくなっていた。古代イスラエル社会では、現代社会と異なり、工場生産や技術革新によって無限に社会の富や物財が増加しうるとは考えられておらず、むしろ社会の富の総量は定まっていると考えられていたために[1]、富むという

---

1) Bruce J. Malina/Richard L. Roharbaugh, *Social-Science Commentary on the Synoptic*

ことはすなわち、隣人の富や権利を搾取した結果と考えられていた。

　箴言の以下のような言葉に見られるような二項対立の背後にあるのは、そうした社会構造である。

> 15:15 貧しい人の一生は災いが多いが、心が朗らかなら、常に宴会にひとしい。16 財宝を多く持って恐怖のうちにあるよりは、乏しくても主を畏れる方がよい。（箴言 15:15–16）

> 14:21 友を侮ることは罪。貧しい人を憐れむことは幸い。（箴言 14:21）

> 19:22 欲望は人に恥をもたらす。貧しい人は欺く者より幸い。（箴言 19:22）

預言者たちは、弱者が踏みにじられている現実にヤハウェの怒りを預言し、立ち帰りを求める警告をしている。

> 2:6 主はこう言われる。イスラエルの三つの罪、四つの罪のゆえに、私は決して赦さない。彼らが正しい者を金で、貧しい者を靴一足の値で売ったからだ。（アモス 2:6）

Gospels（Minneapolis: Augsburg Fortress, 1992）, p. 48 によれば、古代パレスチナでは、社会全体の財貨およびあらゆる供給物が有限で、全体量が決まっている中で分配されていると考えられていたために、富者が富むことは他の者の分け前を減らすことと考えられていた。「『正直な金持ち』という概念は、1世紀では形容矛盾であった。『金持ち』というラベルを貼られることは、〔…〕誰か自分より弱い者が正当な権利に基づいて所有している物を取り上げる力または能力を持っていることを意味した。金持ちであることは、貪欲であることと同義であった。同様に『貧しい』ことは、自分の物を守ることが出来ないことであった。無防備で自らを助ける術を持たないことであった」（邦訳：ブルース・マリーナ／リチャード・ロアボー『共観福音書の社会科学的注解』大貫隆監訳、加藤隆訳（東京：新教出版社, 2001）, p. 60）。

> 7:9「万軍の主はこう言われる。正義と真理に基づいて裁き、互いにいたわり合い、憐れみ深くあり 10 やもめ、みなしご、寄留者、貧しい者らを虐げず。互いに災いを心にたくらんではならない。」
> 7:11 ところが、彼らは耳を傾けることを拒み、かたくなに背を向け、耳を鈍くして聞こうとせず、12 心を石のように硬くして、万軍の主がその霊によって、先の預言者たちを通して与えられた律法と言葉を聞こうとしなかった。こうして万軍の主の怒りは激しく燃えた。(ゼカリヤ 7:9–12)

> お前の妹ソドムの罪はこれである。彼女とその娘たちは高慢で、食物に飽き安閑と暮らしていながら、貧しい者、乏しい者を助けようとしなかった。(エゼキエル 16:49)

イザヤは、黙示的希望を、貧しい人々のための正義が達成される未来に見て、次のような預言をしている。これは、パウロがイエスの誕生の預言と理解した言葉としてよく知られている (ローマ 15:12)。

> 11:1 エッサイの株からひとつの芽が萌えいで、その根からひとつの若枝が育ち 2 その上に主の霊がとどまる。知恵と識別の霊、思慮と勇気の霊、主を知り、畏れ敬う霊 3 彼は主を畏れ敬う霊に満たされる。目に見えるところによって裁きを行わず、耳にするところによって弁護することはない。4 弱い人のために正当な裁きを行い、この地の貧しい人を公平に弁護する。その口の鞭をもって地を打ち、唇の勢いをもって逆らう者を死に至らせる。(11:1–4)

また、エレミヤも、貧しい者たちが救われる未来の実現を信じ、次のように預言している。

> 主に向かって歌い、主を賛美せよ。主は貧しい人の魂を、悪事を謀る者の手から助け出される。(エレミヤ 20:13)

特に、イザヤ書の、

> 主は私に油を注ぎ、主なる神の霊が私をとらえた。私を遣わして、貧しい人に良い知らせを伝えさせるために。打ち砕かれた心を包み、捕われ人には自由を、つながれている人には解放を告知させるために。（イザヤ 61:1）

はルカがイエスと結びつけたものである。（7:22–23）

3）罪の報いとしての貧しさという概念

　しかし、その一方で、申命記史家の歴史観は貧しい者たちを神の救いから遠いと考える見方を生んだ。申命記の記述には、律法の戒めを守るならば「あなたは町にいても祝福され、野にいても祝福され、〔…〕生まれる子も土地の実りも、家畜の産むもの、すなわち牛の子や羊の子も祝福され、籠もこね鉢も祝福される。〔…〕主は、あなたのために、あなたの穀倉に対しても、あなたの手の働きすべてに対しても祝福を定められ、あなたの神、主が与えられる土地であなたを祝福される」（28:3–8）、そして、逆に、戒めに従わなければ、「あなたは町にいても呪われ、野にいても呪われる。籠もこね鉢も呪われ、あなたの身から生まれる子も土地の実りも、牛の子も羊の子も呪われる」（28:16–18）とあり、ここからの帰結として、経済的に恵まれない者も、病気その他の禍に打たれた者と同様、神の罰を受けていると見られることとなった。これは、先に見たような、弱者に同情して同胞として共生する生き方とは相容れない見方ではあるが、申命記史家の歴史観からの神の「正義」の概念とは矛盾しない。

　アブラハム（創世 13:2,6）、ヤコブ（創世 13:12–14; 30:43）、ヨセフ（創世 47:5, 25）など、神に祝福された者たちは豊かな財産を得、ヨブも、試練の後に最初の二倍もの富を与えられている（ヨブ 42:10）。

　福音書には、イエスが「財産のある者が神の国に入るのは、なんと難しいことか」と言った時に、それを聞いた弟子たちが驚いたこと、イエスが言葉を続けて「金持ちが神の国に入るよりも、らくだが針の穴を通る方がまだ易

しい」と言った時、弟子たちがますます驚いて、「それでは、誰が救われるのだろうか」と言い合ったということが記されている（マルコ10:23–26）。金持ちは当然救われると思われたのである。これは、富者が神に祝福されており、貧しい者は呪われているとの見方から来る発想が、当時の人々に一般的だったことをうかがわせる。

また、貧しい人々は律法を十分に知るための学びをする時間が無いために敬虔なユダヤ人ではありえない、という見方もあった。ラビ・ヒレルは、「無教養の者は罪を恐れず、アム・ハアレツは敬虔なものでありえず、はにかみ屋は学ばず、短気者は人を教えることができない。商いに精を出しすぎる者は知恵を増すことはない」（「ピルケ・アボス」2:5）[1]と言ったと伝えられている。

このように、イエス時代の貧困者は、物質的、経済的苦痛に加え、救いから遠い民と見られる精神的苦痛も被っていたと考えられる。

9　死後の報いの概念の発達

1）序

後のキリスト教において重要となる「天国」の概念は、この世で報われなかった者に対しては、神の義を約束する重要な要素となる。この概念は、どこから来たのであろうか、それについて後に考察するために、この点についての背景もここで見ておくことが必要であろう。

2）旧約聖書における「天」

旧約聖書には、「天国」の概念はない。*Encyclopaedia Judaica* には Heaven

1）石川耕一郎訳「ピルケ・アボス」『日本聖書学研究所編.『聖書外典偽典3　旧約聖書偽典I』（東京：教文館, 1975), p. 265; Irving M. Zeitlin, *Jesus and the Judaism of His Time* (Cambridge: Polity Press, 1988), p. 103 は、ヒレルが言っているのは労働者階級を誹謗する意味ではなく、単に、この世の営みのみにとらわれ、霊的な探究に時間をとらない人は霊的に聖なる質を伸ばすことができず一面的な人になってしまうという意味だと指摘している。

の項がないのだが、そのことが、ユダヤ教では「天国」がいかに重要さを持たないかを示している。*The Jewish Encyclopedia*には、「天」"shanmayim"（複数形）の項があるが、そこにはまず、「天」とは「高い場所」という意味の"shama"を語源とし、地上に対して宇宙の高い部分を指すということ、天には神の御座がありそこから神が地上を見渡しており（詩編11:4；33:13-14）、天使の住居も天国に存するとあり、天はまず第一に地理的空間的に理解されている。ユダヤ教では祈りは天に向けて両手をさしのべてなされるが、それは、そこに神の御座があるからである。さらにこれら、神の御座、祈りの向けられる場所、人間の運命の定められる場所としての「天」は、比喩的に「神」を表すようになる（ダニエル4:23;『ヨベル書』26:18)[1]。しかし、死後の世界としての「天」という説明はここにはない。

3）ダニエル書から中間時代に至る復活信仰の発達[2]

　G・W・E・ニッケルスバーグは、中間時代のユダヤ教文書におけるダニエル書から第四エズラ書に至るまでの、復活信仰の発達を辿っている[3]。彼の指摘ではユダヤ教の復活思想が、最初はアンティオコスの迫害の時代に義人の死に対する神義論的答えの必要から表れ[4]、ダニエル書、『ヨベル書』など

---

1) Kaufmann Kohler, "Heaven," in *The Jewish Encyclopedia*, vol. vi (London: Funk and Wagnalls Company, 1904), p. 298.
2) 中間時代の死生観、死後の概念については特に George W. E. Nickelsburg, *Resurrection, Immortality, and Eternal Life in Intertestamental Judaism and Early Christianity, Expanded Edition* (Harvard Theological Studies 56) (Cambridge, Massachussetts: Harvard Univ. Press, 2006); G. R. Beasley-Murray, *Jesus and the Kingdom of God* (Grand Rapids: Eerdmans, 1986); Shannon Burkes, *God, Self, and Death: The Shape of Religious Transformation in the Second Temple Period* (Leiden: Brill, 2003); William Strawson *Jesus and the Future Life* (London: Epworth Press, 1970) を参照。
3) Cf. Nickelsburg, *Resurrection, Immortality, and Eternal Life*; および George W. E Nickelsburg, "Resurrection (Early Judaism and Christianity)," *The Anchor Bible Dictionary*, vol. 5 (New York: Doubleday, 1992), pp. 684–691 を参照。
4) Klaas Spronk, *Beatific Afterlife in Ancient Israel and in the Ancient Near East* (Alter Orient Und Altes Testament; Kevelaer: Butzon und Bercker; Neukirchen-Vluyn: Neukirchener Verlag, 1986), pp. 343–344 の指摘では、死後の至福の生の概念が突然現れたことは、すでにイスラエルの民衆宗教として存在した古代の伝統の復興と

に殉教者の復活という形で預言され、そこでは神のために死んだ殉教者だけが復活すると考えられたが、その後時代が下るにつれて、殉教者に限らず義人には死後の報いがあるという思想に展開し、やがて、第四エズラ書などに見られるように、すべての人々が死後に一度復活し、そこで審判を受けて永遠の命あるいは永遠の罰を受けるという思想に変化していった。

　義人の苦難がこの世で解決不可能となったとき、死後の報いという形での回答が求められるようになったことについて、その神義論的意味を、ムーアは、「最終的な報いを死後の生に移したことは、神義論を反駁しようのない領域に置いた（経験を超えているのだから）のみでなく〔…〕この世の経験についての解釈をすっかり逆転した。正しい者の苦難は、もはや罰とは見なされず、愛からの懲らしめであり、神の不興の徴ではなく、愛の証拠となった。邪悪な者の繁栄は、罪人が自分たちの頭にますます大きな裁きを積み上げるままにさせておく、神のやり方と見られるようになった」[1]と、指摘している。この、来る世の裁きによる報いという考え方は、旧約聖書にはほとんどまだ見られなかった。たしかにエゼキエル書（32:18–32）には、死後の報い（罰）として悪人は黄泉の低いところに横たわることが書かれており、これは、「来世の報い」の概念の萌芽であることは確かであろう[2]。しかし、この箇所の「横たわる」という文言からは、必ずしも終末の復活と報いを読み取ることは出来ず、まだ明確な来世の生の概念とは読めない。それが第四エズラ書や『バルク黙示録』に至って明らかに現れているのである[3]。

　　して説明しうる。カナンの宗教では、バール神が年毎に死んでは蘇り、その際に、神化した王族の死者の魂を黄泉の国から連れてくると考えられていた。ヤハウェはバール神と異なり死ぬことは考えられなかったため、この信仰はヤハウェ宗教には取り入れられなかったが、旧約聖書の後期のほうになると、ヤハウェにおける死後の生への希望という形になって表れてきた。

1) G. F. Moore, *Judaism in the First Centuries of the Christian Era,* vol. 1, pp. 120–121.
2) 死後の報いは、終末のことがらと考えられ、魂の永生の概念はない（G. F. Moore, *Judaism in the First Centuries of the Christian Era,* vol. 1, p. 120）とされるが、後に見るように、イエスの言葉には死後人間が天国や地獄に行くという概念があり、紀元1世紀頃にはすでにヘレニズム世界の永生の概念と、死後すぐに与えられる報いの思想が入っていたと考えられる。
3) この世では証明不可能な来世の報いによって神の義を約束するこの形は、組織神

a ダニエル書

旧約聖書における復活信仰の兆しはエゼキエル書の37:1–13、「枯れた骨の復活」の幻にうかがうことが出来るが、これは復活思想というよりは、象徴的にイスラエルの復興を予言する幻と見ることもまた可能であり、むしろその解釈が妥当である[1]。旧約聖書において明白に肉体の復活に言及する最初の例はダニエル書12:2–3であることには、すでに学術的合意が成り立っているとされる[2]。

ダニエル書での復活信仰は、アンティオコス・エピファネス4世の迫害下（BCE 168–165）に生じていた神学的問いに答えるために表明されている。この迫害では、律法を破る行為が強要され、それに従った人々は命を助けられた。しかし、ユダヤ人の多くは王の命令に従わず殉教した。律法遵守は死に至る道となり、不服従は命につながったわけである。これは、イスラエルの人々が信じ受け入れてきた申命記的歴史観の正義や応報思想の基準を覆す事態だった。その答えとして「一方には命への復活が、他方には罰への復活が」あるという思想が生じたと考えられる[3]。すなわち、

> [12:2]多くの者が地の塵の中の眠りから目覚める。ある者は永遠の生命に入り、ある者は永久に続く恥と憎悪の的となる。[3]目覚めた人々は大空の光のように輝き、多くの者の救いとなった人々は、とこしえに星と

学で、天国に究極的な報いや人間の神化や完成の成就を見る立場にも今日まで受け継がれている。St. Augustine, *City of God,* I.8, pp. 13–14; 今日では Hick, *Evil and the God of Love*, pp. 339&341; Griffin, *Evil Revisited,* pp. 38–39 など。

1) Cf. e.g., Joseph Blenkinsopp, *Ezekiel*（Interpretation）(Louisville: Loohn Knox Press, 1990), pp. 173–174; Horace D. Hummel, *Ezekiel 21–48*（Concordia Commentary）(Saint Louis: Concordia Publishing House, 2007), pp. 1075–1076.
2) Robert Martin-Achard, "Resurrection（OT）," tr. Terrenc Prendergast, *The Anchor Bible Dictionary,* vol 5（New York: Doubleday, 1992), p. 682; Nickelsburg, *Resurrection, Immortality, and Eternal Life,* p. 23; George W. E. Nickelsburg/André-Marie Dubarle, "Belief in Immortality in the Old Testament and Judaism," tr. by Rosaleen Ockenden in Pierre Benoît104/Roland Murphy eds., *Immortality and Resurrection*（Freiberg: Herder and Herder, 1970), p. 40.
3) Nickelsburg, *Resurrection, Immortality, and Eternal Life*, p. 32.

輝く。(ダニエル 12:2–3)

　ここでもうひとつ重要なことは、ダニエル書 12:3 で、多くの者の救いとなった人々と言及されているのがアンティオコスの迫害で殉教した人々だということである。それゆえ、信仰のゆえに殉教した人々は、復活するだけではなく、その死は、他の者に救いをもたらすという考えが存在し、ここに表れていると言える[1]。

　b マカバイ記二
　われわれにとってダニエル書と並ぶ重要な文献は、マカバイ記二、特にその 7 章である。この書は BCE 2 世紀後半に書かれたとされ[2]、その中心となる話は、アンティオコス・エピファネスの治下、ユダヤ律法の遵守が禁じられ、エルサレム神殿が穢されギリシアの神を祀る神殿にされるなど、ユダヤ教徒に対する迫害が起こった経過、そして、続くユダ・マカバイによる蜂起と神殿とエルサレムの奪回、神殿の清めと新しい祭壇の奉納である。7 章では、律法に忠実な一家が、王アンティオコス・エピファネスに捕えられ、律法で禁じられている豚肉を食べることを命じられる。しかし彼らは、過酷な拷問にも屈せず律法を守り続け、殉教を選ぶ。ここでは、信仰のために死んだ者を神は甦らせると考えられている。2 番目、3 番目、4 番目の息子たちは、明確に復活の希望を述べている。「世界の王は、律法のために死ぬわれわれを、永遠の新しい命へとよみがえらせてくださる」(7:9)、「私は天からこの舌や手を授かったが、〔…〕主からそれらを再びいただけるのだと確信している」(7:11)、「たとえ人の手で、死に渡されようとも、神が再び立ち

---

1) これが、イザヤ書 65–66 の影響だとの指摘もある。George W. E. Nickelsburg, "Resurrection (Early Judaism and Christianity)," *The Anchor Bible Dictionary*, vol. 5 (New York: Doubleday, 1992), p. 686.
2) 土岐健治「第 2 マカベア書概説」日本聖書学研究所編『聖書外典偽典 1　旧約聖書外典 I』(東京: 教文館, 1975), p. 152. によると、この書は BCE 124 年のハヌッカ祭に先立ってその年の祭りの日付をふれ廻る使者に託された手紙と一体をなしていたか、あるいは、その手紙を序として書かれた可能性が高く、124 年あるいはその後それほど遅くない時期に書かれたと考えられる。

上がらせてくださるという希望をこそ選ぶべきである」(7:14)と。母親も息子たちの殉教を励まして言う。「⁷:²³ 人の出生をつかさどり、あらゆるものに生命を与える世界の造り主は、憐れみをもって、霊と命を再びお前たちに与えてくださる。〔…〕²⁹ 喜んで死を受け入れなさい。そうすれば、憐れみによって私は、お前を兄たちと共に、神様から戻していただけるでしょう」(7:23, 29)。

後の第四エズラ書などでは、すべての者が審判のために一度復活すると考えられているが、それとは異なり、ここで考えられているのは、律法に忠実な信仰に対する酬いとしての復活である。6番目の息子は、申命記史家の考えるような因果応報の考えに立って、自分の苦しみを、民族の罪の結果と考えている。しかし歴代誌家が捕囚の際にティグラト・ピレセルやネブカドネツァルを神の道具と考えた（歴代上5:26, 41）のとは異なり、この息子たちは自分たちを苦しめるアンティオコスを神の道具、あるいは神の手とは考えていない。「¹⁸ 思い違いも甚だしい。われわれはわれわれの神に対して罪を犯したため、このような目に遭っているのだ。いかなる罰であろうとも致し方ない。¹⁹ しかし、あなたは神を敵にしたのだ。ただでは済まないぞ」(7:18–19)。7番目の息子の最後の言葉は本書の考察にとってさらに興味深く、意味がある。

> ⁷:³⁶ 私たち兄弟は、永遠の命のために、つかの間の苦痛を忍び、神の契約の下に倒れたのだ。だがあなたは、神に裁かれ、その高慢さに似合った罰を受けるがいい。³⁷ 私も、兄たちに倣って、この肉体と命を、父祖伝来の律法のために献げる。神が一刻も早く、わが民族に憐れみを回復し、また、あなたには苦しみと鞭を与えて、この方こそ神であるとあなたが認めるよう、私は願っている。³⁸ 私たち一族の者全員に、正しくも下された全能の神の怒りが、どうか私と私の兄弟たちをもって終わるように。

ここには
1) つかの間の苦しみの後、義人は間もなく、永遠の命を味わう。

2）ユダヤの民の苦しみは彼らに対する罰である。
 3）彼ら義人の苦しみは、神の怒りを静め、救いをもたらす。

との3つの考えが表明されている。

　罪に対しては罰が下されるが、義人による贖いにより赦しと救いがあり得る。そして、義人自身も永遠の命を得ることができる、という、キリスト教にも見られる重要な思想がすでにここに整っているのである。

　また、長老ラジスが、自ら殉教を選び、「血を流し尽くした彼は、はらわたをつかみ出し、両手に握り、これを群衆目がけて投げつけ、命と霊とを支配しているお方に、これらを再び戻してくださるように、と祈りつつ息絶えた」(14:46) との描写は、復活が肉体の復活と考えられていたことの例証となる[1]。

c『モーセの遺訓（モーセの昇天）』

　『モーセの遺訓』もまた、おそらくアンティコスの迫害時に書かれ[2]、迫害下の人々を勇気づける目的を持つ文学と考えられる。ニッケルスバーグは、この書の10章特に10:9

　　神はあなたを高く挙げ、
　　あなたを諸星の天に、

1）Heikki Räisänen, "Towards and Alternative to New Testament Theology: 'Individual Eschatology' as an Example" in Christopher Rowland and Christopher Tuckett eds., *The Nature of New Testament Theology* (Oxford: Blackwell, 2006), p. 172.
2）この執筆・成立年代については諸説あり、R. H. Charles が1897年に提唱した7–30CE説が20世紀後半まで定説だった。その論拠は、6章にあるヘロデ王とその3人の息子についての言及である。しかし今日、Nickelsburg らはアンティオコス時代説（ヘロデに言及する6章をヘロデ時代の加筆と考える）を主張している。6章だけがこの書の中で時代的に整合性を欠くこと、マカバイの指導者たちの出現よりも以前に書かれたと見るほうがこの書の理解を助けることなどが、Nickelsburg らの論拠である（John E. Priest, "Testament of Moses," *The Anchor Bible Dictionary*, vol. 4 (New York: Doubleday, 1992), pp. 920–921; Nickelsburg, *Resurrection, Immortality, and Eternal Life,* pp. 61–62）。この見方が正しく思われる。

（諸星）の住居の場に留らせるであろう[1]。

を、迫害において殺された義人が死後復活させられ、そのことによってその義が証されるとの復活信仰の例としてあげている[2]。おそらくこれは正しい見方であろう。その鍵となるのが「あなたを高く挙げ」との文言である。ただし、この「高く挙げ」が死後の復活と結びついた概念であると限定する決定的な必要性はないようにも思われる。これは、後代の人々の記憶の中でその名が高くされることと、考えることもできるからである。また、これが、70年の神殿崩壊後ユダヤ教神秘主義の流れとして発達するメルカバー・ヘカロト文学に見られるような「幻」の中でのヴィジョンと考えることも不可能ではないであろう。神秘主義文学は、神殿崩壊という状況にあって天の神殿を考えるようになったところからくるものであり[3]、義人の苦難の問題とはその生じた背景となる生活の座が異なるとしても、この「高く挙げ」られることへの言及も、そのモチーフと見ることは可能であろう。しかしその可能性を考慮しても、ダニエル記やマカバイ記二が死後における義人の高挙を考えるのと共通した思想を見ることは可能と考えられる。

d『ヨベル書』

『ヨベル書』もまた、BCE 2世紀に書かれたとされる文書である[4]。ここでも、義人たちについて、死後の幸福が考えられている。23:27–31には、イス

---

1) 土岐健治、小林稔訳「モーセの遺訓」日本聖書学研究所編.『聖書外典偽典別巻 補遺1 旧約聖書編』（東京：教文館, 1979), p. 178.
2) Nickelsburg, *Resurrection, Immortality, and Eternal Life*, p. 43, 54.
　　この部分の英訳は Charles, *Apocrypha and Pseudepigrapha of the Old Testament in English*, vol. 2, p. 422.
　　And God will exalt thee,
　　And He will cause thee to approach to the heaven of the stars, [...] (10:9)
　にあり、Nickelsburg もこれを参照している。
3) Cf. Rachel Elior, *The Three Temples: On the Emergence of Jewish Mysticism* (Portland, Oregon: Littman Library of Jewish Civilization, 2004), p. 11 et all.
4) 村岡崇光訳「ヨベル書概説」『聖書外典偽典4　旧約聖書偽典II』（東京：教文館, 1975), pp. 15–16.

ラエルの民に対する苦難の果てに人々が律法を求め義の道に戻る日が来ること、そして、その日にはサタンも悪しき者もなく、人々は一生を平穏と喜びのうちに終えることになるだろうとの預言がなされる。

　この書で特記に値するのは、肉体が地中に眠り魂あるいは霊だけが永遠の喜びにひたるように書かれていることである。

> 23:30 そのとき主はその僕たちを癒され、彼らはたちあがって大いなる平安を見、敵を追い払うであろう。義人たちは（これを）見て感謝し、こおどりして永遠に喜び、敵に対してありとあらゆるさばきと呪い（がふりかかるの）を見とどけるであろう。31 彼らの骨は地中にやすらい、霊は深い喜びを味わい、裁きをとり行なうのは主であり、彼は何百人、何千人、いなすべて彼を愛するものに恵みをほどこしたもうことを知るであろう。[1]

　伝統的なユダヤの人間観では、肉体と魂は不可分であり、魂だけが死後肉体から離れて永生に与るということは考えられなかった。それゆえ、ダニエル書などで復活が考えられる時には、肉体を含めた全人的な甦りであることは自明のことと考えられていた[2]。『ヨベル書』では、ユダヤ思想の中でのそうした人間観の変化が認められる。

e ソロモンの知恵

　「ソロモンの知恵」は、おそらくBCE 2世紀半ばから後半に書かれたと考

---

1) 村岡崇光訳「ヨベル書」『聖書外典偽典4　旧約聖書偽典II』, p. 90. 村岡は、30節への注 (p. 319) で、これが「必ずしも復活を意味せず、いやされて病床から起きあがる、の意でありうる」としているが、Nickelsburgは魂が「おそらく天国」で喜びを味わっているのだろうと読んでいる。Nickelsburug, *Resurrection, Immortality, and Eternal Life*, p. 47. 村岡自身の訳でも、また、Charles, *The Apocrypha and Pseudepigrapha of the Old Testament,* vol, 2, p. 49 の英訳によっても、彼らの骨は地中にあるので、骨と魂が分離して霊だけが天の喜びに与るとするNickelsburgの解釈が正しく思われる。

2) Dubarle, "Belief in Immortality in the Old Testament and Judaism," p. 37.

えられる文書で[1]、肉体の復活ではなく、魂の永生に言及している点で特異でありまた重要である。魂は不滅であり、正しい者はそれを知り、永遠の生を生きる。神を信じない者は、魂の不滅を信じず、死ねば体は灰になり、魂も軽い空気のように消えうせるだけだと考える (2:2–3)。しかし、その不信は誤っており、そのことによって彼らは罰せられる。

> [3:1]神に従う人の魂は神の手で守られ、もはやいかなる責め苦も受けることはない。[2]愚か者たちの目には彼らは死んだ者と映り、この世からの旅立ちは災い、[3]自分たちからの離別は破滅に見えた。ところが彼らは平和のうちにいる。[4]人間の目には懲らしめを受けたように見えても、不滅への大いなる希望が彼らにはある。〔…〕
> [10]神を信じない者はその言行に応じて罰を受ける〔…〕[19]彼らは不名誉なしかばねと化し、死者の中で永遠に恥を受ける。〔…〕彼らは苦悩に責めさいなまれ、人々の記憶から消えうせてしまう。〔…〕
> [5:15]しかし、神に従う人は永遠に生きる。(3:1–5:15)

知恵の書は、罪の報いが死であることを否定していない。「神を信じない者は言葉と行いで自らに死を招き、死を仲間と見なして身を滅ぼす」(1:16) のである。罪の報いは死である、という因果応報の神義論と、義人がこの世で現実に苦難を味わい、無残な死を遂げているという現実に面して、彼は、「義は不滅である」(1:15)、義人は肉体的には死んだと見えても、実はその魂は安全な場所に移され、神に守られているのだと論じるのである。ニッケルスバーグが指摘するように、「ソロモンの知恵1–6章の主張は、不義は死と滅びに至り (1:12; 5:9–14)、義は命と永生に至るということである。この主張は、主として、迫害され、後にその義が証明された義人の物語によって裏付けられている (2:12–20; 4:18c–5:14)。〔…〕死後の裁きを、義人の迫害に

---

1) 「ソロモンの知恵」の成立年代については諸説があるが、Charles ed. *Apoclypha and Pseudepigrapha I*, p. 520 によれば、Grimm は145–50 BCE、Thackeray は130–100 BCE、Gregg は125–100 BCE、Gfrörer は100BCE、Bousset はローマ帝国下で、Farrar は40 CE と考えている。

対する答えとして提示しているのである」[1]。知恵の書での迫害は、「神の僕」と自称する義人の「寛容ぶりを知るために、悪への忍耐ぶりを試みるために」不義の人々が悪意で義人に加えるものと表されており、悪人が言う、「彼の言葉どおりなら、神の助けがあるはずだ」（2:20）は、福音書のマタイ27:43で十字架のイエスに投げつけられた嘲りの言葉「神に頼っているが、神の御心ならば、今すぐ救ってもらえ。『私は神の子だ』と言っていたのだから」と共通し、神に従うと公言する者がこの世で苦しみを受けているという事実が、その者の虚偽や不信仰を証明する根拠と見なされたことを例示している。ソロモンの知恵はそのような見方への反論である。また、ここでの迫害が、アンティオコス治下でのような棄教を迫り生命を脅かす迫害に限らず、単に信仰者が信仰ゆえに被る悪意や迫害にまで広げられていることも重要である。死後の復活は、迫害で死んだ人々から、義人すべてに枠を広げられたのである。

ソロモンの知恵でのように魂の永生を考えれば、終末を待つまでもなく死後の報いは期待できる。この、「魂の永生」信仰がユダヤ教に入ってきていたことがイエスの使信にとって重要な働きをしたと考えられる。

f『エノク書』

この世で報われなかった義人が死後報われるであろうという信仰は、『エノク書』（エチオピア語）にも見られる。『エノク書』に関してわれわれにとって重要な点は、第一に、ここに、権力者や富者に虐げられ搾取されていた貧しい義人の問題が取り上げられている点である。迫害で殉教した人々に限らず、この世で苦しめられた正しい人々の「魂」は、死んで黄泉に下っても悲しむ必要はない。彼らにはこの世で報われなかった埋め合わせとして死後にあらゆる善いもの、喜び、栄光が用意されている（102:2–3）。一方、悪を行なってきた者は、この世では栄え罰を受けることなく一生を終えても、黄泉（Sheol）で、鎖につながれ劫火の苦しみを受けることになる（102:5–8）。特に、この預言は、92章から98章にわたる、この世の不正や富

---

[1] Nickelsburg, *Resurrection, Immortality, and Eternal Life*, p. 67.

者・権力者による弱者の迫害や搾取の目録表の後に続き、それら虐げられた善良な弱者を念頭になされている。（悪質な貧乏人、善良な権力者や富者、というものは、『エノク書』に関しては出てこない）[1]。

　申命記に助長される応報思想によってでは、富は律法遵守の報いとしての神の祝福のしるしと理解されうるが、『エノク書』は、富が不正に取得される現実にむしろ目をむけ、「隣人に悪を持って報いる」者、「不正の秤を用いる者」を告発し、搾取されている弱者を善人として、死後の運命の逆転を請合う。『エノク書』で迫害された善人として考えられているのは、必ずしも信仰のために苦しんだ者に限らないことが重要である。

　　108:10 （主は、）彼らが彼らの現世での命よりも天を愛する者であることがわかったので、彼らに賞を授けられた。悪人どもから足げにされ、悪口、冒瀆の言葉を聞かされ、辱められながらも、彼らは私をほめたたえた。[11] 今私は光の世代の中から善人たちの霊魂をよび、暗闇の中に生まれた者、肉の姿にあったときその信仰にふさわしい栄誉を受けなかった者たちを変えよう（光の中へ移そう）。[12] 私の聖なる名を愛する者たちを私は輝く光の中へ導き出し、ひとりひとりをその栄誉の座にすわらせよう。〔…〕[14] 罪人たちはわめきたて、彼らが輝くさまを見るであろう。そして、彼らの（処罰の）日と時とが書きしるされている場所へ立ち去るのである[注2]。

　g　ベン・シラの知恵

　ベン・シラの知恵には、「畏れを知らぬ者には、火と蛆の刑罰が下る」（7:17）や「愛のうちに眠りについた者は幸いである。確かに、私たちも生きるであろう」（48:11b）などのような永生信仰や復活信仰が見られる。ここでは、この書をヘブライ語からギリシア語に訳した者が導入したものと考

1）Cf. Malina/Roharbaugh, *Social-Science Commentary on the Synoptic Gospels*, p. 48.
2）村岡崇光訳「エノク書」日本聖書学研究所編『聖書外典偽典4　旧約聖書偽典II』（東京：教文館, 1975）, pp. 291–292.

えられている[1]。また、ギリシア語訳には、さらに、「主は喜びに満ちた永遠の賜物を、報酬として与えてくださる」(2:9c)、「すべてのものの取り調べは、最後に行われるのだから」(16:22c)、「主の掟を知ることは、命の教訓を得ること。主に喜ばれることを行う人は、不死の木の実を楽しみ味わう」(19:19) などの言及もあるが、これも、ギリシア語テキストの編者が書き入れたものであることには合意がなっているとされる[2]。これらは、中間時代に現れた不死や復活の思想を反映した加筆である。

h 第四エズラ書

第四エズラ書や『バルク黙示録』では、個人の救いの問題に対する答えのひとつとして、黙示文学の形式によって死者の復活と終末的救いが考えられている[3]。終末には悪人の罪が書かれた書や義人の善行が集められた倉（バルク黙24:1）が開かれ、それに応じた裁き（バルク黙40:1、4エズラ7:105; 14:35など）と、報い（バルク黙42:2など）や救い（4エズラ7:60など）があるだろうことが強調されている。死者が終末に復活して、裁きを受け、義人は救われ、悪人は滅びに定められる。義人の苦難の問題がこの世では解決不可能なことが強く認識されるほど、死後の報いがこの世での理不尽な現実の埋め合わせとして考えられ、それが神義論的答えとなった。

とくに第四エズラ書で重要なことは古来のヘブライ思想の復活思想とは異なり、人間が死後すぐに神のもとに帰るか、責苦を受けるかのどちらかの報いを受けるという思想の表出である。

　　ある人が死ぬという最終的決定をいと高き方が下されるとき、霊が体から出て、自分をお与えになった方のもとに、再び帰って行く。まず、

---

1) John J. Collins, *Jewish Wisdom in the Hellenistic Age*, Chapter 5, "The Problem of Evil and the Justice of God," p. 95.
2) Collins, *Jewish Wisdom in the Hellenistic Age*, p. 95.
3) フォン・ラート『旧約聖書神学I』、pp. 362–363によれば、死者の死後の存在については、旧約聖書の時代にもずっと信じられてきており、イスラエルがこのような表象に近かったことは、イザヤの時代、申命記の時代に、死者に尋ねるということがなされていたことから知ることができる。

いと高き方の栄光をたたえるためである。しかし、もしその霊が、いと高き方の道を軽んじて、それを守らなかった者、律法を軽蔑した者、神を畏れ敬う人々を憎んだ者の霊である場合、その霊は安らぎの場所に落ち着くことができず、以後苦しみの中で常に嘆き悲しみながら七つの道をさまよい歩くだろう。（4エズラ 7:78–80）

　新約聖書のイエスの言葉には、人々が死後すぐに天国の幸福や陰府の責苦を味わうという、旧約にはなかった概念が見られる。たとえば、ルカによる福音書（16:19–31）の「ラザロと金持ち」の譬えなどがその例である。第四エズラ書からは、この概念が特に新約聖書に特殊なわけではなく、少なくとも福音書が書かれた頃には近似の思想がすでに存在したことを知ることができる[1]。

4）ラビ文献

　ラビ・ユダヤ教は、ファリサイ派の流れであり、イエス時代のファリサイ派同様[2]、復活信仰を肯定している[3]。

---

1) エズラ書のこの箇所では、人間の「霊」が体から出て神の元に帰ってゆく、というように、霊魂と体を分けて霊魂の不死を考えるヘレニズム的思想の影響が明らかであるが、ここでは、死後の生の形が「体から抜けた霊」か「肉体を持った霊」かという違いにこだわるよりも、終末を待たずに与えられる死後の報いという概念の出現に注目したい。
2) マタイ 22:23 はファリサイ派と対照的にサドカイ派が復活を信じなかったことを指摘している。ヨセフスは、「彼らは、霊魂は不死の力を持っていること、さらに、生前に有徳の生活を送ったか否かによって、地下において、よき応報なり刑罰なりがあるものと信じている」（ユダヤ古代誌 18:14）（フラウィウス・ヨセフス『ユダヤ古代誌　6』秦剛平訳（東京：ちくま学芸文庫, 2000), p. 17) と述べている。これは、ファリサイ派が死後の報いを信じていたことの証言として受け入れられる。ただしヨセフスがここで言う「霊魂の不死」は、ヘレニズム文化圏にいるヨセフスが、ファリサイ派の復活信仰における肉体のよみがえりの信仰をこう表現しているだけかもしれず、ファリサイ派が肉体と霊魂の分離と霊魂の不滅を信じていたということの正確な証言とは受け取りがたい。
3) Babylonian Talmud, Sanhedrin 90b, 92a,b, Avodah Zarah 18a etc. 復活を信じない者は、来る世の生に与ることができないとされる。

神に忠実な者が死後まもなく、その義の報いに復活させられるという考えは、後のラビ文献ミドラシュにも見られる。ホセア書の「二日の後、主はわれわれを生かし、三日目に、立ち上がらせてくださる。われわれは御前に生きる」(6:2) なども、その文脈で解釈されている[1]。創世記ラッバーには「聖なる方〔神〕は決して義しい者を3日以上窮境のうちに放っておかれない」(創世記 42:17 について)[2] という言葉があり、これは時代的にはイエスよりも後代であるが、イエス以前のマカバイ記二に見られたような義人の復活信仰につながるので重要である。ここからわれわれは、イエス以前からイエス以後まで、時代を通してユダヤ教の中にはこの信仰をもつ人々が存在しつづけていたことを知るからである[3]。

---

1) Genesis Rabbah (56.1), *Midrash Rabbah. Genesis*, tr. into English H. Freedman, in 2 Vols. (London: Soncino, 1939), vol. 1, p. 491.
2) Genesis Rabbah (91.7), *Midrash Rabbah. Genesis*, vol. 2, p. 843.
3) このような背景において、イエスが受難後3日の後に復活するということは、イエスを究極的な義人として考えていた初代教会の人々にとって十分考えうることだったであろう。彼らがイエスの復活を体験したその体験の科学的分析や質は本論の論考の範囲外であるが、その復活は、イエスが特別な義人であることの証し——すなわち、神の子であったことの証し——であり、この世で報われなかった信仰者の復活の初穂となると考えられたであろう。それがパウロの理解であった。しかし、イエスの復活の問題は本論の範疇を超えるので、ここでは深入りしない。

II 章　神の憐れみ

1　序——問題の所在と本章の目的

> ^{4:29} しかしあなたたちは、その所からあなたの神、主を尋ね求めねばならない。心を尽くし、魂を尽くして求めるならば、あなたは神に出会うであろう。^{4:30} これらすべてのことがあなたに臨む終わりの日、苦しみの時に、あなたはあなたの神、主のもとに立ち帰り、その声に聞き従う。^{4:31} あなたの神、主は憐れみ深い神であり、あなたを見捨てることも滅ぼすことも、あなたの先祖に誓われた契約を忘れられることもないからである。（申命4:29–31）

> ^{13:18} 主が激しい怒りをやめ、あなたに憐れみを垂れ、先祖たちに誓われたとおり、憐れみをもってあなたの数を増やされるように（申命13:18）

　I 章で見たように、旧約時代以来、律法遵守を基準に人々に祝福と呪いを配分する神の義と、アブラハムに誓った祝福に対する神の信実という観点からの神の義との緊張に面してユダヤの人々は、神の「憐れみ」に訴えて神の信実が法的義に勝ることを信じ、神への信頼を保持しようとした。究極的に、彼らを罪や苦難や苦境から救い出すのは神の憐れみである。
　福音書には、イエスが癒しや食べ物の無い人々への給食などの実践を行っていたことが記されているが、そこでも特に気づかれるのは、イエスが人々を「深く憐れんだ」という記述である。イエスは盲人や重い皮膚病の人々を深く憐れみ（マタイ 20:40、マルコ 1:41）彼らを癒した。また、一人息子を亡くした母親を「憐れみ」（ルカ 7:13）、若者を蘇生させている。また、食べ

もののない群集に食事を与え（マルコ 8:2-8）、指針を失っている人々には教え宣教している（マルコ 6:34）。

G・H・トェルフトゥリーが指摘するように、「イエスに帰された奇跡の多大な部分が人間の苦難や困窮を緩和することに関連しているということから、奇跡を行った歴史上のイエスの動機には憐れみが含まれていたと考えられる。また、おそらくイエスは、神の救済が自由自在の奇跡的力に注意を引くことにではなく、人間の苦難や困窮に答えることに集約されていると理解していたと結論できよう」[1]。

イエスの「憐れみ」とはいかなる意味と意義を持っていたのであろうか。あるいは、より正確に言えば、福音書記者はイエスが「深く憐れんだ」という記述でイエスのいかなる側面を伝えようとしているのか[2]。上記の言及でイエスが「憐れんだ」という意味で用いられている語は、σπλαγχνίζομαι (splanchnizomai) で、「憐れむ」という意味でより普通に用いられていた ἐλεέω (eleeō) や οἰκτίρω (oiktirō) とは異なる。本章では、この語の表す「憐れみ」の性質を、語本来の字義的意味とイエスの譬えや言行の記録にある用例から考え、イエスの思想における「神の憐れみ」の神義論的意義を明らかにしたい。

2　σπλαγχνίζομαι の字義的意味と ἐλεέω、οἰκτίρω

まず、辞書的な意味から見るならば、σπλαγχνίζομαι[3] はもともと

---

1) Graham H. Twelftree, *Jesus the Miracle Worker* (Downers Grove, Illinois: Inter Varsity Press, 1999), p. 264.
2) K. Snodgrass は、イエスのメッセージの鍵となる4つのテーマは、「祝宴（あるいは喜び）、同情、イスラエル、御国」であると理解している。Klyne Snodgrass, "The Gospel of Jesus," Markus Bockmuehl/Dibakd A, Gagber eds., *The Written Gospel* (Cambridge: Cambridge Univ. Press, 2005), pp. 31-44. 引用は p. 34. 本論で言及する「憐れみ」は、彼の著を含めて英語では compassion「同情」とされていることが普通である。
3) 以下 σπλαγχνίζομαι の意味については、Helmut Köster, "σπλάγχνον, σπλαγχνίζομαι, εὔσπλαγχνος, πολύσπλαγχνος, ἄσπλαγχνος," *Theological Dictionary of the New*

σπλάγχνον（splanchnon、内臓、特に心臓、肺、肝臓、腎臓など、犠牲にされた動物の内臓で奉献者が食べる部分をさす）から派生し、σπλάγχνονを食べる犠牲の儀式の一部の行為を表していた。そして、旧約の後期、外典の時代（「ベン・シラの知恵」（30:7、33:5）[1]「マカバイ記二」（9:5, 6）など）[2]になると、感情の宿る場所としての内臓、心情などの意味でも用いられるようになってゆく。強い感情としての「憐れみ」の意はそこから派生したと考えられる。σπλάγχνονとのつながりにおいて、「憐れむ」という意味は、まさに臓腑がちぎれそうな強い感情を示していると理解してよいであろう[3]。σπλαγχνίζομαιは70人訳には「憐れむ」という意味での用例はないが、רַחֲמִים（raḥᵃmîm: רֶחֶם（raḥam 子宮）の複数形）は、創世記43:14、申命記13:18、イザヤ書47:6、エレミヤ書42:12に「憐れみ」という意味で用いられており、子宮を憐れみの宿る場所とするこれら旧約の用法が後に臓腑を同様に用いるギリシア語の用法につながり、σπλαγχνίζομαιが後にἐλεέωやοἰκτίρωに代わって用いられるようになったのであろう。

Testament, vol. 7 (Grand Rapids, Michigan: Eerdmans, 1971), pp. 548–559; N. Walter "σπλαγχνίζομαί" in *Exegetical Dictionary of the New Testament,* vol, 3 (Grand Rapids, Michigan: Eerdmans, 1993), p. 265 を参照。

1) 「ベン・シラの知恵」のギリシア語訳は、原著ヘブライ語の著者の孫が（ギリシア語版序文より）治世38年目にエジプトに来てからこの王の治世中になしたものとされているので、132–116年の間と考えられる。G. H. Box "§6 Authorship and Date, in 'Introduction' to Sirach," R.H.Charles ed. *The Apocrypha and Pseudepigrapha of the Old Testament,* vol. 1 *Apocrypha* (Oxford: Clarendon Press, 1913), p. 293.

2) 「マカバイ記二」の執筆年代は不明であるが、175–164 BCE の史実を扱い、142BCE から BCE 1世紀前半の間に書かれたと推測されている。Cf. e.g. *The New Interpreter's Dictionary of the Bible,* vol. 3 (Nashville, Abingdon Press, 2006), p. 755; James Moffatt, "2 Maccabees," R.H.Charles ed. *The Apocrypha and Pseudepigrapha of the Old Testament,* vol. 1, *Apocrypha* (Berkley, CA.: The Apocryphile Press, 2004), pp. 128–129.

3) ルカ10:33の古シリア語訳ではἐσπλαγχνίσθηの訳語として「同情し、憐れみを見せた」（英訳 compassionate [...] and showed mercy）と2語重ねることでその強さを表現しているとの指摘がある（Kenneth E. Bailey, *Through Peasant Eyes,* in *Poet & Peasant and Through Peasant Eyes: A Literary-Cultural Approach to the Parables in Luke,* combined Edition, Two Volumes in One (Grandrapids, Michigan: Eerdmans, 1983), p. 48）。

ἔλεος[1]は「憐れむ」という意味で用いられるギリシア語の単語として、旧約で神の「憐れみ」を示すחֶסֶד (ḥesed) やרַחֲמִיםの訳語として用いられ、その動詞ἐλεέωは「憐れむ、慈悲をもつ、慈悲・憐れみの念から助ける」(have pity, have mercy, help (someone) out of mercy)、別形のἐλεάωも「憐れむ、慈悲を行使する」(have pity, exercise mercy) という意味で一般的な意味でも宗教的な意味でも広く使われている。特に、名詞ἔλεοςは宗教的文脈では旧約での神のחֶסֶדが含む、契約を結んだ神の民への特別の愛顧、慈悲、信実の意味も内包し、そのことは動詞にも通じる[2]。ἐλεέωを用いて神が民を「憐れむ」という時には、民が不誠実であっても、神は信実でありつづけ、民を恵み、赦し、助けるとの含意がある (cf. エレミヤ30:18、ホセア1:7)。民の背きにもかかわらず赦す「憐れみ」δόξ ἔλεοςは時にδικαιοσύνη「義とすること、義」(創世19:19; 20:13; 21:23; 24:27; 箴言20:28) とギリシア語訳されることもある[3]。律法との関連においては、裁き手としての神の慈悲を表す言葉でもある。そしてこれはまた、神は最後には民を贖うであろうという終末的希望にもつながる。それは、裁き手としての神が究極的には憐れみの神であるという信頼に立つ希望である。これは、祝福の神の義が、申命記的応報の義を凌ぐという希望である。

οἰκτίρω[4]は、出エジプト記33:19の70人訳では、רָחַם (raḥam) の訳語と

---

1) ἔλεοςの意味については Rudolf Bultmann, "ἔλεος, ἐλεέω, ἐλεήμων, ἐλεήμων, ἐλεημοσύνη, ἀνέλεος, ἀνελεήμων," in *Theological Dictionary of the New Testament*, vol. 2 (Grand Rapids, Michigan: Eerdmans, 1964), pp. 477–487; F. Staudinger, "ἔλεος, τό; ἐλεάω; ἐλεέω", in *Exegetical Dictionary of the New Testament*, vo. 1 (Grand Rapids, Michigan: Eerdmans, 1990), p. 429–430参照。
2) 70人訳出エジプト記33:19でἐλεέωを持って訳されている語はヘブライ聖書ではחָנַן (show favour, be gracious「愛顧を示す、恵む」) という意味であり、通常日本語で言う「憐れみ」とは多少異なるようである。
3) パウロの言う「神の義」(特にローマ3:21, 25など) の意味を考えるときにも、このδικαιοσύνηの含意を考慮に入れるべきであろう。
4) 以下οἰκτίρωの意味については、cf. Rudolf Bultmann, "οἰκτίρω, οἰκτιρμος, οἰκτίρμων," *Theological Dictionary of the New Testament*, vol. 5 (Grand Rapids, Michigan: Eerdmans, 1967), pp. 159–161; Holst Balz and Gerhard Schneider ed. *Exegetical Dictionary of the New Testament*, vol. 2 (Grand Rapids, Michigan: Eerdmans,

して用いられている。この語も文脈によりחֶסֶדの訳語に用いられ[1]、ἐλεέω と同義で用いられるようにもなったが、もともとギリシア語のοἶκτος (oiktos) から派生し、οἶκτοςが「嘆き」、特に人の死や不幸に「同情し、共に嘆くこと」であったことから、「同情」(compassion) の意味を含む。しかし、ブルトマンによれば、この語には終末的意味合いはない。70人訳などにおいてἐλεέω の名詞ἔλεος (eleos) は神の慈悲（mercy, grace）という意味的広がりを持ち、οἰκτίρω の方は、「同情」(compassion) という意味で感情的な面を強調するרַחֲמִיםの訳語として用いられる傾向があったが、その区別は絶対的なものではない。時代が下るにつれ、ラビ文献の時代にはרַחֲמִיםとחֶסֶדの区別が曖昧になったのと同時に、その訳語としてのἐλεέω と οἰκτίρω も、ほぼ同義に用いられるようになったようである。

　ここで、福音書でのイエスの「憐れみ」とはいかなるものであったのかを具体的に考察することに進みたい。

3　福音書における「憐れみ」σπλαγχνίζομαι

　新約聖書福音書では、σπλαγχνίζομαι とその活用形は11回現われ（並行記事は1回と数える）、それはすべて共観福音書に見出される。そのうち1回はイエス自身が人々に対して「憐れ」と語った言葉の記録としてマルコ 8:2（並行マタイ 15:32）、7回はイエスが空腹の人々、病人や深い悲しみにある人々を「憐れんで」救いの手をさしのべた出来事を描く福音書記者の編集句で（マルコ 1:41; 6:34（並行マタイ 14:14）; 8:2; 9:22、マタイ 9:36; 20:34、ルカ 7:13）用いられている。3回は、イエスの譬えで神の憐れみの深さと大きさを表現する言葉の中で用いられている（マタイ 18:27、ルカ 10:33; 15:20）。

　ἐλεέω や οἰκτίρω という語があるにもかかわらず、あえて通常用いられる語ではなかったσπλαγχνίζομαι という語を福音書記者マルコがイエスの憐れみを表すために用い、また（イエスがアラム語あるいはヘブライ語で

1991), p. 505.
1) ただし、רחםは動詞、חֶסֶדは名詞である。

3 福音書における「憐れみ」σπλαγχνίζομαι   121

語った譬えを）マタイやルカが自分たちの福音書に翻訳収録する際に用いたことには[1]、特別の意味があったはずである。この言葉が特に、福音書の読者や聴衆の注意を引くものであったことも推測できる。聴衆がその重要性を認識した結果、以下で見るように、後代のキリスト教文献の中でこの語はἐλεέωやοἰκτίρωに代わって、あるいはそれらと共に、用いられる重要な語と概念になってゆくからである。旧約聖書及びBCE 3世紀からCE 150年あたりまでの旧約外典偽典についてのコンコーダンス[2]に当たってみると、

---

1) マルコが福音書にこの語を用いる際に、イエスの譬えにあったσπλαγχνίζομαιの用例に依拠したと考えることはできない。この語が表れる譬えはマタイとルカの特殊資料にあり、2資料仮説に従う限り、マタイやルカをマルコが用いているとは考えられないからである。また、ギリシア語で伝わっていたはずのQ資料をマルコが用いたと考えることも、この場合は不可能である。もし、「よきサマリア人」の譬えや「放蕩息子」の譬えが、（そして、「仲間を赦さない家来」の譬えもおそらく）、Qに在ったならば、マタイとルカの片方だけがこれを採択したことは、この譬えの重要さから見て理解しがたい。それゆえ、この語はまずマルコが用い、それをマタイやルカが用いたのであろう。尚、現在のヘブライ語新約聖書は、ギリシア語聖書からの訳なので、イエスが用いたアラム語やあるいはヘブライ語を再現しているとは限らない。

ただし、マルコがこの意味を初出で用いたとも考えられない。マカバイ記二（9:5f.）やベン・シラの知恵（30:7; 33.5）の用例（σπλάγχνον）があることから、すでにマルコが執筆したときにはσπλαγχνίζομαιにも、「憐れむ」という意味があったと考えるのが妥当であろう。マカバイ記二に動詞（犠牲の食事に与るという意味で用いられている）と名詞で異なる意味が付与されていることから、この語には「犠牲」と「憐れみ」という意味の広がりがあり、その連想をマルコは特にイエスを描写するのにふさわしいと考えたと思われる。

2) 外典・偽典については Albert-Marie Denis/Yvonne Janssens, *Concordance Grecque des Pseudépigraphes D'ancien Testament* (Louvain-la-Neuve: Université Catholique de Louvain, 1987) に当たった。その対象文書は、Vita Adae et Evae, Apocalypsis Henochi graeca, Testamentum Abrhae (rec. longior), Testamentum Abrahae (rec. brevior), Testamenta XII Patriarcharum, Liber Josephi et Asenethae, Psalmi Salomonis, Paraleipomena Jeremiae, Apocalypsis Baruchi graeca, Prophetarum vitae fabulosae, Apocalypsis Esdrae graeca, Apocalypsis Sedrach, Testamentum Jobi, Epistula Aristaeae, Sibyllina Oracula の各書及び断片 (Oratio Joseph, Assumtion Moses, Liber Eldad et Modad, Liber Poenitentiae Jannes et Mambre, Liber Jubilaeorum, Apocalypsis Eliae, Martyrium Isaiae, Oratio Manassis, Apocalypsis Baruchi syriaca, Apocryphon Ezechielis, Apocalypsis Sophoniae, Apocalypsis Esdrae Quatra, Vita et Sententiae Aesopi-Achiqari,

σπλαγχνίζομαι の用例が福音書以前にはほとんどないことが分かる。70人訳では ἐλεέω と ἐλεάω で、ほぼ150の用例があるのに対し、οἰκτίρω は32、σπλαγχνίζομαι (σπλαγχνίζω) はわずか1例だけである。それもカトリック、プロテスタント両方で正典とされている部分ではなく、マカバイ記二に1回用いられるだけで、しかも、その意味は「犠牲に献げた動物を食べる」という意味であって、「憐れむ」という意味ではない (6:8)[1]。しかし、後の新約外典の『セドラクの黙示録』(13:2)、『アブラハムの遺訓』(RecensionB, 12.12–13)、『ヨブの遺訓』(26:5) など、キリスト教の影響を受けた文章で用いられるようになり、新約聖書の中でも、後期に書かれたヤコブの手紙の 5:11 ἰδοὺ μακαρίζομεν τοὺς ὑπομείναντας τὴν ὑπομονὴν Ἰὼβ ἠκούσατε καὶ τὸ τέλος κυρίου εἴδετε, ὅτι πολύσπλαγχνός ἐστιν ὁ κύριος καὶ οἰκτίρμων. (見よ。忍耐した人たちは幸せだと、私たちは考える。あなたがたは、ヨブの忍耐について聞き、主は憐れみと同情に満ちた方だから、主が最後にどのようにしたかを見たでしょう) で用いられている。ここで、70人訳が出エジプト記33:19などで、ἐλεέω と οἰκτίρω を組にして用いているところ、この手紙の著者が ἐλεέω やその派生語ではなく、σπλάγχνον から派生した形容詞 πολύσπλαγχνος を「憐れみに満ちた」という意味で用いていることは、おそらく福音書の、イエスの「憐れみ」と譬えの中の語彙の影響と

Sententiae Phocylidis)、模倣作 (Aeschylus, Sophocles, Euripides, Orpheus, Pythagoras, Diphilus, Menander, Homerus, Hesiodus)、歴史文献 (Demetrius, Eupolemus, Artapanus, Aristeas, Cleodemus, Anonymus, Hecataeus, Theophilus, Callisthenes)、著述家 (Philo Antiquus, Theodotus, Ezechielus Tragicus, Aristobulus Philosophus)、作者未詳の断片。年代をBCE 3世紀からCE 150年頃としてあるのは、この書の前書きにある Denis の判断 (p. vii)。

1) Alfred Rahlfs ed., Septuaginta (LXX) (1935); Lancelot C. L. Brenton ed. *The Septuagint with Apocrypha: Creek and English* (1851; Peabody, Ma: 1986); Edwin Hatch and Henry A. Redpath, *A Concordance to the Septuagint and the Other Greek Versions of the Old Testament* (Including the Apocryphal Books), second edition (Grand Rapids, Michigan: Baker Academic, 1998). Redpath のコンコーダンスには箴言17:5も挙げられているが、この箇所は、ヴァチカン写本とシナイ写本では ἐπισπλαγχνίζομαι が用いられており、Rahlfs も Baker もこの2つの写本に従っているので、ここでは数に入れない。

考えられる。

この語の表す意味は、イエスの譬えからまず見てゆくのが一番理解しやすいであろう。

1) イエスの譬えにおける憐れみ

イエスの譬えの中でこの語が用いられているのは、神の愛の本質を描く代表的な2つの譬えである「放蕩息子」の譬え（ルカ 15:11–32）と「よきサマリア人」の譬え（ルカ 10:30–35）、そして赦しについての「仲間を赦さない僕」の譬え（マタイ 18:23–35）である。そこで、まずこれら3つの譬えの私訳および釈義を行い、そこから、イエスの言う「憐れみ」とはいかなるものかを明らかにしたい。

a「よきサマリア人」の譬え（ルカ 10:25–37）

10:25 すると、見よ、ある律法の専門家が立ち上がり、イエスを試して言った。「先生、何をしたら、永遠の命にあずかることができるでしょうか。」26 彼〔イエス〕が、「律法には何と書いてあるか。あなたはそれをどう読んでいるか」と言うと、27 彼は答えて言った。「『心を尽くし、精神を尽くし、力を尽くし、思いを尽くして、あなたの神である主を愛しなさい、また、隣人を自分のように愛しなさい』とあります。」28 そこで、イエスは言った。「あなたは正しく答えた。それを実行しなさい。そうすればあなたは生きるであろう。」29 しかし、彼は自分を義としようとしてイエスに言った。「では、私の隣人とは誰ですか。」

30 イエスは答えて言った。「ある人がエルサレムからエリコへ下って行く途中、追いはぎたちの手に落ちた。追いはぎたちはその人の服をはぎ取り、殴りつけ、半殺しにしたまま去った。31 ある祭司がたまたまその道を下って来たが、その人を見ると、道の向こう側を通って行った。32 同じように、レビ人もその場所にやって来たが、その人を見ると、道の向こう側を通って行った。33 ところが、旅をしていたあるサマリア人は、彼のそばに来ると、見て憐れみ、34 近寄って傷に油とぶどう酒を注

ぎ、包帯をして、自分のろばに乗せ、宿屋に連れて行って介抱した。[35]そして、翌日になると、デナリオン銀貨二枚を取り出して宿屋の主人に渡して言った。『この人を介抱してください。費用がもっとかかったら、帰りがけに私が払います。』[36]あなたはこの三人の中で、誰が追いはぎの手に落ちた人の隣人になったと思うか。」[37]彼は言った。「その人を助けた人です。」そこで、イエスは言った。「行って、あなたも同じようにしなさい。」

ここでのサマリア人は、倒れている同胞の、つまり隣人であるはずの、祭司やレビ人以上のことをしている。彼は、半死のユダヤ人（譬えの中では、身包み剥がされて倒れている人間がユダヤ人であることが暗黙の内に想定されている）を見捨てて通り過ぎる理由にはこと欠かなかった。第一に、男は同胞の祭司やレビ人でさえも避けたような者であった。彼らが倒れていた男を避けたのは合理的であった。祭司としては、倒れている男は、もし死んでいたり出血したりしていた場合、穢れであるから、それに触れたら祭司の務めができなくなる[1]。（ただし、譬えでは祭司がエルサレムからエリコに帰る途上であったことが明示されているので、重要な務めは終わっていたはずである[2]。）レビ人も、それに準じて、宗教上の理由で男に触れなかったと考えられる[3]。第二に、男を襲った賊はまだ近くにいるかも知れず、男を助ける

---

1) R. Kent Hughes, *Luke: That You May Know the Truth*（Wheaton, Illinois: Crossway, 1998）, p. 390; Kenneth Bailey, *Through Peasant Eyes,* pp. 44–46; Charles H. Talbert, *Reading Luke: A Literary and Theological Commentary*, rev ed.（Macon, Georgia: Smyth & Helwys, 2002）, p. 130; Brad H. Young, *Jesus and His Jewish Parables, Rediscovering the Roots of Jesus' Teaching*（Mahwah, NJ: Paulist Press, 1989）, pp. 239–240; Robert C. Tannehill, *Luke*（Nashville: Abington Press, 1996）, p. 183 など。
2) William Hendriksen, *The Gospel of Luke: New Testament Commentary*（Edinburgh: The Banner of Truth Trust, 1978）, p. 594 は、祭司やレビ人はただ関わりたくないために怠慢に彼を見捨てただけで弁解の余地がないとしている。Lenski, R. C. H. *The Interpretation of St. Luke's Gospel*（Minneapolis: Augsburg Publishing House, 1946）, p. 604 も、祭司がエルサレムでの勤めを終わっていることに着目し、祭司は倒れている男を助ける気がなかったことを強調している。
3) タルムード（後代ファリサイ派による）では、瀕死の人間は清浄規定を破ってで

ことは、自分も同じ目に遭う危険を冒すことであった。あるいは第三に、倒れている男は、瀕死には見えるが、実は瀕死のふりをしている賊かも知れない。危険である。第四に、彼はおそらくユダヤ人であり、サマリア人を嫌い軽蔑している民族の一人である。それを助けることは、敵に塩を送るようなものであり、しかも感謝される代わりに厭がられるだけかも知れない。第五に、この男に関われば、男の身内の者から男が襲われたことに対して襲った賊の代わりに復讐を受けるかも知れない。犯人が捕まらない場合に、関わった手近な者を代わりに復讐の対象とすることがありえたということは、K・ベイリーなどが指摘している[1]。実際、このような理由のすべてが、祭司やレビ人に彼を避けさせたと考えられる。しかも、彼が助けた相手は、彼に助けられることを出来れば避けたがったであろうことも彼は覚悟しなければならなかった。N・ペリンは、「ラビの教えによれば、ユダヤ人なら誰も、サマリア人の慈悲や愛を受けることはできなかった、そうすることは、イスラエルの贖い (redemption) を遅らせることだったからだ」[2]と書いている。ペリンはここで、根拠になる資料を指摘していないが、この考えはユダヤ教の伝統に受け継がれ後代マイモニデス（12世紀）の言葉にある、「自分がひとつ罪を犯す、あるいは、律法の戒めを守るたびに、自分自身と世界を破滅、あるいは救いに近づけるように、功績の天秤ばかりに錘を載せることになる」[3]との思想に照らして理解できる。また、サマリア人の側からすれば、ユダヤ

も助けなければならないとされている (cf. Sanhedrin 73a. Kenneth E. Bailey, *Through Peasant Eyes* (Grandrapids, Michigan: Eerdmans, 1980), p. 44)。ファリサイ派であれば、見捨てて逃げることはなかったであろうとも考えられる。ここにファリサイ派やそれに与する民衆からの祭司階級への批判と皮肉を読み取ることもできるが、その点は本論には直接の関係はない。

1) Bailey, *Through Peasant Eyes,* pp. 52-53; Arthur A. Just Jr., *Luke, 9:51-24:53* (Concordia Commentary Series) (Saint Louis: Concordia Publishing House, 1997), p. 448.
2) Norman Perrin, Jesus and the Language of the Kingdom: Symbol and Metaphor in New Testament Interpretation (Philadelphia: Fortress Press, 1976), p. 119.
3) Cf. Maimonides, *Mishneh Torah,* in *A Maimonides Reader,* tr. & ed. Isadore Twersky (Springfield: Behrman House, 1972), I, 3. p. 76. これは、12世紀後半に下る文献ではあるがユダヤ教の中にこのような考えがこの時代にまで存続していることを見る上では興味深い。

人は、ユダヤ人から見たサマリア人と同様の理由で、穢れている者の部類に入っていたであろう。しかも律法によれば、血を流している瀕死の状態のこの男を助けたことで、サマリア人は血に触れて、二重の意味で「穢れた」忌むべき者を助けたことになる[1]。そのようなことを一切顧みないこの譬えのサマリア人の憐れみは、自分自身傷ついてでも相手の苦しみを軽減し、取り去ろうとする一心の、能動的な同情と愛である。この譬えは、「隣人を自分のように愛しなさい」との律法に関して、「私の隣人とは誰のことか」との問いへの答えとして語られていることから、隣人愛の本質が、このような、相手の苦しみを自分のことのように感じて能動的に働く同情であることを示している。

　神を愛し隣人を愛する、という黄金律は、当時のユダヤ教の文書に広く見られ[2]、祭司もレビ人も、おそらくサマリア人も、知っていたであろう。しかし、その中で、それを実践したのはサマリア人だけだった。

　この譬えはルカ福音書で、隣人とは「誰か」と問う律法学者に答えるイエスの答えとして語られ、「誰が隣人になったか」、との問いで締めくくられている。隣人愛とは、社会的、血縁的、その他の関係によってすでに隣人として在る者に対象を限るのではなく、むしろそのような関係性の壁を越えて敵や忌み嫌われる相手に対して実行されることによって、その相手との間に隣人関係を生み出すものなのである。イスラエル社会では、隣人とはユダヤ共同体の同胞を指すものであったから、逆に、異邦人、罪人、その他、今まで隣人と見なされなかった者を隣人とすることは、象徴的に、そのものを共同体の交わりに迎え入れることでもある。問題は、誰が隣人かではなく、今まで他人だった者の苦難を自分の身になって感じる憐れみ・同情をもち、その

---

1) David P. Moessner, *Lord of the Banquet: The Literary and Theological Significance of the Lukan Travel Narrative*（Minneapolis: Fortress Press, 1989）, p. 143 はサマリア人にとって倒れているユダヤ人は「穢れた」隣人であったことにサマリア人の愛の実践を見ている。

2) Pheme Perkins, *Hearing the Parables of Jesus*（Ramsey, N.J.: Paulist Press, 1981）, p. 113 は "Love the Lord through all you life, and one another with a true heart."（T. Dn 5:3）"Love the Lord and your neighbour. Have compassion on the poor and the weak."（T. Iss 5:2）を例として挙げている。

ことから自ずと動かされて行う愛の実践によって隣人になることなのである。「神の御心を行う人こそ、わたしの兄弟、姉妹、また母なのだ」（マルコ3:34）とイエスが言うことは、ここに特にあてはまる。サマリア人は、たとえサマリアの民族に生まれても、神の御心を行うことによって、倒れている人の隣人になり、イエスの兄弟となり、神の国を受け継ぐ者とされるのである。

B・W・ロンゲネッカーは、この譬えが、「信頼の物語」[1]であると指摘している。この時代、宿屋が良心的であることは一般に期待できず、サマリア人は自分が預けた金を宿の主人が横領することは予期できたはずである。また、かかりもしなかった多額の金を後から請求されることもあり得た。宿屋の主人の方も、男の看病に預かった金額以上の金がかかった場合、サマリア人が戻ってきて立て替えた分を支払ってくれることを信じねばならなかった。宿屋とサマリア人は互いへの信頼の上にこの男の看病を請け負うのである。このように理解すれば、「これは、まさに、神の国、あるいは神の支配について大切なことを描いている話である」[2]。

b「放蕩息子」の譬え（ルカ 15:11–32）

15:11 また、イエスは言った。「ある人に息子が二人いた。12 弟の方が父親に、『お父さん、私の分になる財産の分け前をください』と言った。それで、父親は財産を二人に分けてやった。13 何日もたたないうちに、下の息子は全部とりまとめて遠い国に旅立ち、そこでいい加減な使い方で財産を無駄使いしてしまった。14 何もかも使い果たした時、その地方にひどい飢饉が起こって、彼は困窮し始めた。15 それで、その地方に住むある人のところに身を寄せたところ、その人は彼を畑にやって豚の世話をさせた。16 彼は豚の食べるいなご豆を食べてでも腹を満たしたかったが誰もくれなかった。17 そこで、彼はわれに返って言った。「父

---

1) Bruce W. Longenecker, "The Story of the Samaritan and the Innkeeper (Luke 10:30–35): A Study in Character Rehabilitation," Biblical Interpretation 17 (2009), p. 436.
2) Longenecker, "The Story of the Samaritan and the Innkeeper," p. 445.

のところでは、あんなに大勢の雇い人に、有り余るほどパンがあるのに、私はここで飢え死にしそうだ。[18]ここを発ち、父のところに行って言おう。『お父さん、私は天に対しても、またあなたに対しても罪を犯しました。[19]もう息子と呼ばれる資格はありません。雇い人の一人にしてください』と。」 [20]そして、彼はそこをたち、父親のもとに行った。ところが、まだ遠く離れていた時から、父親は息子を見つけて、憐れに思い、走り寄って首を抱き、接吻した。[21]息子は彼に言った。「お父さん、私は天に対しても、またあなたに対しても罪を犯しました。もう息子と呼ばれる資格はありません。」[22]しかし、父親は自分の僕たちに言った。「急いでいちばん良い服を持って来て、彼に着せ、手に指輪をはめてやり、足に履物を履かせなさい。[23]それから、肥えた子牛を連れて来て屠りなさい。食べて祝おう。[24]この私の息子は、死んでいたのに生き返り、いなくなっていたのに見つかったからだ。」そして、祝宴を始めた。[25]ところで、兄の方は畑にいたが、家の近くに来ると、音楽や踊りの音が聞こえてきた。[26]そこで、子どもたち[注1]の一人を呼んで、これはいったい何事かと尋ねた。[27]その子は答えて言った。「弟さんが帰って来たのです。無事に迎えたというので、お父上が肥えた子牛を屠られたのです。」[28]兄は怒って家に入ろうとはせず、父親が出て来てなだめた。[29]しかし、兄は父親に言った。「このとおり、私は何年もあなたに仕えています。言いつけに背いたことは一度もありません。それなのに、私が友達と楽しむために、あなたは子山羊一匹すらくれなかった。[30]とこ

---

1) この語παῖςは、邦訳口語訳、新共同訳、ほとんどの英訳などで「僕」と訳されているが、Kenneth E. Bailey, *Poet & Peasant and Through Peasant Eyes: A Literary-Cultural Approach to the Parables in Luke*, combined Edition, Two Volumes in One (Grandrapids, Mihigan: Eerdmans, 1983), p. 194 は、中東では村の大きな宴会の時には大人だけが宴席に入り子どもたちは外にいて、中から聞こえる音楽で踊ったりして楽しむ風習があったので、その一人であろうと考える。彼がそう読む大きな理由は、僕ならば兄息子に「あなたのお父さんが」とは言わないだろうとの理由である。ベイリーの議論に加え、15:22では僕にδοῦλος（文中では複数対格）を用いていることから、ここでは「子ども」と訳出した。なお、聖書訳中の注番号は、節番号と区別するために（注）を付記する。

ろが、あなたのあの息子が、娼婦どもと一緒にあなたの身上を食いつぶして帰って来ると、肥えた子牛を屠ってやったのですね。」³¹すると、父親は言った。「子よ、お前はいつも私と一緒にいる。私のものは全部お前のものだ。³²だが、お前のあの弟は死んでいたのに生き返った。いなくなっていたのに見つかったのだ。祝宴を開いて楽しみ喜ぶのは当たり前ではないか。」（ルカ 15:11–32）

　この「放蕩息子」の譬えと非常によく似た物語は法華経の「長者窮児」の譬えに見られ[1]、そこでは、ルカの放蕩息子のように、家を出て他国で生活に困り果てて戻ってきた息子を長者である父親が赦し、迎え入れる。しかし法華経の話では、ルカと異なる点として、父親の跡継ぎとしての地位を取り戻すまでに、息子は20年間便所掃除といった、修行に匹敵する業を課せられる。ルカでは、そのような苦行は何も言及されていない。ただ、無条件の赦しと受け入れ、完全な復権がある。

　彼が、「私は天に対しても、お父さんに対しても罪を犯しました」というのは、誇張ではない。彼は父親に、自分がもらうことになっている財産を、今、くれと要求した。ユダヤの家父長制の社会の中では、これは、父親の長生きを喜ばないに等しいひどいことである[2]。それでも、父親は、その息子の言うことを聞き入れて、自分の財産を二人に分けてやった。そのように、生前贈与をすることは、ユダヤ社会ではありえたのである[3]。しかし、贈与を受けてもその財産は、親の生前は息子が自由にしてはならないものであった[4]。しかしこの次男は、もらったものをすべてとりまとめて、つまり売り払って[5]、家を出てしまう。しかも、そこで無駄遣いして無一文になってし

1）加藤隆『『新約聖書』の「たとえ」を解く』（ちくま新書、2006）, pp. 121–122.
2）Bailey, *Poet & Peasant*, p. 161; J. Duncan M. Derrett, *Law in the New Testament* (London: Darton, Longman & Todd, 1970), p. 106; Brendan Byrne, *The Hospitality of God: A Reading of Luke's Gospel* (Collegevill, Minnesota: The Liturgcal Press, 2000), p. 129.
3）J. Duncan M. Derrett, "Law in the New Testament: The Parable of the Prodigal Son," *New Testament Studies,* 14（1967–1968), p. 61.
4）Derrett, "Law in the New Testament: The Parable of the Prodigal Son," p. 61.
5）Derrett, "Law in the New Testament: The parable of the Prodigal Son," p. 63.

まうのである。ユダヤの法律では、祖先から受け継いだ土地や財産は、勝手に処分してはいけないことになっている。子孫に伝えるべきものである（cf. 民数27:7–11; 36:1–12）。列王記上の21章にあるナボトのぶどう園の話（列王上21:3）からも分かるように、神から預かった嗣業の地は、王にさえも勝手に譲ることは許されていない。それを、彼は時を待たず売却し、しかも、遠い外国で使い果たしてしまうのである——しかもそれは、ユダヤの律法で穢れたとされる豚を飼う地であり、彼はヤハウェからの嗣業の財を異邦人に渡してしまったことになる。このことで、この息子は父の老後に父の世話をする資力を失ったことになり、十戒の、父母を敬えという第五戒にも違反する[1]。しかもこれは、家の財産、ひいてはイスラエルの財産を、よその土地に捨ててしまったことに等しいことであり、個人的な過ちのレベルを越えている。それゆえ、息子は実際、父親にだけではなく、神に対しても、ユダヤの共同体に対しても、罪を犯したことになる。

　息子が父親の財産を売り払って異邦人の町に出て行ってしまうという親不孝な律法破りの行為をしたこと[2]は、もう、村中に知れ渡っていた。息子は、財産を処分してから村を出たので、処分は村の中で行われたからである。それを、いまさら戻ってきて、しかも明らかに、財産を使い果たして帰ってきたことが分かれば、息子は共同体の人々からどのような扱いを受けたか分からない。ケネス・ベイリーは、新約聖書学者であるだけではなく、中近東に長年住まった経験を持つ者であるが、その経験からも、「中近東の小作農が自分の土地に持つ愛着は、ナボトがそのぶどう園に抱いていた愛着ほども古くからあり、放蕩息子は確かに、共同体全体の激しい不興を招い

---

1) Cf. Derrett, "Law in the New Testament: TheParable of the Prodical Son," pp. 63–64.
2) Bailey, *Poet & Peasant*, p. 165. ただし、John Donahue, *The Gospel in Parable*（Philadelphia: Fortress, 1988), p. 153 や Eta Linnemann, *Parables of Jesus: Introduction and Exposition*, tr. John Sturdy from the 3rd edition (1964) of *Gleichnisse Jesu* (London: SPCK, 1966), pp. 74–75は、ヘレニズム時代のユダヤ人がディアスポラに出てゆくことは通常良く見られたのでこの息子が家を出て行ったことはそう特別なことでも、親不孝なことでもないと考えている。Baileyは、家を出る息子はいても、その時に多額の金を相続したりもらって出て行くことは普通ないはずだと指摘している。

ていたはずである」[1]と指摘している。しかし、息子が人々の非難の目にさらされる前に、父親は駆け寄って彼を受け入れ、そのことを人々に公然と示す。彼は息子を憐れに思った、とある。ここで用いられているギリシア語がσπλαγχνίζομαι（憐れむ）であり、この語がσπλάγχνον（内臓）から派生するとおり、まさに臓腑がちぎれそうな強い感情を示している。これは、父の息子に対する強い愛に起因する強い憐れみの情である。しかも、この犠牲的含意と和合して、ここで父親の憐れみは、彼自身の自己犠牲の上に和解を成立させる。息子を憐れに思う彼の愛が、そうさせたと言ってもよい。ユダヤの世界では、地位の高い立派な男の人が人前で取り乱して走るなどということは、恥ずべき行為と見られていた[2]。この父親がしたことは、おそらく後々まで語り草になるような、常識では考えられないようなことであった。父親は、自分から走っていって、息子が受けるべき非難の目を自分にそらし、自分が嘲笑の的になることもかまわず、息子を救ったのである[3]。

　レンブラントは、ルカ15:20の光景を描くとき、息子を抱く父親の片手を女性の手、母親の手のように描いた。それは、無私で無条件の母親の愛を表し、それが、息子をもとの地位に復帰させる家長の権限を持つ父親の愛とともに神の愛の側面であることを示している。これは正しい洞察であろう。

　ユダヤ教の申命記注解、申命記ラッバーにもこの譬えに似た、放蕩息子の譬えがある。王に息子があり、遠い土地で堕落の道を歩んでいる。王は、王子の家庭教師を遣わし帰ってくるように言うが、息子は、今更帰ることは王の前に恥ずべきことだとして、遣いを返してしまう。「このようななりで、あなたの元に帰れましょうか。御前で恥ずかしいでしょう」。父は、家庭教

---

1) Bailey, *Poet & Peasant*, p. 169.
2) Brendan Byrne, *The Hospitality of God: A Reading of Luke's Gospel* (Collegevill, Minnesota: The Liturgical Press, 2000), pp. 129–130; Bailey, *Poet & Peasant*, p. 181.
3) Kenneth E. Bailey, *Jacob & the Prodigal: How Jesus Retold Israel's Story* (Downers Grove, Il.: Inter Varsity Press, 2003), pp. 106–108; Byrne, *The Hospitality of God*, p. 167; Brendan. *The Hospitality of God*, pp. 129–130; ただし、Klyne Snodgrass, *Stories with Intent: A Comprehensive Guide to the Parables of Jesus* (Grand Rapids, Michigan: Eerdmans, 2008), pp. 132–133 は、ベイリーが読み込みすぎであるとの批判をしている。

師を息子の所に再び送って、こう言わせる。「息子よ。息子が自分の父の元に帰るのに何の恥ずかしいことがあろうか」。ラッバーによると、神はそのようにエレミヤを遣わして民に立ち帰りを求めた（エレミヤ3:12）。民が立ち帰るのに自分の罪を恥じることはない。神は「常にイスラエルの父だからである」（申命記ラッバー2:24）[1]。これは、イエスの譬えと本質を共にする譬えであろう。

　もう一つ、イエスのこの譬えで重要なのは、イエスの神が、喜びと楽しみをよしとする神だということである。イエスは、禁欲主義者ではない。喜びを分かちあうことは常に奨められている。ヨハネ福音書でイエスが行った最初の奇跡としてカナの婚礼の席の奇跡が記されていることは、いみじくもイエスの態度を象徴的に表している。イエスは、宴席のぶどう酒が足りなくなった時、水をぶどう酒に変え、宴の喜びが損なわれないようにしたばかりか、上質のぶどう酒でかえって人々の喜びをいや増した。この奇跡を史実と見ることには異論もあろうが、この伝承は、神の恵みは喜びを奨励し、共に喜ぶことへの招きを伴っているということが、イエスの態度と和合していたことを示唆する。それは、この放蕩息子の譬えに先立つ、失われた羊の譬えや、失われた銀貨の譬えにも明らかである。失われたものを取り戻した羊飼いや女は、近所の者や友人を呼び集めて「一緒に喜んでください」（ルカ15:6, 9）と、喜びを分かち合うことを求めている[2]。

c「仲間を赦さない家来」の譬え（マタイ 18:21–35）

　赦される側の義に先立つ赦しが、人間の側の罪に対する神の本質的あり方であり、その赦しは神の憐れみから来ることは、マタイ18:23–35のイエスの譬えに示されている。これは、マタイのみに記され、以下のようである。

---

1) *Midrash Rabbah: Deuteronomy*, tr. by J. Rabbinowitz（London: Soncino, 1939）, p. 53; Gary G. Porton, "The Parable in the Hebrew Bible and Rabbinic Literature," in Amy-Jill Levine/Dale C. Allison Jr./John Dominic Crossan eds., *The Historical Jesus in Context*（Princeton, New Jersey: Princeton Univ. Press, 2006）, p. 220.

2) Halvor Moxnes, *The Economy of the Kingdom: Social Conflict and Economic Relations in Luke's Gospel*（Philadelphia: Fortress Press, 1988）, p. 88.

18:21 そのとき、ペトロが来て言った。「主よ、兄弟が私に対して罪を犯したなら、何回赦すのですか。7回までですか。」22 イエスは彼に言った。「私はあなたに7回とは言わない。そうではなく、7の7倍までもだ。23 そこで、天の国はある王のようにたとえられる。その王は、彼の奴隷たちと金の決済をしようとした。24 決済し始めたところ、10000タラントン借金している者が、王の前に連れて来られた。25 しかし、彼は返済する金をもたなかったので、主君は彼に、自分も妻も子も、また持ち物も全部売って返済するように命じた。26 奴隷はひれ伏し、跪いて彼を拝んで言った。『どうか待ってください。そうすれば全部お返しします』。27 その僕の主君は憐れに思って、彼を赦し、彼の借金を帳消しにしてやった。28 ところが、この奴隷は、外に出て自分に100デナリオンの借金をしている1人の仲間奴隷に出会うと、捕まえて締め上げて、『借りているものを返せ』と言った。29 彼の仲間奴隷はひれ伏し、懇願して言った、『どうか待ってください。そうすればお返しします』30 しかし待とうとせず、行って、借金を返すまでと彼を牢屋に放り込んだ。31 仲間たちは、起こったことを見て非常に心を痛め、行って、起こったことをすべて、主君に告げた。32 そこで、主君はその僕を呼びつけて言った。『悪い僕だ。お前が私に頼んだから、あの借金を全部帳消しにしてやったのだ。33 私がお前を憐れんでやったように、お前も自分の仲間を憐れんでやるべきではなかったか。』34 そして、主君は怒って、借金をすっかり返済するまでと、僕を牢役人に引き渡した。35 一人一人が、心から自分の兄弟を赦さないなら、私の天の父もあなたがたに同じようになさるであろう。」

ここでも、主人が僕を「憐れに思って」σπλαγχνισθείς (splanchnistheis) 彼を赦したとの語で、この主人が僕の苦境を自分の身に感じるほどに「同情」したことが示されている。その時に、この僕が借金によって失っていた主人と彼との本来の「主人－僕」の正しい関係が主人の側から回復せられたのである。しかし、赦されたこの僕は、自分が貸しているわずかな借金を返せない同僚を赦さない。それに対して、主人は、「わたしがお前を憐れんだ

ようにὡς [...] σὲ ἠλέησα (hōs ... se eleēsa)、お前も同僚を憐れむἐλεῆσαι (eleēsai) べきではなかったか」と叱責する。主人は彼に、σπλαγχνίζομαι ではなく、ἐλεέω を用いて語っている。この用語の使い分けには、僕が主人に受けた心からの同情を考えれば、彼自身も仲間に対して、たとえ臓腑がちぎれるほどの同情とまでは行かなくても、憐れみの実践をすべきだという意味がくみ取れるかも知れない[1]。あるいは、ἐλεέω の名詞ἔλεος がもつ法的裁きの場での「慈悲」という意味がこの文脈においてふさわしく、しかもその語が持つ終末的裁きでの意味[2] を内包するためにこの語を用いたのかも知れない。また、ἐλεέω という語に、心情的に「憐れむ」という意味だけではなく、「憐れみで相手を助ける」という、行為を含む意味があることも重要である[3]。この叱責は、赦された僕が、主人の「憐れみ」の本質——単なる借金の帳消しではなく、彼が正しい在り方を取り戻すように働く同情であること——を理解していなかったことと、彼自身が「憐れみ」を同僚に対して持たなかったことの両方に対してなされている。どれほどの憐れみを受けてもその体験によって変わらなければ、受けた憐れみを踏みにじる罪を犯しており、それは、赦され得ないことである[4]。悔いている仲間を赦さないことは、自分も神からの赦しを受けられないことに通じる。しかし、それは、他人を赦さないことの罰として赦しを取り去られるから、というよりもむしろ、自分が赦されたことの意味を真に理解しておらず、すなわち、自分が差し出された赦しを真の意味で受け止めていなかったからであろう。赦しを真に理解

---

1) ἐλεέω の意味が必ずしも弱いとは言えないではあろうが、頻繁に使われる一般的な語になっていたために、読者に与えるインパクトはσπλαγχνίζομαι ほどではなかったはずである。
2) Rudolf Bultmann, "ἔλεος, ἐλεέω ἐλεήμων, ἐλεημοσύνη, ἀνέλεος, ἀνελεήμων," in *Theological Dictionary of the New Testament,* vol. 2 (Grand Rapids, Michigan: Eerdmans, 1964), p. 480.
3) Bultmann, "ἔλεος, ἐλεέω ἐλεήμων, ἐλεημοσύνη, ἀνέλεος, ἀνελεήμων," p. 478.
4) Pheme Perkins, *Hearing the Parables of Jesus* (Ramsey, N.J.: Paulist Press, 1981), p. 126; また、Anna Wierzbicka, *What Did Jesus Mean?: Explaining the Sermon on the Mount and the Parables in Simple and Universal Human Concepts* (Oxford: Oxford Univ. Press, 2001), p. 315 も参照。

し、受け止めていれば、負債の領域から恵みの領域に移っているはずである。彼がいまだ、他人に対する貸しにこだわることが、いまだ彼が恵みの領域に移ることを受け入れていないことである。赦されたことと赦すことは、相伴わない限り、矛盾なのである[1]。彼が負債の減免を取り去られたのは、彼が赦しを真の意味で受け入れていなかったことの現実化にすぎない。

　神からの赦しの自覚に基づく隣人愛の要請は、イエスに先立ってすでにユダヤ教に見られたことが指摘されている。D・フルッサーによれば、「イエス時代のユダヤ人の新しい感受性にとっては、古い契約の厳格な道徳は明らかに不十分だった。人間というものは義人と罪人に明瞭に分けられるものではないとの認識ができており、善人を愛し邪悪な者を憎む、と言うことは実際問題として不可能だった。神の愛と慈悲がどれほどにまで及ぶかは計り知れなかったので、多くの人々は、自分たちも隣人に対する愛と慈悲を示し、神自身を模倣すべきだと考えた。ルカ (6:36) はこの言葉をイエスに語らせている。『あなたがたの父が憐れみ深い οἰκτίρμων (oiktirmōn) ように、あなたがたも憐れみ深い者となりなさい』と。これは、古くからのラビの格言である」[2]。ラビの言葉がタルムードに記されるのはイエスの後代になるが、この言葉はタルグムなどにも表れており、アラム語での表現や思想としてすでに

---

1) Donald A. Hagner, *Matthew 14–28*（Word Biblical Commentary 33B）(Dallas, Texas: Word Books, 1995), p. 541.

2) David Flusser, "Jesus, His Ancestry, and the Commandment of Love," in James H. Charlesworth ed. *Jesus' Jewishness: Exploring the Place of Jesus in Early Judaism*（New York: Crossroad, 1996）, p. 166–167. フルッサーは、これがラビの格言であるという点について、Strack/Billerbeck, *Das Evangelium nach Markus, Lukas und Johannes und die Apostelgeschichte*, p. 159 を参照している。*The Aramaic Bible, vol. 3: Targum Neofiti 1: Leviticus*, tr. by Martin McNamara & *Targum Pseudo-Jonathan: Leviticus*, tr. by Michael Maher（Edinburgh: T&T Clark, 1994）によると、22:28 は、Targum Neofiti では、"*My people, children of Israel*, you shall not sacrifice a cow or a ewe together with its young ‹on the same day›." (pp. 87–88) だけだが、Targum Pesudo-Jonathan では、"*My people, children of Israel, just as I am merciful in heaven, so shall you be merciful on earth*. You shall not slaughter a cow or ewe and its young on the same day." (pp. 190–191) となっている。これは、イエスの後代の j. Ber 5.9c; Meg. 4,75c. b Shabbath133b などにもある言葉で、さまざまな文脈で頻繁に用いられていることが分かる。

イエスの頃には定着していたと考えることは可能である。

　d 上記3つの譬えに共通する「憐れみ」の性質——まとめと考察
　この3つの譬えの「憐れみ」に共通する特徴は、第一にこれが、自分の損得を忘れわれを忘れた同情であること。第二に、行為を伴っていること。第三に、その行為が自分の犠牲を払って相手を救う行為であること、の3点である。

　放蕩息子の譬えの父親は、親不孝な息子が困窮して戻ってきた時、怒りや諭しで迎えることをせず、ただ息子を「憐れに思い」、走り寄ってその首を抱き、接吻し、息子を受け入れる（15:20）。それは、われを忘れた行為であり、人目を引く行為によって、自分の尊厳を傷つける行為でもある。しかし、その行為によって彼は、息子との和解が成り立っていることを公に示して息子を村人の非難から救う。

　よきサマリア人の譬えでも、倒れている男を見たサマリア人は、男を助けるか否か迷うことをせず、「憐れみ」に動かされて思わず助けるという行為に動いている。時間的にも金銭的にも犠牲を払って、彼は倒れている男を助けた。

　「仲間を赦さない僕」の譬え（マタイ 18:23–35）でも、決して返済しきれない借金を負ってしまった僕を主人が「憐れに思って」（18:27）借金を帳消しにしてやったことは、自分の損得を忘れた憐れみに突き動かされた、自分が損害を被ることを顧みない行為である。

　ハルトグレンが指摘するように、イエスの譬えにおいて、「憐れむ／同情する」（σπλαγχνίζομαι）とは、感情的な問題として言われているのではなく、神の憐れみを反映する事柄として言われている。ハルトグレンは、その憐れみがイエスにおいて啓示されていると考えている[1]が、福音書記者たちがこの σπλαγχνίζομαι という語をイエスについて用いたということ、イエス自身の言葉の訳語としてもこれを用いているということは、彼の行う行為

---

1) Arland J. Hultgren, *The Parables of Jesus: A Commentary* (Grand Rapids, Michigan: William B. Eerdmans, 2000), p. 26.

3　福音書における「憐れみ」σπλαγχνίζομαι　　137

が神の憐れみをこの世で行使することであると考えられていたことを示唆する。福音書記者が、イエスについてこの語を用いていることは、記者たちだけの主観的印象の問題ではなく、イエスの行動の本質を表すものと解釈されていると読むべきであり、この語は後代への影響も見られるので、次節で考えたい。

「深い憐れみ」の本質は、日本語の「同情」や英語のcompassion（感情・情緒passion を共にcomすること）に表現されているように、相手と「共に」、相手と一体となって感じ、喜び、苦しむこと、特に相手の苦しみや悲しみを共に担い軽減したいと望むことである[1]。

J・R・ドナヒューが見るように、「憐れみは神的性質であり、人間は他人

---

1) 20世紀英国の神学者・小説家で神秘主義の影響も受けていたチャールズ・ウィリアムズは、このような深い憐れみをキリスト教の本質と理解している。被造物はすべてこのような真の同情・愛によって誰か他の者の苦しみを担うべきであり、それが世界の法則なのだという理解である。小説中で、彼はそれを、「代償愛の教義」（doctrine of substituted love）として、次のように述べている。

　　思うに、キリストやパウロや他の誰かが、他人の荷を負うと言った時〔…〕それは、相手の代わりに荷を持ってあげるというようなことだったろうと思う。重荷を負うというのは、文字通り、代わりにそれを負うということなのだ。どんなに私があなたに同情したとしても、もし、あなたが重荷を負い続けていたら、私はあなたの重荷を負ってはいない。〔…〕あなたは、自分の重荷を誰かに預け、代わりに誰か別の人の荷を負ってあげなければならない。〔…〕確かに、これは宇宙の法で、自分の荷を手放さないことは、他人の荷を背負わないのと同じくらい、その法に反することなのだ (Charles Williams, *Descent into Hell* (1937; rpt. Grand Rapids: Eerdmans, 1983), pp. 98–99)。

　この洞察は福音書のイエスの言動と符合する。イエスの譬えでは、父親やサマリア人が、自分が犠牲を払うことによって（それも、自分が犠牲を払っているという自己認識もおそらくないほどに相手に「同・情」して）、息子や倒れている人の苦しみを軽減している。借金の返済を帳消しにしてやった主人も自分がその損を負っている。しかし、そのことを損と思わず、むしろ今度は僕に他の者の負債を担うことがよいとしている。福音書記者はこの、自己犠牲によって相手を救うという憐れみの行為の最も強烈な形をイエスの十字架の死と理解し、その表現として最もふさわしい語としてσπλάγχνον の派生語であるσπλαγχνίζομαι を、遡ってイエスの生前の「憐れみ」の行為を描写するのにも用いたのであろう。

に憐れみを持つことによってただの援助者であるだけでなく、被援助者の側の世界に入り、相手の苦難や困窮を共有することができる」[1]。罪人と言われた人々や病によって穢れているとされている人々を見下ろすのではなく、彼らと同じ罪人や穢れた人々の一人になるということである。イエスの譬えにおいて、この同情は、他者の苦しみだけでなく、喜びを共有するということも含む。喜びも悲しみも、ともに分かち合うのが真の同情なのである。「放蕩息子」の譬えで、父親が長男に、次男の帰還を喜ぶ宴に加わるように促したのも、それゆえである。ヨハネによる福音書でイエスが行った最初の奇跡がカナの婚礼の奇跡であったことは象徴的である。結婚の喜びを分かち合い、その喜びの宴が損なわれないように助けたことは、神の同情と一貫してふさわしいことである。

2）イエスの宣教活動に実行された憐れみ

イエスの「憐れみ」は単なる感情の問題ではない。福音書記者は、イエスが「憐れんだ」という描写を、単なる心理描写や場面を生き生きと伝えるための細部描写としてなしたのではなく、重要な意味を持つ事柄として記している。そのことは、1世紀にマルコが最初に福音書を書いたときに、現代に通常見られるような心理小説はまだ存在せず、登場人物の心理描写をするという文学手法があっても非常にまれであったことを考えると、さらによく理解できる。旧約聖書でも神の憐れみや怒りということが語られるが、それは、そこから引き起こされる救いや裁きという点で重要な結果を伴う出来事として記されていた。先に見たように、旧約聖書では神の憐れみ חֶסֶד は民に対する救済の業として表されるものであった[2]。そのことは新約にも当てはまる。群集を憐れんだイエスは、即時教えや給食の行為で救済の業を実践している。イエスが憐れんで、わずかなパンと魚で5000人の男の人と、おそらく同じくらいの数の女の人と子どもたち[3] を満腹させた逸話（6:30–44）

---

[1] Donahue, *The Gospel in Parable*, p. 132.
[2] Bultmann, "ἔλεος, ἐλεέω, ἐλεήμων, ἐλεημοσύνη, ἀνέλεος, ἀνελεήμων,"p. 479.
[3] 田川健三『新約聖書1』「マルコ福音書」（東京：作品社、2008）, pp. 246–247 は、マルコ6:44 の「男5000人」πεντακισχίλιοι ἄνδρες の ἄνδρες は古代ギリシア語では

と、同じく4000人の人々を満腹させた逸話（8:1–10）の2回の給食（マルコ 6:30–44; 8:1–10及びその並行記事）では、食べるもののない群集をイエスが気遣い、深い憐れみから食事を与えたことが示されている（マルコ 6:34–42[1]; 8:2–8）。また、6章の給食物語では、弟子たちがイエスに、「人々を解散させてください。そうすれば、自分で周りの里や村へ、何か食べる物を買いに行くでしょう」（6:36）と言ったのに答えて、イエスが、「あなたがたが彼らに食べ物を与えなさい」（6:37）と言っていることも、重要である。イエスは、弟子たち自身が貧しい人々を助けるように命じている。弟子たちは、癒しや悪霊祓いの業に派遣された（3:14–15; 9:18, 28）が、ここでも、マルコは、イエスに従う者がただ受身でいるのではなく、積極的に救いの業に参与し、その働きを広げてゆくことを期待されているのだと示唆しているのである。

また、イエスはしばしば、穢れたとされる皮膚病の人や罪人と見なされた盲人に触れ、あるいは死んだ若者の手を取って癒しを行なっているが、福音書記者は特にそのような事例で、イエスが「深く憐れんだ」との記述（マルコ 1:40–42、マタイ 9:27–31、ルカ 7:11–15）をしている。

　　イエスが深く憐れんで、その目に触れると、盲人たちはすぐ見えるようになり、イエスに従った。（マタイ 20:34）

　　イエスは深く憐れんで、手を差し伸べてその人に触れ、「よろしい。清くなれ」と言った。」（マルコ 1:41）

　英語のmenのように特に男女を区別せずに「人々」という意味に用いられたので、男だけで5000人ととるべきではないと解釈している。しかし、マタイがマルコの書き方を男だけで5000人と理解して「女と子どもを別にして、男が五千人ほど」（14:21）と敷衍しているところから、新共同訳などのようにマルコ6:44を「男5000人」と取ることも可能であろう。

1)「イエスは〔…〕大勢の群衆を見て、飼い主のいない羊のような有様を深く憐れんだ」（6:34）は、給食の直接の理由とは書かれていないが、イエスが彼らを憐れんでいたこと（ここでは、彼らの窮状をわが身に感じるように同情していたこと）がその食事を気づかった理由であることは明らかである。

主はこの母親を見て、憐れに思い、「もう泣くのはやめなさい」と言っ
　　て、棺に触れた。(ルカ 7:13-14。以上下線本多)。

　イエスの癒しの行為は健康の回復のみでなく社会的にも救済の業として働くものであり、取り分けて考察するに値するので、5章で論じたい。ただ一つ、ここでは、イエスが人々を癒す行為において、「憐れみ」の本質が「相手と共にある」こと、「相手の荷を担うこと」(cf.マタイ 11:28)であることを言葉のみでなく、物理的にも象徴的に実践していることを見ておきたい。

　ユダヤ教において、手を置くという行為には特別の意味があった。ユダヤの神殿で行なわれる和解や贖罪の献げ物として犠牲を奉献する際には、奉納者は牛や山羊の頭に手を置いて後、その動物を屠る。手を置くことで犠牲と一体化し、自分の身代わりとしてその牛や山羊を和解や贖罪のための犠牲にするためである (レビ 1:4; 3:2,13; 4:4, 15, 24, 29, 33)。また、大贖罪日の時には、大祭司が雄山羊の頭に両手をおいて、イスラエルの人々のすべての罪責と背きと罪とを告白し、そのすべてを雄山羊の頭に移して、荒れ野に追いやる。その雄山羊は、彼らのすべての罪責を負って荒れ野に追いやられる (レビ 16:21-22)。触れるという行為は、頭に手を置くという特別の儀式的意味を持つ行為とは同一ではないが、イエスの治癒奇跡の文脈では、σπλαγχνίζομαι という語の「犠牲」との連想は特に、苦しんでいる人と一体化しその苦しみを贖う (取り去る) 強い意味をもつと言えるだろう。

　M・ボーグは、イエスが神の本質としての「憐れみ」に「聖性」にさえ勝る中心的な意義を見出していたと指摘する。そのことをボーグは、イエスが安息日に行った癒しの業に見て取るのであるが、それはここに、安息日を聖別し守ることの意義である「聖性」に対して癒しという「憐れみ」の行為が優先されているからである。さらにそのことを裏付けるように、ボーグは、イエスが、旧約の、「あなたたちは自分自身を聖別して、聖なる者となれ。わたしが聖なる者だからである」(レビ 11:44) を変えて、「あなたがたの父が憐れみ深いように、あなたがたも憐れみ深い者となりなさい」(ルカ 6:36) としていると指摘して、そこに、イエスが聖性よりも憐れみを、倣うべき神

の本質としていることを読み取っている[1]。ボーグによれば、この「憐れみ」(compassion「同情」)のエトスが、イエス運動のエトスとなり、義人と社会から疎外されている人々、富者と貧しい人々、ユダヤ人と異邦人との境界線をこえた運動につながった[2]。

4　インマヌエルなる救い主

　以上「憐れみ」の本質が共感、同情、共苦、「一体化」であるという点から考察を進めてきたが、それは、苦しみの中での救いという点から見れば、神が(あるいはイエスが)苦しんでいる人々と共にいて、その苦しみを知り、その苦しみを分かち合っていてくれるという事実に救いの力が働くということである。

　福音書記者マタイは、イエスの誕生物語を記すに際してイザヤ書7章14節の預言を引いて、

　　[1:22] このすべてのことが起こったのは、預言者を通して主に言われていたことが成就するためであった。[1:23]「見よ、おとめが身ごもって男の子を産む。その名はインマヌエルと呼ばれる。」それは訳すと「神はわれわれと共にいる」という意味である。

と書いている。これは、神の共苦ということに限らない。イスラエルの人々は、救い主を「インマヌエル」つまり、イスラエルの民にとって神の臨在を体現、あるいは実現する人物として待望した。「神が彼らと共にいる」ということがそれ自体救いと考えられていたのである。そのことは、そもそも、

---

1) Marcus J. Borg, *Jesus: A New Vision*. (1987, reprint, San Francisco: Harper Collins Paperback, 1991), pp. 130–131. ただし旧約の該当個所がレビ記の11:44であることは、ボーグは記していない。ボーグは「神聖法典の頂点」と言及している (p. 130)。また、マタイの並行個所3:48 で、「憐れみ深い」を「完全」にしてあるのは、マタイ特有の編集と、ボーグは注記し、ルカに記されている言葉をイエスの言葉と考えている (Borg, *Jesus*, p. 144)。

2) Borg, *Jesus*, p. 131.

神がモーセをイスラエルの人々に遣わした時に彼に言う、

$$\text{וַיֹּאמֶר אֱלֹהִים אֶל־מֹשֶׁה אֶהְיֶה אֲשֶׁר אֶהְיֶה}$$
$$\text{וַיֹּאמֶר כֹּה תֹאמַר לִבְנֵי יִשְׂרָאֵל אֶהְיֶה שְׁלָחַנִי אֲלֵיכֶם:}$$

に表れている。この箇所は、70人訳では、καὶ εἶπεν ὁ θεὸς πρὸς Μωυσῆν ἐγώ εἰμι ὁ ὤν καὶ εἶπεν οὕτως ἐρεῖς τοῖς υἱοῖς Ισραηλ ὁ ὤν ἀπέσταλκέν με πρὸς ὑμᾶς (出エジプト3:14) となっている。邦訳でもこの70人訳と大体同様である。「神はモーセに、『わたしはある。わたしはあるという者だ』と言われた。「イスラエルの人々にこう言うがよい。『わたしはある』という方がわたしをあなたたちに遣わされたのだと」（新共同訳参照）[1]。しかし、原文のヘブライ語は、現在形と未来形の区別がなく、どちらも未完了形で表現されるので、これには、現在から未来まで、いつも神がいるという意味も含まれうる。しかもこの14節は、12節の、モーセへの神の約束の言葉、「私はあなたと共にいる」をふまえて理解すべきである。これはけっして、神の絶対的存在を示す本体論（存在論）的言明ではなく、神がイスラエルの人々と共にいることを約束する、出エジプトに際しての救済の約束の言葉なのである。そして実際、エジプトを出て荒れ野をさまよう民に、神は臨在し、彼らを導いている。「イスラエル全家の者の眼に見えるように、旅路にある間いつも、昼は主の雲が幕屋の上に、夜は雲の中に火があった」（出エジプト40:38）。神の臨在は、彼らにとって守りであり、神が彼らを慈しんでいる印であった。申命記に語られている十戒の授与の際も、モーセは神が民と「顔と顔を合わせて語り」（申命5:4）、今生きている民と契約を結んだのだと強調している。神が民と顔を合わせてくれること、直に

---

[1] J. Arthur Baird, *The Justice of God in the Teaching of Jesus* (London: SCM, 1963), p. 36 は、ここに神の存在論的定義、すなわち「永遠なる存在、永遠に生きている者、自足した存在」との解釈の可能性を示している。彼はまた、YHWHが使役形だとすれば、「在らしめるもの」つまり、創造主なる神という意味の解釈もありうるとしているが、これは、ヤーウェが人間の生死を司る神であるとの思想とも通じ（列王下5:7）この意味合いも含まれていると思われる。

語ってくれることは、イスラエルにとって、彼らが神の民であることの保証だったのである。

イスラエルの人々にとって、神と共にあること、神に顧みられていることがそれ自体祝福と救いと感じられるようになっていたことは、いわゆる「アロンの祝福の祈り」に表れている[1]。

> 6:24 主があなたを祝福し、あなたを守られるように。
> 25 主が御顔を向けてあなたを照らし、あなたに恵みを与えられるように。
> 26 主が御顔をあなたに向けて、あなたに平安を賜るように。（民数6:24-26）

ここでは、神の「御顔」を向けてもらうこと、神が近くにあり、その祝福を受けていること自体が恵みと平安に密接に結びついている。

逆に、神の存在が身近に感じられなくなった時、神に見捨てられたと感じた時に、そのこと自体が耐え難い不幸となる。ヨブが苦難の中で、神に見捨てられたという疎外感を極めて切実に嘆いていたことは、その例証である。

新約聖書でも、「共にいること」をイエスが重視していたことは、彼が最初に12人の弟子たちを選んだことの目的がまず、彼らを「自分と共にいさせるため」（マルコ3:14）と記されていることに示される（イエスと共にいること自体が目的となっている）。また、彼が罪人とされている人々と共に食事をすることを、彼らに対する救いと宣教の行為、「罪人を招く」ための行為（マルコ2:17//並行マタイ9:13）として位置づけていたことからも分かる。神がこの世界で今、われわれと共にあるということが重要なのである[2]。マ

---

1) これは、現在でも、キリスト教会の礼拝でカトリック、プロテスタントを問わず広く用いられている祈りである。
2) このことは、さらに以下の事柄においても示されるであろう。ヨハネによる福音書の最も重要な使信の一つは、イエスの死後、父なる神が御子イエスの名によって弟子たちの所に聖霊を遣わすということ、その聖霊がイエスの代わりに彼らと共にいて教え導いてくれること、イエス自身もまた彼らの所に戻ってくるということ（14:26-28）であった。初代教会は、聖霊が下り神秘的な仕方で自分たちと共にあると考えていた。パウロの、コリントの信徒への手紙二の結びの祝禱、「主イ

タイによる福音書は、最終章をイエスの約束の言葉で以下のように結んでいる。「私は世の終わりまで、いつもあなたがたと共にいる」(28:20)。これは、福音書記者マタイが、キリスト教共同体（あるいは、マタイ共同体）に向けた、宣教への派遣の言葉として記述しているので、ただ神の共苦という文脈で理解すべきものではなく、しかも、史的イエスの死後の弟子の体験に基づく記述であるので本書の範囲を超えるが、救い主の本質のひとつとして〈インマヌエル〉「神われらとともにいます」を見ている点で意義深い。

5　本章の結論

本章では新約聖書のメッセージにおいて、イエスが譬えと実践の両方で教え示した神の同情がいかに重要な意味を持つかを確認し、その同情が、真に相手に寄り添い、相手の苦難を軽減しようと望み、実際にそのように働く能動的なものであることを見た。

イエスは悪や苦難の存在に面して、悪の由来や存在根拠について神義論的説明をすることで答えを与えてはくれない。しかし、何ら答えていないわけではなく、神が悪や苦しみを憐れみ、救いの手を差し伸べていると示している。そして、その救いの重要な要素として、神の憐れみは決定的に重要である[1]。

エス・キリストの恵み、神の愛、聖霊の交わりが、あなたがたすべてとともにありますように」(13:13)では、後世教理史上三位一体論に発展してゆく父・子・聖霊の三つの位格の内、聖霊の働きが、この世界で信徒たちとともにあって働くものとしてとらえられている。ただしこれらはイエスの死にかかわり本書の論考の範囲を超えることなので、ここでは示唆するにとどめる。

1) もし、最悪の苦痛が神との疎外と神の不在であり、最高の恵みが神の臨在であるならば、神が共にいて、苦悩のさなかに共に苦しんでくれるということ——あるいは、真の同情をもって共にいてくれることによって、苦悩自体を変質してしまい、もはや苦悩を苦悩でなくすること——は、真の答えとなりうるのではないだろうか。それが、「神われらと共にいます」が救い主の名として預言されたことのひとつの意味なのである。しかしこの点についての考察は、本論の域を超えるので、後の課題として組織神学の領域へと考察を広げて深めたい。

III章　罪と赦しの問題

1　序——問題の所在と本章の目的

　罪の問題も、ヤハウェの義にかかわる重大な問題であった。イスラエルの民がヤハウェに背き、その責任が罪を犯す彼らの側にあるとしても、それでも、そのような罪を犯すような性質に彼らを造ったのは創造主である神自身である。それに関して、申命記30章には、彼らがヤハウェの戒めを破り犯した罪のために禍を被った暁には、ヤハウェは彼らの立ち帰りを助けてくれるであろうとの預言がある。それは、「あなたの神、主はあなたとあなたの子孫の心に割礼を施し、心を尽くし、魂を尽くして、あなたの神、主を愛して命を得ることができるようにしてくださる」（申命記30:6）との約束の言葉である。この預言は成就されるのか、つまり、彼らが罪を犯すという現実に対しても、ヤハウェは恵みと祝福の約束に信実であり続けてくれるだろうかが、問題なのである。

　福音書に記されたイエスは「私が来たのは、正しい人を招くためではなく、罪人を招くためである」（マルコ2:17//並行マタイ9:13//ルカ5:32）と言ったと記録されている。このことは、罪とその赦しという点において、悪の問題に対するイエスの態度を考える上で重要である。本書で私たちは先に第四エズラ書において、罪を犯さずにいられない人間の救いの問題が、神義論的問いとして問われているのを見た。しかし、第四エズラ書では、罪人の救いという答えは見られない。イエスは彼の宣教活動において、この問いに答えているだろうか。彼の罪人の赦しとはいかなる意味を持っていたのか、この問題を今までに見たユダヤの諸思想に照らして考察し、その神義論的意味を明らかにすることが本章の目的である。そのためにここでは特に、彼の4つの譬えが考察に値する。ルカによる福音書18:9–11に記された「ファリサイ派の人と徴税人」の譬え、同じくルカによる福音書15:11–32の、II章でもす

でに考察した「放蕩息子」の譬えと、これもII章で見たが、マタイによる福音書18:23–35の「仲間を赦さない家来」の譬え、最後に同じくマタイによる福音書20:1–16の「ぶどう園の労働者」の譬えである。しかし、その考察に進む前に、イエスが「罪人」と言ったとき、どのような人々のことを念頭においていたのか、考えておきたい。このことについては、研究者の間でまだ意見の一致がないからである。

また、イエスが罪人を招き受け入れた、ということに関して、それは悔い改めを要求せずになしたことであるという見方と、イエスもまた洗礼者ヨハネと同様、悔い改めを求めていたという見方があるので、イエスがそのどちらの見方をとっていたかも、本章では考える。

2 罪人とは誰か

ジェームズ・ダンは、新約聖書で「罪人」と呼ばれている人々については、大きく2つの説があると紹介している[1]。一つは、エレミアスの意見であり、職業柄律法を守れない人々や、律法を学ぶ機会が得られずその無知のために律法を破ってしまうことを避けられない人々、いわゆる「地の民」(アム・ハ・アレツ)と呼ばれる人々である。彼らは、宗教的無知のため、意図せずして罪を犯し、そのために救済に与れないと考えられていた[2]。もう一つはサンダースの意見であり、「罪人」とは、悪人、犯罪人、「意図的に律法を破る人」[3]のことであり、一般的な普通の人々のことは言わないという見方である。

N・ペリンは、罪人を三つのグループに分けて考える。第一は、ユダヤ人たちで、彼らは改悛して天の父に立ち帰ることが出来る。第二に、異邦人の罪人で、彼らは希望があまり持てず、多くのユダヤ人は彼らが神の憐れみの

---

1) James Dunn, *Jesus Remembered. Christianity in the Making,* vol. 1 (Grand Rapids, Michigan: William B. Eerdmans, 2003), pp. 528–533.
2) Joachim Jeremias, *New Testament Theology I, The Proclamation of Jesus,* tr. By John Bowden (London: SCM, 1971), pp. 109–112.
3) Sandars, *Jesus and Judaism,* p. 385.

圏外にいると考えていた。第三は、ユダヤ人だが自ら異邦人のようになってしまった者たちで、彼らの立ち帰りは不可能とは言えなくとも、確かに非常に困難であった[1]。

　大貫隆は、罪人とは単に律法を遵守できていない人々という一般的な意味ではなく、「異邦人、次いで職業的な理由から、律法に定められた軽重さまざまな禁忌に違反せざるを得ないような者（羊飼いなど）、さらには、最近の学説によると、現代で言う刑事犯に当たる者たちであった。彼らはいずれも祭儀的に『穢れた』者たちとみなされていたのである」と指摘している[2]。

　J・ダンは、福音書での「罪人」とは、ファリサイ派など、イエス時代のユダヤ教の中での党派的論争を反映し、自分たちを「義しい」側として他を「罪人」とする者たちの目から見た、「義人」と「罪人」の二項対立概念による呼び方であると見ている。たとえば、マルコ2:17では、ファリサイ派の人々が、彼らの考える基準で律法を守っていない人々を「罪人」と呼んでいる[3]。

　K・スノドグラスも、ルカによる福音書の「ファリサイ派の人と徴税人」の譬え（18:9–14）に収録された徴税人が自分のことを「罪人」と言っている時に the sinner（原文 μοι τῷ ἁμαρτωλῷ [moi tōi hamartōlō]「罪人の私に」）と、定冠詞がついていることに注目し、これは彼が他からあの「罪人」と誹謗されていたことを受けているとの解釈をしている[4]。

　イエスが悔い改めを要請したか否かという点について、E・P・サンダースは、イエスが罪人たちを自分の仲間に受け入れ、彼らと食卓をともにしたことは、罪人が悔い改めて贖いをしたり、犯した罪の賠償をしたりすることを前提条件とせずになされたと強調している[5]。ルカは、マルコのイエスの言葉「医者を必要とするのは、丈夫な人ではなく病人である。わたしが来たのは、義しい人を招くためではなく、罪人を招くためである」(2:17) に εἰς

---

1) Perrin, *Rediscovering the Teaching of Jesus*, p. 94.
2) 大貫『イエスという経験』, p. 148.
3) Dunn, *Jesus Remembered*, p. 531.
4) Klyne Snodgrass, *Stories with Intent: A Comprehensive Guide to the Parables of Jesus* (GrandRapids, Michigan: Eerdmans, 2008), p. 455.
5) E. P. Sanders, *Jesus and Judaism* (London: SCM, 1985), pp. 202–207.

μετάνοιαν (eis metanoian) を付加して、「罪人を招いて悔い改めさせるためである」（ルカ5:32）としているが、この付加は、悔い改めと甦生を強調したいがためのルカの操作である[1]。サンダースは、イエスに招かれた罪人が、ユダヤ教では赦され得なかった罪人であった、あるいは、赦しを願っていたがどのようにすれば赦されるか知らない者たちだったという考えに反対し、ユダヤ教においては常に、神に立ち帰るものにはいつでも赦しがあると考えられてきたと指摘する[2]。それでもイエスは彼らに立ち帰りを求めずに自分の仲間に入れたので、そのことが他の反感を買ったのであろう（ただし、イエスは彼らを自分の仲間に入れたのであって、神殿に入れる許可を与えたのではないので、律法的には問題なかったはずである）。イエスがもし、罪人に立ち帰りを求め、あるいは立ち帰らせて共同体に取り戻したのであれば、イエスが罪人を招いたということは、何ら反感を買わずむしろ、イエスは「国民的英雄」となったであろう、とサンダースは指摘する。そうではなく、イエスが反感を買ったという事実が、実際、イエスが罪人に悔い改めを条件としないままに救いを差し出したことを裏付ける[3]。イエスが、生活の転換という意味での悔い改めを条件としなかったとのサンダースの考えにはM・A・パウェルなどが賛成を示しているが、パウェルはさらに、イエスが仲間とした罪人たち、罪を犯し続ける罪人である者たちは、奴隷その他の境遇にあるために律法に従った生活をできない者たちだったのではないかと示唆し、エレミアスの考えも取り入れた考えを示している[4]。

　ダンは、イエスが罪人に悔い改めを求めなかったとの見方に賛成せず、

---

1) Sanders, *Jesus and Judaism*, p. 203.
2) Sanders, *Jesus and Judaism,* p. 202, Sanders は、この意見を Norman Perrin, *Rediscovering the Teaching of Jesus*（London: SCM, 1967）, p. 94 に見ているが、以下で見るように、ペリンは、ユダヤ人については立ち帰りの可能性があると考えており、立ち帰りが不可能、あるいは難しいと考えられていたのは異邦人や、あるいは自らを異邦人のようにしてしまった者だったと考えている。
3) Sanders, *Jesus and Judaism*, p. 203.
4) Mark Allan Powell, "Was Jesus a Friend of Unrepentant Sinners? A Fresh Appraisal of Sanders's Controversial Proposal," *Journal For the Study of the Historical Jesus,* 7（2009）, p. 310

2 罪人とは誰か

悔い改めないガリラヤの人々のことを嘆いたイエスの言葉（マタイ 11:12/ルカ 10:13）や悔い改めたニネベの人々を引いたヨナの譬え（マタイ 12:41/ルカ 11:32）を根拠に、イエスもまた、洗礼者ヨハネと同様、悔い改めを求めていたと論じている。彼は、マルコの 1:15（「時は満ち、神の国は近づいた。悔い改めて福音を信じなさい」）などで「悔い改め」という意味で用いられているギリシア語μετανοέω/μετάνοια (*metanoeō/metanoia*) の背景にあるのは、ヘブライ語とアラム語のשוב/תוב (*šub/tub*「再び戻る、帰る」) であり、この単語は70人訳ではμετανοέω/μετάνοια (*metanoeō/metanoia*) のほかにἐπιστρέφω (*epistrephō*) とも訳されており、「悔い改め・改悛」というよりも、「立ち帰り」、とくに、主なる神への立ち帰りを意味する。この意味での「立ち帰り」は、洗礼者ヨハネも、また、イエスも、聞き手に求めていた[1]。

これらのことから、当時「罪人」と呼ばれていた人々は一様ではなく、第一に、悪人、犯罪者、意図的に律法を破る者たち、第二に、職業や無知から心ならず律法を破る者たち、第三に、異邦人、第四に、ユダヤ教の諸派の間の律法理解や律法遵守の仕方の違いによって他の派の者たちに「罪人」と呼ばれる者たち、というように様々であったことが察せられる。

イエスが「罪人」と言ったとき、聞き手には文脈により、さまざまに異なる人々のことと受け取られたことが可能である。しかし、イエス自身の意図として、これらのどれを指して彼が「罪人を招く」と言ったのかを結論するには、イエス自身の言動からの更なる考察を要する。イエスが招いた「罪人」とはいかなる人々であり、その招きとは具体的にいかなるものであったのか、その招きが、立ち帰りを要求せずになされたのか、立ち帰りの要請と共になされたのか、についても同様である。

---

[1] Dunn, *Jesus Remembered*, p. 499. Dunn は、アルファベット表記を用いている。ギリシア語、ヘブライ語、アラム語の表記は本論で補った。

3　イエスの譬えにおける罪と赦しの問題

1）「ファリサイ派の人と徴税人」の譬え（ルカ 18:9-14）

> ¹⁸:⁹自分は義しい人間だと自信を持って他人をすべて見下している人々に対して、また、イエスは次の譬えを話した。¹⁰「二人の人が祈るために神殿に上った。一人はファリサイ派の人で、もう一人は徴税人だった。¹¹ファリサイ派の人は他と離れて立って、こう祈った。『神様、私は他の人たちのように、奪い取る者、不正な者、姦通を犯す者でなく、また、この徴税人のような者でもないことを感謝します。¹²私は週に二度断食し、全収入の十分の一を献げています。』¹³しかし、徴税人は遠くに立って、目を天に上げようともせず、胸を打ちながら言った。『神様、罪人の私を憐れんでください。』¹⁴言っておくが、義とされて家に帰ったのは、この人であって、あの〔ファリサイ派の〕人ではない。誰でも高ぶる者は低くされ、へりくだる者は高められるからである。」
> （ルカ 18:9-14）

　この譬えはしばしば、ファリサイ派の人々の高慢な自己義認と、律法遵守という点では救いを望めない罪人の謙遜さとの対照として解釈されてきた。たとえば、「神は傲慢な心の持ち主を入れる入り口は見出せない。ただ、へりくだった心の持ち主だけを入れることができるのである」[1]ということがこの譬えの主旨なのだと見られた。それは何よりも、ルカの編集が、譬えの導入部で「自分は義しい人間だと自信を持って、他人をすべて見下している人々に対して、また、イエスは次の譬えを話された」と状況設定をしているために、この譬えが、ファリサイ派の人を例にとった、自己義認の高慢さを警告する訓話の枠組みを与えられているからである。高慢さと自己義認への批判は、1世紀の高名なファリサイ派の教師、ヒレルの言葉として伝えられ

1）William Manson, *The Gospel of Luke* (The Moffat New Testament Dommentary) (London: Hodder and Stoughton, 1930), p. 202.

ている助言と和合し、その点で、イエスがこの譬えをファリサイ派の人々に語った可能性もありうる。ヒレルは「あなたの死の日まで、尊大に会衆と離れたところで自分自身を頼んではいけない。また、あなた自身がその人の立場に立つまでは、同胞を裁いてはならない」(ミシュナ、ピルケ・アボス2:5)[1]と、語っているからである。

　1世紀に、他人を見下す信心誇りの人々がいたこと、「礼拝の時に尊大に一人で離れたところに立っている傲慢な人が問題になっていた」ことを、ベイリーは、『モーセの昇天』という、おそらくイエスが生きていた時代に書かれたと考えられる聖書外典からの引用をもって示唆している。この外典書には、そのような態度を示す宗教指導者に対する非常に辛辣な批判が表されている。

　　　彼らの手や心は不浄なものに触れているのに、彼らの口は偉大な事がらを語り、さらに、彼らはこのように言うのである。「私に触れないでくれ。触れられたら、(私が立っている)場で、私は汚れてしまうではないか」。(7:9–10)[2]

　ただし、『モーセの昇天』の当該個所で言及されている者は、一日中宴会を好む大食漢の美食家たちで、貧しい者たちから貪りとり、不義に満ちている(7章)[3]とあるので、ファリサイ派ではなく、むしろ神殿や政治で力を持っていた人々であろうと考えられている。その人々が具体的に誰を指すかは確かではないが、その一つの可能性として、サドカイ派の人々に言及して

---

1) Herbert Danby tr. *The Mishnah: Translated from the Hebrew with Introduction and Brief Explanatory Notes* (London: Oxford Univ. Press, 1933), p. 448. (Soncino Talmud では Avoth 2.4 になっている。)
2) Kenneth E. Bailey, *Through Peasant Eyes,* in *Poet & Peasant and Through Peasant Eyes: A Literary-Cultural Approach to the Parables in Luke,* combined Edition, Two Volumes in One (Grandrapids, Mihigan: Eerdmans, 1983), pp. 148–149. ベイリーが用いている英訳は、R. H. Charles, *The Assumption of Moses,* tr. from the Latin Sixth century Ms. (London: Adam and Charles Black, 1897), p. 28 による。
3) Charles, *The Assumption of Moses,* p. 27.

いるとの見方もある。彼らが、祭司として、穢れた（とされる）者たちに触れられて穢れを移されることを忌避していたことがここで表されているというのである[1]。サドカイ派の人々は自分たちを正しい者と呼んでいたが（サドカイ派（צָדוֹק/צָדֹק ṣādôq/ṣādōq）という語は、צֶדֶק, ṣedeq「義、正しさ」を含意する）、実際は不法と搾取による贅沢を極めていた。それゆえ、ルカの序文での批判的言及とも和合する。イエスの譬えのファリサイ派の人は、律法を遵守し税を納める側なので、サドカイ派の人々とは重ね合わせられないが、その一方で、導入部の「義しい人間だと自信を持って、他人をすべて見下している人々」は、サドカイ派の人々を思い出させる表現であったと考えられる。そうであれば、譬えのファリサイ派の人が自分を、「奪い取る者、不正な者」でないことを感謝する祈りは、聞き手に、実際には収税人や罪人よりもはるかに「奪い取る者、不正な者」であるサドカイ派の祭司たちが自分たちを「義しい者」として神に祈るという虚偽と冒瀆を犯していることに思い至らせ、その皮肉によって辛らつな批判となる。

　さらに、イエスが譬えを向けた相手としては、実際には、ファリサイ派だけではなく、エッセネ派の人々も視野に入れることが可能であろう。ヨセフスの報告には、1世紀のユダヤではファリサイ派だけではなく、エッセネ派も大きな一派となっており、エッセネ派は「すべての町に」見られたとあるので（『ユダヤ古代誌』18.21）、この譬えは、そのような人々をも念頭にして語られている可能性もある。エッセネ派が、汚れを非常に嫌い、避ける規則

---

[1] Charlesは、『モーセの昇天』のこの箇所（7:3–10）への注で、ここで批判されている宗教的指導者は「明らかに〔著者の〕同時代の者である」と述べ、具体的可能性の一つとして、CE 15–70年ごろ、サンヘドリンで権力を握り、神殿祭司として自分たちの聖性を強調していたサドカイ派の人々を指すという説があると示唆している（Charles, *The Assumption of Moses,* pp. 25–26）。Jonathan Trompは、*The Assumption of Moses: A Critical Edition with Commentary*（Leiden, New York & Köln: J.J. Brill, 1993）, p. 207でその考えを全面的に受け入れることに躊躇を示し、『モーセの昇天』7章の偽善的、悪しき宗教的指導者が、「『モーセの昇天』が書かれた時に実際に支配的だったのか、あるいは、（切迫した）未来に彼らの支配が起こることを著者が予期していたのかは、明らかではない」と述べている。

を持っていたことは、指摘されているからである[1]。

　いずれの聞き手に対してもこの譬えは、律法の義による救いと、神の憐れみによる救いの義との対象を示す。

　ブルース・ラルソンは、「『私は他の人のようではない。私は断食をするし、収入の十分の一を献げている』という人は、まるで、神を一つの大企業のように見ていて、自分はその企業の株を大量に持っているのだと考えているようである」[2]と言っている。この譬えのファリサイ派の人は、自分が他よりもよくやればやるほど、天国の株を沢山持つようになると、考えている。彼は、自分が義しいと自負し、その義が自分自身の努力と行ないによって得られた功徳のように考えている点で過っている。しかも、その実、その過ちよりも悪いことに、彼は、他の人に対し競争意識を持ち、他を見下している点で、ユダヤ教で最も重要とされる戒めを破っている。すなわち、伝統的に教えられ、イエス自身も最も大切な戒めの一つとして奨めている、「隣人を自分自身のように愛しなさい」（レビ19:18、マルコ12:33–34及び並行）という戒めを破っているのである[3]。

　譬えのファリサイ派の人の態度を描写する11節は二通りの解釈があり、ギリシア語原文のπρὸς ἑαυτὸν (pros heauton) を、「祈った」を修飾する副詞句としてとって「自分自身で祈った」、あるいはそれを解釈して「心の中で祈った」とする訳と、「立って」の副詞句と取って、このファリサイ派の人が「一人だけで立って、一人で他から離れて立って」というようにとる解釈があり、NAS、NJB、RSV、KJV、NKJ、NAU、NIV及び、邦訳の口語訳、新

---

1) Cf. たとえば、Charlesworth が 1QS (Rule of the Community)、1QM (War Scroll)、11QTemple (Temple Scroll) を参照してイエスとの相違として指摘している。James H. Charlesworth, "The Dead Sea Scrolls and the Historical Jesus," in James H. Charlesworth ed. *Jesus and the Dead Sea Scrolls* (New York: Doubleday, 1992), pp. 24–25.

2) Bruce Larson, *Luke* (*The Communicator's Commentary Series*) (Waco, Texas: Word Books, 1983), p. 256.

3) Cf. Anna Wierzbicka, *What Did Jesus Mean?: Explaining the Sermon on the Mount and the Parables in Simple and Universal Human Concepts* (Oxford: Oxford Univ. Press, 2001), p. 432.

改訳、新共同訳など、大半は前者のように理解している。一方、New Living Translation (NLT) は、「一人で立って」との解釈をしている。こちらの理解は、他の人を見下している彼の心情を示す態度として文脈に適合し、『モーセの昇天』やヒレルの言葉で批判されている状態として、整合性が高い。また、心の中で祈るということが当時まだ一般的ではなかった[4]ことから本論でもこの解釈を採択する[5]。このファリサイ派の人は、「ファリサイ」という語が("phârash,"区別する、分離する) に由来しているのにふさわしく、自分自身を高邁に見て心理的に他から引き離しているだけではなく、物理的にも他から離れたところに立って、特に、「穢れた」とされる人々との接触を避けているのであろう[6]。ケネス・ベイリーの以下の解釈と説明は正しく思われる。

---

4) Cf. Solomon Zeitlin, "Prolegomenon," to Gerald Friedlander, *The Jewish Sources of the Sermon on the Mount* (New York: Ktan Publishing House, 1969), pp. xxvii–xxviii; R. Alan Culpepper, "The Gospel of Luke." *The New Interpreter's Bible*, vol. 9 (Nashville: Abington Press, 1995), p. 342; Timothy Friedrichsen, "The Temple, a Pharisee, a Tax Collector, and the Kingdom of God: Rereading a Jesus Parable (Luke 18:10–14A)," *Journal of Biblical Literature* (Spring 2005), p. 96.

5) ただし、א2、B、T、Q、Y などを含む数々の写本で πρὸς ἑαυτὸν ταῦτα προσηύχετο のかわりに、ταῦτα πρὸς ἑαυτὸν προσηύχετο としてあり、それは πρὸς ἑαυτὸν ταῦτα προσηύχετο に二通りの解釈の余地があることを意識して「自分自身で祈った」との意味を明確にするためであろうと考えられる (Joseph A. Fitzmyer. *The Gospel according to Luke XI–XXIV, The Anchor Bible 28* (The Anchor Bible; Garden City, N.Y: Doubleday, 1985), p. 1186。このことから、「自分自身で祈った」という解釈も否定しきれない。

6) ただし、ファリサイ派が「分離」したのが、異邦人や汚れた大衆ではなく、彼らが敵対していたアロン系の祭司たち、サドカイ派、祭司貴族階級の者たちからであり、それに対して彼らの敵対者であるサドカイ派の人々が彼らを「ファリサイ」と呼んだのだ、という示唆もある。その証拠の一つとして、ミシュナではファリサイ派という言葉が出てくるのは3回だけであって (Mish. Yad. 4:6–8; Mish. Hag. 2:7; Mish. Sot. 3:4)、その一回はサドカイ派の口から出ているということが挙げられている (cf. Irving M. Zeitlin, *Jesus and the Judaism of His Time* (Cambridge: Polity Press, 1988), p. 15)。これは正しいと思われるが、それにしても、イエスやヒレルの時代に、汚れや罪人とされる人々から自らを分離しようとする態度をとるファリサイ派の人々が存在したことは、そのような態度をとらぬようにヒレルが自分の弟子を諭した上記の教えから見て取ることができるであろう。

このファリサイ派の人が離れて立っている理由は、容易に理解できる。彼は自分を義しいと考え、実際「他人を見下していた」〔…〕さらに、不浄なものの上に座ったり、乗ったり、さらには寄りかかったりするだけでも伝染してしまうある種の不浄さというものもあった。(Danby 795). この不浄さは「ミドラスの穢れ (*midras*-uncleanness)」と呼ばれた。ミシュナは、特に、「ファリサイ派の人々にとっては、アム・ハ・アレツ〔律法を守らない人々〕の衣服は、ミドラスの穢れを被っている」(Mishna *Hagigah* 2:7, Danby 214) と記している。この背景を考えれば、このファリサイ派の人が他の礼拝者たちから離れたところに立ちたがっていたことは、ほとんど驚くに当たらない。[1]

　しかし、イエスの聴衆の中には、この譬えを、ファリサイ派の高慢な自己義認の批判とは異なって理解した者もあるかも知れない。なぜなら、この譬えは、彼らにとっておそらく少なくとも二つの意味で逆説的だったからである。

　第一に、ファリサイ派の人をさしおいて徴税人が義とされるということは、彼らの予想に反したであろう。ファリサイ派の人々は、その宗教的な真摯さで知られており[2]、律法遵守の戒めに照らしてみれば、イエスの譬えに

---

1) Bailey, *Through Peasant Eyes*, p. 148. ベイリーは、Danby, *The Mishnah*, p. 214 とその注 p. 795 を参照している。注でダンビーは、midras とは、文字通りには「押したり踏んだりする場所」を意味すると説明している。なお、アム・ハ・アレツ（しばしば「地の民」と訳される）についてはベイリーはここで何も説明していないが、社会階級の連想をもつ「地の民と言うよりも、律法を守らない人々と解釈するのが正しいと思われる（cf. Zeitlin, *Jesus and the Judaism of His Time*, pp. 102-103. には、裕福で律法を守らない者たちがむしろアム・ハ・アレツであったという指摘があり、アム・ハ・アレツとはおそらく必ずしも下層民や不可触民のことではなかった）。

　なお、ベイリーが参照した Danby の注は、Herbert Danby, "Glossary of Untranslated Hebrew Terms," to *The Mishnah*, tr. Herbert Danby (London: Oxford Univ. Press, 1933), p. 795 に "MIDRAS" の項で見出される。

2) Irving M. Zeitlin, *Jesus and the Judaism of His Time* (Cambridge: Polity Press, 1988), p. 18 は、既にマカバイ時代は、書かれた律法とともに口伝律法（新約で言われている「昔の人の教え」）を伝え教える師としてファリサイ派の人々が民衆の支持を得

あるように律法を守っているファリサイ派の人が、自分たちを、神の目から見ても「善く」「義しい」であろうと考えることはおそらく、自然なことに思われた。

タルムードにも、ラビの祈りとして同様に、「主よ、私の神よ、感謝いたします、あなたが私にトーラーの学び家に座る者とともにいる運命を与えて下さり、通りの角に座る者たちと共にいるようにしなかったことを」と祈る祈りがある (b.Ber. 28b) が、これは、義しい道を歩めることを自分の功績よりむしろ神の恵みによるものと認識した祈りである。

エレミアスはイエスの譬えのファリサイ派の祈りが、この祈りに似た神の導きに対する真の感謝の表明であり、譬えの聞き手にもそう受け取られたであろうと示唆している[1]。リンネマンもこの祈りに言及して、イエスが語ったファリサイ派の人が敬虔な生活をしていたのは、自分の敬虔さを根拠に何らかの権利を主張しようとするためではなく、彼の感謝の祈りも、このタルムードのラビの祈りのように、傲慢からではなく、おそらく真の感謝だったであろうし、その祈りを聞く周りの者も、彼を偽善者とは考えなかったろうと示唆している[2]。J・D・クロッサンも、ファリサイ派の人がこのように神殿で感謝の祈りを捧げることにはなんら、神の前に誇る傲慢さはないと読み、9節と、結末部14節後半の「誰でも高ぶる者は低くされ、へりくだる者は高められるからである」を、本来この譬えに属さず、ルカの編集によってここに結び付けられたものと考えている[3]。クロッサンは、キリスト教の伝統の中でファリサイ派は偽善者であったとの言い方がなされてきた結果、この譬

ていたと指摘している。

1) Joachim Jeremias, *The Parables of Jesus*, 3rd Revised ed., English translation based on that made by S. H. Hooke of the 6th edition, 1962, with revisions (London: SCM, 1972), p. 142. Donahue, *The Gospel in Parable*, p. 188–189らも、Jeremiasの指摘に賛同している。

2) Eta Linnemann, *Parables of Jesus: Introduction and Exposition*, tr. John Sturdy from the 3rd edition (1964) of *Gleichnisse Jesu* (Londo, pp. 59–60; Friedrichsen, "The Temple, a Pharisee, a Tax Collector, and the Kingdom of God: Rereading a Jesus Parable (Luke 18:10–14A)," p. 110 も同様の指摘をしている

3) John Dominic Crossan, *In Parables: The Challenge of the Historical* Jesus (Sonoma, California: Polebridge Press, 1992), p. 67.

えの最初の意外性が読者に伝わりにくくなっていると指摘し、この譬えは現代ならば、「ローマ教皇と売春斡旋者が聖ピエトロ大聖堂に礼拝に行った」との語り出しで語られるローマ・カトリックの日曜礼拝説教に匹敵すると示唆している[1]。

　B・H・ヤングもまた、イエス当時ファリサイ派の人々は偽善者として非難されるよりもむしろ、「その真摯な宗教的敬虔さ」のゆえに、他の者たちから尊敬の目で見られていただろうと指摘し、クロッサンの上記の指摘は本質を捉えていると賛成している。「当然にも聖人と考えられている法王と、明らかに不信心な売春斡旋者の対照は、このドラマの主役たちの振る舞いがどれほどに意外なものであるかを痛感させる。」[2]

　第二にもし、ヤングの上記の指摘が正しいとすれば、イエスがこのようにファリサイ派を描いた仕方は、ゆがめられた形で戯画的に誇張されている。その誇張の目的はいかなるところにあったのだろうか。この譬えが、聞き手にいかに訴えたかを、聞き手別に考察することで考えたい。

　まずファリサイ派の人々である。この譬えが語られた時に、イエスの聴衆の中に実際にファリサイ派の人々がいた可能性はあるだろう。福音書の諸記述によれば、イエスの聴衆の中には、ファリサイ派の人々も、貧しい人々も、罪人と見なされている人々も混在していたからである（cf. e.g. マルコ 2:1–12 及び並行; 2:15–16及び並行、ルカ 15:1–2)。聴衆の中のファリサイ派の人々が、実際に律法を遵守することに真剣かつ誠実に取り組んでいたこともありうる。しかしその場合、必ずしも、彼らは自分たちにそれほど自信を持っていたとは限らない。律法を完全に守ろうと真剣になったとき、完全な律法遵守ということがどれほど困難かが分かることもあるからである。パウロがその例だった。パウロは、フィリピの信徒への手紙で、自分がかつて「ヘブライ人の中のヘブライ人であり、律法に関してはファリサイ派の一員、〔…〕律法の義については非のうちどころのない者」（3:5–6) だったと

---

1) John Crossan, *Raid on the Articulate: Comic Eschatology in Jesus and Borges* (New York: Harper and Row, 1976), p. 108.
2) Brad H. Young, *Jesus the Jewish Theologian* (Peabody, Massachusetts: Hendrickson Publishers, 1995), pp. 183–184.

述べているが、それでも、「律法を実行することによっては、だれ一人神の前で義とされない。律法によっては、罪の自覚しか生じない」（ローマ3:20）と言っている。このような自覚が、キリスト教徒になってから、つまり、救われたとの自覚の体験の後に初めて現れたとは考えにくい。むしろ、律法の遵守を他に誇れるような状態にあっても、心の底で自己の義の不十分さを感じずにいられなかったと考えるほうが自然だろう。

　そのような、自己の不満足さへの認識は、他人を見下す態度と両立しうる。むしろ、自己の不完全さの認識があるからこそ、自分たちが完全には律法を遵守できていなくてもせめて他人と比較すれば格段に自分たちの方が優れているという自負は、自分たちが神に「義と認められている」であろうと安心するための半ば無意識の一つの心理的保護手段になり得る。しかし、自己を欺くそのような試みは、内心の緊張とストレスを生じざるを得ない。そのような場合には、イエスのこの譬えは、彼らの無意識の自己義認のメカニズムを誇張した形で示して彼らに悟らせるものとなり、律法遵守という功績に頼って義認を得ようとすることをあきらめ、自分の不満足さを認めて神の憐れみを求めればよいのだとの招きとなる。

　このファリサイ派の人の祈りは、律法を守ることができる自分の力について真心から感謝する真の祈りだったかも知れない。しかし、彼がここで神に恵みや赦しを乞い願わなかったことは事実であり、それゆえ、この日、この神殿では、彼は何ら神の赦しや恵みを与えられなかったのである。神と彼との関係はこの日、ここでは、何も変わらなかった。それが、「義とされたのはあの〔ファリサイ派の〕人ではなく」ということの意味である。

　一方、聞き手の中で、いわゆる「罪人」に属する人々にとってはこの譬えは何を意味したのだろうか。この譬えではこの日、ファリサイ派の人と対照的に、徴税人が義とされて（δεδικαιωμένος [dedikaiōmenos]）いる。多くの注釈者は、これを、ファリサイ派の人の傲慢さに対して徴税人の謙虚さが義とされたのだと解釈している[1]。レンスキーは、ここに、ルカ14:11、マタ

---

1) Manson, *The Gospel of Luke*, p. 202; Donahue, *The Gospel in Parable*, p. 190; I. Howard Marshall, *The Gospel of Luke: A Commentary on the Greek Text* (Exeter: The Paternoster Press, 1978), pp. 680–681; Darrell L. Bock, *Luke, vol. 1. 1:1–9:50* (Grand Rapids,

イ 12:12 などに示されている「誰でも高ぶる者は低くされ、へりくだる者は高められる」のテーマを読む[1]。しかし、ここでベイリーは、徴税人の祈り、「私を憐れんでください」($\iota\lambda\alpha\sigma\theta\eta\tau\iota$ μοι [hilasthēti moi])が、ギリシア語で通常「私を憐れんでください」に用いられる $\epsilon\lambda\epsilon\eta\sigma\acute{o}\nu$ με (eleēson me、ルカ自身が同じ章の 18:38, 39 で用いている)と異なっていることに注意を促し、$\iota\lambda\acute{\alpha}\sigma\kappa о\mu\alpha\iota$ (hilaskomai)という動詞は、新約聖書ではこことヘブライ人への手紙 2:17 にしか用いられていないこと、名詞としては、4 回(ローマ 3:25; ヘブライ 9:5; I ヨハネ 2:2; 4:10)用いられているが、いずれも明らかに贖罪の犠牲を表す語であることを指摘している。「徴税人は、漠然と神の慈悲を求める祈りをささげているのではない。彼は、特に、贖罪の恵みに与ることを乞うているのである。[…] そこで、この謙虚な男は、神殿で、自分自身の罪と無価値さを意識し、自分自身を推挙する何の功績も持たず、偉大な劇的贖罪が自分のために行われることを望んでいる。最後の節は、実際にそれが実現することを告げている」[2]。彼の祈りの切実さは、彼が通常の静かな祈りの姿勢ではなく、自分の胸を叩きながら祈っていたことに示されている。男性が胸を叩きながら祈るのは、極度の悲しみや苦痛に際した場合の特別なことであったからである[3]。この徴税人は、その祈りに答えたヤハウェの贖いの恵みにあずかり、それによって、義とされるのであろう。この「義」は、律法による義ではなく、神が神を信頼する者に救済を約束する神の信義による「義」であり、フォン・ラートの言う、救いの賜物として与えられる「義」である[4]。それは、彼自身のいかなる功績や功徳によるのでもなく——謙虚さ

　Michigan: Baker Books, 1994), p. 1465 など。
1) R. C. H. Lenski, *The Interpretation of St. Luke's Gospel* (Minneapolis: Augsburg Publishing House, 1946), p. 905.
2) Bailey, *Through Peasant Eyes*, p. 154.
3) cf. R. Alan Culpepper, "The Gospel of Luke." *The New Interpreter's Bible*, vol. 9 (Nashville: Abington Press, 1995), p. 342.; Baily, *Through Peasant Eyes*, p. 153 も参照。
4) フォン・ラート『旧約聖書神学 I』, pp. 494 & 499. Lenski は、徴税人が「義とされて」家に帰ったという、過去完了 $\delta\epsilon\delta\iota\kappa\alpha\iota\omega\mu\acute{\epsilon}\nu o\varsigma$ の意味が、家路に着く前に彼は義とされ、義とされたことは今もそしてずっと有効性を持っているのであると重要な指摘をしながら 70 人訳でもその他でも $\delta\iota\kappa\alpha\iota o\nu$ とは常に法的概念であり、

という徳にさえもよらず——罪深さの自覚から来る心からの祈りに答えた神の恵みとして与えられるのである。罪の自覚に苦しむ人々に、この譬えは、神の憐れみによって贖われる可能性と、救いの可能性を示す。

このような、憐れみによる救いは、旧約聖書時代から、たとえば、カインが弟アベルを殺害した後、「自分の罪は重すぎて追いきれない」（創世4:13）と主ヤハウェに告白した時、ヤハウェが彼に守りのしるしを与えたことにも示されている。また、詩編作者は、「[51:3]神よ、わたしを憐れんでください、御慈しみをもって。深い御憐れみをもって、背きの罪をぬぐってください。[4]わたしの咎をことごとく洗い、罪から清めてください。[5]あなたに背いたことをわたしは知っています。わたしの罪は常にわたしの前に置かれています」（51:3-5）と神に祈りつつ、その祈りの中で「神の求めるいけにえは打ち砕かれた霊。打ち砕かれ悔いる心を、神よ、あなたは侮られません」（51:19）と、神の救いを信じ、「恵みの御業をこの舌は喜び歌います」（51:16）とうたっている。このような、法的正義を凌駕する恵みによる義が、この「ファリサイ派の人と徴税人」の譬えでは表されている。

この譬えは、自己義認の宗教的指導者や、律法遵守において他と競争している人、律法を守ることで自分の救いを確信しようとしてもがいている人、罪人の自覚に苦しんでいる人など、様々な人々にそれぞれの立場に応じて訴える。しかし、そのいずれに対しても一貫したメッセージは、救済は人間の側の何らの功績によるのではなく、神の恵みによるということである。

2)「放蕩息子」の譬え（ルカ 15:11-32）

上記の譬えで見たように、イエスの譬えにおいては、「義認」あるいは、「義とされること」（Justification）は、人間の側の功績や功徳が認められることではない。むしろ、神に「義とされる」ということは、神の恵みによって神に贖われることである。本節では、その「贖い」ということが、神との正しい関係性の回復という意味であること、そしてそれは、ヘブライ語の「贖

ここでも彼が「義」とされたのはその謙虚さゆえであると読んでいる（Lenski, *The Interpretation of St. Luke's Gospel*, pp. 904-905）が、それは、義の意味を法的義のみに限っての理解であってここでは不適切であろう。

い」גָּאַל (gāʾal) の語の意味の一つ[1]としてあるように、神が自分の者として取り戻すという意味で理解できるということを見てゆきたい。それが、最もよく示されているのはルカによる福音書の15章の3つの譬え、「失われた羊」の譬え「失われた硬貨」の譬え「放蕩息子」の譬えである。特に、II章で見た「放蕩息子」の譬え——あるいはむしろ、「父親と失われた二人の息子」の譬えと呼んだ方がよいであろう[2]——は、神が主導して実現する救いの業を例証している。

　この譬え物語の前半、弟の物語で重要なのは、彼が父親の家に帰る決心をしたことが必ずしも、改悛の結果ではないことである。彼が我に返って、生き延びるために家に帰るべきだと考えた時、彼は、心から改悛したわけではない。ケネス・ベイリーの指摘では、彼が帰宅したらすぐに言うつもりだった、「お父さん、私は天に対しても、またあなたに対しても罪を犯しました」（ルカ15:18）という言葉は、聖書を熟知したイエスの聴衆、特に律法学者やファリサイ派にとっては、出エジプト記からの引用であることがすぐに分かるものだった。エジプトの地でイスラエルの民が苦役を課せられていた時代、モーセは彼らをエジプトから導き出すべく神の召命を受けた。そして、その出国を許さないファラオとエジプトに対してモーセが数々の禍の奇跡を行った時のことである。ファラオはモーセが災厄を起こすのをやめさせようとして、「あなたたちの神、主に対し、またあなたたちに対しても、私は過ちを犯した」（出エジプト10:16）と言うが、ベイリーによれば、「ファラオが悔い改めてなどいないことは誰でも知っている。放蕩息子も、ただ、父の心を和らげて、食べ物を得るためにこう言おうとしているのだということがわかる」[3]のである。ここまで徹底的に息子の意図を功利的に見る必要はな

---

1) Cf. *BDB*, "גָּאַל" の項。また、ヨブ記3:5の用例。
2) Klyne Snodgrass, *Stories with Intent: A Comprehensive Guide to the Parables of Jesus* (GrandRapids, Michigan: Eerdmans, 2008), p. 117 は、この譬えを「憐れみ深い父と彼の失われた2人の息子（The Compassionate Father and His Two Lost Sons）」と呼んでいる。Bailey, *Poet & Peasant*, p. 158 は「父と彼の失われた2人の息子（The Father and the Two Lost Sons）」としている。
3) Kenneth E. Bailey, *Jacob & the Prodigal: How Jesus Retold Israel's Story* (Downers Grove, Il.: Inter Varsity Press, 2003), p. 106（傍点本多）。

いように思われるが、イエスの聴衆にとってこの言葉の出エジプト記での意味との連想は重要である。彼は、「天に対しても、お父さんに対しても罪を犯しました」と言うが、実際、父の財産の生前贈与を求め、贈与された財産を売却して遠国で浪費してしまったことによって、自身言うように、彼は父親にだけではなく神に対しても、さらに、ユダヤの共同体に対しても、罪を犯している。しかし、このことを、彼は真の改悛なしに口にしようとしている。また、この次男が、帰宅後の自分と父親の関係を、親子ではなく、雇用主と雇用人の関係で結び直そうとしたことは、彼の改悛の印ではなく、むしろ彼が本当には悔い改めてはいないことの一つの印であると見る解釈もある。寄食人ではなく雇用人である限り、親の情けに頼っているだけではなく一応父親からの独立は保てることになるからである[1]。この点で彼は、親の支配下に暮らすことを嫌って家を出た時の姿勢を変えていないからである。

　それゆえこの譬えでは、父親は、息子が改悛する前に息子を受け入れ取り戻している。II章で見たように、それは、父としての憐れみと愛情からであった。その愛を、この息子は、自分を迎えに出てきた父の様子からとっさに理解したのであろう。そのことは、彼が、自分がもう息子と呼ばれる資格がない、と言った後、「雇い人の一人にしてください」とまで、言い終えることができなかったことに表れている。それは、父親がその言葉を続けさせず先んじて、「急いでいちばん良い服を持って来て、この子に着せ、手に指輪をはめてやり、足に履物を履かせなさい」と、言ったからとも解釈しうる。けれども、それよりもむしろ、雇い人にしてくれ、と言うことが、かえって父親の愛を傷つけることになること、つまり、父親が復活させようとしている親子の絆、愛の絆を破り、取引関係にすりかえてしまうことだということに、気がついたからだと考えるほうが妥当であろう。彼は雇用人ではなく息子として戻ることを受け入れるからである。彼が帰宅を決意した時、彼がまだ理解していなかったことは、父親の愛がこれほどに深いことであった。誤解していたことは、父親との関係が、雇い主と使用人の関係で置き換えられると考えていたことであった。しかし、彼がとにかく自分から家に

---

1) Bailey, *Jacob & the Prodigal,* p. 106; Bailey, *Poet & Peasant,* p. 177.

戻ったことは、彼がその家を自分が帰ることのできる場として認識していたことであり、自分の非を認めて赦しを願ったことは正直な自覚からであった。「戻る」、「立ち帰る」、「悔い改める」との表現は、しばしば、旧約聖書では שׁוּב (šûb) のほぼ同義の訳語として用いられるが、そのことは、神への立ち帰りが旧約でいう「悔い改め」の本質であることを示している。(cf. 歴代下 30:6; イザヤ 31:6; 44:22; エレミヤ 31:12, 14; 4:1; 31:22; ホセア 12:7; 14:2; ヨエル 12:12,13; ゼカリヤ 1:3,4; マラキ 3:7)。マンソンは、この譬えが示しているのは後代のキリスト教の教義が示すような贖罪の神学ではなく、「罪人に対する神の根本的方針」であると、次のように理解している。「神は罪人がまだ罪人であるうちに、立ち帰りする前にすでに、愛する。そしてどうしてか、神の愛こそが、罪人の立ち帰りを可能にする。これが、この譬えの真の要点である」[1]。イエスがこの譬えで表そうとしている神は、人が迷った時に、自分から人間を探してくれる神、人が神のもとに戻るように、待ち続け、人が戻れば受けとめて、その帰還への立ち帰りの動機が最初は完全な悟りからではなくとも、人間の半端な立ち帰りを真実のものにする神である。これが、イエスの言う「義とする」ということであり、それは、法的「義」ではなく、イスラエルを自らの民とした神の信実の行為、神の「義」の業の意味で理解される方の「義」である。

　この話には、もう一人の息子がいる。兄は、まじめに父親に仕えていた。しかしこの兄も、やはり、父親の愛というものを理解していない。自分の弟のことを「あなたのあの息子」と呼ぶその態度に（これは、この弟が異母兄弟か何かで、普通の弟ではないのかもしれないと思わせるような、冷たい言い方であるが、そのようなことは書かれていない）、弟に対する彼の嫉妬が、強調されている。彼は、弟との関係性を自ら断ってしまって、弟を弟とも呼ばない。彼はそのように、弟が帰ってきたことを祝う父親に憤慨するが、その彼に向かって、父親は言う。「子よ、お前はいつも私と一緒にいる。私のものは全部お前のものだ。だが、お前のあの弟は死んでいたのに生き返った。いなくなっていたのに見つかったのだ。祝宴を開いて楽しみ喜ぶ

---

1) Manson, *The Sayings of Jesus* (London: SCM, 1949). p. 286.

のは当たり前ではないか」(15:31–32)。

　W・ヘンドリクセンは、兄が父親に言った言葉を、的確にも字義通り、「私は何年もあなたの奴隷をしている (slaving to you: 原文は δουλεύω σοι [douleuō soi])」[1]と訳している。自分の父へのあり方を自ら「奴隷」と規定している彼は、自ら息子の立場を捨てている。しかも、父が子山羊一匹さえ彼のために屠ってくれなかったと言う彼は、自分が父のものをすべて受け継ぐ者とされている恵みを忘れ、父の自分に対する扱いを正しく受け止めていない。

　この話を聞いて、弟が受け入れられ、それを怒った兄が排除されたと解釈するのは誤っている。ルカの編集では、この譬えはイエスが罪人たちを迎えて食事まで共にしていることに異議を唱えたファリサイ派や律法学者に対して語られたという設定になっているが、それが実際の状況に近いものであったとすれば、イエスの聴衆のファリサイ派の人々は、自分たちをこの兄の立場において、正しく生きてきた者として、彼らの言う「罪人たち」を見ていたであろう。そして、イエスに批判されていることにも、気づいたであろう。しかし、批判と排斥は異なる。父親は自ら、兄のところに出てきてなだめ、語りかけている。そして、はっきりと、自分がこの兄といつもいっしょにいることを請合っている。これは、イスラエルの民にとって、大きな恵みの言葉である。彼らの伝統では神が自分たちと共にいて、そのみ顔の前に立つことができるということが、出エジプトの時から常に最高の祝福と考えられていたからである (cf. 出エジプト 40:34–37、民数 6:25–26、ヨブ 29:4–5)。イスラエルの民は救い主をインマヌエル (「神われらと共にいます」との意味である) として待ち望んでいた (イザヤ 7:14、マタイ 2:23)。この父は、いつでも兄と共にいる、そして、父親のものは、すべてこの兄のものなのである。これは神の国の世継ぎとしての兄への祝福の約束の言葉である。父親は、その祝福に対して、常に信実であったし、これからもそうであろう。兄はそれに応答して父との正しい関係に入ることを受け入れればよいのであ

---

1) William Hendriksen, *The Gospel of Luke: New Testament Commentary* (Edinburgh: The Banner of Truth Trust, 1978), p. 757.

る。失われた弟が戻ってきた時に、それを共に喜ぶこと、喜びの共有としての同情が神の国の本質であること、天の国には定員や入場数の制限はなく、ともに幸せに与ることが可能なのだということを、この譬えは教えている。父親は、兄の言葉を受けて、「おまえのあの弟は、死んでいたのに生き返った」(傍点本多)と、言う。ずっと神に仕えていた兄も、一度迷って戻ってきた弟も、神の眼から見ればどちらもかけがえのない我が子なのだと、この譬えは言っている。そして、また、ずっと神に仕えていた兄も、家を出た弟同様に、いま、家の中の祝宴に加わるように招かれている存在であること、つまり、現在はまだ、家の外にいる存在、立ち帰りが必要な存在、いわば失われた存在であるということを示し、その兄と同定されるファリサイ派の人たちをも、兄とともに神の国の祝宴に招いているのである。

　この譬えには、息子たちが父親のもとに真に受け入れられるために行うべき行為や贖罪は何も言われていない。受け入れられること、あるいは、恵みの約束が先行し、その後で、すべてが始まるのである。回心ですらも、父親との関係性の回復(義とされること)の後に起こり、それは義とされることに内実が伴って変化する義認――あるいは、義とされるという意味では、義化と言うほうがふさわしいかもしれないが――の完成である。

　この譬えに先だつ「失われた羊」の譬えと「失われた硬貨」の譬えでは、失われたものが羊や硬貨であることによって、失われた者たちの回復が、彼らの立ち帰りや悔い改めと無関係に神の主導によって成されることが明示されている。ルカが、「失われた羊」の譬えに「悔い改める一人の罪人については、悔い改める必要のない九十九人の義しい人についてよりも大きな喜びが天にある」(15:7)との言葉を付加し、「失われた硬貨」の譬えに「言っておくが、このように、一人の罪人が悔い改めれば、神の天使たちの間に喜びがある」との付加をなしたのは、悔い改めを強調するルカの思想によるのであって、イエスの譬えの論点の真意は、悔い改めた者の救いではない。悔い改めがまだなされていないうちに神のほうから救いを差し出す点が、これらの譬えの重要な点なのである。

3)「仲間を赦さない家来」の譬え（マタイ 18:23-35）

　赦される側の義に先立つ赦しが、人間の側の罪に対する神の本質的あり方であることは、II章で見た「仲間を赦さない家来」の譬えに特に明らかである。

　ここでは、神の赦しが人間同士の赦しに先行し、その赦しが、人間に互い同士への赦しを促す基礎となっていることが示されている[1]。

　ここでは、神に赦された罪人は、自分も他を赦すことのない限り、赦しを感謝して受け止めていないのであり、その結果、その内実どおり、差し出された赦しを結局受け取ることが出来ないことになるが、最初に主人が多額の負債を負った僕を赦したことは、何ら僕の側からの償いがなされる前に、無条件でなされている。10000タラントンもの借金をしている僕は、「どうか待ってください。そうすれば全部お返しします」（18:26）と言いつつ、返済不可能なことを認識しているはずである。それにもかかわらず、彼は、自分の力によって返済し、主人に負い目なく、正義の秩序に沿って自力で問題を解決しようとする[2]。あるいは、彼が思いつく赦される唯一の可能性は、借金の返済であったということであろう。これは、放蕩息子が帰宅前に心積もりにしていた、父に対する対等かつ負い目の無い状態の回復と同様である。それに対し、主人は、そのような申し出を取りあいもせず、それを超えた赦しで答えるのである。

4)「ぶどう園の労働者」の譬え（マタイ 20:1-16）

　マタイによる福音書20:1-16の「ぶどう園の労働者」の譬えは、神が与える恵みは人間がどれだけの功績を挙げたかということとは異なる基準で与えられるということを示している。

　　20:1天の国はある家の主人のようなものである。彼は、自分のぶどう園で働く労働者を雇うために、夜明けに出かけて行った。2そして、1

---

1) George Eldon Ladd, *The Presence of the Future: The Eschatology of Biblical Realism* (London: SPCK, 1974), pp. 214-215.
2) Donahue, *The Gospel in Parable*, p. 76.

日につき1デナリオンの約束をして、労働者をぶどう園に送った。³ また、9時ごろ行ってみると、何もしないで広場に立っていた人々がいたので、⁴「あなたたちもぶどう園に行きなさい。正しいだけのものを払ってやろう」と言った。⁵それで、その人たちは出かけて行った。主人は、12時ごろと3時ごろにまた出て行き、同じようにした。⁶5時ごろにも行ってみると、ほかの人々が立っていたので、「なぜ、何もしないで一日中ここに立っていたのか」と尋ねると、⁷彼らは、「誰も雇ってくれなかったのです」と言った。主人は彼らに、「あなたたちもぶどう園に行きなさい」と言った。⁸夕方になって、ぶどう園の主人は監督に、「労働者たちを呼んで、最後に来た者から始めて、最初に来た者まで賃金を払ってやりなさい」と言った。⁹そこで、5時ごろに雇われた人たちが来て、1デナリオンずつ受け取った。¹⁰最初に雇われた人たちが来て、もっと多くもらえるだろうと思っていた。しかし、彼らも1デナリオンずつであった。¹¹それで、受け取ると、主人に不平を言った。¹²「最後に来たこの連中は、1時間しか働かなかったのに、あなたはこの連中を私たちと同じにした。私たちは1日、労苦と暑さを辛抱して働いたのに」。¹³主人はその一人に答えた。「友よ、あなたに不正なことはしていない。あなたは私と1デナリオンの約束をしたではないか。¹⁴自分の分を受け取って帰りなさい。私はこの最後の者にも、あなたと同じように支払ってやりたいのだ。¹⁵自分のものを自分のしたいようにしては、いけないのか。それとも、私の気前のよさをねたむのか。」¹⁶このように、後にいる者が先になり、先にいる者が後になる。（マタイ 20:1-16）

この譬えでは、ぶどう園の主人——神を表すと理解される——が自ら、自分のぶどう園で働く労働者を雇いに出かけてゆく。ウルリッヒ・ルツは、このぶどう園を中規模農場と見る。主人自身が日雇い労働者を雇いに出ているからである[1]。しかし、むしろこれは、全世界の主でありながら自ら人間を

---

1) Urich Luz, *EKK Evangelisch-Katholischer Kommentar zum Neuen Testament: Das Evangelium nach Matthäus* 1/3（Mt 18–25）（Zürich und Düsseldorf: Benziger, 1997）, p. 146.

探し求め、自分のもとに招きに出てくる慈愛の神の姿を冒頭から示していると考えるべきであろう。主人は1日につき1デナリオン支払う約束をした。これは、イエスの時代の平均的な日当に当たると見られる[1]。彼らは、日ごとの糧を与えられる約束を得たのである。9時頃、何もしないで広場に立っている人々が、なぜそうしていたかは書かれていない。しかし、7節で、夕刻まで何もしないで立っていた人々が、「誰も雇ってくれない」と答えていることによって、彼らもやはり、働きたくとも仕事がなく、誰か雇ってくれないかと待ちつつ、立っていたことが示されている。彼らはいくらもらうか前もって確認しようともせず、「正しいもの」という主人の言葉を信頼して出かけてゆく。夕刻まで雇われずに困窮の不安が増していた雇われ人のほうが、無条件で呼び声に答えているこの譬えの状況は、イエスの宣教においても、世間で受け入れられずに罪人、汚れた病人とされた人々ほど進んでイエスの神の国への招きを福音として受け入れた状況を反映していると考えられる。

4節の「正しいだけのもの」という表現は、この譬えが、神の義と恵みを意識していることを示す11–12節につながる義のテーマへの伏線である。5–7節では、これほど遅い時間に労働者を雇うことはきわめて異常である[2]という指摘があるが、これも、神の家に人間を招き入れようと常に、そしていつまでも自ら人間に働きかける神の恵みを表す。誰にも雇ってもらえず、その日の糧を稼ぐこともできずに夕刻を迎える労働者は、まさに助けが必要な者たちであり、その者たちを神は招くのである。最終的に、この譬えでは、必要な糧を得るのに必要なものはすべての者に等しく支給される。ただし、働いた時間と関わりなく賃金が同一であるからといって、働きの業が重要ではないなどということは、この譬えでは言われていない。神は「働き手」を求めているのである。

---

1) Luz, *Das Evangelium nach Matthäus* 1/3, p. 146; M. Eugene Boring, "The Gospel of Matthew," *The New Interpreter's Bible,* vol. 8（Nashville: Abingdon Press, 1995）, p. 392. Boringは、トビト5:15; *Ber. Rab.* 61を参照している。
2) Eduard Schweizer, *The Good News According to Matthew,* tr. by David E. Green（John Knox Press, 1975; London: SPCK, 1976）, p. 392.

「友よ、あなたに不正なことはしていない」という言葉では、神は義である、ということが、再度確認される。最初に約束した報酬を正しく与える点で、主人（神を表す）は法的に義である。しかもそれだけではなく、不服を言う労働者にもまだ「友よ」と呼びかけるこの主人の寛容さは、「放蕩息子」の譬えで、息子たちをあくまでも我が子と扱った父親の寛容さに通じ、彼に背を向けたり不満を持ったりするものに対して彼のほうから和解を差し出し立ち帰りを求める信義の一面である。

L・モリスは、先に来た者たちが不満に思ったのが、後から来た者たちを主人が自分たちと同じにしたことであることを重要視している[1]。少ししか働かず、それも暑さが和らいでから楽に働いた者たちが自分たちと同じに扱われたことを不満に思う人間性は、自分が正当に扱われるだけではなく正しく差をつけられることを望む。しかし、差をつけることは神の「義」のうちにはない。

この譬えでは、最後に見出された者、最後にやってきた者にも、最初の者と同じに恵みを与える神の愛が述べられている。ほぼ同じ筋の譬えは、タルムードにもあるが、そこでは働いた時間の短い人が同じだけの報酬をもらう理由が、その人が有能で、短い間に他の人が一日かかってやっただけの仕事よりも多くが出来たからと説明されており、これは、功績による正確な分配を強調する譬えとなっている[2]。ユダヤ教のこの譬えは325年ごろ若くして死去したラビが短い間になした偉業を称えるためのものであり、イエスより後代のものであるから、主旨も異なりイエスに影響を与えたわけでもないが、イエスの譬えは、神が与える恵みが功績への報酬とは異なる人間の必要に応じたより根源的な愛の基準によることを示している。——これは、最初に見た、旧約聖書からずっと続く神の憐れみと同情による基準と言ってもふさわしいであろう。

---

1) Leon Morris, *The Gospel According to Matthew* (Grand Rapids, Michigan: Eerdmans, 1992), p. 502.

2) Jacob Neusner ed., *The Talmud of the Land of Israel: A Preliminary Translation and Explanation,* vol. 1, *Berakhot,* tr. Tzvee Zahavy (Chicago: The Univ. of Chicago Press, 1989), p. 104 (2:7 [O]－[R]).

4　本章の結論

　イエスは、行ないに先立つ恵みによる救いを強調する。それはある意味で、彼が、人間がすべて罪人であり、救いが必要であること、神への立ち帰りと神の側からの恵みと赦しが必要であることを強く意識していたからであろう。ルカによる福音書の次の箇所を参照したい。

> 　ちょうどそのとき、そのうちの何人かがいて、ピラトがガリラヤ人の血を彼らのいけにえに混ぜたことをイエスに告げた。イエスは答えて言った。「そのガリラヤ人たちがそのような禍を被ったのは、どのガリラヤ人よりも罪深い者だったからだと思うのか。決してそうではない。言っておくが、あなたがたも立ち帰らなければ、皆同じように滅びる。また、シロアムの塔が倒れた下敷きになり死んだあの18人は、エルサレムに住んでいたどの人々よりも、罪深い者だったと思うのか。決してそうではない。言っておくが、あなたがたも立ち帰らなければ、皆同じように滅びる。」（ルカ13:1–5）

　「立ち帰る」（新共同訳では「悔い改める」）μετανοέω (metanoeō) とは、生き方を変えること、神への正しい関係に立ち戻ることである。それなしにはすべての者は救われない存在＝つまり、罪人なのだとするイエスの態度は、行ないによって救いを達成できるという態度とは両立しない。上で見た三つの譬えに明らかなように、神は自分の方から救いと赦しを差し出しているのであって、人間はそれに応えて神に立ち帰ればよいのである。それが、イエスの考える「義とされる」ということだった。これは、申命記的歴史観とは異なり、特に、罪人が救われるという彼の考えは、「禍の神義論」とは相容れない。むしろ、これは、罪を犯す人間と義ならざる人間を義とする神の救済的義の範疇での考えである。

　最後に、イエスの言う罪人とは誰を指すのかを本書の考察から考えれば、すべての人が立ち帰りを必要とするかぎりにおいて彼の言う罪人とは、すべての人々を含むが、特に、社会で罪人とのレッテルを張られて、禍の神義論

によっては排除されていた人々に言及すると見るべきであろう。そして、救いは立ち帰りに先んじて与えられ、立ち帰りを可能にするものである。

補1　裁きの預言

　イエスの言葉や譬えにはしばしば裁きの預言が含まれる。本章で言及した「あなたがたも立ち帰らなければ、皆同じように滅びる」(ルカ 13:1–5) が、その典型的かつ直截な例であろう。これも、人々が神に立ち帰って生き方を変えなければ滅びると預言する。

　C・H・ドッドが指摘するように、預言書では「禍の終末論」("Unheilseschatologie") と呼ばれるものの多くは、「救済の終末論」("Heilseschatologie") によって相殺される。災禍の後ヤハウェは彼の民に憐れみをかけ、彼らにめざましい繁栄を与えるであろうと言われ、それは敵への勝利、土地の奇跡的方策などで語られる。その現世的祝福は、黙示文書では、「来るべき時代」というまったく超自然的祝福によって補遺されるか置き換えられる。しかし、イエスの言葉に、「禍の終末論」に対応した「救済の終末論」を指摘できるものを見出すことは困難である[1]。

　これは、イエスの裁きの預言が、あくまでも立ち帰りを求めるところに主眼を置き、裁きを受けることを前提としていないところから来るのであろう。イエスは、「あなた方も立ち帰らなければ皆同じように滅びるであろう」(ルカ 13:3) と言うが、「立ち帰らなければ」と警告して立ち帰りを促しているのであり、滅びの宣告を下しているのではない。G・E・ラッドは、預言者たちにおいて、裁きの預言は立ち帰りへの促しであったと指摘しているが[2]、イエスもそれと同様であり、ただ、彼が考えている裁きが現世での裁きではない点がイザヤやエレミヤに代表される旧約の預言者たちと異なっている。イエスの言説によれば、永遠の命を受け継ぐことができないことは、すなわち、神の国に入ることができないこと (マルコ 10:17, 24// 並行マタイ 19:16, 23// ルカ 18:18, 24) であるが、そのこと自体が裁きであることが大宴会の譬えや、10人の乙女の譬え (マタイ 25:1–13)、「わたしに向かって、『主

---

1) C.H. Dodd, *The Parables of the Kingdom* (London: Nisbet & Co, Ltd., 1935), pp. 71–72.
2) Ladd, *The Presensce of the Future: The Eschatology of Biblical Realism* (London: SPCK, 1974), pp. 74–75.

よ、主よ』と言う者が皆、天の国に入るわけではない。わたしの天の父の御心を行う者だけが入るのである…」（マタイ 7:21–23）との言葉に示されている。また、イザヤ書やエレミヤ書でヤハウェの裁きと考えられている捕囚が、これらの書が書かれた時点ですでに起こってしまっていたのともイエスの場合は異なっている。黙示文学などでの裁きの預言が、事後予言であり、必ず起こるべき裁きについて語り、神の憐れみがその後にもたらされることを福音として述べているのとも異なる。イエスの立ち帰りの呼びかけに対して人間が応えず、生き方を変えない場合には、裁きが起こりうるが、それは回避されることが期待されているので、必然的に裁きの後の福音もまだ語られないのである。「本質的には、イエスの裁きの説教は、立ち帰りの説教である。つまり、滅びの宣言によってそれを防ぐためであり、人々に裁きを宣言することによって彼らを救うためのものなのである」[1]。

---

1) Gerd Theissen/Annette Merz, *The Historical Jesus: A Comprehensive Guide,* tr. John Bowden (London, SCM, 1998), p. 266.

IV 章　応答としての行為

1　序——問題の所在と本章の目的

　前章でわれわれは、人は自らの行ないによってではなく、神の憐れみによって救われるというイエスの考えを見てきた。ルカによる福音書15章の3つの譬え、「失われた羊」の譬え、「失われた硬貨」の譬え、「放蕩息子」の譬えは、失われた人々を捜し求める神の姿を示し、神の救いが人間の立ち帰りにさえ先んじて神の側から差し出されることを示している。一方、福音書には、金持ちの青年に対して、「あなたに欠けているものが1つある。行って持っている物を売り払い、貧しい人々に施しなさい。そうすれば、天に富を積むことになる」と促し、そうできない青年を見て「金持ちが神の国に入るよりも、らくだが針の穴を通る方がまだ易しい」（マルコ 10:21 － 25）と言ったイエスの言葉もある。イエスは、「心を尽くし、精神を尽くし、思いを尽くし、力を尽くして、あなたの神である主を愛しなさい」、「隣人を自分のように愛しなさい」（マルコ 12:30–31// 並行マタイ 22:37, 39// ルカ 10:27）と命じている。これは、申命記6:5とレビ記19:18にあり、ユダヤ教の伝統の中でも中核となる重要な戒めと考えられているものと同じである。特に、「あなたは心לֵבָב (lēḇāḇ: "heart; will, purpose") を尽くし、魂נֶפֶשׁ (nepeš: "soul") を尽くし、力מְאֹד (mᵉʾōd: "power") を尽くして、あなたの神、主を愛しなさい」（申命記6:5）とあるこの戒めの意味は、ユダヤ教の伝統では、二つ心無く（心の中に分裂があってはならない）、命（体に息がある限り）を尽くし、資力を尽くして、恐れからではなく愛から神の律法を守りなさいとのことであると理解されており、人が全人格的に神への愛に生きることを命じるものである[1]。「心」と訳されているヘブライ語のלֵבָבがいわゆる「心」(heart)

---

1) Cf. *Sifre*: *A Tannaitic Commentary on the Book of Deuteronomy*, tr. from the Hebrew

だけではなく、「意志」（will）や「意図」（purpose）を含む知情意を包括する「心」であること、「魂」と訳されている נֶפֶשׁ に「息」という意味もあり、肉体と霊との対立概念における霊的なものをさすのではなくむしろ、命の宿るところ、命そのものとの意味合いを持っていること、「力」とは肉体的な力のみではなく富や資力なども含めた個人の持つあらゆる力を意味していることは重要である。マルコでこれが「心（καρδίας [kardias]）を尽くし、精神（ψυχῆς [psukhēs]）を尽くし、思い（διανοίας [dianoias]）を尽くし、力（ἰσχύος [iskhuos]）を尽くして」（12:30）とされているのは、この福音書記者が申命記6:5の心と魂と力という3つの項目を4つに増やしたというよりもむしろ、申命記における「心」を正しく表すためにギリシア語ではκαρδίας（心heart）とδιανοίας（意志will, purpose）の両者が必要と考えたからであろう[1]。ここでは、イエスは、ただ心の問題として神や隣人への愛を説いているのではなく、知力、意志、財力のすべてを尽くして神と隣人への愛の業を行使することを命じている。

　また、イエスの教えとして、「私よりも父や母を愛する者は、私にふさわしくない。私よりも息子や娘を愛する者も、私にふさわしくない。また、自分の十字架を担って私に従わない者は、私にふさわしくない。自分の命を得ようとする者は、それを失い、私のために命を失う者は、かえってそれを得るのである」（マタイ10:37-39）との言葉が記録されている。この「愛する」ということが、申命記6:5の理解にあるように行為を伴う実践的な愛であるとすれば、イエスは、人が救われるためにそれにふさわしい行いが必要であると語っているように見える。そしてここでは、イエスが神に対して、ま

---

with introduction and notes Reuven Hammer, *Yale Judaica Series* 24（New Haven: Yale University Press, 1986）, pp. 59-60; Bruce Chilton/J.I. H. McDonald, *Jesus and the Ethics of the Kingdom*（London: SPCK, 1987）, pp. 92-93.

1）申命記の70人訳では「心」にはκαρδία、「魂」にはマルコと同じくψυχή、「力」にはδύναμιςを用いている。マタイはἐν ὅλῃ τῇ καρδίᾳ σου καὶ ἐν ὅλῃ τῇ ψυχῇ σου καὶ ἐν ὅλῃ τῇ διανοίᾳ σου（22:37）と、「力」に代えてマルコの用いたδιάνοιαを使用し、ルカκαρδίας σου καὶ ἐν ὅλῃ τῇ ψυχῇ σου καὶ ἐν ὅλῃ τῇ ἰσχύϊ σου καὶ ἐν ὅλῃ τῇ διανοίᾳ（10: 27）と、70人訳の3項の順に配列した後にδιάνοιαを加える。70人訳とマルコの混合のような形をとっている。

た、自分に対して、絶対的な臣従を要求したように聞こえる。十字架に言及するこの言葉は比喩的な意味で言われた[1]か、あるいは受難後の編集者の挿入句であるという見方[2]ができるかもしれないが、両親に対する敬愛と孝行を最重要の十戒の一つとして重視するユダヤ社会において、初代キリスト教会がそれに反するような言葉をイエスの教えとして創作することは考えにくい[3]ので、父や母に勝る臣従を要求する言葉は、イエスの真正な言葉であろう。そのことは、イエスに従ってゆく前にまず父親を葬りに行かせてくれと言った弟子に「わたしに従いなさい。死んでいる者たちに、自分たちの死者を葬らせなさい」（マタイ 8:22// 並行ルカ 9:60）と言ったイエスの言葉[4]にも当てはまる。イエス自身への絶対的な臣従を求めるようなこれらの言葉は、行いや義に先立ち罪人に対して赦しの宣言をしたイエスの宣教の使信といかに和合するのだろうか。

　イエスは神と人間の関係をしばしば、主君と奴隷 δοῦλος (doulos) の関係にたとえている。そこに、この問いへの答えの鍵がある。新共同訳では δοῦλος は、「僕」という語で訳されており、54例ある[5]。これが文字通りには通常「奴隷」と訳される語である。そのほかに、παῖς (pais) も時に「僕」と

---

1) Douglas, R. Hare, *Matthew.*（Interpretation）(Louisville: John Knox Press, 1993), p. 117.
2) Boring, "The Gospel of Matthew," p. 262.
3) 上記十字架に関する一節を編集者に帰すヘアも Boring も、その前の部分、すなわち、家族よりもイエスを愛することを要求する言葉については、イエスの真正な言葉と考えている。
4) Byron R. McCane, "'Let the Dead Bury Their Own Dead': Secondary Burial and Matt 8:21–22 Author (s)," *The Harvard Theological Review* 83 (990), pp. 31–43 は、ここで言われている「葬り」を、当時ユダヤで広く行われていた第二次埋葬のことであると理解している。この習慣では、死者はまず家族の墓地に埋葬され、1年ほどたって肉が落ちたときに息子が骨を拾って改葬する。それゆえ、イエスのここでの要求は、父親が死んだばかりの息子に対してなされたものではないと考えられる。McCane の説明は、死者をして死者を葬らせよとの、難解なイエスの言葉を説明し、しかも当時の習慣に合ったものとして合理的である。
5) マタイ 10:24,25; 13:27,28; 20:27, 21:34; 35, 36; 24: 45,46, 48, 50, 25:14, 19, 21, 23, 26, 30、マルコ 10:44; 12:2,3, 4, 5; 13:34、ルカ 2: 29; 12:37, 38, 43, 45, 46,47; 14:17, 21, 22, 15:22; 17:7,9,10; 19:13,15, 17, 22, 25; 20:10, 11, 12、ヨハネ 4:51, 52；13:16, 15:15, 20; 18:18, 26.

訳されている (8 例)[1]。この παῖς という語には「子ども」という意味もあり、通常の奴隷よりも親密な関係を表すと考えられる[2]。

　本章では、イエスの譬えに示された「奴隷」δοῦλος の立場、あるべき姿を考察し、イエスが求める「行い」の意義を明らかにしたい。これは、イエスによる救済に与る人間の側の行為の位置づけでもあり、また、神の救済の義の働き方にかかわる問題でもある。

　パウロはフィレモンへの手紙で、逃亡奴隷オネシモについてとりなしを試みている。その背景にあるのは、奴隷の過酷な境遇であった。しかしイエスの譬えの中での奴隷と主人の関係は、フィレモンへの手紙で想定されているような関係とは異なるように思われる。そこで本章では、まず、1世紀パレスチナのユダヤ社会における奴隷とはいかなるものであったのかを考察することから始め、イエスが譬えで語る僕と主人との関係を明らかにし、その神義論的意味を考えたい。

2　ローマでの奴隷とヘブライ社会での奴隷の性質の違い

　当時のヘレニズム社会での奴隷制の過酷さはしばしば指摘されている。確

---

1) マタイ 8:6,8,13, 12:18、ルカ 1:54, 69; 7:7; 15: 26, 27（子ども）.
2) 典型的にはイザヤ書の預言「[42:1]見よ、私の僕、私が支える者を。私が選び、喜び迎える者を。彼の上に私の霊は置かれ、彼は国々の裁きを導き出す」を引用してイエスを神の「僕」と呼ぶ：
　「見よ、私の選んだ僕。私の心に適った愛する者。この僕に私の霊を授ける。彼は異邦人に正義を知らせる」（マタイ 12:18）、での「僕」は παῖς である。
　ルカ 1:54, 69 ではイスラエルが神の「僕」として言及されているがここでの「僕」も παῖς である。
　マタイ 8 章と並行個所ルカ 7 章で、ローマの百人隊長は自分の「僕」παῖς の瀕死の病を癒してくれるようにイエスに請うが、この百人隊長もまた、僕を単なる雇用関係を超えた、「奴隷」以上のものとして扱っている。彼は部下のために自らイエスのもとに出向き、頭を下げて嘆願している。主人でありながら、部下のために心を砕き、自ら労を取っている。当時、ローマ社会では奴隷 δοῦλος は時に物同様に扱われたとの記録があるから、ここでローマ人である彼が特に παῖς を用いているのは、この百人隊長と部下がそれよりも強い結びつきを持っていたことを表すものであろう。

かに、紀元前2世紀から紀元後1世紀にかけての奴隷の境遇については、ギリシア、ローマ、ユダヤではかなり差があり、また、雇用主によっても異なっていたという報告もある[1]。しかし概念的には、ギリシアでもローマでも奴隷は本質的に自由民よりも劣っているとの思想があった。ひどい場合には、奴隷は人間扱いされず、単なる物か、良くても動物のように扱われ、納税の計算では馬やラバと同種に数えられていた。「奴隷その他のいかなる種類の動物でも」といった書きかたや、「年取った雄牛は売り、欠陥のある子牛や羊や羊毛や皮や古い荷車や古い道具、そして、年取った病気の奴隷は、処分してしまいなさい」などという助言がなされたという報告がある[2]。

しかし、旧約聖書による限り、ユダヤ社会では本来ギリシア、ローマと異なり、本質的に奴隷が主人よりも劣っているとか、主人が奴隷の命さえ自由にできるという考えはなかった。ユダヤ教では、奴隷も主人も同様に本来ヤハウェの奴隷であるとされ、律法ではそもそもイスラエルの人間が同胞の人間を奴隷とすることは禁じられていた。そのことは、レビ記、「エジプトの国から私が導き出した者は皆、私の奴隷である。彼らは奴隷として売られてはならない。〔…〕イスラエルの人々は私の奴隷であり、彼らは私の奴隷であって、エジプトの国から私が導き出した者だからである」（レビ25:42, 55）に示されている[3]。ここでは、イスラエルの民がヤハウェにのみ属し、ヤハウェにのみ忠誠を尽くすべきことが強調されている。奴隷が社会の最下層であるということすらなく、むしろ最下層は日々の雇い主を見つけることが困難な日雇い労働者など、毎日の食事にも欠くような貧しい自由民であった。彼らは奴隷と異なり自分自身や自分の家族の生計や健康を自分で成り立

---

[1] ローマでは、一方では奴隷を「物言う道具」(*instrumentum vocale*) と考える伝統があったが、奴隷が自由民と同様に扱われたり解放奴隷がローマ市民権を得たりすることも珍しくなかった (S. Scott Bartchy, "Slavery: New Testament," in *Anchor Bible Dictionary*, vol. 6 (New York: Doubleday, 1992), p. 66)。

[2] William Barclay, *A Beginner's Guide to the New Testament* (Louiseville: Westminster John Knox Press, 1976), p. 67.

[3] レビ記25:42, 55での「奴隷」はヘブライ語原語ではעֶבֶד。70人訳で55節はπαῖςを用いており、これは「子ども」という意味ではなく、「僕、奴隷」の意味である。42節では、同じעֶבֶדにοἰκέτης（家内奴隷）が当てられている。

たせてゆかねばならなかったがそうすることができなかったために、安定した境遇を求めて自分を奴隷として売ることさえあった。奴隷が自由民と異なるのは、ただ、奴隷が他者に所有されているという点にのみあり、財産の所有も、家族をもつことも同様に許され、人間としての扱いを受けていた。主人の経費で教育を受けることも可能であった。時に、職務上ふさわしい技能を身につけるために主人よりも良い教育を受ける機会を与えられることさえあった。主人の財産や仕事の管理、会計士、職人、芸術家、政治家、家内奴隷の仕事、農業、その他、あらゆる仕事に従事していた。奴隷であるということは、それ自体では不名誉なことではなく、自尊心を傷つけることでもなかった[1]。

　レビ記25:55で示されているヤハウェと民との結びつきは、ギリシアやローマでの奴隷がしばしば戦争捕虜や海賊による拉致によった[2]のと異なり、むしろヤハウェがイスラエルをエジプトの奴隷の境遇から救い出した恵みの出来事に基づき、ヤハウェの恩寵に対する応答として民の忠誠を求めるものである。ヤハウェが民を支え、生かしていることが、民の奉仕と忠誠に先立つ前提としてある。ここにあるのは、ヤハウェと民との人格的なつながりである。民が一方的にヤハウェに奉仕するだけではなく、ヤハウェのほうがむしろ、民に益しているのである。

3　イエスの譬えにおける奴隷の役割

1）概論

　イエスや初代教会の使徒たちが奴隷制について疑問を持ったり、「奴隷問題」というような意識を持っていたことを示唆するものは何もない。彼らは

---

1) 奴隷の境遇については、cf. Arland J. Hultgren, *The Parables of Jesus: A Commentary* (Grand Rapids, Michigan: William B. Eerdmans, 2000), pp. 473–475; Bartchy, "Slavery," pp. 65–73; שֶׁרְתֹסנִנךָ הַצְרנֻהָ לראף "δοῦλος" in *Theological Dictionary of the New Testament,* vol. 2 (Grand Rapids, Michigan: Eerdmans, 1964), pp. 261–80; Barclay, *A Beginner's Guide to the New Testament,* pp. 66–68. など。

2) Bartchy, "Slavery," pp. 66–67.

奴隷制を所与のものとして受け入れ、奴隷制を組み込んだ社会の中で生きていた。イエスも使徒たちも奴隷制の「正しさを弁護したり説明しようとする」必要さえ、思いつかなかったであろう[1]と指摘されている。この指摘は正しく思われる。しかしそれは、彼らが奴隷制の残酷さに慣らされてしまっていたからということではなく、聖書に書かれたパレスチナのユダヤ社会での奴隷の性質や立場が、アメリカ南北戦争時に問題となった奴隷制や奴隷差別問題から私たち現代人が得た知識における「奴隷」のそれとは異なるからであろう。

主人と僕（奴隷）の関係を扱ったイエスの譬えは、このことを前提に読まれるべきである。主人は奴隷を所有するが、奴隷の衣食住すべてに責任を負う。奴隷はその護りを得て主人に仕える義務を負う。K・H・レングストルフは、「イエスは、人間が神に対して負う責任の無条件さを強調しようとするとき、また、神が人間に対して果たすべきいかなる義務によっても束縛されていないということを明らかにしたいとき」[2]、「奴隷」という表現を用いて語っていると指摘している。

特に、彼の譬えで重要なのは、主人と奴隷との信頼関係である。主人は自分の留守中、他の使用人の食事の世話など家のことやその他の仕事を奴隷に任せておく（マタイ 24:45、マルコ 13:34）。留守中に財産を預ける（マタイ 25:14–15、ルカ 19:13）。ぶどう園の収穫を受け取りに行く役割を任せる（マタイ 21:34, 36、マルコ 12:2, 4、ルカ 20:10–12）。またルカの「不正な管財人」の譬えの管財人も、今の主人の代わりに「家に迎えてくれる」人を確保しようとしているところから、現在は主人の家に所属する奴隷の身分であると考えられる[3]が、主人の財産管理を任されてきた。管財人（οἰκονόμος

---

1) William L. Westermann, *The Slave Systems of Greek and Roman Antiquity* (Philadelphia: The American Philosophical Society, 1955), p. 150.
2) Karl Heinrich Rengstorf, "δοῦλος," in *Theological Dictionary of the New Testament,* vol. 2 (Grand Rapids, Michigan: Eerdmans, 1964), p. 270.
3) Baily, *Poet and Peasant*, p. 92 は、この管財人が解雇されるのであり、売り飛ばされるわけではないことから、彼が奴隷ではなかったと考える。しかし、Mary Ann Beavis, "Ancient Slavery as an Interpretive Context for the New Testament Servant Parables with Special Reference to the Unjust Steward," (LUKE 16:1–8), JBL 111/1

[oikonomos]）とは、法的には主人の留守中、財産をかなりの自由裁量で管理できる権威を持たされている[1]職務であった。このことは、古代パレスチナで、奴隷であることと職務の種類とは別のカテゴリーに属し、管財人であることと奴隷であることは二律背反ではなかったことのひとつの例である[2]。奴隷＝苦役に服す肉体労働者という等式はパレスチナ社会においては必ずしも成り立たなかった。そしてイエスの譬えにおいてもまた、当てはまらないのである。

さらに、イエスの譬えに特徴的なことは、彼の語る奴隷たちがほとんどすべて、何か、あるいは誰かを主人から託されて、その託されたものや人々を管理し、世話し、あるいは育てることを期待されていることである。奴隷たちは、あるいは畑を任され（ルカ 17:7）、あるいは羊の群れを任される（ルカ 17:7）。留守中に財産を預けられた僕はそれを増やすように期待されている（マタイ 25:14-15、ルカ 19:13）。その点では、イエスの譬えにおいて δοῦλος は、他の召し使いたち以上の期待と責任を負わされていることさえある。マタイ 24:45-46 では、奴隷（δοῦλος）は、他の使用人たち（οἰκετεία [oiketeia]）の上に立ち、彼らに食物を分配する立場と責任を与えられている。つまり、彼らの命をさえ預かり、家が滞りなく運営されるように委託されているのである。並行箇所のルカ 12:42 では、マタイ 24:45 での δοῦλος は管財人 οἰκονόμος となっているが、同一人物が 43 節で「その僕（＝奴隷）」（δοῦλος ἐκεῖνος）と言い換えられており、ここでもやはりその δοῦλος は、他の召し使いたち（家の使用人 θεραπεία [therapeia]）の上に立つ役割を与え

(1992), p. 49 は、奴隷はただ家から放り出されることもあったと論じ、ルカ 16:1-8 の管財人が奴隷であったと考えている。

1) William R. Herzog II, *Judaism in the First Centuries of the Christian Era Parables as Subversive Speech: Jesus as Pedagogue of the Oppressed* (Louisville, Kentucky: Westminster/John Knox Press, 1994), p. 247.
2) 時代はさかのぼり、国も異なるが、ヨセフが奴隷としてエジプトに売られた時、ファラオの侍従長ポティファに家、財産の管理一切を任され、さらにはファラオにとりたてられてエジプトの司政者となった記録もある（創世記 39:4, 41:41-44, 42:6）。Beavis, "Ancient Slavery as an Interpretive Context for the New Testament Servant Parables," p. 49 も、ルカ 16:1-8 の管財人が奴隷であったと考えている。

られている。ぶどう園の収穫を受け取りに行く役割を任せられる奴隷たち（マタイ21:34, 36、マルコ12:2, 4、ルカ20:10–12）は一見数少ない例外で、単なる使いの役割しか担っていないように見えるが、実は文脈から、これらの奴隷たちは過去の迫害されたイスラエル預言者と重ねあわされる[1]。イスラエル預言者が受けた召命が、イスラエルの民を導き神に立ち帰らせるための神の使者の役割を果たすことであったことから、彼らもまた、重要な役割を担う者であることが暗示される。

　さらに、イエスの譬えにおいては、奴隷たちが主の財産や召し使いたちを預かり管理するというモチーフに、主の不在という要素が含まれる。奴隷は主の不在中、失敗して主人に罰せられることを恐れるような消極性ではなく、進んで託されたことやあるいはそれ以上の仕事を果たす積極性を要求される。その代表的な例はマタイによる福音書25:14–30の、タラントンの譬え（並行ルカ19:12–27「ムナ」の譬え[2]）に見出されるので、次に考察する。これは、当時のイスラエルの人々が、ローマやヘロデの圧制の下での苦しみに際して神の介入や終末的な神の国の到来を待ち望み、今現在の神の不在を強く意識していたことへの一つの回答であろう。

---

1) Arland J. Hultgren, *The Parables of Jesus: A Commentary* (Grand Rapids, Michigan: William B. Eerdmans, 2000), p. 362; Klyne Snodgrass, *The Parable of the Wicked Tenants,* (Wissenschaftliche Untersuchungen zum Neuen Testament 27) (Tübingen: J. C. B. Mohr, 1983), p. 79; Kenneth E. Bailey, *Jesus Through Middle Eastern Eyes: Cultural Studies in the Gospels* (Downers Grove, Illinois: InterVarsity Press, 2008), p. 415; J. Arthur Baird, *The Justice of God in the Teaching of Jesus* (London: SCM, 1963), p. 68.
2) マルコとルカの2つの譬えは、別個のものであったと考える見方とひとつの伝承の並行記事と見る見方があるが、ルカの記事がマタイの用いた譬えの並行記事とヘロデの息子アルケラオスの史実に基づいた王の戴冠のモチーフの2つからなっていると見るのがよいであろう。Cf. J.A. Fitzmyer, *The Gospel according to Luke, XI–XXIV* (New York: Doubleday, 1985), p. 1230; Brad H. Young, *Jesus and His Jewish Parables, Rediscovering the Roots of Jesus' Teaching* (Mahwah, NJ: Paulist Press, 1989), p. 164; Charles H. Talbert, *Reading Luke: A Literary and Theological Commentary*, rev. ed., (Macon, Georgia: Smyth & Helwys, 2002), pp. 207–209.

2)「タラントン」の譬え（マタイ 25:14–30）

25:14「〔天の国は〕次のように譬えられる。ある人が旅行に出かけるとき、自分の僕たち〔δοῦλοςの複数〕を呼んで、彼の財産を渡した。15 それぞれの力に応じて、1人には5タラントン、1人には2タラントン、もう1人には1タラントンを預けて旅立った。すぐに、16 5タラントン預かった者は出て行き、それで商売をして、ほかに5タラントンを儲けた。17 同じように、2タラントンの者も、ほかに2タラントンを儲けた。18 しかし、1タラントン受け取った者は、出て行って地面に穴を掘り、主人の金を隠しておいた。19 さて、かなりの時がたち、それらの僕たちの主人が帰って来て、彼らと清算を始めた。20 そして、5タラントン受け取った者が進み出て、ほかの5タラントンを差し出して言った。『御主人様、5タラントンお渡しくださいましたが、御覧ください。ほかに5タラントン儲けました。』21 主人は彼に言った。『よくやった、良い忠実な僕よ。お前は少しのものに忠実であったから、多くのものを管理させよう。主人と一緒に喜んでくれ。』22 次に、2タラントンの者も進み出て言った。『御主人様、2タラントンお渡しくださいましたが、御覧ください。ほかに2タラントン儲けました。』23 主人は彼に言った。『よくやった、良い忠実な僕よ。お前は少しのものに忠実であったから、多くのものを管理させよう。主人と一緒に喜んでくれ。』24 ところで、1タラントン受け取った者も進み出て言った。『御主人様、あなたのことを、蒔かない所から刈り取り、散らさない所からかき集められる厳しい方だと知っていましたので 25 恐ろしくなり、出かけて行って、あなたのタラントンを地の中に隠しておきました。御覧ください。これがあなたのお金です。』26 主人は答えて彼に言った。『悪い怠け者の僕よ。私が蒔かない所から刈り取り、散らさない所からかき集めることを知っていたのか。27 それなら、お前は、私の金を銀行に入れておくべきであった。そうしておけば私は、帰って来たとき、利息付きで返してもらえたのに。28 さあ、そのタラントンをこの男から取り上げて、10タラントン持っている者に与えよ。29 誰でも持っている人は更に与えられてさらに豊か

なるが、持っていない人は持っているものまでも取り上げられる。[30]この役に立たない僕を外の暗闇に追い出せ。そこで泣きわめいて歯ぎしりするだろう。』」

　この主人は僕たちを信頼して多額の財産を任せている。金額からすれば、1タラントンは6000ドラクマ、6000デナリにあたり、1デナリが大体1日の日当とされているので、1タラントンは1人の人間が休日なしに16年半働いた場合の賃金、20年分の生活に足る額である。5タラントンあれば、人が一生暮らしてゆける。主人は「わずかなものに忠実であった」と言うが、決してわずかではない。しかも、この主人はかなりの長い間留守にして、その間、奴隷たちにすっかり金を任せている。奴隷は、この金を持って逃げてしまうこともできたかもしれない。あるいは、この金で商売をして儲けた金のうち、一部だけを主人に返して後は自分の懐に入れてしまうことも出来たかもしれない。しかし主人は、奴隷がそのようなことをすることは想定していない。奴隷も、そのようなごまかしはしない。

　また、主人が一人の奴隷には5タラントン、もう一人には2タラントン、もう一人には1タラントン預けたことは、各々の力に応じた責任の分配であり、不平等からではない。多く預けられたということは、多くもらったこととは違う。それだけ大きな責任を負わされたということである。しかし同時に、それだけのことができると、信頼して預けられたということである。最初の奴隷（2番目の奴隷も同様）が「すぐに」（εὐθέως [eutheōs]）出て行って商売を始めたとの記述は、彼らが主人の期待に応えようとの積極的態度を表す。彼らが容易に成功したとは書かれていない。むしろ、主人が帰ってくるまでにかなりの時が経っていたと記されているので、一朝一夕のことではなく、長い時間をかけてやっと倍にしたことが暗示される。それでもこの二人の奴隷は預かったものを倍にまで育てることができた。

　ところが、1タラントン預けられた奴隷は、何もしないで金を土に埋めておく。その結果、金は増えず、彼は叱責される。金を土に埋めておいたこと自体は、聴衆の耳には、この奴隷がことに主人に対して忠実さを欠いていたということには聞こえなかったであろう。金を埋めておくことは、当時のパ

3　イエスの譬えにおける奴隷の役割

レスチナではとても用心深く思慮深いことと考えられていた[1]からである。これは、聴衆の多くがこの状況で行ったであろうことであった。イエスの譬えを聞いていた人の多くは、むしろ、大切にお金を守っていた彼が叱責されるのを意外に思っただけではなく、この3番目の奴隷と自己を同一視し、彼の処分を理不尽にさえ感じたであろう[2]。解釈者の中には、この僕が罰せられたことの理由を、彼が主人を過酷な人物と評した発言に見る者もある[3]。主人が「蒔かない所から刈り取り、散らさない所からかき集める」厳しい人間だと、彼は言う。確かに、主人が「蒔かない所から刈り取り、散らさない所からかき集める」ということは、本当かもしれない。主人はそのこと自体には反対していない[4]。しかし、それが必ずしも主人が過酷であるからではないと考える者は少ないようである。もし、この主人が譬えの中で神を表象する存在であるなら、これが本当であるのは、神がほとんど何もない芥子種のように小さなものから何百倍もの収穫をもたらす（cf. マルコ 4:8, 31-32）神であることや、元々はイスラエルの民でなかった世界中の人々をも自分のもとに集める恵みの神だという点においてであろう。この奴隷は、そのことを理解しておらず、主人の人格を誤って誹謗的に見ている。彼はまた、主人が彼に1タラントン預けたのは、それだけの額を扱うにふさわしい能力が彼

---

1) Joachim Jeremias, *The Parable of Jesus*, tr. S. H. Hooke, 2nd ed. (London: SCM, 1963), p. 61; cf. B.Talmud Baba Metzia42a. Jeremias は、ここと、Mishnah B.M.3.10 に言及しているが、Jacob Neusner tr., *The Talmud of the Land of Israel: A Preliminary Translation and Explanation*, vol. 29, *Baba Mesia* (Chicago: The Univ. of Chicago Press, 1984) には、該当個所が見当たらなかった。*The Mishnah*, translated from the Hebrew with Introduction and Brief Explanatory Notes. By Herbert Danby (London: Oxford Univ. Press, 1933), p. 352 の Baba Metzia 3:10 も、明確には、地中に埋めるということには言及していない。"But if he guarded it after the manner of guardians [and it was lost] he is not liable" とあるのみである。
2) Donahue, *The Gospel in Parable*, p. 107.
3) Donahue, *The Gospel in Parable*, p. 107.
4) Cf. Hultgren, *The Parables of Jesus: A Commentary* (Grand Rapids, Michigan: William B. Eerdmans, 2000), p. 276; Bailey は、主人は自分が厳しい人間であると自認してはいない、僕が彼を厳しい人間として経験していることは理解する、と言っているのだと、読んでいる。Bailey, *Through Middle Eastern Eyes*, p. 624.

にあると信頼してのことであったことも理解していなかった。それは、自分自身の能力に対してと、主人の彼を見る目の正しさと信頼に対しての両方について、正しい認識を欠いていたことである。主人の信頼と期待を裏切ることである。この奴隷は、主人が何もないところから取り立てるように言うが、自分が1タラントンを預かっていることを忘れている。あるいは、1タラントン預かっていることの意味を理解していなかったのである。そうして彼は、信頼性に基づいた関係から自ら退いてしまったのである。

　この譬えは、しばしばイエスの復活から再臨までの間に弟子たちに要求される行動を示すものと考えられている。そのように考える人々の中には、イエス自身がそのように考えていたと見る立場[1]、イエスの意図とは明示せずとも、初代教会、あるいは福音書記者がこれをイエスの再臨の譬えと理解し、そのように記していると考える立場がある[2]。しかし、共観福音書には、イエスが自らの受難と復活を（譬えによる暗示ではなく）直截に予告したことは記されているが（マルコ 8:31; 9:31; 10:33–34及び並行）、復活後の昇天や再臨についての予告をしたことは語られていない。この譬えの主人の帰還がイエスの再臨としての意味をなすのは、イエスの復活と昇天がイエスの弟子たちに経験されて初めて可能になることである。そこで、もうひとつの解釈の可能性として採択できるのは、この譬えにおける主人はヤハウェを指すと考えることである。イエスはこの譬えを、来るべき主の日におけるヤハウェの直接介入に備えることを求める意図で語った。それを、イエスの死後、初代教会が、イエスの再臨の遅れに際して、彼らが取るべき態度を示す譬えと理解したのである[3]。イエスの当時の人々は、自分たちの苦しみに対してな

---

1) Fred B. Craddock, *Luke* (Interpretation: A bible Commentary for Teaching and Preaching) (Louisville, John Knox Press, 1990), p. 223; Philip B. Payne, "Jesus' Implicit Claim to Deity in His Parables," *Trinity Journal* 2/1 (1981), p. 17.
2) Jeremias, *The Parables of Jesus* (1963), pp. 58–59. Dan Otto Via, Jr. *The Parables: Their Literary and Existential Dimension* (Philadelhia: Fortress Press, 1967), p. 115; Arland J. Hultgren, *The Parables of Jesus*, p. 274; McGaughy, Lane "Fear of Yahweh and the Mission of Judaism: A Postexilic Maxim and Its Early Christian Expansion in the Parable of the Talents." *Journal of Biblical Literature* 94 (1975), p. 236.
3) Snodgras, *Stories with Intent*, p. 529.

ぜヤハウェが今、何もしてくれないのか疑問に思い、ヤハウェの不在を感じ、ヤハウェの介入を待望していた。そのような人々に対して、この譬えは答えている。主人は帰ってきて決算をするであろう。僕たちはそれまで、主人の仕事を続け、その帰りに備えなければならないのである[1]。

　人々は、自分たちが各々預かっているものを最大限に使って（良い僕たちは、預けられた金をすべて投資している）、それを増やさなければならない（利益をあげねばならない（ルカ 19:15））。マタイ 25:15、17 は、僕たちがすぐに取りかかって商売を始めたことを強調している。ルカの版では主人が金を渡した時 πραγματεύσασθε ἐν ᾧ ἔρχομαι (pragmateusasthe en hōi erkhomai, 新共同訳では「私が帰ってくるまで商売をしなさい」(19:13) と言う。しかしフィッツマイヤーが指摘するように、πραγματεύσασθε はアオリスト形の命令形なので、ずっと商売しているようにという継続の意味よりは、むしろ、主が来るときのあるべき状態を示し、「私が来るときには商売しているように」という意味にとるべきである[2]。ἔρχομαι (erchomai) には「行く」と「来る」の両方の意味があり、この譬えが、主ヤハウェの来臨の時に人々のあるべき姿を示すものであるとすれば、ここでこの語をあえて用いていることは、人々の想像力に訴えて主が「行ってしまった」不在の間に、主の日に備えることを促す効果を出すものであろう。ヘブライ語の「来る」に当たる הָלַךְ、またそれに対応するアラム語の הָךְ, הֲלַךְ (hᵃlak̲, hāk̲) もギリシア語の ἔρχομαι と同様「行く」という意味をも持ち、イエスが語ったもとの言葉においても、この一節は両方の含みを持っていたと考えられる[3]。また、特にルカのムナの譬えでのように主人に対して敵意を持った人々がいる（ルカ 19:27）中に僕が残される場合には、留守中に主人の金で商売することは自分が主人の側に立つ連帯を世の中に公言することであるから、主人の帰還を信じる信頼と忠誠を示す行為でもある。商売をして金を増やした僕が

---

1) Brad H. Young, *Jesus and His Jewish Parables, Rediscovering the Roots of Jesus' Teaching* (Mahwah, NJ: Paulist Press, 1989), p. 168.
2) Fitzmyer. *The Gospel according to Luke, XI–XXIV*, p. 1235.
3) *BDB* 参照。

その稼ぎよりもまず「忠実さ」において賞賛されたのはそのためである[1]。ベイリーは、ルカの15節（新共同訳では「〔主人は〕王の位を受けて帰って来ると、金を渡しておいた僕を呼んで来させ、どれだけ利益を上げたかを知ろうとした。」）を、「どれだけ利益を上げたか」ではなく、どれほどの仕事が取引されたか」と訳すべきであると論じている。主人の不在という危機的期間中僕たちがどれほど主人への忠誠を人目はばからず、堂々と表明していたのかを主人は知りたかった[2]。神が不在に見える時でさえも、神への信頼を堅くして神との関係において生きることが賞賛されているのである。

　イエスの当時の農村社会は、裕福な不在地主が貧しい農民を搾取する社会的、経済的不平等が極端な社会であった[3]。不在地主は、搾取される農民の目からすれば、神ではなく悪の象徴だったであろうから、地主を神の国の主に譬えるイエスの譬えは意外性を持っているかもしれない。しかも、この譬えでは、地主の期待を裏切った僕は、一見厳しすぎる罰を与えられる。田川建三はルカのムナの譬えの注釈で、「これは、『あなた方もそうしなさい』という説教ではなく、現在われわれを支配している世の中ではこうなっているよ、という激しい憤りの吐露なのだ。この視点の転換がなされない限り、聖書の読者はイエスという男を理解しないだろう」[4]と言っている。しかし、その解釈では、「主人と一緒に喜んでくれ」との重要なモチーフが説明されない。やはりこれは神の国の譬えとして、主の言動を肯定的に受け取ることを期待して語られた譬えであろう。イエスはこの譬えで、当時のユダヤ教の指導者が、「律法に垣根をめぐらす」（ピルケ・アボス1:1）こと、つまり、モーセ律法を、その禁止を破らずそのままに伝えることだけに熱心でそれ以上のことをしようとしないことを批判していたのであろう[5]。通常恐れられ

---

1) Bailey, *Through Middle Eastern Eyes*, p. 401.
2) Bailey, *Through Middle Eastern Eyes*, p. 402.
3) M・J・ボーグ『イエス・ルネサンス』小河陽訳（東京：教文館, 1997）, pp. 203–204.
4) 田川建三『新約聖書　訳と註2上　ルカ福音書』（東京：作品社, 2011）, p. 428.
5) Lane C. McGaughy, "The Fear of Yahweh and the Mission of Judaism: A poatexilic Maxim and Its Early Christian Expansion in the Parable of the Talents,"*JBL* 94（1975）, pp. 243–245; Dodd, *The Parables of the Kingdom,* pp. 151–152; Jeremias, *The Parables of Jesus,* pp. 61–62.

ている不在地主をもって神の国の譬えとしたことで、神の罰を恐れて律法に垣根をめぐらし、消極的な律法遵守にこだわる聞き手にイエスは、自分たちが第三の僕のように神を見ていることに気づかせ、第三の僕を批判的に見ることを促すことによって、それまでの聞き手自身のあり方を問い直させるのである。

　イエスは、神の国は最初は芥子種のように小さくても大きく育つと教えている（マタイ13:31–32//ルカ13:19）。それはまた、最初のパン種が小さくても大きく育つ（マタイ13:33//ルカ13:21）ようなものだとも教えている。しかし育てるのは神とその手足となる人間たちである。どの譬えの例においても、人の手が生地をこねて種を入れることや、種をまくことが必要である。それでも、その種やパン生地は大きく育つ。タラントンの譬えにおいても、神に預けられたものを、失敗を恐れず増やす前向きな生き方が求められている。それは、行いが救いの条件であるからではなく、前向きな行いが神への信頼（＝信仰）の一部だからである。純粋に精神的、霊的のみの信仰というものはイエスにおいては考えられていないからであろう。それは、神を愛することが「心を尽くし、魂を尽くし、力を尽くして」（申命6:5）なされて初めて愛すると言えるのと同様である。

3）「不正な管財人」の譬え（ルカ16:1–13）における主人と奴隷

　16:1 そして（イエスは）、弟子たちに次のように言った。「ある金持ちがいて、彼にはひとりの管財人がいた。この管財人は、財産を無駄使いして、主人に告げ口された。² そこで、（主人は）彼を呼びつけて言った。「私がお前について聞いている、このことは何なのだ。会計報告を出しなさい。もうおまえは、管財の仕事はできない。」³ そこで、管財人は考えた。「どうしようか。主人は私から管財の仕事を取り上げてしまう。私には、土を掘る力もないし、物乞いをするのは恥ずかしい。⁴ 分かった。管財の仕事をやめさせられたらいつでも、彼らが私を家に迎えてくれるようにするために、どうしたらよいか。」⁵ そこで、管財人は彼の主人に借りのある者を一人ひとり呼んで、まず最初の人に、「私の

主人にどれくらい借りがあるのか」と言い始めた。[6]彼が、「オリーブ油100バトスです」と言うと、管財人は彼に言った。「あなたの証文を受け取りなさい。急いで、腰を掛けて、50バトスと書きなさい。」[7]また別の人に、「で、あなたは、どれくらい借りているのか」と言った。「小麦100コロス」と言うと、管財人は彼に言った。「あなたの証文をうけとりなさい。80コロスと書きなさい。」[8]主人は、この不正な管財人が抜け目なくやったことをほめた。この世の子らは、自分の仲間に対して、光の子らよりも賢くふるまっているからである。[9]そこで、私はあなた方に言っておくが、不正な富で友達を作りなさい。そうしておけば、富がなくなったとき、いつでも、彼らがあなたがたを永遠の住まいに迎え入れてくれるように。

[10]最も小さな事に忠実な人は、大きな事にも忠実である。最も小さな事に不忠実な人は、大きな事にも不忠実である。[11]もしあなた方が不正な富において忠実でなければ、誰があなたがたに真実なものを託すだろうか。[12]また、あなた方が他人のものについて忠実にならなければ、誰があなたがたに、あなたがたのものを与えてくれるだろうか。

[13]どんな召し使いも2人の主人に仕えることはできない。なぜなら、一方を憎んで他方を愛するか、一方に執着して他方を軽んじるか、どちらかになるだろう。あなたがたは、神と富とに仕えることはできない。」

ルカ6:1–13は、一般に「不正な管財人」の譬えと呼ばれ、解釈が困難とされる。C・H・ドッドは、譬えに続くコメントの部分について、「この譬えをテキストとして、3種類の説教を用意するための別々の注釈を見るようだ」[1]と言っている。また、ブルトマンも、彼の『共観福音書伝承史』で、この譬えに対する10節のコメントが難解なために、11–12節が加えられ、さらに13節が加えられた、というように、何層にもなった編集史的過程を考えている[2]。しかし、この譬えを全体として見たとき、これと先のタラントンの譬

---

1) C.H. Dodd, *The Parables of the Kingdom* (London: Nisbet & Co, Ltd., 1935), p. 35.
2) ルドルフ・ブルトマン『ブルトマン著作集I　共観福音書伝承史I』(新教出版社, 1983), pp. 126–127, 149.

えとが裏返しに呼応していると考えることができる。

　この譬えの管財人は、タラントンやムナの譬えの僕たちと同様、主人の財産管理を任された奴隷である。1タラントン預かって安全に保存するためだけに地中に埋めた奴隷と逆に、この管財人は主人の財産を「無駄遣い」して告発される[1]。そのために主人の家から出されそうになったとき、彼は、預かった金を守るどころか、すでに管財権を失った主人の金、つまり預かってもいない金の貸し付け額を操作することで自己の保身を図ろうとする。その行動が主人には、「最も小さな事に忠実な人は、大きな事にも忠実である。最も小さな事に不忠実な人は、大きな事にも不忠実である」(16:10) との言葉で賞讃される。タラントンを埋めた奴隷が、タラントンを増やした同僚と異なり「少しのものに忠実であった」との評価を受けられず叱責されるのと逆に、一見不正なこの管財人は「忠実」と形容されるのである。これは逆説的であり、8節で彼が「不正な管財人」と呼ばれていることと矛盾するように見える。しかし、この8節の「不正な」という訳は、8節 τὸν οἰκονόμον τῆς ἀδικίας [ton oikonomon tēs adikias] の τῆς ἀδικίας を、性質を表す属格ととって、「管財人」を修飾すると理解することによる。この属格を、対象を表す属格ととり、「不正なものを管理する管財人」、つまり、11節で言わ

---

1) この管財人が「不正な」と形容される根拠はひとつに、8節 τὸν οἰκονόμον τῆς ἀδικίας の τῆς ἀδικίας を、性質を表す属格ととって、「不正な管財人」と理解することによる。どのような意味で「不正」なのか、という点では、主に2点が上げられている。

　第一に、この管財人は、財産を浪費している διασκορπίζων と告げ口された、とある。ただし、財産を撒き散らしている、浪費しているということは、それ自体では不正をしていることにはならない。主人の財産の浪費が、彼の行った不正のひとつと考える者もあるが (矢内原490など)、Herzogらが指摘しているように、当時の管財人は、主人の財産を上手に運営して増やすことが期待されており、それに失敗し、財産を減らしでもしたならば、不正を働かなくとも十分な解雇の理由になった (Herzog 24)。不正を行っていたのが発覚すれば、厳しい罰を与えられるのが通常であったはずだが、この場合は解雇だけであったということも指摘されている (Malina/Roharbaugh, *Social-Science Commentary on the Synoptic Gospels*, p. 374)。それは、タラントンの譬えの状況である。第二に、彼が借用書を勝手に書き換えさせたことについて、不正であると見られる。

れている「不正な富の管財人」と理解すれば、彼が「忠実」であることと矛盾しない。この解釈で問題となるのは、なぜ「不正な富」なのかだが、「不正のマモン（＝富）」(cf. エノク書63:10) とは、この世の富を表す慣用的な表現らしく[1]、ここでも、「不正な富」というのは、「この世の富」とほぼ同義にとるべきであるという指摘はしばしばなされる[2]。このようにとることは妥当であろう。そして、その表の意味とは別の連想として、巧妙な立ち回りをして自らの保身を図った彼の機知を、ユーモアをこめて「不正な」との形容詞と結びつけてほめているということはありえよう。

この管財人が1タラントン預かった奴隷と対照的なのは、ひとつには、彼が、決定的に重要な場面において機敏に決断し実行したということにある。大貫隆は、「イエスが言いたいのは、「神の国」の接近に直面して、誰もがなすべき最大の努めは「今」この時期を逸さずになすべき決断だということである」[3]と指摘している。そしてまた、もうひとつ重要な違いは、彼が究極的に主人を信頼していたことである。そのことは以下の考察によって推し量ることができるであろう。

主人が彼を免職することはもう確定している[4]。会計報告を出してしまったら、もう後は何も出来ないので、彼にはわずかな時間しか残されていない。そこで、この管財人は負債者をひとりずつ呼び寄せて、彼らの借金を減らすように、証書を書き換えさせた。それを主人はほめたというのがこの譬えである。借金の減額は、主人の行為として受け入れられ、この主人の評判をあげたであろう。しかし、もしそれが、管財人の解雇後に行われたことが分かれば、この減免は無効になり、負債者の側の失望と、この主人に対する

---

1) K・H・レングストルフ『NTD新訳聖書註解（3）ルカによる福音書：翻訳と註解』泉治典、渋谷浩訳（東京都：ATD・NTD聖書註解刊行会, 1976), p. 403.
2) 榊原康夫『ルカ福音書講解 5』（東京：教文館, 2006), P. 492; 矢内原忠雄『聖書講義II　ルカ伝下』（東京：岩波書店, 1978), pp. 42–43; 三好迪『福音書のイエス・キリスト 3　ルカによる福音書　旅空に歩むイエス』（東京：日本キリスト教団出版局, 1996), p. 231.
3) 大貫『イエスという経験』, P. 110.
4) 2節のδύνηは、接続法と現在形の単数2人称が同じだが3節のἀφαιρεῖταιが現在形であることからこれも直説法現在形であると考えられるからである。

反感が起こることが見込まれる。管財人を解雇することの実行は、その危険を伴う。一方、管財人の解雇を思いとどまり、減免もそのままにするならば、この主人は、一時の損失は被っても負債人との善い関係は保つことができる。たとえ、管財人を解雇しても、減免はそのままにしておくことが、負債人の好印象を保つためには必要であろう。管財人は、主人をそのジレンマに追い込み、おそらく解雇を思いとどまらせることができると期待し（もし解雇されたとしても、減免を受けた人々の誰かが自分を家に迎えてくれるであろう）、実際、結果として望み通り、解雇を思いとどまらせた[1]のであろう。このような手段をこの管財人がとることができたのは、主人が結局は人望と負債者とのよい関係を重視するということを、彼が見込んでいたからである。1タラントンの奴隷が主人を考えていたように彼も主人を仮借ない人物と考えていたならば、彼は、自分の方策が有効に働くとは見込まなかったはずである。彼は、究極的には主人が寛容であることを知り、信じていた。そして、ぎりぎりの窮境で、彼は主人の寛容と赦しにすべてを賭けた。そして、そのことが彼を救ったのである。主人[2]が彼をほめたのはこの点であっ

---

1) William R. Herzog II, *Parables as Subversive Speech: Jesus as Pedagogue of the Oppressed* (Louisville, Kentucky: Westminster/John Knox Press, 1994), p. 257; ブルース・マリーナ＆リチャード・ロアボー『共観福音書の社会科学的注解』大貫隆監訳、加藤隆訳（新教出版社、2001）、p. 430.

2) 8aの ὁ κύριος が譬えの中の「主人」をさすか、イエスを指すかは解釈が分かれる。これが、イエスを指すと考えるのは、Jeremias（*Parable of Jesus*, p. 45）、Crossan（*In Parables: The Challenge of the Historical Jesus* (Polebridge Press, 1992), p. 107）らで、彼らの主な論点は、もしこの ὁ κύριος が譬えの中の主人をさすとすれば、不利益を受けた当人が管財人をほめたことになり、筋が通らないという点にある。しかし、「主はほめた」というような、語り手の解釈でイエスの譬えの内容を要約して報告するような書き方は、ルカには他にない。しかも、9の最初の Καὶ ἐγὼ ὑμῖν λέγω は、ルカの編集句であるという見方が一般的で正しいと思われる（Herzog234）が、8aの ὁ κύριος がもしイエスならば、この部分の構造は、まず、16:1b–7までの譬え話と、それをコメントするイエスの言葉を含むひとつの伝承があり、その伝承をさらにルカが伝えていることになり、9節との連続性がぎこちなくなる。その場合、8aの ὁ κύριος と、9節最初の ἐγώ が同一人物であることになるが、ルカならば、ἀποκριθεὶς δὲ εἶπεν αὐτῇ ὁ κύριος（ルカ10:41）、καὶ ἰδὼν αὐτὴν ὁ κύριος ἐσπλαγχνίσθη ἐπ᾽ αὐτῇ καὶ εἶπεν αὐτῇ μὴ κλαῖε（ルカ7:13–14）のよ

たろう。この譬えは、自分が「神の国」に入れられるか否かがかかっている時に、思いきった決断と行動が必要であることを示すと同時に、その決断をなす時に本質的に重要なことが神の寛容さと赦しを信じてそれに自らのすべてをゆだねることであることを示している。

4)「忠実な管財人」の譬え（ルカ 12:42–46）

> $^{12:42}$主は言われた。「では、主人が召し使いたちの上に立てて、時間どおりに彼らに食べ物を配給させる忠実で賢い管財人は、いったい誰であろうか。^{43}幸いなるかな、主人が帰って来たとき、言われたとおりにしているのを見られる僕は。^{44}確かに言っておくが、主人は彼に全財産を管理させるにちがいない。^{45}しかし、もしその僕が、「私の主人は帰りが遅い」と思い、下男や女中を殴ったり、食べたり飲んだり、酔っぱらったりし始めれば、^{46}その僕の主人は、彼が予想しない日、知らない時に帰って来て、彼を厳しく罰し、不忠実な者たちと同じ目に遭わせるだろう。」（ルカ 12:42–46）

　イエスの譬えにおいては、僕にとっての恵みや報奨はしばしば、さらに大きなものを託され、さらに大きな責任を負わされることであり、その責任を取り去られることが罰である。ここで不忠実な者たちと訳されているのは、ἄπιστοςの複数（属格）であるが、これは、「信仰のない者」たちというのが直截な意味である。彼らと同じ目に遭わせる（文字通り直訳すれば、「彼の場を信仰のない者たちとともに置く」）とは、体罰その他の物理的な懲罰を課すというよりも、神の国の恵みを受け取れない人々のうちに入れられるということであろう。

　創世記、天地創造の6日目に神は人類の祖となる二人を創造し、彼らを祝福して、「産めよ、増えよ、地に満ちて地を従わせよ。海の魚、空の鳥、地の上を這う生き物をすべて支配せよ」（創世記1:28）と言ったと記されてい

うに、主語を統一した文章にまとめたであろう。

る。この「支配する」との語רָדָה（rādā、70人訳κατακυριεύω［katakurieuō］）は「統治する」との意味であり、その含蓄は、人間が他の生物を自由に搾取してよいとか、自分の所有物のように勝手にしてよいということとは異なる。この認識によれば、人間は他の生物をヤハウェに委託されて統べ治める立場にあり、他の生物に関してだけでなく神に対しても、その統治の仕方に責任がある。人間はヤハウェの僕として受けた恵みによって、他者への責任を負うものとなっているのである。上記のルカによる福音書12章の譬えは、そのことに通じるであろう。上に立つ立場を与えられた者が他者のための責任を負うことは、人間同士にもあてはまる普遍的法則である。

これを実際のイエスと弟子たちとの関係で考えてみれば、彼らが託されて責任を負う働きは、隣人愛の業や福音宣教によってなされると理解される。隣人愛の行いや、癒しの業は、イエスが実際に弟子たちに「行う」ように奨励し、弟子を派遣したものだからである（ルカ 10:1, 9 & 10: 27–37）。

イエスは、「あなたがたの中で偉くなりたい者は、皆に仕える者になり、いちばん上になりたい者は、皆の僕になりなさい」（マタイ 20:26–27）と教えているが、それは、神と人間の理想的な形を主人と僕の形で捕え、よき「僕」であることを肯定するとともに、出エジプトの昔から神が憐れみの行為を持って人間に仕えてくれたという、神と人との逆説的主従関係を人間同士が模倣することによって、互いに仕えることを推奨しているのである。イエスは、主人と奴隷の関係の成就を、「弟子は師にまさるものではなく、僕は主人にまさるものではない。弟子は師のように、僕は主人のようになれば、それで十分である」（マタイ 10:24–25）と表現している。これは、イエスの悪霊祓いに関するいわゆる「ベルゼブル」論争のなかに挿入されているが、マルコの並行個所にはない言葉であり、元来独立のロギオンであったか他の文脈から持ってきたものと考えられる。奴隷が主人のようになるということは、奴隷の権威が増してあたかも主人のようになるということではなく、イスラエルの主であるヤハウェの本質が人を助けようとする憐れみと愛であることを踏まえ、そのようになることを求める言葉であろう。そのように考えると、ルカ12:37の一見不可解な譬えが理解できる。すなわち、

> 「主人が帰って来たとき、目を覚ましているのを見られる僕たちは幸いだ。はっきり言っておくが、主人は帯を締めて、この僕たちを食事の席に着かせ、そばに来て給仕してくれるだろう。」

との譬えである。なぜ、イエスは、主人が僕に給仕するとまで語ったのか。同じルカ福音書に、

> 17:7「あなたがたのうち誰かが、畑を耕すか羊を飼うかする僕〔奴隷〕を持っていて、その僕が畑から帰って来たとき、『すぐ来て食事の席に着きなさい』と言う者がいるだろうか。8 むしろ、『私が食べるものを用意してくれ。腰に帯を締め、私が食事を済ます間給仕しなさい。そして、お前はその後で食べたり飲んだりしなさい』と言うのではなかろうか。9 命じられたことを果たしたからといって、主人は僕に感謝するだろうか。10 あなたがたも同じことだ。自分たちに命じられたことをみな果たしたら、『私どもは取るに足りない僕です。しなければならないことをしただけです』と言いなさい。」(ルカ 17:7–10)

との教えがあり、こちらの方が主人と奴隷の関係として常識的に受け取ることができる。ケネス・ベイリーは、召使を雇えることは西洋社会では少なくとも上位中流社会に属する社会的ステータスを示すことであるが、イスラエル社会ではそうと限ったことではなく、ルカ 17:7–10 の譬えでは、畑で働いて帰ってきた奴隷が調理もすることから、この主人はただ 1 人だけしか奴隷をもっていない「つつましい収入の」人であったと指摘している[1]。それゆえ、この譬えの関係は、一般的なユダヤの家庭の人々には分かりやすい状況であったと考えられる。これに対し、外から帰ってきた主人が、自分の食事を用意させる代わりに、留守を守っていた僕をねぎらって給仕するという譬えのほうは、聞き手が日々経験している関係を覆す、あり得ないことのように思われたであろう。

---

1) Kenneth E. Bailey, *Through Peasant Eyes*, pp. 114–115.

ビーヴィスは、イスラエルには神と民との関係を主人と奴隷の関係で表現する伝統があったために、イエスの僕の譬えの数々も理解されやすかったと示唆している。そこでは、聞き手は自らを僕の位置に置き、神に仕える自己のあり方を問い返す機会を与えられる。しかし、主人が奴隷の給仕をする比喩は、主人＝神、聞き手＝僕の関係を覆し、聞き手を主人と同一視させると、彼女は指摘している。これは、奴隷を持つ主人を聞き手として想定する譬えとして聞かれるのである[1]。主人と奴隷の立場のこのような逆転は、ギリシアやローマの聞き手には意外なだけではなく、到底受け入れがたいものであったとさえ考えられる[2]。しかし、そのあり得ないことをヤハウェはするのだということ、つまり、ヤハウェは自分の僕に給仕するためにこの世にやってくるのだと、イエスはこの譬えで語っているのである。イエスの「僕が主人のように」なることは、このヤハウェの行為に倣い、他への奉仕を実践することである[3]。

4　神の「憐れみ」と人間の隣人愛の行為の要請

　私たちはⅡ章で、イエスが神の救いの業の動機として「憐れみ」を示し、

---

[1] Beavis, "Ancient Slavery as and Interpretive Context for the New Testament Servant Parables," pp. 41-42. Beavisは、奴隷に奉仕する主人の譬えに、不快感を持った聞き手もいるであろうと示唆している。

[2] Beavis, "Ancient Slavery as an Interpretive Context for the New Testament Servant Parables," p. 41.

[3] ルカ12:37で主人が僕に給仕する譬えについては、Fred B. Craddock, *Luke* (Interpretation: A Bible Commentary for Teaching and Preaching) (Louisville, John Knox Press, 1990) にも、Klyne Snodgrass, *Stories with Intent: A Comprehensive Guide to the Parables of Jesus* (Grand Rapids, Michigan: Eerdmans, 2008) にも、Arland J. Hultgren, *The Parables of Jesus: A Commentary* (Grand Rapids, Michigan: William B. Eerdmans, 2000) にも、Bernard Brandon Scott, *Hear Then the Parable* (Minneapolis: Augsburg Fortress, 1989) にも、Brad H. Young, *Jesus and His Jewish Parables, Rediscovering the Roots of Jesus' Teaching* (Mahwah, NJ: Paulist Press, 1989) にも言及がない。このことは、この譬えのもつ重要さが見落とされているか、今日の研究者にとってもまたこの逆転が受け入れ難いかのどちらかであることを示唆する。

イエス自身、その宣教活動において憐れみに動かされた癒しや給食行為を行っていることを見た。

「よきサマリア人」の譬えでは、サマリア人が盗賊に襲われたユダヤ人を救う譬えによって、聞き手に「隣人愛」の実践を促すが、その「隣人愛」の行為を促したものは「憐れみ」と示されている。「行って、あなたも同じようにしなさい」（ルカ 10:27）とのイエスの言葉は、ただ、隣人に対する救済の行為のみではなく、行為の本質である「憐れみ」、相手に対する真の同情をも含めて言われていることと理解するべきである。それは上記で見た、「僕が主人のように」なること、つまり、神への応答として人間が神のようになることの重要な一面である。神は人間に対する憐れみを持って、苦難の中にある人間を救おうとする。人間もまた、憐れみ（＝同情）を実践すべきである。それは、神の臨在と同情を実際にこの世に実現してゆく手足となるのは、人間自身なのだということでもある。それが、この世の苦しみに対してのイエスの、実践的な回答である。そのことは、人間が神に救われているとの認識を持つとき、それに対する応答としてさらに不可避の当為となる。それは、マタイ 18:23–35 の「仲間を赦さない家来」の譬えでも見たとおりである。

5　本章の結論

イエスは、行為を不要としてはいなかった。しかしそれは、救われるためではなく、神の赦しに対する応答としての実践的行為である。ひとりの「罪深い」と言われていた女がイエスのもとにきて、泣きながら彼の足に接吻し、その足に香油を塗ったとき、彼はその女の行為を「愛の行為」として称賛する。「この人が多くの罪を赦されたことは、私に示した愛の大きさで分かる。赦されることの少ない者は、愛することも少ない」（ルカ 7:47）。

エレミアスは、ヘブライ語、アラム語、シリア語には、「感謝する」「感謝」に当たる語がなく[1] その代わりに、ここでは、「愛する」という言葉を用

---

1) Jeremias, *The Parable of Jesus*, p. 127. ここで、Jeremias は P. Joüon, "Reconnaissance et action de graces dans le Nouveau Testament," *Recherches de science religieuse,* 29 (1939), pp. 112–14. を参照している。

いているのであろうと、指摘している[1]。その通りかもしれない。ただし、愛するという言葉を感謝という語の代用にしたというよりも、イエスの用いていた言語と概念の中では、感謝と愛の行為が不可分のものとして考えられていたということ、感謝はおのずと愛の行為を伴うことが強調されていたと考えることがふさわしいだろう。

そして、他に仕える者としての愛の行為の実践は、イエスに従う者として、イエスの生き方に習うことでもあった。イエスにおいては、主の「奴隷」になることは、隷属ではなく、究極的には主のようになることである。これは、主と僕との人格的な、愛と信頼に立つ関係からもたらされる現実である。そして、神が配慮し、正義で、義であり、憐れみ深いという事実が、無条件の「定言的命令」として人間に、互いに配慮し、正義で、義であり、憐れみ深くなるように訴えるのである[2]。

イスラエルの神は、なぜ人々が苦しむのかという問いには答えなかったが、苦しむ民を救い、民はそれに応答して神に従った。イエスはその考えを受け継ぎ、さらに進んで、人は神に従うことによって、神のようになることができると考えた。そして、この「神のように」とイエスが言う意味は、神人同形的な意味ではなく、また、神の全能や権威を持つということでもなく、彼が神の性質としてもっとも強く感じていた性質の一つ、「憐れみ」をもつ存在となるということなのだ。人間は、悪や苦難の問題に面して、神の救いを信じ受け入れ、それに対する感謝の応答として神の憐れみを自らも実践する存在に変容することを求められていると同時に、そうできる可能性を与えられているのである。

---

1) Jeremias, *The Parable of Jesus*, p. 127. Jeremias のこの指摘は、Arland J. Hultgren, *The Parables of Jesus: A Commentary* (Grand Rapids, Michigan: William B. Eerdmans, 2000), p. 215 が賛同をもって参照している。
2) J. Arthur Baird, *The Justice of God in the Teaching of Jesus* (London: SCM, 1963), p. 43.

V章　病の癒し

1　序——問題の所在と本章の目的

　病苦や障碍もまた、ヤハウェの祝福の約束と相容れない問題であった。病や障碍の責任をヤハウェの理不尽な仕打ちと考えないために、それらを罪の罰と見る思想がイスラエルの民の間で発達してきたことと、その見方に反対の思想がヨブ記やいくつかの詩編に表れていることはⅠ章で見た。イエスは病や障碍をどのように見ていたのだろうか。病や障碍をもつ人々の苦しみに対して、イエスはどのように答えているのだろうか。

　福音書においては、イエスが多数の癒しと清めを行ったことが奇跡伝承として伝えられている[1]。

---

1) イエスの癒しの奇跡については以下の個所に記述がある。後の議論の便宜上、癒された者を共同体に戻す帰還命令、あるいはそれに準じたイエスの言葉があるものと、癒しが神の憐れみの業として乞われあるいは与えられているものに印を付けておく。（帰、憐、と省略する）
　A 祭儀的不浄とされる病　重い皮膚病（2件：マルコ 1:40–42（帰）//並行マタイ 8:2–3//ルカ 5:12–13; ルカ 17:11–19（帰、憐））、長血（マルコ 5:25–29（帰）//並行マタイ 9:20–22//ルカ 8:43–48（帰））。
　B 悪霊祓い　（マルコ 1:23–26//並行ルカ 4:33–35; マルコ 5:1–15（帰、憐）//並行マタイ 8:28–34//ルカ 8:27–35（帰）; マルコ 7:24–30//並行マタイ 15:21–28（憐）; マルコ 9:17–29//並行マタイ 17:14–18//ルカ 9:38–43; マタイ 9:32–33; マタイ 12:22）
　C AB以外の病気で安息日に癒しが行われたもの　腰が曲がったままの弱さ（ルカ 13:11–13）、水腫（ルカ 14:1–4（帰））、足なえ（ヨハネ 5:1–9）、手のなえ（マルコ 3:1–5//並行マタイ 12:10–13//ルカ 6:6–10）。
　D ラビ文献などでとくに罪と結び付けられる病　盲目（4件：マタイ 9:27–31（憐）; マルコ 10:46–52（帰、憐）//並行マタイ 20:29–34（憐）//ルカ 18:35–43（憐）; ヨハネ 9:1–7; マルコ 8:22–26（帰））。
　E その他　熱（2件：マルコ 1:30–31//並行マタイ 8:14–15//ルカ 7:1–10; ヨハネ 4:46–54）、聴覚発話障碍（マルコ 7:31–37）、麻痺（2件：マタイ 8:5–13//並行ルカ

1 序——問題の所在と本章の目的

　タイセンが指摘しているように、イエスの奇跡については、物語伝承にも言葉伝承資料にも証言があることと、その伝承の多さと、当時のカリスマ的人物がすべて奇跡伝承を帰せられているわけではない（たとえば、洗礼者ヨハネやクムラン教団の義の教師には奇跡伝承はない）こととを合わせ見れば、イエスの奇跡伝承には何らかの歴史的な核が含まれていると、考えられる[1]。癒しの奇跡の伝承は、イエスについてのみならず当時の地中海世界に広くあり、癒しの奇跡を行ったことだけをとれば、イエスに限ることではなかったが、逆に、そうした奇跡現象が広く見られたことが、イエスの奇跡伝承の信憑性を高めると考えられる[2]。イエスの癒しの重要さは初代キリスト教がイエスの名において癒しを行っており、それがイエスの福音の正しさの「しるし」と考えられたことにも表れている（使徒4:10, 18; 5:12–16; 8:6–7; 9:34）。たしかに、奇跡物語伝承中のイエスの言葉は史的イエスの発言そのままである可能性はきわめて低い。福音書においては、イエスの譬えや教えの部分には悪霊祓いや治癒奇跡の具体的な伝承は入っておらず、言葉資料の中での奇跡への言及は、イザヤ書の奇跡預言の実現を示唆する引用（ルカ7:18–23）、奇跡によっても悔い改めない町への叱責（ルカ10:13）、イエスが奇跡治癒を行った結果起こった論争（ルカ11:20）など、どれも奇跡そのものの描写ではない。逆に、奇跡物語伝承にはまとまった教えや譬えはない。ルカ13:11–17の、腰の曲がった女の癒しの伝承が唯一例外的に短い譬えと論争を含むのみである。このことから、福音書のイエスの言葉伝承と奇跡物語伝承は、担い手が異なっていたと判断できる。奇跡物語の伝承の担い手はイエスの言葉よりはその行為と奇跡効果に関心をもっていた。それゆえ、奇跡とその効果をリアルに表現するために、イエスや癒された者たちの心情や言葉を自分たちの解釈で加筆しており、おそらくかなり変更もしている。たとえ

　　7:1–10; マルコ2:3–12（帰）//並行マタイ9:2–7/ルカ5:18–25（帰））。
1) G・タイセン『新約聖書——歴史・文学・宗教』大貫隆訳（東京：新教出版社、2003）, p. 31. ただし、ブルトマンは、マルコ6:14に記されているヘロデ王の言葉「「洗礼者ヨハネが死者の中から生き返ったのだ。だから、奇跡を行う力が彼に働いている」から、ヨハネについても奇跡行為が報告されていたと考えている（R・ブルトマン『共観福音書伝承史Ⅰ』（加山宏路訳（東京：新教出版社、1983）, p. 41）。
2) Borg, *Jesus*, pp. 70–71.

ば、イエスが「深く憐れんで」（マタイ 20:34、マルコ 1:41）癒しを行ったという記述は内面描写であり、イエスの動機を語る語り手の解釈である。しかしその留保の上で、イエスの奇跡治癒物語伝承はおそらく史実に根ざす記録として、言葉資料と並ぶ貴重な資料である。

本章では、I章で見た病や障碍についてのユダヤの伝統内での思想的背景に照らして、イエスの癒しが当時の人々にいかなる意味を持っていたかを明らかにし、その神義論的意味を考察したい。その為、われわれの第一の課題は、イエスの癒しについての伝統的な見方を確認し、その見方の妥当性を検討することである。

2　イエスの治癒奇跡の伝統的見方——罪の赦し（禍の神義論）——の再考

イエスの癒しの奇跡についての圧倒的な見方は、それが、「罪の赦し」であり、赦しが治癒をもたらした、というものである。これは、教会での説教から学術研究まで、一貫して言える。*Exegetical Dictionary of the New Testament* の ἀφίημι (aphiēmi)「赦す」の項は、特にマルコによる福音書の、「あなたの罪は赦される」とのイエスの言葉を含む箇所に言及し、「マルコ 2:1–12 の下敷きとなった伝承はすでに、癒しを行うイエスの権威を、罪を赦す彼の権威を示すひとつの例として受け取っていた。癒しの奇跡によってイエスは、自分が人の子であり、神から権威を与えられ罪を赦す者 (who forgives sins) であるということを示しているのである (2:10)」（傍点本多）[1]

---

1) Herbert Leroy, "ἀφίημι, ἄφεσις," in Horst Balz / Gerhard Schneider eds., *Exegetical Dictionary of the New Testament*, vol. 1 (Grand Rapids: Eerdmans, 1990), p. 182. この記述は、イエスの赦しの権威という微妙な問題に関して、意識的に注意深く書かれているのかもしれない。傍点部は客観的事実としても、伝承の担い手の主観的理解の内容を表す一種の間接話法とも読めるからである。後者であれば、必ずしも、イエス自身が自分の行う治癒奇跡を、罪の赦しの行為であると考えていたとは限らなくなる。しかし、新約釈義の事典としてかなり権威を認められたこの書でこのように書かれていることは、イエスの癒しが罪の赦しの発現であるという見方が学術的にも裏づけされていることの証しのように見える。特に、ここで引証されているマルコ 2:1 の解釈としては、通常の見方になっているように理解できる。

2 イエスの治癒奇跡の伝統的見方——罪の赦し（禍の神義論）——の再考

としている。

癒しと赦しを結び付けるこのような見方から、イエスの癒しを赦しの表れと見る解釈が出ている。実際は以下に見るように、たとえ治癒奇跡が、イエスが赦しを与える権威を示す機会となったとしても、必ずしも癒しが罪の赦しの結果、あるいは表れであるということにはならない。けれども、釈義辞典の「赦し」の項で特にマルコによる福音書2:1–12の癒しの奇跡が言及されていることは、イエスの癒しが罪の赦しであったという解釈を助長する印象を与える。実際、W・マンソン[1]、E・シュヴァイツァー[2]、J・ブルックス[3]、富田栄[4]らは、マルコ2:1–12の癒しを罪の赦しのしるしと解釈している。ことに気づかれるのは、研究者たちが、マルコ2:1–12以外の箇所の注釈や講解においてマルコ2章のこの治癒奇跡を、赦しによる治癒の例として参照する傾向があることである。たとえば、A・J・ハルトグレンは、ルカ18:14の釈義において、「彼〔イエス〕がここで宣言しているのは、彼が罪（複数）の赦しの行使において他でも宣言していることである（マタイ 9:2–8//マルコ 2:3–12//ルカ 5:18–26; ルカ 7:47–49)」と述べている。[5] J・R・マイケルズは、ヨハネによる福音書5:14の麻痺患者の治癒奇跡をマルコ2:5–11のそれと比較して、「癒しと罪の赦しは実際上同一である」[6]と書いている。

このことは、神義論的にはいかなる意味を持つであろうか。もし、イエスの癒しが実際に罪の赦しであるなら、イエスは基本的に禍の神義論に立っていることになる。その病人の病は何らかの罪の罰であった、それゆえ、治癒

---

1) William Manson, *Jesus the Messiah, The Synoptic Tradition of the Revelation of God in Christ: With Special Reference to Form-Criticism*（London: Hodder and Stoughton, 1943), p. 42.
2) Eduard Schweizer, *The Good News According to Mark,* tr. Donald H. Madvig（London: SPCK, 1971), p. 61.
3) James A. Brooks, *Mark*（The New American Commentary 23）（Nashville, Tennessee: Broadman Press, 1991), p. 58.
4) 富田栄『マルコ福音書註解』I（東京：みすず書房：1984), p. 139.
5) Arland J. Hultgren, *The Parables of Jesus: A Commentary*（Grand Rapids, Michigan: William B. Eerdmans, 2000), p. 125.
6) J. R. Michaels, *John*（New International Biblical Commentary）（Peabody, Massachusetts: Hendreckson, 1989), p. 86.

には赦しが必要だったのだ、ということになる。そして、彼の業に禍の神義論を超える点があるとすれば、それは罰を超えた赦しによって禍を無化する恩寵の働きにあると言えるであろう。旧約聖書の枠組みで言えば、イエスは、禍の神義論を恩寵の神義論で凌駕していることになる。しかし、実際にそうなのだろうか。あるいはそれがすべてなのだろうか。

　福音書中で、イエスの行った癒しの奇跡がイエスの言葉によって罪の赦しと結び付けられているのは、実際はヨハネによる福音書5:2–16と、マルコによる福音書2:1–12の体が麻痺した人の癒しの伝承とその並行箇所（マタイ9:2–7//ルカ5:18–25）のみである。そこでわれわれは、まず、これらの箇所を分析し、そこでの癒しの意味を考える。

3　事例分析

1)「もう罪を犯してはいけない」（ヨハネ 5:2–16）

　ヨハネによる福音書の当該箇所は以下の奇跡治癒の記述である。

> [5:2] さて、エルサレムには羊の門のそばに、ヘブライ語で「ベトザタ」と呼ばれる池があり、五つの回廊がついていた。[3] これらの回廊には、病気の人、目の見えない人、足の不自由な人、体の麻痺した人などが、大勢横たわっていた。〔…〕
> [5] さて、病気で38年間そこにいる人がいた。
> [6] イエスは、その人が横たわっているのを見、また、もう長い間そうであるのを知って、彼に、「よくなりたいか」と言った。[7] 病人は答えた。「主よ、水が動くとき、私を池の中に入れてくれる人がいないのです。私が行くうちに、ほかの人が私より先に降りて行くのです。」[8] イエスは言った。「起き上がりなさい。床を担いで歩きなさい。」[9] すると、その人はすぐに良くなって、床を担いで歩きだした。その日は安息日だった。[10] そこで、ユダヤ人たちは病気を癒してもらった人に言った。「今日は安息日だ。だから床を担ぐことは、許されていない。」[11] しかし、その人は、「私を治してくれた人、その人が、『床を担いで歩きなさい』

と言ったのです」と答えた。¹²彼らは、「お前に『床を担いで歩きなさい』と言ったのは誰だ」と尋ねた。¹³しかし、病気を癒していただいた人は、それが誰であるか知らなかった。イエスは、群衆がそこにいる間に、そっと立ち去っていたからである。¹⁴その後、イエスは、神殿の境内でこの人に出会って言われた。「あなたは良くなったのだ。もう、罪を犯すのはやめなさい。さもないと、もっと悪いことがあなたに起こるかもしれない。」¹⁵この人は立ち去って、自分を治したのはイエスだと、ユダヤ人たちに知らせた。¹⁶そのために、ユダヤ人たちはイエスを迫害し始めた。イエスが、安息日にこのようなことをしていたからである。

14節についての注解者の解釈は一様ではないが、癒された男へのイエスの言葉「さあ、あなたは健全に ὑγιής [hugiēs] なったのだ。もう罪を犯すのはやめなさい」（ヨハネ 5:14b）¹⁾ は、しばしば、病の原因となった罪を示唆するものと受け取られている。C・H・C・マクレガーは、「イエスの警告は、この病が罪の結果だったことを前提としている」²⁾ と読んでいる。マルクス・ドッズも同様に、「この言葉から自然に読み取れることは、彼の病が若い頃に犯した罪によって引き起こされたものだということだ」³⁾ と言っている。クレイグ・S・キーナーもまた、「生まれつき盲目だった男（9:2–3）と対照的に、この男の病は罪から生じたように見える（5:14）」⁴⁾ と注解している。実際、この14節に関しては、ヨハネ福音書や共観福音書の他の個所を考慮に入れずここだけを読めば、これらの注解者の読みが最も自然であろう。R・C・H・レンスキーはさらに読み込んで、「彼はかつて罪を犯した。思い出し

---

1) John 5:14 μηκέτι ἁμάρτανε は新共同訳では「もう罪を犯してはならない」となっているが、現在形否定命令なので、「もう罪を犯し続けてはならない」、「もう罪を犯すのはやめなさい」という意味である。
2) C. H. C. MacGregor, *The Gospel of John*（Moffatt's New Testament Commentary）(London: Hodder and Stoughton, 1928), pp. 170–171.
3) Marcus Dods, *The Gospel of St. John*, vol. 1 (New York: A. C. Armstrong and Son. 1903), p. 186.
4) Craig S. Keener, *The Gospel of John: A Commentary*, vol. 1 (Peabody, Massachusetts: Hendrickson, 2003), p. 643.

ても良心が痛むような罪を犯し、その結果、彼の人生を破滅させた罪だ。〔…〕なぜなら、罪のなかには、痛ましく恐ろしい結果を引き起こすものもあるからだ」[1]と言っている。けれども、R・ブルトマンやジョージ・R・ビーズリー＝マレーらはこの読みを採ることに躊躇を示しており、その躊躇は正しく思われる。ブルトマンは、ヨハネの描くイエスが罪の応報として病を語るのは予想に反することであり、その読みは、「イエスが9章2-3節で否定した原則を受け入れることを要求する」[2]と指摘している。ビーズリー＝マレーは、「もう罪を犯し続けてはいけない」は、この男の病が彼の罪深い生き方と関係していることを示唆しているのかもしれない。しかし、9章の1-4は、安易に罪と病を結び付けることを禁じている」[3]と注意している。また、C・K・バレット[4]やJ・R・マイケルズ[5]は、客観的な事実として、ここには男の病が罪の結果であるとは言われていないということに注意を喚起している。

また、ブルトマンも気づいているように、イエスの警告は、「10節で持ち上がった問いとは全く関係がなく、ただ、以下に続く場面に道をひらく役割を果たしているにすぎない」[6]。また、この男は、あたかもこの警告を聞かなかったかのように[7]当局にイエスのことを告げに行くのであるが、このことは、イエスの警告が実際にはなかったものを、福音書記者、あるいは編集者がここに入れたのではないかと推測させる理由となる。さらに、癒しと警告の言葉の間に、イエスは 一度この男と別れ、群衆の中に姿を消しており、そこで、癒しの奇跡の物語は一度完結している。「その後、イエスは、神殿

---

1) R. C. H. Lenski, *The Interpretation of St. John's Gospel* (Minneapolis: Augsburg Publishing House, 1943), p. 371.
2) Rudolf Bultmann, *The Gospel of John: A Commentary*, tr. G. R. Beasley-Murray (Oxford: Basil Blackwell, 1971), p. 243.
3) George R. Beasley-Murray, *John* (Word Biblical Commentary 36) (Waco, Texas: Word Books, 1987), p. 74.
4) C. K. Barrett, *The Gospel According to St. John: An Introduction with Commentary and Notes on the Greek Text* (London. SPCK, 1955), p. 213.
5) Michaels, *John*, p. 86.
6) Bultmann, *The Gospel of John*, p. 243.
7) Michaels, *John*, p. 86.

でこの人を見つけて言った」(5:14a) というのは、とってつけたようで不自然である。もし、イエスが男に警告する必要を感じていたのなら、なぜ、癒しを行った場で警告しなかったのか？　これらの不整合は、14節のイエスの警告が、13節と15-16節をつなげるための編集者の手による挿入であると推測させるに十分な理由となろう。福音書記者は、癒しは罪の赦しでもあるとの前提に立ち、その前提に基づいて、38年もの障碍は深刻な罪の結果に違いなく、それをイエスが赦し癒したのだと判断してこの言葉を挿入したのである。この挿入の目的は、男が裏切って当局に告げに行くことをイエスが前もって知っていたという彼の予知能力を印象付け、また、福音書を読むキリスト教徒読者に、一度イエスに救われてから裏切ることは、一度も救われなかったよりも悪い結果を生じることを警告するためであろう。いずれにしろ、ヨハネ5:14は、イエスがこの男の障碍を罪の結果であると考えていたことの証明にはならず、イエスの癒しが罪の赦しとしてなされていたことの例でもない。

2）「罪の赦しの権威」論争（マルコ 2:1-12）

マルコ福音書における該当箇所の訳は以下のようになる。

> 2:1 数日後、彼〔イエス〕が再びカファルナウムに入ると、家にいることが知られ、2 大勢の人が集まったので、戸口まで場所もないほどになった。イエスがみ言葉[注1)]を語っていると、3 4人の男が、一人の麻痺した男の人を運んで連れてきた[注2)]。4 しかし、群衆のせいで、彼〔イエス〕のところまで連れてゆくことができなかったので、彼がいる辺りの屋根をはがして、穴を開け、麻痺した男の人が寝ている床をつり降ろす。5 イエスはその人たちの信仰を見て、麻痺した人に言った。「子よ、あな

1）「み言葉」(τὸν λόγον) 通常の意味で話をするなら、複数だが、ここでは単数で「言葉」とあるので、これは、イエスの福音のメッセージを表す特別の意味で用いられている。原始キリスト教会の理解の入った用語法である。
2）直訳は、「4人の男の人に運ばれた一人の麻痺した男の人を連れてきた」だが、意味上、連れて来た能動主語は「4人の男」と同じであろう。

たの罪は赦される」。[6]しかし、その律法学者の何人かがそこに座っていて、心の中で考えた。[7]「なぜこの人はこんな風に言うのか。神を冒瀆している。神おひとりのほかに、誰が罪を赦せるものか。」[8]しかしすぐにイエスは、彼らが内心どのように考えているかを、自分の霊によって知って言った。「なぜ、そんなことを心の中で考えているのか。[9]麻痺した人に『あなたの罪は赦される』と言うのと、『起きて、床を担いで歩きまわれ[注1]』と言うのと、どちらが易しいか。[10]人の子が地上で罪を赦す権威を持っていることをあなた方が分かるために。」彼は麻痺した人に言った。[11]「私はあなたに言う。起き上がり、あなたの床を担いで自分の家に帰りなさい。」[12]その人は起き上がり、すぐに床を担いで、皆の前を出て行った。皆驚き、「このようなことは、私たちは今まで見たことがない」と言って、神を賛美した。

構造分析

この箇所は多くの研究者によって、もともとは2つの伝承であった奇跡物語 (2:1–5及び10b–12) と、罪を赦す権威についての論争物語 (5b–10a) との複合と考えられている[2]。R・ミードが指摘するように[3]、マルコ 2:1–12のうち、論争の部分が後からの挿入だと考える批評家の論点は様々である。

5b–10aが挿入であると考える者の論点には、第一に、2:5aと2:10bで λέγει τῷ παραλυτικῷ (legei tōi paralutikō) が重複しており、そのことから5b–10a

---

1) 田川建三『新約聖書 訳と註1 マルコ福音書、マタイ福音書』(東京: 作品社, 2008), p. 173は、ここで用いられているperipateōが、歩き回る、ではなく、この時期には普通に「歩む」という意味で用いられたので「歩け」という意味であると指摘している。

2) B. Harvie Branscomb, *The Gospel of Mark* (London: Hodder and Stoughton, 1937), p. 45は、もし教会がイエスの癒しの力を罪の赦しの宣言の権威付けに用いようとするなら、この病ではなくむしろ重い皮膚病の治癒奇跡に赦しの宣言を挿入するほうが効果的だっただろうとして、この治癒奇跡伝承に赦しの宣言があるのは、下の伝承にすでにあったからであると考え、挿入句と元の伝承との切れ目を6節の最初に見る。

3) Richard T. Mead, "The Healing of the Paralytic—A Unit?" *Journal of Biblical Literature*, vol. 80 PartIV (Dec 1961), pp. 348–349.

までが挿入でその繋ぎのためにこのような重複が起ったと考えられる、ということがある。第二に、本来5aから10bにつながるものであったと読めば、この箇所は奇跡物語の典型的な形となる、という指摘がされている[1]。第三として、マルコが2つの伝承を組み合わせる例は5:21–43、6:7–44、7:1–23などしばしば見られ、ここでもサンドイッチ式の編集がなされていると見ることは無理ではない[2]。第四に、2:1–12が二つの伝承の複合であるために生じたとしてなら説明される不整合もいくつかある。ひとつには、2:5までは主要なテーマであった信仰が、2:5の後は言及されていないこと、ふたつには、この物語は、恐れと驚きで結ばれる治癒奇跡物語の形式をもつが、それと赦しに関する論争とは無関係であること。さらに、2:6で「その律法学者たちの何人か」（τινες τῶν γραμματέων [tines tōn grammateōn]）が唐突に登場するが、初出の律法学者が定冠詞（τῶν）つきで言及されているのは不自然である。また、マルコ14:64とマタイ26:65は、イエスがサンヘドリンで瀆神罪を問われたと記しているが、2:7で瀆神罪と言われているこの癒しのことは何も言及していない、などである[3]。第五として10節の発言の内容がある。ここでは、イエスが「人の子」と自称するが、この称号はマルコ福音書ではここと2:28以外には8:31の受難予告以後にしか現れない。しかも、イエスが自分で罪の赦しの権威を主張する例は、マルコにもQ資料（マタイとルカが用いたと推定されるイエスの言葉資料）にも他にない。むしろこの箇所は、イエスの名において罪の赦しを与えることができるという教会の

---

1) 大貫隆『マルコによる福音書：マルコ福音書注解 I』（リーフ・バイブル・コメンタリーシリーズ）（東京：日本キリスト教団出版局, 1993）, pp. 100–101 は、2–3節を導入場面、4節を提示場面、5節aと11–12節aを中心場面、12節bcを終結場面とする構成が、「癒しの奇跡の物語の原型」と言えるものにかなり近いと指摘している。川島貞雄『マルコによる福音書：十字架への道イエス』（福音書のイエス・キリスト2）（東京：日本キリスト教団出版局, 1996）, p. 86 も同様に、5:b–10節を除外すると 1) 場面設定（1b–2）、2) 病人の容態（3）、3) 治癒の懇願（4）、4) 治癒の言葉（5a, 11–12）、5) 治癒の確証（12a）、6) 目撃者の驚き（12b）、というひとつのまとまった奇跡治癒物語構造となることを指摘している。
2) 川島貞雄『マルコによる福音書』, p. 86 も同じ考え。
3) これらの不整合については、Mead, "The Healing of the Paralytic—A Unit？" p. 349 を参考にした。

教義的主張に対応する[1]と指摘される。このことから、10節だけが後の挿入であると考える学者もある。J・R・ドナヒューは10節だけを9節から11節への自然な流れを遮る逸脱の挿入と見る[2]。W・レインは、5b–10aを挿入と考えるのが普通の見方である[3]と指摘するひとりであるが、同時に、もう一つの見方として、10節だけを挿入と考える見方をも提示し、それによると、10aは、福音書記者がこの癒しの意味をキリスト教徒読者に語るために入れた傍白的注であるという可能性を示唆している[4]。E・J・プライクは、マルコが読者に対する説明を挿入する傾向があることを24箇所の例を挙げて示し、教会が癒しや悪霊祓いをすることの正当性を生前のイエスの活動によって権威づけようとする意図でここに一文を挿入したと考えている[5]。10bは、語り手の傍白として読まれるにしても、イエスの口から語られた言葉として読まれるにしても、教会の活動の権威付けのための挿入と考えることは正しく思わ

---

1) Mead, "The Healing of the Paralytic—A Unit?" p. 348.
2) John R. Donahue/Daniel J. Harrington, *The Gospel of Mark*（Sacra Pagina Series 2）（Collegeville: The Liturgical Press, 2002）, p. 96.
3) William L. Lane, *Commentary on the Gospel of Mark*（The New International Commentary on the New Testament）（Grand Rapids: Eerdmans, 1974）, pp. 96–97. マルコの十字架と復活の神学においてはイエスが人の子と自己啓示をするのは8:29でメシアと承認されてからで、しかも、明確には、復活以降であるので、2:10の人の子発言はこれと矛盾する、ということが、そう考えるLaneの主な論拠である。
4) Lane, *Commentary on the Gospel of Mark*, pp. 97–98.
5) E. J. Pryke, *Redactional Style in the Marcan Gospel: A Study of Syntax and Vocablulary as guids to Redaction in Mark*（Cambridge: Cambridge Univ. Press, 1978）, p. 61. ただし、Pryke は、"Thus 211b is an editorial or form-critical linking parenthesis concerned with the Church's right to forgive sins related to its mission of healing and exorcism" と書いている。しかし、2:11は、σοὶ λέγω, ἔγειρε ἆρον τὸν κράβαττόν σου καὶ ὕπαγε εἰς τὸν οἶκόν σου. で、短いがあえて二つに分けるとすれば、「起き上がり、あなたの床を担いで自分の家に帰りなさい」の部分がそれに当たる。これは、おそらく Pryke の表記違いで、彼は、2:10aに言及しているのであろう。

　C. H. Turner は、λέγει τῷ παραλυτικῷ のみを挿入と考えている。C. H. Turner, "Marcan Usage: Notes, Critical and Exegetical on the Second Gospel," in J. K. Elliott ed., *The Language and Style of the Gosel of Mark: An Edition of C. H. Turner's "Notes on Markan Usage," Together with Other Comparable Studies*（Leiden: E. J. Brill, 1993）, p. 25.

れる。また、第六に、病と罪が関連しているという見方は福音書のイエスの態度とは異なるということを、2:5b–10aまでが挿入であることのひとつの証拠と見る学者がいることも、ミードは指摘している[1]。

二段階の挿入を考える研究者もある。大貫隆は、5b–10aを挿入としながら、10aとその前後とのつながりの悪さから、5b–9節をマルコ以前に行われていた挿入、10aをマルコによる挿入と見ている[2]。

さらにこれらの点に加えて、たとえ2:1–12全体をひとつとして見ても、イエスによる赦しの宣言によって麻痺患者が癒されたと見るのは正しくない。2:5bの ἀφίενται [aphientai] は、神の業を示す受動態であり、赦す主体は神である[3]。一方、麻痺患者が歩けるようになったのは、11節の「起き上がり、あなたの床を担いで自分の家に帰りなさい」というイエスの命令による。この治癒奇跡では、罪の赦しの宣言は、論争を導くきっかけにはなっていても、治癒奇跡自体の中では効果を上げていない、つまり、有機的に結びついていないのである。このことからも、5bは、もとの治癒奇跡物語にはなかったと見るべきである。

また、「なぜこの人はこんな風に言うのか。神を冒瀆している。神おひとりのほかに、誰が罪を赦せるものか」(2:7) という律法学者の心中の考えと、イエスがその考えを「自分の霊によってすぐに知った」(2:8) という説明は、福音書記者か伝承の担い手の全知の視点に立つ記述であり、論争をこ

---

1) Mead, "The Healing of the Paralytic—A Unit?" p. 349.
2) 大貫『マルコによる福音書』, pp. 102–103.
3) Donahue/Harrington, *The Gospel of Mark*, p. 94 がその見方。Ben Witherington III は、この受動態の赦す主体はイエスとも神ともとりうるが、これが神の行為を示す divine passive だとしても、やはり、イエスの言動は祭司らの反感を買ったに違いないと指摘している。なぜなら、神の赦しの宣言は祭司のみに赦された権能だと理解されていたからである (*The Gospel of Mark: A Socio-Rhetorical Commentary* (Grand Rapids: Eerdmanss, 2001), p. 115)。この見方は正しく思われる。祭司たちは、たとえイエスが罪の赦しの宣言をしただけでもやはり、それを聖職侵害の罪として、瀆神罪に準じたものと理解したであろう。聖職侵害が重大な罪と考えられたことは、旧約聖書で神の聖性を侵害した者に対する特別な病である、重い皮膚病が、モーセ (民数 12:1–8) やエリシャ (列王下 5:1–27) に対する冒瀆者への罰として下ったことから推し量ることができる。

の奇跡治癒の場にはめ込むための編集上の操作であろう。律法学者の考えは、イエスの治癒奇跡を罪の赦しと見る見方の存在を示すものであっても、イエス自身がそう考えていたことの証明にはならない。2:5で「あなたの罪」と言われた「罪」が複数形であることも、ここでの状況とは和合しない。麻痺が何かの罪の罰だとすれば、それは、単数で言及されるはずである。先に見た旧約の例や（サムエル上2:12–17; 4:16–18、列王上21:1–29、列王下9:26）、時代はイエスより下るがタルムードの例が、病気が罪の罰と考えられる時には、複数の漠然とした罪が何かの病気の原因になるというのではなく、明確な特定の罪がそれに対応する特定の病を起こすと考えられていることを示しているからである。それゆえ、ここでの「罪（複数）の赦し」の宣言は、まったくの創作ではないとしても、イエスがどこか別の状況で語った言葉を持ってきたものと思われる。W・ヘンドリックセンは、2:5について、ここからイエスがこの男の病を彼の罪に由来すると考えることが正しい保証はないと注意している。確かに、ユダヤ人の間では「嘆かわしく苦しんでいる人は嘆かわしい罪人に違いない」という考えがあったにしても、「この患者についてわれわれが真に知っているのは、彼が自分の罪を深く気にしていたということだけだ。彼自身、自分の病が自分の罪の結果だと考えていたかどうかさえ、言われていない。けれども、イエスは、この男の罪が〔…〕彼を深く悲しませていたことが分かったのである」[1]と言っている。ヘンドリックセンは、この男が自分の罪を気にしていたということ、イエスがそのことに気づいたことの2点を、文中に書かれていないところから読み込んでおり、その点においては彼の読みが正しい客観的保証はないが、イエスがこの男の病を罪に由来すると考えていたという客観的根拠が文中にないことを指摘している点では正しい。

　以上の考察を踏まえて、ここで逆に、2:1–12までをひとつの伝承と見なす立場の論点を見ることも、われわれの議論にとって興味深く有益である。なぜなら、上記の論点を認識しつつなお挿入説を退ける、ミード、レンスキー

---

[1] William Hendriksen, *The Gospel of Mark: New Testament Commentary* (Edinburgh: The Banner of Truth Trust, 1975), p. 88.

などの研究者の主要な論点は、イエスが罪の赦しとして癒しを行ったという前提に拠っているからである。ミードは、これがひとつのまとまった伝承でなければ、「癒しの奇跡の〈しるし〉としての機能」[1]はまったく意味を持たなくなってしまうとして、5b–10が挿入であるという読みを退ける。しかし、われわれはここから逆に、癒しの奇跡に〈しるし〉としての機能を持たせるために挿入が起ったのであって、もとの奇跡伝承には赦しのモチーフはなかったであろうと結論できるのである。またレンスキーは、「この話はひとえにイエスがこの麻痺患者の罪を赦したという事実にかかっているので、赦し手がイエス抜きの神であると考えることは完全に間違っている」[2]としている。これも、赦しと治癒を結びつける伝統が読み手の判断を左右する例であろう。この話がイエスによる罪の赦しに「かかって」いなければ、罪の赦し手が神であることも間違っていないことになるので、レンスキーは彼の前提からして誤っているのである。

　田川建三は、「挿入説」を、後世の教会による挿入という意味においては退けているが、この話が、他の治癒奇跡と異なり、病気の治癒と罪の赦しとの結びつきを前提としていることに注目し、伝承の段階で治癒奇跡伝承に付加や解説が加えられてできたのがこの2:1–12であると考えている。病気は罪の結果であって、罪の赦しがなければ病気が癒されることもないという考え方自体、民間信仰的発想から来たものであり、民間説話の前提としては、あっても不思議ではない[3]。彼は、10節と11節のつながりのぎこちなさにつ

---

1) Mead, "The Healing of the Paralytic—A Unit?" p. 350.
2) R. C. H. Lenski, *The Interpretation of St. Mark's Gospel* (Minneapolis: Augusburg Publishing House, 1946), p. 101.
3) 田川建三『マルコ福音書上巻』(現代新約注解全書)(東京：新教出版社, 1972), pp. 136–137. 田川は、因果応報思想で病を見る人々からの、イエスに対する疑いや批判——罪の赦しを抜きにして病気の治療を語っても、それでは本当に病気が癒されたのかどうか分からない、とか、イエスは勝手に病気を癒したといっているがあのような異端的人物を通じて神が罪の赦しをなすはずがない、というような批判——が当時あり、この物語はそういう批判に答えようとして造られた伝承であると、見ている。あるいは、5節などは、病気の原因は罪であって罪の赦しによって病気も癒されるという因果思想を持っていたキリスト教徒が作り伝えた伝承なのかも知れない。いずれにしろ、話の主眼点は、イエスは罪を赦す権威を持つと

いては、マルコのギリシア語の力不足のためと説明する[1]。そして、12節の ἐξίστασθαι (eksistasthai：田川訳「度を失った」) と δοξάζειν (doksazein：直訳すれば「栄光化する」) の語が、他ではマルコ自身の語彙にではなく、民間伝説に見られることから、1–2節の導入部を別にすると、この物語は伝承の伝える物語をマルコがほぼそのまま書き下ろしたものと考えている[2]。この論においても、やはり、イエスが行った奇跡治癒行為を赦しと結びつけたのがイエス自身ではなく、当時の民間信仰や宗教的前提であるという見方が強められる。

以上から、マルコによる福音書2:1–12は、イエス自身が癒しの業を赦しの行為と考えていたと示すものではなく、むしろ、イエスの当時、病と罪がいかに深く結びついて考えられていたかを示す例であると言える。この部分はおそらく、もともとは罪の赦しとは無関係に行われた治癒奇跡であり、のちに、罪の赦しと治癒を結びつけた解釈が論争物語の形で押しつけられたものである。癒しが罪の赦しとして行われたと指示しているのはイエスではな

　　いうことを一般的に論証しようとしたところにあるのではなく、イエスの奇跡行為は正当なものだということを罪の赦しの権威を引き合いに出して弁護したところにあると、彼は論じている。筆者は、この論考に全面的には賛成しないが、この挿入は、病気の原因は罪であって罪の赦しによって病気も癒されるという因果思想を持っていたキリスト教徒がなしたものであるという考えには同意する。ただし、筆者は、10節はおそらく福音書記者が読者に向けた使信だと考えるので、この話の主眼点は、イエスの奇跡行為の正当性と同時に、彼が罪を赦す権威を持つことをも示すところにあると考える。

1) 田川建三『マルコ福音書　上巻』（現代新約注解全書）（東京：新教出版社、1972）, p. 132.
2) 田川は、挿入が「罪の赦し」の教義の弁護のために教会によってなされた可能性を退けて、もし、そのような教会による付加ならば、十字架の血による贖いという理念が出てくるはずだがその要素はここにはない。まして、イエスが持っていた罪の赦しの権威が教団に委譲された、などという理念は、マタイの段階で初めて見られる（16:19、18:18）もので、マルコ2:12のマタイによる書き換えはそのことを示す（9:8）ものであるが、マルコにはまだないし、それ以前にもない、と指摘している。そうした意味で、田川は後世の挿入を否定するのであるが、奇跡物語に論争物語が挿入されていること自体を否定してはいない。田川『マルコ福音書　上巻』, pp. 133–135.

く、むしろ伝承の伝え手である。ウィザリントンが言うように、「確かに、マルコにとっては、癒しと赦しは深く結びついていたのである」[1]。また、モンテフィオールは、初代教会が癒しを行うことによってキリスト教共同体に赦しを与える力があることを示そうとしており、癒しと赦しを結び付けるそのやり方を正当化するためにイエスも同様のことをしていたと主張したのだろうと指摘している[2]。この意見も、初代教会が癒しを宣教に使っていたことを示す記録（使徒言行録4:9–12; 5:16; 9:34 etc.）をかんがみれば、正しいと考えられる。

4　本章の結論――禍の神義論の否定

　上記からわれわれは、イエスは罪の赦しとしては癒しをしていない、と結論する。ラビ・ユダヤ教では、病人は、「その咎がすべて赦されるまでは癒されない。すべての咎を赦す方がすべての病を癒すと言われているからだ」（Nedarim 41a）という考え方が発展して行くが、イエスは罪と癒しを結び付けてはいない。実際、ヨハネ福音書によれば、むしろはっきりと病が罪の罰であるという見方を否定しているのである。イエスと弟子たちが、ひとりの生まれつき目の見えない人を見たときのことである。弟子たちはイエスに尋ねた。「ラビ、誰が罪を犯したのですか、この人ですか、それともこの人の両親ですか。その結果、この人が目が見えなく生まれてきたのは」（ヨハネ9:2）。福音書記者ヨハネによればイエスはそれに、「彼が罪を犯したのでも、両親が罪を犯したのでもない。しかし、〔この人が目が見えなく生まれてきた〕結果[3]、神の業がこの人に現れるであろう」（9:3）と答えている。イエスの弟子たちの問いは、当時病や肉体的障碍がどれほど一般に罪の罰と見

---

1) Witherington, *The Gospel of Mark,* p. 118.
2) C. G. Montefiore, *The Synoptic Gospels. An Introduction and a Commentary*, vol. 1 (1909; London: Macmillan, 1927), p. 45.
3) 新共同訳では「神の業がこの人に現れるためである」と訳されているが、神が自らの業を現すことを目的として障碍を負わせるということは不自然であり、しかも、ここで「ためである」と訳されている接続詞 $\nu\alpha$ は、直前の9:2では、結果の意味で用いられているので、ここでも結果としてとることがふさわしい。

られていたかを例証する。弟子たちは障碍が何かの罪の罰でありうるかどうかを問うてはいない。そのことはすでに前提の上で「誰の」罪の罰なのかを問うている。神は理由も無く人に視覚障碍を与えないと考えれば、問題は、それが誰の罪か、生まれる前に罪を犯すことは可能だったのか、ということになる。人間が果たして、母の胎内で罪を犯すことは可能かどうかは、先に見たように、タルムードでも論議されている。新約聖書の当時の人々は、のちにタルムードに表れるような民間の見方を共有していたのである。

けれども、イエスの考えは、この点において同時代やタルムードに表れた一般的見解と異なっている。すなわち、イエスは、罪の罰としての病気を否定しているのである。弟子が、盲目の男の障碍の原因となったのは「誰の」罪かを問うた時、イエスは、その問いの前提となる禍の神義論そのものを否定したのである。この男の治癒とイエスへの入信の出来事は、ヨハネの文脈においては、9:13–41のファリサイ派との論争によって、目の見えない者が真理を見分ける者となり、目の見える者（ファリサイ派）には真理が見えないという、ファリサイ派批判の論拠としての意味づけを持たされているが[1]、盲人として生まれたこの男の人にとって、この癒しの本来の意味は別のところにある。それは、この男を連れてきた人々の信仰[2]に答えてイエス

---

1) このことは、弟子たち、あるいは福音書記者ヨハネ（ヨハネ教団）が、罪と障碍の因果関係を否定するイエスの言葉の真意と重要性を正しく理解していなかったことを暴露する。この不理解は同ヨハネ福音書5:2–16で福音書記者が挿入（5:14）によって、あたかもイエスが罪と病（ここでは麻痺）を禍の神義論と同じ応報思想で見ていたかのように記していることにも表れている。

2) あるいは「信頼」。Jeremiasは、「信仰する」に当たる旧約聖書の語はhe^{e}mīnで、その語根 ^{э}mnの基本的意味は「確固とした、恒常的な、信頼できる」ということであること指摘している。この語が動詞（ヒッフィル形、「信頼を勝ち得る、あるいは保つ、信頼する」）として旧約聖書において宗教的意味に用いられることは比較的稀だが、その場合は、日常生活の中で神により頼むことよりも、危機的状況の中で、目前の予測に反してなお神に信頼する信仰のことであると示唆している。この、「確固として迷うことのない信頼」としての意味が、新約聖書にも決定的なものとして残っていると、Jeremiasは指摘している。ヨアヒム・エレミアス『イエスの宣教・新約聖書神学 I』角田信三郎訳（新教出版社、1978）, p. 305; Joachim Jeremias, *New Testament Theology Part One: Proclamation of Jesus,* tr. John Bowden（London: SCM, 1971）, p. 162); また、本書後述pp. 221–222を参照されたい。

4　本章の結論——禍の神義論の否定

が治癒奇跡を行ったということ、そしてその治癒は、この男が家に帰り、共同体の一員としての健康な生活を取り戻すことで完結した、ということである。

　この男の人は、生まれつき目が見えないということで罪人と見られていたが、イエスはその蔑視が誤った偏見であったことを示し、神が彼のことを、健常者に対するよりも特別の業を持って心に留めてくれたということを示したのである。その治癒は「神の業」、イエスを「遣わした方」の業だからである[1]。そして、その治癒とは身体的疾患のみでなく、社会的な関係性の回復をも含めた全人格的なものなのである。

　福音書には、目の見えない人の治癒は他にも三つの例が記されている（並行箇所はひとつと数える）が、そのうちマタイ9:27–31での盲人たちと、マルコ10:46–52での盲人バルティマイは、イエスに憐れみを求め、憐れみの業として癒しを得ている。バルティマイと、マルコ8:22–26で報告されている盲人は、癒しとともに、家に帰る指示（マルコ8:26）、あるいは「行きなさい」（ὕπαγε）（マルコ10:52）との言葉を受ける。「行きなさい」（ὕπαγε）は、治癒奇跡において多くの場合、願いに対する承諾の意味を含んだ答えとしても用いられており、治癒の行為そのものと結びついているという指摘がある[2]。上記で見た体が麻痺した男の人の場合もそうだが、癒しは共同体の一員としての、人間としての生活の中に戻る時に完結するのである。

　神義論的には、イエスは、禍の神義論を否定し、病人たちが救いから遠い罪人として排斥され、あるいは、蔑視されていたことに対し、むしろ彼らが神の憐れみを受け真っ先に救われる存在であることを示し、その救いを、身体的社会的健全さの回復という全人格的癒しの実現によって現実化したのだということ、彼は民の苦難を放ってはおかず、憐れみ救う神なのだということを実践して見せていると言える。

---

1) ここでのイエスの言葉の逐語的信憑性は疑われるが、この考えは、後に見る「ベルゼブル論争」の要点にも通じることであり、イエスの行いがイエスを通しての「神の業」なのだと見る理解は、イエス自身のものであったと考えられる。(Cf. ルカ11:20など)．
2) 小河陽『イエスの言葉』（東京：教文館、1978）, p. 142.

VI章　穢れ

1　序——問題の所在と本章の目的

　イエスはしばしば病人に触れることによって治癒を行ったことが記されている。その件数の多さ、あるいはその意味の重要さは、マルコやマタイが編集句において、イエスがあらゆる病人、あるいは、押し寄せる病人たちに「触れて」彼らを癒したと報告していることから察せられる（マタイ 14:36、マルコ 1:41; 3:10; 6:56）。個々の事例としては、ペトロの姑に触れてその熱を下げたこと（マタイ 8:15）、あるいは民間療法的に、自分の唾液を指につけて盲人や舌の回らない人の患部に触れるなど（マルコ、7:33; 8:23）の施術が記されている。しかもイエスは、穢れとされる重い皮膚病を患った者や死者にも、直接間接に触れている。このことの神義論的意味はいかなるものか。それを明らかにすることがこの章の目的である。

2　イエスによる穢れの清め

　旧約聖書の律法に従えば、重い皮膚病や出血を伴う病を患った病人に対する対処の仕方は、彼らを忌避することだった。重い皮膚病にかかっている者たちが自らの衣服を裂き「穢れている、穢れている」と呼ばわらねばならない（レビ 13:45）と規定されていたことは、彼らの穢れが接触によって感染すると考えられていたからであり、健常者が気づかずに近づいたり触れたりするのを防がねばならないとの趣旨である。先に見たように、クムラン教団では、「穢れ」に打たれている者は会衆の集まりから排除された[1]。しかし、イ

---

[1] 石田友雄訳「会衆規定」『死海文書——テキストの翻訳と解説』(2:3–8), p. 117. 本書上述 p. 77 を参照されたい。また、「宗規要覧」(3:1–12) にはこの教団が穢れへの嫌悪と清めへの非常なこだわりを持っていたことも示されている。それゆえ、

エスはむしろ積極的に、穢れたとされる患者に「手を差し伸べて」（マルコ1:41）触れ、彼らを「清く」した（マルコ1:42）。

　これが、穢れを引き受ける、あるいは、穢れをも克服する聖性の感染力による癒しであると解釈する研究者もある。中野実は、「イエスにとって、神の支配は神の聖性の支配でもある。神の支配の体現者として、神の聖性をも体現する。イエスによるレプラの清めは、そのようなイエスによる神の名の聖化（イスラエルを通しての神の聖性の拡大）の枠組みにおいて理解されるべきである」と示唆している[1]。イエスを通して、神の聖性は穢れとされている者に伝わり、彼らを清くし、共同体の中に回復した。彼らが清い者としてイスラエルの社会の中に戻ることは、イエスの癒しの重要な要素であった。それは、福音書に記された祭儀的不浄とされる病、すなわち重い皮膚病の治癒二例（マルコ 1:40–45//並行ルカ 17:11–19）と長血の女性の治癒奇跡（マルコ 5:25–29//並行マタイ 9:20–22//ルカ 8:43–48）のすべての場合に、イエスが彼らに、共同体の生活に戻るための指示を与えていることに明らかである。長血の女性の治癒奇跡については次節でやや詳細に考察したい。マルコ 1:40–45 の、重い皮膚病の癒しの時には、イエスは治癒した患者に、祭司に体を見せ清めの奉献をして病気の完治を証明するように命じており（1:44）、ルカ 17:11–19 の、10人の皮膚病の患者に対しても、祭司たちに体を見せるように言っている（1:44）。これは、共同体の中に戻るための帰還の手続きである。福音書の癒しの記述でも特に不浄とされた病人へのこのいわゆる「帰還命令」は、癒しが肉体的な癒しのみではなく、疾患に起因する社会的疎外からの癒しをも伴って始めて完結することを特に強調している。マルコ、ルカ、マタイの並行記事を比較すると、帰還命令は後の資料に下るにしたがって記述から落とされる傾向がある[2]。大貫隆の指摘のように、これは、伝承史的に若い層になるほど、癒された者への関心が失われ、奇跡それ自体とそ

　病人を穢れとして排除することは実際に行われていたであろう。
1）中野実「イエスとレプラの清め――イエスにとってイスラエルとは？」『聖書学論集 38』日本聖書学研究所（2006）, p. 82.
2）前掲 p. 200 の分類表を参照のこと。帰還命令は、ルカと比べてマタイで特に落ちる傾向がある。

の効果へと関心が移行したことに起因する[1]のであろう。しかし、本来癒しの奇跡と結びついていた帰還命令の重要性は減じはしない。

　さらに、こうした「穢れ」とされる病気に罹った人々の癒しは、これら聖域から最も遠く放逐され社会の外に出されて、神に遺棄されたように見えた人々が、いわゆる「義人」たちを差し置いて神に顧みられていたことのしるしとなる。不浄とされる病気を持っていた人々は、罪人と同様忌み嫌われ社会から疎外されていたので、それらの人々が神に見出され、救われることは、既成の宗教的倫理的秩序を転覆させることでもあった。聖なる神に喜ばれるような、いわゆる「清い」人々こそが神の特別の顧みを得るという当然の期待を打ち破ることだからである。

　また、イエスがクムラン教団と異なり、祭儀的不浄を罪と区別していたことも重要である。イエスは、重い皮膚病の人々を「清く」したが、赦しの宣言はしていない。そしてまた、罪が不浄の原因になるとの示唆をイエスがなしている記録も、すくなくとも福音書にはない。不浄であれば、清めによって健全な状態に戻ることができる。しかし、イエスは、罪に対しては立ち帰りと神の赦しが必要だと宣べているのである。

3　事例分析

1) 長血の女とヤイロの娘（マルコ 5:21-42）

　このような不浄とされた人々の癒しの例として、福音書の中でももっとも詳細に描写されているのは、いわゆる「ヤイロの娘」と「長血の女」の奇跡である。この二つの奇跡物語は、マルコによる福音書の5:21-42に組み合わさって提示されている。ヤイロというユダヤ教の会堂長がイエスのところに来て、自分の娘が死にそうなので、手を置いてほしい、そうすれば娘は助かるであろうと願う。イエスがヤイロとともに歩き出すところで、もうひとつの癒しの話が挿入される。

---

1) 大貫隆『福音書研究と文学社会学』（東京：岩波書店, 1991), p. 274.

5:25 そして、12年間出血の止まらない女がいた。26 たいそう苦しい思いをし、全財産を使い果たしたが何にもならず、ますます悪くなるだけであった。27 彼〔イエス〕のことを聞いて、群衆の中に紛れ込んできて、後ろからイエスの衣に触れた。28「この方の衣にでも触れれば救っていただける」と思っていたからである。29 すると、すぐ出血が止まって病気が癒されたことが体で分かった。30 イエスはすぐに、自分の内から力が出て行ったことに気づいて、群衆の中で振り返り、「私の衣に触れたのは誰か」と言った。31 弟子たちは言った。「ご覧ください。群衆があなたに押し迫っているのに、『誰が私に触れたのか』とおっしゃるのですか。」32 しかし、イエスは、このことをした〔女の〕人を見つけようと、見回していた。33 自分の身に起こったことを知って恐ろしくなり、震えながら出てイエスにひれ伏し、彼に本当のことをすべて話した。34 イエスは言った。「娘よ、あなたの信仰があなたを救った。平安のうちに出て行きなさい。もうその病気から離れて、健やかでいなさい。」

上の25-26節はこの女の人の背景を説明する編集句である。28節と30a「イエスは、自分の内から力が出て行ったことに気づいて」、および33a「女は自分の身に起こったことを知って恐ろしくなり」は、可視の事実ではなく内面描写であるから、伝承の形成過程かマルコの編集によって加えられた解釈である。それらを除いてここに表されていることは、この人が、女性は公の場で見知らぬ男性に触れてはならないというタブー[1]を破り、しかも穢れとされている出血の状態でありながら、群衆の中に出てきてイエスに触れたということ、それによって病が癒されたと感じ、すべての次第をイエスに告白したこと——この「すべて」とは、5:34の派遣と祝福の言葉から見ておそらく、長年病気で医者にかかっても治癒しなかったことをもすべて含むであろう——、イエスが、女の行為をよしとし、治癒と平安を告知したことである。律法では穢れが接触によって伝染すると考えられていた（レビ 5:2;

---

1) Cf. Mary Ann Tolbert, "Mark," Carol A. Newsom/Sharon. H. Ringe eds., *The Women's Bible Commentary*（London: SPCK, 1992）, p. 267; Malina/Roharbaugh, *Social-Science Commentary on the Synoptic Gospels*, p. 210.

15:19–23) のに対し、イエスは穢れとされる女に触れられることによって、逆に清さを伝染した[1]。イエスがここで言う「あなたの信仰πίστις (pistis) があなたを救った」、という「信仰」は、信頼と言ってもよい。28節のせりふに表された、「この方の衣にでも触れれば救っていただける」というような気持ちである。「救った」に用いられている動詞σῴζω (sōizō) は、一般に「癒す」という意味で用いられているθεραπεύω (therapeuō)[2] や、ἰάομαι (iaomai)[3] よりも強い意味を持つ。「命を救う」（マルコ3:4、ルカ6:9）と言った方がよい。特にここでは、「平安のうちに (εἰς εἰρήνην [eis eirēnēn]) 出て行きなさい」というイエスの言葉により、より深い救いの意味を帯びている[4]。εἰρήνη (eirēnē) にあたるヘブライ語のשלוםにはשָׁלוֹם (šālôm「平和」) のほかに、שָׁלֵם (šālēm「完全である、健全である」)、שִׁלֵּם (šillēm「償う」)、שָׁלֹם, שִׁלּוּם (šillûm, šillum「償い、報い」) などの意味がある[5]。ここから、

---

1) Culpepperは、イエスが癒しの奇跡の際に相手に直接触れたことは、癒しが「単なる魔術的な力」によると考えられないために重要だったと考えている（P. Alan Culpepper, *Mark*, in *Smyth & Helwys Bible Commentary Series* (Macon,Georgia: Smyth &Helwys, 2007), p. 175）。しかし、シリア＝フェニキア生まれの女の娘の癒し（マルコ7:29–30）やカペルナウムの百人隊長の部下の癒し（マタイ8:13//並行ルカ7:10）の場合には、癒しは遠隔で行われている。これらの異邦人の治癒が遠隔で行われたことに、TheissenとMerzは、ユダヤ人と異邦人との関係の緊張が反映されており、その緊張が克服されねばならなかったと指摘しているが（Gerd Theissen/Annette Merz, *The Historical Jesus: A Comprehensie Guide*, tr. John Bowden (London, SCM, 1998), p. 170）、これら遠隔治癒奇跡が他の事例と比べて「単なる魔術」と受け取られたという記録はないので、われわれは、直接に触れることそれ自体の救済的意味を見たい。
2) 共観福音書のみでも、マタイ4:23; 8:7; 9:35; 10:1, 8; 12:10; 17:16、マルコ3:2、ルカ4:23; 5:15; 6:7; 8:43; 9:1, 6; 10:9; 13:14; 14:3の例がある。
3) 共観福音書のみでも、マタイ13:15、マルコ5:29、ルカ5:17; 9:2, 42; 14:4; 22:51の例がある。
4) W. Radl, "σῴζω," in *Exegetical Dictionary of the New Testament*, vol. 3 (Grand Rapids: Eerdmans, 1993), p. 320; E. シュヴァイツァー『マルコによる福音書：翻訳と註解』高橋三郎訳（NTD新約聖書註解1）（東京：ATD・NTD聖書註解刊行会、1976）, p. 157. 新共同訳では「安心して」と訳してあるが、ただの、心の安心にとどまらない。
5) 70人訳でもשלוםに対する訳は、ギリシア語で平和に当たるεἰρήνηのほかに、創世記29:6のὑγιαίνει（元気で）、創世記37:14（2回）ὑγιαίνουσιν 元気で、創世

שלם という概念は健康や物質的報いを含む、十全な平安であったと考えられる。この女の人は、心も体も苦しみから解放された状態を回復したことが示されているのである。E・P・サンダースは、出血ならば通常は穢れとして見られるところ、イエスがこの女性を穢れとしてではなく、病人として扱い、清めではなく癒しを与えたと指摘し、そのことに衝撃的な重要性を見ている[1]。イエスが彼女を穢れではなく病人として扱ったことは、長年穢れとして見られることで苦しんでいた彼女にとっては、病にかかって初めて受けた人格的扱いでありそれ自体救いだったであろう。この女性がイエスによって得た「救い」は、清めをも病気の癒しをも含み、さらに社会的救済をも含む、全人的な救いだった。

そして、続いて語られるヤイロの娘の治癒奇跡においても、イエスは死んだ子どもの手を取って、「起きなさい」との言葉を発している。この、娘を起き上がらせた言葉はアラム語で記されており、それは福音書記者が、「奇跡をもたらす言葉（wonder-working words）は、文字通りそのままにしておかなければならない」[2]と考えたからであろう。そのことは、また、この伝承の信憑性を増すものでもある。ここでは、手を取る行為が癒しを生じたのか、起きなさいという命令が癒しにつながったのかは明記されていない。あるいは、その両方かもしれない。重要な点は、イエスが、少女が死んだ状態、つまり、レビ記に拠れば穢れた状態（レビ 11:24–25）の時にその手を取って、癒しを行っていることである。ここでもまた、穢れが伝染するので

記 41:16 σωτήριον（幸い）、創世記 43:23 ἵλεως（（神が）慈悲深く）、創世記 43:28 ὑγιαίνει（元気で）、申命記 29:18 (ὅσιά (μοι γένοιτο))（熟語の一部だが、「善いこと」といった意味。熟語全体で「大丈夫」)、イザヤ書 48:22 χαίρειν（喜び）、ヨブ記 21:9 εὐθηνοῦσιν（繁栄する）、ヨブ記 25:2 τὴν σύμπασαν（すべてのもの）、ダニエル書 10:19 ὑγίαινε（安らかに）、などがある。

1) E. P. Sanders, "Jesus, Ancient Judaism, and Modern Christianity: The Quest Continues," pp. 31–55. Paula Fredriksen/Adele Reinhartz eds., *Jesus, Judaism, and Christian Anti-Judaism: Reading the New Testament after the Holocaust* (Louisville, Kentucky: John Knox Press, 2002), p. 40.

2) B. Harvie Branscomb, *The Gospel of Mark,* in The Moffatt New Testament Commentary (London: Hodder and Stoughton, 1937), pp,95–96.

はなく、逆に、救いの力が少女へと伝わっている。またイエスはこの治療に先立って、ヤイロに「信じるように」命じるが、このことは、長血の女の人の「信仰／信頼」が癒しにつながったことと共通して、この二つの癒しの物語を結びつけている。イエスは少女の死の知らせを受けて「なぜ、泣き騒ぐのか。子供は死んだのではない。眠っているのだ」(5:39) と言う。E・シュヴァイツァーはこの言葉の意味を、ここでイエスは神がすでに見ているのと同じようにこの子を見ており、来るべき蘇生は彼にとってすでに、人の目が見る現実より以上の現実とされているのだ、と解釈している。そして、それは来るべき御国が、イエスにとっては今すでに来ていると見えているのと同様だと理解している[1]。その見方は正しく、イエスの内的真理として、少女はすでに生の領域に移されていたのかもしれない。しかし、伝承の担い手の報告として重要なことは、少女が確かに死んでいたのに生き返ったこと、イエスによって蘇生したことである。イエスが彼女に食物を与える指示は、彼女が幻覚ではなく、確かに生身の人間として蘇生したことを強調する。少女の蘇生は、死の克服という意味で、神の国の開始が今ここで始まっているひとつの兆しである。そして、それとともに、今まで律法によって「穢れ」として排除されてきた者を清い者として、神の国が取り込んでいることを示しているのである。

2) ナインのやもめの息子（ルカ 7:11–17）

　これも、接触によりイエスが清さを死人に伝達し、蘇生が起こった例である。この治癒奇跡では、イエスが死んだ青年の母親を憐れに思ったとの語り手の記述があり、福音書記者がこれを神の憐れみによる救済の業と理解したことが示唆されている。

> 7:11 それから間もなく、彼〔イエス〕はナインという町に行った。弟子たちや大勢の群衆も彼と一緒に行った。12 イエスが町の門に近づいたとき、見よ、死んでしまった、彼の母親にとってはただ独り生まれた息子

---

1) シュヴァイツァー『マルコによる福音書』, p. 159.

が葬りに担ぎ出されるところであった。彼女はやもめであった。死んで、棺が担ぎ出されるところだった。町の人が大勢彼女に付き添っていた。¹³主は彼女を見て彼女を憐れに思い、彼女に「もうなくのはやめなさい」と言った。¹⁴そして、近づいて棺に手を触れると、担いでいる人たちは立ち止まった。彼は言った、「若者よ、あなたに言う。起きなさい」。¹⁵すると、死人は起きて座り、ものを言い始めた。そして〔イエスは〕彼を彼の母親に与えた。¹⁶恐れがすべての人々を捕えた。彼らは、神を賛美して、「大預言者がわれわれの間に蘇った」と言い、また、「神はご自分の民を心にかけてくださった」と言った。¹⁷彼〔イエス〕についてのこの話は、ユダヤの全土と周りの地方一帯に広まった。

　この話は、ルカの福音書においては、7:22でイエスが福音の実現の証しとしてあげる「死者が蘇ること」の実例としての機能を果たしている[1]。
　死んだ若者はこの女にただ一人だけ生まれた（μονογενής [monogenēs]）息子であったことが強調されている[2]。彼女には、ほかには娘も息子も無く、夫の死後は、やもめという社会的に弱い立場の彼女にとってはこの息子が唯一社会的、経済的支え手であり[3]、夫の血筋を絶やさないための唯一の希望でもあった[4]。彼の死によって彼女は、そのすべてを失った。それゆえ、彼女は、息子の死という悲しみだけではなく、社会的、経済的困難も背負っていた。イエスは死んだ息子よりもむしろ、そのような窮境にいる「彼女に」憐れみを感じ、助けを必要としている彼女を助けるためにこの息子を蘇らせ

1） Joseph A. Fitzmyer. *The Gospel according to Luke I–X, The Anchor Bible 28* (*The Anchor Bible*; Garden City, N.Y: Doubleday, 1981), P. 656.

2） R. C. H. Lenski, *The Interpretation of St. Luke's Gospel* (Minneapolis: Augsburg Publishing House, 1946), p。397; Liddell, Henry George/Robert Scott. *Greek-English Lexicon*. 9th ed. (Oxford: Oxford Clarendon Press, 1996), p. 1144でも、この語が、通常「独り子」を表すと示されている。

3） Lenski, *The Interpretation of St. Luke's Gospel*, p. 397.

4） William Hendriksen, *The Gospel of Luke: New Testament Commentary* (Edinburgh: The Banner of Truth Trust, 1978), p. 384.

たのである[1]。ここでは、イエスが、「彼女を」（αὐτὴ [autē]）見て、「彼女を」（ἐπ' αὐτῃ [ep' autē]）憐れに思い、「彼女に」（αὐτῇ [autēi]）、もう泣くのは止めるようにと言ったと、イエスの関心と憐れみの対象が彼女であることが強調されている。特に、「もう泣くのはやめなさい」というイエスの言葉には、この若者の死という出来事だけではなく、夫の死とそこから生じたやもめという境遇を含めて、彼女の抱えたすべての困難に対するイエスの同情が示されている。息子の蘇生はこの女性にとっては、息子の死の悲しみだけではなく、社会的、経済的にも救いをもたらす出来事であった。

　福音書記者、あるいは、この出来事の伝承の伝え手は、この出来事を列王記上17:8–24にあるエリヤの治癒奇跡、すなわち、エリヤがサレプタのやもめの息子を蘇らせた奇跡物語に重ねて見て報告しており、イエスが「彼を彼の母親に与えた」との文言をそっくりそのまま70人訳からκαὶ ἔδωκεν αὐτὸν τῇ μητρὶ αὐτοῦ（kai edōken auton tēi mētri autou. 列王上17:23）と引用して用いている[2]。それゆえ、ここで、「大預言者がわれわれの間に蘇った」と言い、また、「神はご自分の民を心にかけてくださった」と言及されているのは、預言者エリヤであり、この奇跡は、この母親だけではなく、神がイスラエルの「民」を心にかけ、救済をもたらしてくれるという、神の約束の成就の一つの兆しあるいはその出来事のひとつとしてとらえられているのである。エリヤは、マラキ書3:23–24の預言などから、主の日の先触れとして待望されており[3]、彼の訪れは、イスラエルの民の救いの日の近いことを期待させるものであった。

　しかも、ここではその救済の業がヤイロの娘の蘇生の場合と同様、イエスによる穢れの克服という、もうひとつの重要な側面でも大きな変革をもたらす救済の出来事として起こっている。イエスは、この若者の棺に触れて、その後に、「起きなさい」と言っている。若者がまだ、死んでいる、穢れた状

---

1) Adolf Schlatter, *Das Evangelium des Lukas,* Aus seinen Quellen erklärt, 2. Auf.（Stuttgart: Calwer Verlag, 1960）, p. 253.
2) Fitzmyer. *The Gospel according to Luke I–X*, p. 656が指摘している。
3) Jerome T. Walsh, "Elijah," in *The Anchor Bible Dictionary,* vol. 2（New York: Doubleday, 1992）, p. 465.

態の時に、彼は棺に触れているのである。死者の穢れは、棺を通じてイエスに伝染したと思われたであろう[4]。しかし、その逆に、イエスは死者の穢れを克服し、彼を生の領域に戻したのである。フィッツマイヤーは、エリヤの奇跡とイエスの奇跡は、一つ大きな違いがあり、それは、イエスが死者に触れないで言葉で癒しを行ったことであると指摘しているが[5]、イエスが言葉によって癒しを行ったことは重要だとしても、ここで、彼が棺に触れたこともまた、重要なのである。

　また、彼が母親に息子を「返した」ではなく、「与えた」と書いてあることは、いみじくも、この息子が新たな生を与えられ、かつて神からの授かりものとして最初に生まれたときのように、新たに彼女に与えられたことを示している。この用語法は、伝承あるいは福音書記者の解釈によるとしても、ここにはひとつの貴重な洞察があるであろう。

---

4) Herbert Danby, "Glossary of Untranslated Hevrew Terms," to *The Mishnah,* tr. Herbert Danby (London: Oxford Univ. Press, 1933), p. 795. Danbyの注では、流血や漏出による穢れは穢れた者の使った寝台や椅子を通じて伝染するとされているが、死者の場合の穢れも棺に触れたりすれば同様に伝染すると見られていたであろう。レビ記21:1–4, 11–12によれば、遺体に触れるのみならず、近づいても身を汚すことになったからである。Cf. Arthur A. Just Jr., *Luke, 1:1–9:50,* Concordia Commentary Series (Saint Louis: Concordia Publishing House, 1996), p. 308.

5) Fitzmyer. *The Gospel according to Luke XI–XXIV,* p. 656.

補2　イエスの癒しと信仰

　イエスの癒しにおいては、癒される者、あるいはその周囲の者の信仰 πίστις (pistis) が重要である。イエスの癒しの奇跡では、多くの癒しにおいて[1]、癒しを望む者の「信仰」が問題とされているか、あるいは、癒された後に信仰に至る驚きと賛美のモチーフが見られる。G・バルトは、イエスの言葉においては、奇跡物語の形と言語は伝承の担い手である共同体によるものなので「信仰」の要請もその影響を受けているはずだと認め、イエスが奇跡治癒を行う際に信仰を求める言葉が、逐語的に史的イエスの言葉であったとは考えられないという留保をしながら、それでも、信仰が奇跡に先立つという理解は、イエスの使信に根拠を持つと考えている。なぜなら、出エジプト記4:8–9、14:31、詩編78:19–22、その他ヘレニズムの奇跡奇跡[2]でも、新約聖書での奇跡の伝承の記述者の前提においても（ヨハネ2:11, 23; 43:52; 11:15, 42, 45; 20:31、使徒言行録5:12ff.; 9:42; 13:12; 9:17–18）、奇跡が信仰の根拠として考えられるのが通常であり、信仰が奇跡の基となる伝承は、それと正反対だからである[3]。

　イエスが求める「信仰」は、イエス自身をキリストと信じるという意味での「信仰」ではない。少なくとも治癒奇跡に際しては、イエスは自分をメシアと主張することはしていないからである[4]。けれども、神の力によれば普

---

1) マルコ 1:30–31; 3:1–5; 8:22–26、ルカ 14:1–4、ヨハネ 5:1–9 とそれらの並行箇所および悪霊祓いを除く。
2) タキトゥスが記しているウェスパシアヌス帝（位69–79）の行った奇跡物語は、彼の皇帝の資格を示すための伝承である。彼が帝位に着く前に行った癒しの奇跡は、サラピス神の信奉者たちの視力や手の力の回復であり、これは彼がこのエジプトの神の好意を得ていることを示した（『同時代史』4:81）。
3) タイセン『原始キリスト教の心理学』, p. 345 も、通常は奇跡が信仰を引き起こすのが普通で、信仰が奇跡を起こすのはイエス伝承の場合だけであると指摘している。
4) イエスが自分自身を神の国をもたらす変革者メシアと考えていたかどうかは、ここでは判断できない。ユダヤ教ラビ文献では、メシアは、神の国をもたらす者と考えられたり、神自身が神の国をもたらした後で統治者として現れる者と考えられたりしている（Sanhedrin 97a–99a）。「来るべき方は、あなたでしょうか」との問

通はありえないことも現実になるという、神への信頼なのだと、バルトは理解している[1]。この見方は正しい。ルカによる福音書のイエスの言葉、「あなた方にからし種一粒ほどの信仰があれば、この桑の木に、『根から引っこ抜かれて海に植え替えられろ』と言っても、言うことを聞くであろう」（ルカ17:6）や、マタイによる福音書の並行箇所、「もしあなた方にからし種一粒ほどの信仰があったならば、この山に向かって、『ここから、あそこに移れ』と命じても、あなた方に従うだろう。あなたがたにできないことは何もない」（マタイ17:20）[2]は、「信じること、信頼すること」が癒しを含めて、あらゆる奇跡的な業に先立つことを示している。信仰／信頼が癒しに先立つことは、イエスの癒しが単なる病気の治癒にとどまらず、本論で見てきたように、より広い意味での救いという意味を持つこと、「救い」ということが、神への立ち帰りによる「平安」と切り離せないものであることを示している。そこでは奇跡は、信仰をもたらすためのしるしではなく、信じる人に与えられる恵みととらえられている。それゆえ、信仰からではなくイエスの権威を試そうとして「しるし」として奇跡を求める者たちに見せるためには、奇跡は行われない（マタイ16:4、マルコ8:12）[3]。

いに答えたイエスの言葉、「目の見えない人は見え、足の不自由な人は歩き、重い皮膚病の人は清められ、耳の聞こえない人は聞こえ、死者は生き返り、貧しい人は福音を告げ知らされている」（マタイ11:5//並行ルカ7:22）は、イザヤ書35:5-6で預言された神の救いの時に起こる出来事を意識し、イエスが自分の行為を神の国の到来のしるし、あるいは実現と考えていたことは確かであるが、イエスが自分をメシアと考えていたか、メシアと考えているならばいかなるメシアと考えていたかは、当時の多様なメシア観を踏まえて論じざるを得ない。この点については本書の範囲を超えるので、後の課題とする。

1) G. Berth, "πίστις," in *Exegetical Dictionary of the New Testament,* vol.3 (Grand Rapids: Eerdmans, 1993), p. 94.
2) ここには、イエスの言葉が誇張されてゆく傾向が見られる。マタイは、マルコによる福音書の11:23「はっきり言っておく。誰でもこの山に向かい、『立ち上がって、海に飛び込め』と言い、疑いの念を持たず自分の言うとおりになると信じるならば、そのとおりになる」をQ資料の「からし種一粒ほどの信仰があれば」に組み合わせている。桑よりも、山を動かすほうが大きな事と見て、Q資料をマルコの資料に依拠して書き換えたのであろう。
3) ヨハネによる福音書でイエスの行った奇跡を「しるし」としている（2:11、2:23、4:54、

使徒言行録を見ると、初代教会では、病気の癒しや悪霊祓いが宣教の一環として行われていたことがわかる（使徒言行録5:12–16）。このことは、イエス自身にとって奇跡は信仰を呼び起こすためのしるしではなく、むしろ奇跡的治癒に先立って「信仰／信頼」があるべきものだったのに対し、後にイエスがメシアであるという解釈が生じると、イエスやイエスの名による治癒奇跡が、ヘレニズムの奇跡行為者の例と同じく、イエスのメシア性の証しと見られるようになったということを示している。しかし、使徒言行録の時代に至ってもやはり、癒しはイエスのメシア性のしるしであるだけではなく、本質的に、神の国の開始を示すものとして意味をもっていたのである。

　6:2、6:14、12:37)のは、ヨハネ教団の解釈であり、イエス自身ではない。ヨハネでは、イエスの行ったしるしを見て信じるか、信じないかが信仰の有無を分ける試金石となっている (12:37) が、共観福音書ではそのようなモチーフはない。

VII章　サタンからの解放

1　序——問題の所在と本章の目的

　新約聖書にはイエスの悪霊祓いの奇跡が6例記され（マルコ1:23–26//並行ルカ4:33–35；マルコ5:1–15//並行マタイ8:28–34//ルカ8:27–35；マルコ7:24–30//並行マタイ15:21–28；マルコ9:17–29//並行マタイ17:14–18//ルカ9:38–43；マタイ9:32–33；マタイ12:22）、マルコ6:13、マタイ8:10の語りの言葉の中には、イエスが多くの悪霊を追い出したとの記述がある。悪霊が病や障碍を引き起こすという民間信仰が中間時代にイスラエルに入ってきたことはⅠ章で見たが、イエスも、イエスに悪霊祓いを受けた人々も、その信仰を共有していた。彼の悪霊祓いは通常の病の癒しや穢れの清めとは異なる意味がある。神義論とのかかわりにおけるその意味を考察するのが本章の目的である。

2　事例分析

1) 腰の曲がった婦人（ルカ 13:10–17）

　福音書に記されたイエスの治癒奇跡の中で、悪霊憑き以外に病を特にサタンと結びつけて見ている例が一例だけある。ルカによる福音書のみに記されたもので、新共同訳で「安息日に、腰の曲がった婦人をいやす」と見出しのついた治癒奇跡である[1]。この伝承は、イエスが人の障碍をサタンの業と結

---

1) この婦人の癒し（あるいは解放）の物語は正確には2–16節までであり、17節は、「イエスがなさった数々のすばらしい行いを見て喜んだ」との複数形（πᾶσιν τοῖς ἐνδόξοις）での表現によって婦人の奇跡がイエスが行った多数の同様の事例のひとつであるという示唆を与えて結び、10節と枠構造を作っている。「すばらしいこと」（ἔνδοξος の複数与格）は、この複数形によって他のすべての奇跡をも含む

び付けて語る唯一の例を含むので、ここで詳しく見るに値する。

> ¹³:¹⁰ さて安息日に、イエスはある会堂で教えていた。
> ¹¹ 見よ、18年も弱さの霊を持っていて二つ折りになっている女がおり、まったく体を伸ばすことができないでいた。¹² そして、イエスは彼女を見て彼女に言った。「女よ、あなたの弱さは去った」。¹³ そして彼女に両手を置いた。すると彼女は即座にまっすぐになり、神を賛美した。¹⁴ しかし会堂長はイエスが安息日に癒しをしたことに腹を立て、答えて、群衆に言った。「働くべき日は6日ある。だから、あなたたちはそのときに来て治して貰いなさい。安息日ではなく。」¹⁵ しかし主は彼に答えて言った。「偽善者たちよ。安息日だからといって、あなたたちの誰が、牛やロバを飼い葉桶から解いて、水を飲ませに引いてゆかないだろうか。¹⁶ 彼女はアブラハムの娘なのに、サタンが彼女を18年間も縛っていたのだ。安息日なのだから、その束縛から解いてやるべきではなかったか。」¹⁷ そして、彼がこう言うと彼に反対するすべての者は恥じ入らされて、すべての群衆は彼によってなされたすべてのすばらしいことに喜んだ。

福音書には、イエスが癒しを行って歩いたことが「人々のすべての病や病気を癒して」θεραπεύων πᾶσαν νόσον καὶ πᾶσαν μαλακίαν ἐν τῷ λαῷ (therapeuōn pasan noson kai pasan malakian en tōi laōi マタイ4:23) とそれに類似した表現によってしばしば報告されている。その際、「病」を表す語としては通常、μαλακία (malakia)、νόσος (nosos)、κακῶς ἔχων (kakōs echōn) などが用いられている[1)]。これらの「病」はいずれも、サタンが直接引

ように一般化されるので、この婦人の話との結びつきは弱く感じられる。17節は後からの加筆と見なしてよいであろう。ブルトマンも、これをルカの手による締めくくりの言葉としている。(ブルトマン『共観福音書伝承史II』加山宏路訳(東京：新教出版社, 1987), p. 260)。17節は、イエス(あるいは初代教会)と当時のファリサイ派の一部との律法解釈をめぐる論争を考える上では意味があろうが、イエスとサタンとの戦いという意味では関連が薄い。

1) πᾶσαν νόσον καὶ πᾶσαν μαλακίαν という表現は、マタイ 4:23、9:35、10:1 に見

き起こしたものとは言われていない。一方、この腰の曲がった婦人の場合には、上記の「病」に該当する語のいずれも用いず、γυνὴ πνεῦμα ἔχουσα ἀσθενείας (gunē pneuma ekhousa astheneias 13:11。「弱さの霊を持っている女」) という表現がなされている。障碍とサタンが結びつけられている唯一の例であるここで「病」とは別の「弱さ」という語が使われていることは重要である。ゲルト・タイセンは、イエスの癒しにおいては病が「弱さ (*asthéneia*) をさす単語とまったく同一」の語で言及され、「癒しは病人が治癒者の按手によって力を与えてもらうことを言う」と指摘している[1]。しかし、今見たように、福音書で病に言及する際には、「病気」を意味する一般的な語も用いられていたので、あえてここで「弱さ」、しかも、「弱さの霊」が用いられていることには特別の意味を見るべきである。実際タイセンの指摘どおり、ここでは、力の回復という意味は大きい。サタンはこの女の人を病気にしたのではなく、「縛っていた」とされている。これは、力づくのイメージであり、それゆえ、この女の人が憑かれていたのは「弱さの霊」なのである。14節で会堂長はイエスが癒しをしたとして立腹しているが、これを病からの癒しと見るのは会堂長であってイエスではない。この女性の回復の真の意味は、解放である。福音書でしばしば悪霊が「穢れた霊」[2]と表現されていることからすると、この「弱さの霊」は、悪霊のひとつと考えられている可能

られる。そして、病に μαλακία またはその活用形を用いる用例はこれがすべてである。νόσος は νόσοις という形でマタイ 4:24、マルコ 1:34、ルカ 4:40 にある (ルカ 4:40 では ἀσθενοῦντας νόσοις となっていて、病による弱さを考え、両者を結びつけて表現する事例があることは指摘できる)。また、νόσους で、マタイ 8:17、マルコ 3:15、ルカ 9:1 に見られる。「病気である」に κακῶς ἔχοντας が用いられている例もあり、それはマタイ 4:24、8:16、14:35、マルコ 1:32、1:34、6:55 に見られ、現在分詞で病人を表す用例 κακῶς ἔχοντες がマタイ 9:12、マルコ 2:17、ルカ 5:31 にある。

1) ゲルト・タイセン『原始キリスト教の心理学』、p. 335.
2) イエスの譬えや個々の奇跡の描写の中では「悪霊」δαιμόνιον よりも「汚れた霊」πνεῦμα ἀκάθαρτον という言い方 (およびその変形) が用いられることが多く (マタイ 10:1、12:43、マルコ 1:23、1:26、1:27、3:11、3:30、5:2、5:8、5:13、6:7、7:25、9:25、4:36、6:18、8:29、9:42、11:24)、ルカ 9:42 の汚れた霊は、同節で悪霊に言い換えられている。ルカ 4:33 は πνεῦμα δαιμονίου ἀκαθάρτου.

性もある。そう考えれば、サタンに縛られていた、ということは、この悪霊を用いて、その頭たるサタンがこの女の人を縛っていたということになる。いずれにしてもここでは、この人がサタンに縛られていたのに解放された、ということが重要であり、それは、安息日にむしろ相応しいこととしてなされたのである。命に関わる病気でない限り、安息日の癒しはユダヤ教では律法違反とされていたので[1]、一見、これは、ユダヤ教の一般概念にとっては

---

1) Yoma 84b–85b（84bのミシュナを含む）に、人間の命に危険があると思われるときには、看病が安息日に優先することが記されている。翻って、それ以外の場合は、安息日の癒しは禁じられていると考えられた。ただし、イエスの時代にこの安息日規定がどの程度厳しいものであったかは諸説あり、H・マコービーは、イエスの癒しは「信仰による癒し」というべきもので、ミシュナで安息日に禁じられていた39の条項には抵触しておらず、安息日の禁止を破ったとは言えないと指摘している。彼はさらに、そもそもファリサイ派でも、「安息日は、人に与えられたのであって、人が安息日に与えられたのではない」（Mekhilta）と言われていることに言及して、安息日に死や危険が見込まれる場合にそれを避けるべき手を打たないのは、安息日の精神に反するとされていたことを指摘している（Hyam Maccoby, *Judaism in the First Century* (London: Sheldon Press, 1989), pp. 43–45)。Mekhilta（3世紀ラビたちに編纂された出エジプト記の注解）で出エジプト記31:13についての個所に、人間の命を救うことは安息日の遵守に優先すると言われていることは、田川建三『マルコ福音書上巻』, pp. 185&195 や、Gil Student, "Shabbat and Gentile Lives," e-text (http://www.aishdas.org/student/shabbat.htm#_edn29, 2012年3月27日アクセス) などにも指摘されている。

　ミシュナで39の禁止項目が確定される前に、安息日の癒しの禁止がどの程度ユダヤ教全体で受け入れられていたかは疑問であり、安息日論争は、ユダヤ教内部での教義的相違を反映したものとも考えられる。パレスチナ・タルムードのミシュナ（Shabbat 7:2）に定められている禁止項目は、1 蒔くこと、2 耕すこと、3 刈り取ること、4 穀草を束ねること、5 脱穀すること、6 もみ殻を振るうこと、7 選別すること、8 すりつぶすこと、9 ふるいにかけること、10 こねること、11 焼くこと、12 羊毛を刈り取ること、13 それを洗うこと、14 それを打つこと、15 それを染めること、16 紡ぐこと、17 織ること、18 二つの輪を作ること、19 二本の糸を織ること、20 二本の糸を分けること、21 結ぶこと、22 ほどくこと、23 二針縫うこと、24 二針縫うために裂くこと、25 鹿をわなにかけること、26 それを屠ること、27 その皮を剥ぐこと、28 それを塩漬けにすること、29 その皮を乾かすこと、30 それをこすってきれいにすること、31 それを切り分けること、32 二文字書くこと、33 二文字書くために二文字消すこと、34 建てること、35 取り壊すこと、36 火を消すこと、37 火を点すこと、38 ハンマーで叩くこと、39 物を他の域に移

逆説的なことであった。しかし、L・T・ジョンソンが指摘するとおり、安息年が負債からの解放の時であることから分かるように、解放は安息の本質であり[1]、この女性の癒しの本質と合致したのである。16節後半οὐκ ἔδει λυθῆναι ἀπὸ τοῦ δεσμοῦ τούτου τῇ ἡμέρᾳ τοῦ σαββάτου;（ouk edei luthēnai apo tou desmou toutou tēi hēmerai tou sabbatou?）は新共同訳では「安息日であっても〔…〕」と訳されているが、それよりもむしろ、「安息日だからこそ、その束縛から解いてやるべきではなかったか」という意味で解釈するのが適切である[2]。

　福音書に記されている癒しの中で同じく安息日になされた、ベトサタの池のほとりに38年間横たわっていた人の麻痺の癒しの場合も、この人の障碍はἀσθένεια（astheneia）と言われており（ヨハネ5:5）、ここでも、癒しは弱さからの解放と考えられている。また、マルコ3:1–5（並行マタイ12:10–13//ルカ6:6–10）に記されている手のなえた人の癒しの場合も、このことは当てはまる。「手」は特に権力や力の比喩としても用いられる（ルカ1:66、使11:21）が、そのことにも示されるように、手のなえの回復は力の回復の象徴であり、弱さからの解放という安息の本質にかなったことである。ルカ14:1–4にある水腫の人の癒しもまた、安息日に行われ、そこでも「〔イエスは〕彼を癒し、帰した」（ἰάσατο αὐτὸν καὶ ἀπέλυσεν [iasato auton kai apelusen] 14:4）と報告されている。このἀπέλυσενは「帰した」の他に、「解放した」という意味もある。ここに見えるのはやはり解放のモチーフである。

　近年イエスのユダヤ性が注目されるに従い、彼が行った安息日の癒しにつ

すことであり、イエスの癒しが、そのどれにも抵触しないとも見ることができる。尚、禁止項目については、Cf. Jacob Neusner, tr. *The Talmud of the Land of Israel: A Preliminary Translation and Explanation*, vol. 11. *Shabbat*（Chicago and London: The Univ. of Chicago Press, 1991）, pp. 230–231.

1) Luke Timothy Johnson, *The Gospel of Luke*（Sacra Pagina Series 3）（Collegeville, Minnesota: The Liturgical Press, 1991）, p. 212.

2) 大貫『イエスという経験』, p. 238 も「安息日にその桎梏から解かれねばならないではないか」と訳している。三好迪「ルカによる福音書」『新共同訳新約聖書注解 I』（東京：日本キリスト教団出版局, 1991）, p. 336 も、「安息日だからこそ、その束縛から解いてやるべき」とも翻訳できると指摘している。

いて、多くの注釈者がその律法的合法性を指摘するに至っている。安息日に病気の治療をすることは禁じられていても、命にかかわるものであれば、禁じられていない。そして、わずかな傷や疾患であってもその危険性のほどは人間にはわからないので、例えばのどの痛み程度のことであっても治療をすることは律法に違反しない。それゆえ、イエスの治療の場合も、律法に違反しているとは言い切れない。しかも、言葉による治療は律法違反ではないなどの指摘もある[1]。イエスの安息日の癒しについては、それゆえ、安息日を破ったという律法に対する否定的行為と見るよりも、安息日の本質である安息の成就という積極的な意味で理解する方が正しいであろう。

これら弱さに由来する疾患が常に「悪霊」によると明示されているわけではないが、当時の人々が多くの病気の原因を悪霊に帰していたことを考えると、ベトサダの池での治癒奇跡や、水腫の人の癒しの場合にも、これらの治癒奇跡の目撃者やイエス自身が、彼らの弱さからの解放を、悪霊による拘束からの解放と見ていたことはありえよう[2]。

イエスが、「サタン」との戦いを自分の悪霊祓いや癒しの実践において真剣に考えていた、その度合いの強さは、現代のわれわれには実感できないほ

---

[1] Stanley Ned Rosenbaum, tr., "A Letter from Rabbi Gamaliel ben Gamaliel," in Beatrice Bruteau ed., *Jesus Through Jewish Eyes: Rabbis and Scholars Engage an Ancient Brother in a New Conversation*（Maryknoll, NY: Orbis Books, 2001）, p. 87.

[2] 大貫『イエスという経験』p. 154 は、「病気や障害の「癒し」と「悪霊祓い」を厳密に区別する必要がないことを確認しておきたい」と述べ、福音書記者たちが「悪霊憑き」を「病気」の中に包括していると読んでいる。その例証として、「マルコ3章1–2節は「手の萎え」を「病気」といいなおし、3章10–11節は「病人たち」の癒しと「悪霊ども」の服従を並べている。マタイ4章23–24節は「悪霊憑き」を「あらゆる病気」に包括している。ルカ8章2節は「悪霊を追い出して病気を癒していただいた何人かの婦人たち」、9章1節は「あらゆる悪霊にうちかち、病気を癒す力と権能」というように、悪霊祓いと病気（障害）の癒しを同義的に語る。ルカ10章9節と10章17–20節を比魃較すれば、同じことが読み取れる」と、論じている。先に見たラビ文献の例から（I章5.3）イエスの当時も、悪霊が様々な病気を引き起こすという民間信仰は確かにあったと思われ、大貫が挙げている例は、その民間信仰とむすびついて病の癒しと悪霊祓いが厳密に区別できない場合があったことを示す。またその一方で、I章で見たように、悪霊によらぬ別の原因（穢れや、自然の原因など）によると見られる病もあり、悪霊憑きに特有の障碍（ルカ13:10–17）もあった。

どであったと考えられる。その点については、以下のいわゆる「ベルゼブル論争」を考察したい。

2) ベルゼブル論争（マルコ 3:22–27、ルカ 11:18–20、マタイ 12:22–28）

　イエスは、自分の行う悪霊祓いについては、譬えや教えの中ではほとんど語っていない。そのため、彼が自分の悪霊祓いをいかに見ていたかということについてはほとんどすべて、奇跡伝承の中でおそらく人々の解釈や脚色を混ぜて伝えられてきたイエスの行動やわずかな言葉から推測せざるをえない。しかし、奇跡伝承の担い手は、イエスの言葉自体を正確に記録しようとするよりも、むしろ奇跡の出来事を強調して語っており、イエスの言葉自体の正確な復元は困難である。そのなかで、マルコによる福音書の3章22–27節[1]（並行マタイ 12:22–26//ルカ 11:15–18）および続くマタイ 12:27–28とルカ 11:19–20からなる、通常「ベルゼブル論争」と言われる記事[2]は貴重な資料

---

1) ブルトマンは、マルコ3:27を、「マルコが用いた資料においてすでに末尾に結合されていたことは明白であるにせよ、Qの並行例から見ても、これが本来孤立したロギオンであったことは明白である」（ブルトマン『共観福音書伝承史』(I)加山宏路訳（東京：新教出版社、1983）, p. 24）と考えている。これは、ルカがおそらく用いたQでの並行箇所には、マルコ3:27に当たる節がないとの判断からであろうが、ルカの11:21は内容的にはマルコ3:27に似ており、これが本来孤立したロギオンであったかどうかは疑問である。

2) 新共同訳では、小見出しで「ベルゼブル論争」としてある箇所は、マルコでは3:20–30までであるが、本論では3:22–27のみを含めた。その理由は、以下の通りである。第一に、マルコ3:20–21はマルコによる編集句と考えられる。イエスのところに異常なほどの群集が集まってきたことを示す舞台設定は、マルコの好むやり方である。マルコでは、イエスは、しばしば「容易に近づけないほどの群衆に取り巻かれ」(2:4)、「群衆に押しつぶされないため」(2:13) に船に乗って教えなければならないほどである。3:9でも、イエスは押しつぶされそうなほど群衆に取り巻かれている。5:24, 31でも群衆がイエスに「押し迫って」取り囲んでいることが強調されている。この20節も、その例の一つであろう。その次の21節、「身内の人たちはイエスのことを聞いて取り押さえに来た。『あの男は気が変になっている』と言われていたからである。」は、本来「イエスの母と兄弟たちが来て外に立ち、人をやってイエスを呼ばせた。」(3:31) に続いていたところに、22–30節を挿入することで、31節につながると同時に22節を導く効果をも持たせているものである。また、マルコ28–29節は内容上、22–27節のベルゼブル論争とずれがあり、ルカの並行箇所

である。この記事が特に注目に値するのは、マルコ3:23「イエスは〔…〕譬えを用いて語った」や、マタイ12:28（およびルカ11:20の並行記事）の「神の国」への関心がここに含まれていることから見て、この伝承がイエスの譬えや神の国の教えと同種の伝承の担い手によっても伝えられていると考えられるからである。イエスの言葉そのものに対して深い関心を持っていた者の手によるとすれば、これはイエスの考えを知る大きな手がかりとなる。マルコとマタイでのその本文は以下のとおりである。

> [3:22] また、エルサレムから下って来た律法学者たちは、「あの男はベルゼブルに取りつかれている」と言い、また、「悪霊の頭において悪霊たちを追い出している」と言っていた。
> [23] そこで、イエスは彼らを呼び寄せて、譬えを用いて語った。「どうして、サタンがサタンを追い出せよう。[24] 国が内輪で争えば、その国は成り立たない。[25] 家が内輪で争えば、その家は成り立たない。[26] 同じように、サタンが自分自身に対立して分裂すれば、立ち行かず、滅びてしまう。[27] また、まず強い人を縛り上げなければ、誰も、その人の家に押し入って、家財道具を奪い取ることはできない。まず縛ってから、その家を略奪するものだ。（マルコ3:22–27）

> [12:26]「サタンがサタンを追い出すなら、それは内輪もめだ。それでは、どうしてその国が成り立って行くだろうか。[27] 私がベルゼブルの力において悪霊を追い出すのなら、あなた方の弟子たちは何において追い出すのか。だから、彼ら自身があなたたちを裁く者となる。[28] しかし、私が神の霊で悪霊たちを追い出しているのであれば、神の国はすでにあなた

がここと離れて12:10に見出されることからも、おそらく元来はベルゼブル論争とは別個の言葉伝承であったと考えられる。それをマルコが先行部分と意味上関連するものとして結びつけ、30章の編集句をつけてまとめたのであろう（cf. ブルトマン『共観福音書伝承史I』、p. 24。修辞的には、この30節は22節bの結びを構成し、ひとつのまとまりを作っている（cf. 大貫『マルコによる福音書』、p. 189）。以上の理由からこの箇所で中心となるのは、マルコの3: 22–27、ルカ11:19–20と考えられる。

たちのところに来ているのだ。」[1]（マタイ 12:25–28）

編集の分析

　ここの箇所は、マルコによる福音書とQ資料（マタイとルカが用いたと推定されるイエスの言葉資料）に並行箇所があり、マタイとルカはその両方を用いたと考えられる。マルコと異なってマタイとルカがはるかに近似しているマタイ 12:25 とルカ 11:17、マルコに欠如してマタイとルカではほぼ一致するマタイ 12:27–28 とルカ 11:19–20 は、マタイとルカがマルコのみではなく、Q資料に依拠したことを示しているからである。複数の資料に存在する点で、この伝承は古い層に属しそれだけイエスの真正な言葉としての信憑性も高いという点でも重要である[2]。また、Q資料と見られる個所で、マタイ「神の霊」（12:28）の並行箇所はルカでは「神の指」（11:20）となっているが、そのどちらが原型に近いかは、意見が分かれている。神の「指」が最初のQ資料にあったと考える学者たちの理由には、一つに、マタイが、「神の指」という表現を神人同型的描写に過ぎると判断して修正したのであろうということがある。それは、他の福音書記者たちが「神の国」としているところを「天の国」[3]とするマタイの傾向と合致する。第二に、ルカには「聖霊」（$\pi\nu\epsilon\hat{\upsilon}\mu\alpha$ [pneuma]）を好む傾向があるので（イエスに言及している例だけでも、1:15, 35; 3:16:3:22; 4:1, 10:21）、もし彼が得たQ資料が「聖霊」となっていたのならば、それを「指」に変えることはしなかったであろうとも考えられる[4]。このような理由で、D・A・ハグナー、J・A・フィッツマイヤーなどは、ルカのほ

---

1) 以下に示す理由により、マタイのほうがルカよりも原型に近いと考えられるため、ここではマタイのテキストを用いる。
2) 複数の資料に存在する伝承は古い層に属する可能性が高いが、そのことだけでは真正性が高い保障にはならないということを認めた上で、それでも、複数の資料に見出されるものは、単一の資料にしか見出されない言葉よりは真正性が高いと見る。
3) Cf. マルコ 1:15 と並行マタイ 3:2、4:17、マルコ 10:16、ルカ 18:16 とマタイ 19:14、マルコ 10:23、ルカ 18:24 とマタイ 19:23 など。
4) Amanda Witmer, *Jesus, the Galilean Exorcist: His Exorcisms in Social and Political Context* (London: T & T Clark, 2012), p. 127.

うがマタイよりも原型に近いと考える[1]。一方、J・D・G・ダンは、4点根拠を挙げて、マタイのほうが元の形である可能性のほうが高いと考えている。第一に、マタイはここで、「神の国」との表現を用いているが、マタイがこの表現を用いているのは4回のみで、他は、「天の国」（33回）に変えている。このことは、マタイがここの個所に手を加えていないことの目安になる。第二に、マタイは顕著にモーセの原型論に影響を受けた形でイエスの人生描写をしているので、もし「神の指で」との表現がQ資料にあったなら、これが出エジプト記8:19（70人訳8:15）の暗示、すなわち、モーセが行った奇跡を見てエジプトの魔術師はそれがヤハウェの業であることを悟り、ファラオに「これは神の指の働きだ」と進言した故事を踏まえているであろうこと[2]を見落とすはずが無く、その含蓄を犠牲にして「霊」に変えることはしなかったであろう。第三に、もしマタイが「指」を「霊」に変えることがほとんど有り得ないとしても、ルカが彼の「霊」という言葉への志向に反して「霊」を「指」に変えたことは有り得る。なぜなら、彼はモーセの原型論をマタイほど明らかに用いているわけではないが、明らかに出エジプトの原型論は用いていたからである。それゆえ、最初Qにあった「霊」を犠牲にして、神がかつてイスラエルを奴隷の拘束から解放した奇跡と、新たな、サタンの拘束からの解放の並行関係を示したことは有り得るからである。第四に、ルカの、3段階での救済史がある。この救済史の第二段階、すなわち、イエスの宣教の時期においてイエスは聖霊によって油注がれた唯一の人間であったが、まだ、霊の主ではなかった。それゆえ、ルカは、霊がペンテコステの前にすでに下っているような表現を用いることに躊躇したのかもしれない[3]。ただし、

---

1) Donald A. Hagner, *Matthew 1–13*（Word Biblical Commentary 33A）（Dallas, Texas: Word Books, 1993）, p. 343; Josheph A. Fitzmyer, *The Gospel According to Luke, XI–XXIV*, p. 918; John P. Meier, *A Marginal Jew: Rethingking the Historical Jesus, vol. 2: Mentor, Message, and Miracles*（New York: Doubleday, 1994）, pp. 410–411; Eduard Schweizer, *The Good News According to Matthew,* tr. David E. Green（Atlanta: John Knox Press, 1975）, p. 287 も、ルカのほうが原型に近いと見ている。

2) George Wesley Buchanan, *Jesus: The King and His Kingdom*（Macon, Georgia: Mercer Univ. Press, 1984）, p. 30.

3) James D. G. Dunn, *Jesus and the Spirit*（London: SCM, 1975）, pp. 45–46; Graham H.

このように述べながら、ダンは、「霊」と「指」のどちらが最初にQにあったのか最終的に結論を出すことは困難であると認め、そのどちらであったとしてもこれは学術的な問題であり、「この二つの概念は、実際上、同義である。『霊』と『神の手（＝神の指。出エジプト3:20;8:19）』は、旧約聖書において多くの場合に同意義の概念として用いられているからである。（エゼキエル3.14; 8.1–2; 37.1; 詩編8.3と33.6, 列王上18.12と列王下2.16, 歴代上28.12と28.19; イザヤ8.11）」[1]と述べている。

　この指摘は正しいであろう。ここでは、マタイが「神の国」を「天の国」に変えなかったにもかかわらず出エジプト記8章を想起させる「神の指」を「神の霊」に変えた可能性は低く、ダンの議論のほうが説得力がある。そこでわれわれは、最初にQに霊が用いられていたと考えたいが、われわれの議論にとって、これがもともと「指」であったか「霊」であったかということは、「神の霊」と「神の指」が、どちらも、神の力を指すことを認識することで、結論を保留にしておくことができる問題である。

「ベルゼブル論争」の意義

　「ベルゼブル」の語は、写本間で異読が多く、(זְבוּל [zᵉbûl]) が「天」であるところからヤハウェの敵である「天のバール」[2]、「蠅の神」「汚物の神」「家の神」など諸説あり確かではない[3]。しかし、新約時代にはヘレニズムと黙示的ユダヤ教の影響を受けて、最もしばしば「サタン」や「悪魔」（διάβολος [diabolos] は、ヘブライ語のサタンの翻訳として用いられた）と呼ばれ、「ベリアル」「試みる者」「告発者」「悪しき者」「この世の支配者」「悪霊の王」

Twelftree, *Jesus the Exorcist* (Tübingen: J. C. B. Mohr (Paul Siebeck), 1993), p. 108 は、ダンのこの議論を参照して、この問題はすでに回答が出ており、「霊」がもとの形であると断定している。John Nolland, *The Gospel of Matthew: A Commentary on the Greek Text* (Grand Rapids, Michigan: Eerdmans, 2005), pp. 497–498 も、「おそらく」ルカが変更を加えたと考えている。

1) Dunn, *Jesus and the Spirit*, p. 46.
2) Twelftree, *Jesus the Exorcist*, p. 105.
3) 大貫隆『マルコによる福音書』, p. 192.

などとも呼ばれた[1]ことは分かっている。少なくともここでは「ベルゼブル」が悪霊の頭とされ、サタンとも同一視されており[2]、その同定はすでにこれが書かれた時には説明を要さなくなっていたものと思われる[3]。マルコ3:22「ベルゼブルに取りつかれている」はギリシア語本文では Βεελζεβοὺλ ἔχει (Beelzeboul echsei「ベルゼブルを持っている」) だが、これは、ブルトマンによれば、狂気に対する非難であって「ダイモーンに取りつかれた魔術師」というヘレニズム的思考を含む。一方、それに続く「悪霊の頭において悪霊を追い出している (ἐν τῷ ἄρχοντι τῶν δαιμονίων ἐκβάλλει τὰ δαιμόνια [en tōi archonti tōn daimoniōn ekballei ta daimonia])」という非難は、セム語法であって、サタンとの結束を想定し、非難しているものである[4]。A・E・ハーヴェイは、イエスの時代には、名高い治癒力を持ったハニナ・ベン・ドーサなどの聖人と並んで、呪術師や、魔術師など、悪霊に訴えてさまざまな呪術を行う人々もおり、奇跡を行う者はそうした怪しげな人物の一人であるとの嫌疑を招く危険を犯すことにもなったと指摘している[5]。イエスもその一人との嫌疑をかけられたのであろう。クロッサンは、イエスに対してこのような非難がなされたのは、イエスが自分自身トランスに入りながら癒しを行う「エントランスト」治癒者であったからであるとの可能性を示唆している。

---

[1] Jeffrey Burton Russell. *The Devil: Perceptions of Evil from Antiquity to Primitive Christianity*（Ithaca, N.Y: Cornell University Press, 1977）, pp. 189 & 228–229.

[2] Twelftree, *Jesus the Exorcist*, p. 106.

[3] マルコは「どうしてサタンがサタンを追い出せよう」という表現では、πῶς δύναται σατανᾶς σατανᾶν ἐκβάλλειν; と、サタンを無冠詞の普通名詞のように用いることによって、あたかも、追い出すサタンと追い出されるサタンとが別であるか、あるいは自己分裂しているように書いており、24節以下の「内輪もめ」の譬えと整合性を持たせようとしている。これは、サタンが普通名詞から固有名詞に移行する過渡期の現象に見える。マタイでは、サタンは悪の頭ベルゼブルと明らかな同定を示すように定冠詞をつけて εἰ ὁ σατανᾶς τὸν σατανᾶν ἐκβάλλει「もしサタンがサタンを追い出せば」、となっており、自分が自分を追い出すという矛盾が強調されている。

[4] ブルトマン『共観福音書伝承史Ⅰ』, pp. 23–24.

[5] A. E. Harvey, *Jesus and the Constraints of History*. The Bampton Lectures, 1980（London: Duckworth, 1982）, p. 104.

それを決定的に裏付ける証拠がないことから、あくまでも仮説に過ぎないと断りつつ、彼は、トランスは時代や文化を超えて普遍的に見られる現象であり、イエスが憑依されたことを示唆する非難があったことも確かなので、否定できない仮説であるとしている[1]。しかし、福音書の奇跡伝承を見る限り、イエスがトランス状態に入って癒しをなしたと考えられる描写は皆無である。上で見た、イエスが手を置くことによって癒しを行うようなときに狂気を疑わせる描写はない。むしろ、マルコ1:27では、イエスの治癒奇跡は「新しい権威ある教え」と理解されている。そして、ここ、マルコ3:22-27、ルカ11:19-20とそれらの並行記事においても、要点は、イエスの治癒奇跡が狂気でもトランスによるのでもなく、また、悪霊の頭サタンとの結束によるのでもなく、むしろ、神の側に立つサタンとの戦いだということである。イエスは、自分の悪霊祓いがヤハウェの力によるもの、ヤハウェの側に立つ敵との戦いを自分が行っているものであることを主張しているのである。G・A・ボイドがルカ11:20の言葉に関して次のように指摘していることは、的を射ている。

> イエスの宣教のコンテクストにおいては、これは、戦争の概念なのだ。〔…〕あらゆる悪霊祓いとあらゆる癒しは、――イエスの宣教の最も特徴的なふたつの活動であったが、――サタンの王国に対峙して神の王国を打ち立てるための前進のしるしであった。それゆえ、病気や悪霊つきを何らかの形で神の目的に資するものと示唆する一切の見解と対照的に、イエスは決してそのような現象を、敵の業以外のものとしては扱わなかった。彼は、一貫して、病や悪霊に憑かれた人々を、戦いでの犠牲者と見ていたのである。[2]

トゥエルフトゥリーは、悪霊祓いはそれほど珍しい現象ではなかったので

---

1) J. D. クロッサン『イエス：あるユダヤ人貧農の革命的生涯』大田修二訳（東京：新教出版社, 1998）, pp. 152-154.
2) Gregory A. Boyd, *Satan and the Problem of Evil: Constructing a Trinitarian Warfare Theodicy* (Downers Grove, Illinois: Inter Varsity Press, 2001), p. 36.

キリスト教以前にはこれがサタンと戦うメシアの活動と考えられはしなかったと指摘し、ごく普通に行われていた悪霊祓いを、サタンの王国との宇宙論的、超自然的終末的戦いと最初に結びつけたのはイエスであると論じている[1]。

> 1世紀のパレスチナ人は信じていた――そして、イエスもその見方を共有していたのだが――サタンの敗北は2段階を踏んで起こるであろうと。終末の最初に、サタンは縛られる。最後に最終的に滅ぼされるようにである。イエスは、彼と彼の弟子の行う悪霊祓いを、サタンの敗北の第一段階と見ていたようである。[2]

イエスは、病の癒しも悪霊祓いも、神に祈ることでそれをなすということはしていない。ユダヤ教で、ハニナ・ベン・ドーサなどの癒しの奇跡が神への祈りによってなされると考えられていたのとは異なり、イエスはあたかも自分の権威によって奇跡を起こしているかのようにさえ見える。5章で見たマルコ2:10a、「人の子が地上で罪を赦す権威を持っていることをあなた方が分かるために」も、そのような解釈を促す編集者の挿入である。しかし、実際のところ、彼自身はそう考えてはいない。彼はここで、自分のなした悪霊祓いを、「神の霊／指」によるとの認識を示しているからである。戦いにおいては、将軍は時に全権を委託されて部下を動かす。同様にイエスも、神の力の行使者として戦っているのである。悪霊祓いの一回一回が、サタンとの戦いの勝利への一歩であった。これは、宇宙論的な意味での、イエスの悪霊祓いの意義である。ルカは、イエスが語ったとされる、「わたしは、サタンが稲妻のように天から落ちるのを見ていた」（ルカ10:18）、という言葉を記しているが、これは、その直後で彼が弟子たちに語る、悪霊祓いの権能についての言葉と、勝利を確信した教えとの関連で読まれる[3]。「蛇やさそりを踏

---

1) Twelftree, *Jesus the Exorcist*, p. 227.
2) Twelftree, *Jesus the Exorcist*, pp. 227–228.
3) ルカ10:18 ἐθεώρουν τὸν σατανᾶν ὡς ἀστραπὴν ἐκ τοῦ οὐρανοῦ πεσόντα. には少なくとも3つの解釈が提案されている。字義的にはἐθεώρουνの未完了形を

みつけ、敵のあらゆる力にまさる権威を、わたしはあなたがたに授けた。だから、あなたがたには何も害を与えない。しかし、霊たちがあなたがたに服従するからといって、喜んではならない。むしろ、あなたがたの名が天に書き記されていることを喜びなさい」(10:19–20) というイエスの言葉は、彼らの悪霊との戦いが、サタンとの戦いの一部であり、その勝利が神の国の成就とつながっているという彼の信念を表していると理解できよう[1]。勝利は

継続の意味で取り、サタンの落下 (アオリスト形) を最終的、決定的な落下ととることではほぼ研究者の間で合意ができているが、その内容については、イエスが見たのは、1実際に見たのか、2イエスの幻か。サタンの落下は、1原初におけるサタンの天からの追放か、2サタンの天からの終末的な追放か、3イエスの活動によるサタンの最終的な敗北か、などの異なる解釈がある (cf. William Hendriksen, *The Gospel of Luke: New Testament Commentary* (Edinburgh: The Banner of Truth Trust, 1978), pp. 580–581; John Nolland, *Luke 9:21–18:34* (Word Biblical Commentary 35B) (Dallas, Texas: Word Books, 1993), pp. 562–563; Bruce Larson, *Luke* in *The Communicator's Commentary Series* (Waco, Texas: Word Books, 1983), p. 182; I. Howard Marshall, *The Gospel of Luke: A Commentary on the Greek Text* (Exeter: The Paternoster Press, 1978), p. 428. われわれの関心はイエスの思考にあるので、彼が実際に見たのか、幻だったのかはどちらかを明確にする必要はない。いずれにしろイエスにとっては真の体験としてサタンの落下を彼が見たのだということが重要である。サタンの天からの終末的な追放と敗北は結びついている。おそらく、サタンの天からの追放をイエスが幻の形で見た (サタンは本質的に可視ではない) ことが、イエスとサタンとの戦いのこの世での始まりを本格的にイエスに啓示し、サタンの最終的な敗北を予表したのであろう。

1) 先に見た腰の曲がった女性の治癒奇跡は、「サタン」からの解放として唯一ルカによる福音書だけに記されているのだが、それは、イエスがサタンの天からの追放を見た (ルカ10:18) と語るのを記している唯一の福音書がルカであることと和合している。ルカは、天から落ちてきたサタンとの宇宙的レベルの戦いをイエスがこの地上で始めていることの意味を重視し、この女の例を示しているのである。興味深いことに、ルカは4:1–13の、悪魔によるイエスの誘惑物語では、$\sigma\alpha\tau\alpha\nu\tilde{\alpha}\varsigma$ を用いず定冠詞つきの $\delta\iota\acute{\alpha}\beta o\lambda o\varsigma$ を用いている。この原因としては、4章と10章などの「サタン」資料との伝承の担い手がもともと異なっていたということが考えられるが、ルカの記述の中ではサタンとイエスの地上での戦いは、イエスがサタンの落下を見たときから始まるということだろうか。また、この言葉が、実際にルカの文脈の通り派遣された弟子たちが戻ってきた時に言われたのか、このつながりがルカの編集によるものなのかはこれがルカにのみ記されている言葉なので判断がつかないが、イエスの宣教活動の成功と結びついた発言と考えることは、そ

すでに始まっているのである。

　では、癒された人々にとっては、悪霊祓いはいかなる意味を持っていたのであろうか。その点を考察するためにマルコによる福音書1:21–28と5:1–20の事例を見ることにする。

3）カファルナウムの会堂での悪霊祓い（マルコ 1:21–28）

> 1:21 彼らはカファルナウムに着き、〔イエスは〕すぐに、安息日に会堂に入って教え始めた。22 人々はその教えに非常に驚いた。律法学者のようにではなく、権威ある者として教えていたからである。
> 23 すぐに、この会堂に汚れた霊に取りつかれた男がいて叫んだ。24「ナザレのイエス、かまわないでくれ。われわれを滅ぼしに来たのか。正体は分かっている。神の聖者だ。」
> 25 そしてイエスが、彼をしかって言う、「黙れ。この人から出て行け」と。26 すると、汚れた霊はその人にけいれんを起こさせ、大声で叫んで彼から出て行った。27 人々は皆驚いて、論じ合って言った。「これはいったいどういうことなのだ。権威ある新しい教えだ。彼が汚れた霊に命じると、彼の言うことを聴く。」
> 28 イエスの評判は、たちまちガリラヤ地方の隅々にまで広まった。

これは、マルコによる福音書において、弟子の召命の後の最初の奇跡である。安息日に行なわれ、また、ユダヤ教の会堂で行われていることから、マルコ福音書で繰り返されるファリサイ派の人々との安息日論争とつながる。また、霊がイエスを「神の聖者」と名指したことは、イエスの正体にかかわる問題であり、マルコで最初にイエスの聖性を指摘したのが悪霊であることを含めて重要である。また、この悪霊祓いを見た人々が「権威ある新しい教え」（1:27）と言っていることは、2章10節で癒しが「罪を赦す権威を持っていること」を示すものと提示されている個所に結びつく。イエスがここで悪

れが最も福音書の他の記録と矛盾のない解釈としてありそうに思われる。

霊に言う「黙れこの人から出て行け」（1:25）との命令は1章34章のマルコの語りで報告されるイエスが「多くの悪霊を追い出して、悪霊にものをいうことを許さなかった」（1:34）で裏打ちされる。マルコの主なテーマがこのペリコーペに出揃っているとも言える[1]。

マルコが福音書に記した最初の奇跡を「新しい教え」と言うのは、彼が読者に向けて癒しや悪霊祓いを「教え」として印象付けたいということであり、マルコ福音書が、この悪霊祓いを1:1で言った「福音」の内容として提示していることを意味する。

この出来事では、会堂に悪霊に憑かれた者が入ってきており、イエスに出会って恐怖の叫びを上げる[2]。その時のマルコ1:24の悪霊の言葉は5:7での悪霊のことばと同じで、τί ἡμῖν（5:7ではἐμοί [emoi]）καὶ σοί;（ti hēmin kai soi?）で始まっている。これは、ヘブライ語とアラム語にあるイディオム（מַה־לִּי וָלָךְ [ma-lî wālāk]）に相当し、「なぜあなたは私にかまうのか Why are you bothering us?＝かまわないでくれ」の意味である。旧約での、サムエル記下16:10と19:23のמַה־לִּי וְלָכֶם（70人訳 τί ἐμοὶ καὶ ὑμῖν）、列王記上17:18 מַה־לִּי וָלָךְ（70人訳 τί ἐμοὶ καὶ σοί）、士師記11:12 מַה־לִּי וָלָךְ（70人訳 τί ἐμοὶ καὶ σοί）は、その意味の例証となる。サムエル記下16:10では、サウル家の一族のシムイという男がダビデを呪ったのを見たアビシャイが、シムイの首を切り落とそうとダビデに申し出たときにダビデがアビシャイに言う言葉がこれである。文脈からここでダビデがアビシャイに自分と彼の関係を問うているととることは不可能であり、ここでこの言葉は、「放っておきなさい」という文脈で用いられている[3]。ヨセフスも、これを、干渉を拒否する言葉としてとり、サムエル記のこの話を『ユダヤ古代誌』に収録する際、ここを、「静かにしていてくれないか？」と訳している（『古代

---

1) Twelftree, *Jesus the Exorcist*, p. 57
2) Twelftree, *Jesus the Exorcist*, p. 60.
3) 新共同訳のほか、"This is none of your business,"（TEV）、"What business is it of mine or of yours,"（NAB）, What concern is my business to you,"（NJB）, "What has this to do with you,"（TNK）、„Was habe ich mit euch *zu* tun"（ELB）、などが、あなたには関係のないことだ、ほおって置いてくれとの文脈でこれを訳している。

誌』7.265)[1]。19:23では、アビシャイがシムイの死を要求するのに対して再びダビデがアビシャイに「放っておきなさい」との意味で言われている。列王記の例は、自分の子どもの病気をエリヤのせいだと思ったやもめがエリヤに言った言葉である。士師記11:12は、エフタが、戦いを避けるためにアンモンの王に使者を送って言わせた、「あなたはわたしと何のかかわりがあって、わたしの国に戦いを仕掛けようと向かって来るのか」（新共同訳）に使われており、これは、「放っておいてください。私の国に戦いを仕掛けないでください」との意味である。これらの例から、このイディオムは何かに対する防御の意味で用いられたと解釈でき、マルコ1:24では、悪霊が悪霊祓いのイエスに対する防衛のために発していると理解できる[2]。

マルコがこの言葉をここにおいたのは、悪霊に対するイエスの絶対的な力をイエスのメシア性の要素として示すためであろう。もっとも、この言葉は、これだけでは、イエスのメシア性を表すことにはならない。むしろこれは、ナザレのイエスという呼称が特別の意味を持つものではないことから、イエスの復活以前の最古の物語層に属するものであろう[3]と見なすことができ、また、「神の聖者」との呼称も、特にメシアを指すものではなく、イエスと同時代の死海文書（CD6.1）にも見られ、その用例ではこの呼称の起源は不明である[4]が、少なくとも、メシアとの意味ではないと思われる。イエスの「黙れ」についても、悪霊に「出て行け」と言う命令は、フィロスト

---

1) Twelftree, *Exorcist*, p. 63. Twelftreeでは "Won't you be quiet...?"。
　Josephus, *Antiquities*, VII, 265, in Josephus V. *Antiquities*, Books V-VIII, with translation by Thackeray, p. 500には、"οὐ παύσεσθε [...];" とある（Thackerayの英訳は "Will you not be quiet [...]?" p. 501）。秦訳のヨセフス『ユダヤ古代誌』(2), p. 312は、この言葉を、「なぜ言葉を慎まないのか」と訳している。
2) Twelftree, *Jesus the Exorcist*, pp. 63-64. Twelftreeは、「この悪霊の言葉は、悪霊祓い師イエスに対する防御のメカニズムであろう」との見方にBauernfeid, *Worte*, pp. 3-28を参照している。John R. Donahue/Daniel J. Harrington, *The Gospel of Mark* (Sacra Pagina Series 2) (Colllegeville: The Liturgical Press, 2002), p. 80 も、列王記上17:18（70人訳）、列王記下3:13、士師記11:12の例をあげて同様の指摘をしている。
3) Twelftree, *Jesus the Exorcist*, pp. 65-66.
4) Twelftree, *Jesus the Exorcist*, p. 67.

ラトスの『チュアナのアポロニウス』(4.20)[1]や、ルキアノスの『フィロプセウデス (嘘を愛する人)』(11&16)[2]、タルムード (Meʻilah 17b)[3]などに同様の命令の用例があり、このように命じることは悪霊祓いの手段として考えられていたので、これ自体は特にメシアの権威を示すものではなく、これを初代キリスト教の創作による挿入と断定する必要はない。むしろ、最初から伝承にあったと考えるほうが合理的である[4]。しかし、マルコは、1章のここにこの話を置いたことで、悪霊がイエスを「神の聖者」と呼んだことやイエスが悪霊を従わせたことを、1:1や1:11でイエスを「神の子」としたことと結びつけ、読者に、神の子であるイエスには悪霊を従わせる権威と力があったのだと、印象付けるのである。イエスが言った「黙れ」φιμώθητι [phimōthéti] は文字通りには「口かせをはめられよ」という意味であり[5]、悪霊を縛り付けて自由を奪う強いイメージである。

　悪霊は、イエスの正体を知っていた。それは、一つに、イエスが1章11節で神の子として神の声を聞いた時、悪霊たちを含めた霊的な存在もおそらくその声を聞いて、イエスの正体を知ったからでもあろう[6]。また、霊的な存在としてイエスの霊的な正体を知る直感があったということもあろう。霊的存在を知りうるのは、霊だけなのである[7]。その点では、イエスの悪霊との戦いは、彼ら当事者だけが理解する霊的レベルの戦いでもあったと考えられる。

　また、シナゴーグでこの悪霊祓いが行なわれたことは、これが単に私的なことではなく、公共の意味を持つことを示す。もしこの男が悪霊に憑かれる

---

1) Twelftree, *Jesus the Exorcist*, p. 70.
2) Twelftree, *Jesus the Exorcist*, p. 70.
3) Twelftree, *Jesus the Exorcist*, p. 70.
4) Twelftree, *Jesus the Exorcist*, p. 70.
5) Culpepper, *Mark*, p. 56.
6) Geza Vermes. *Jesus the Jew: A Historian's Reading of the Gospels* (London: Collins, 1973), p. 207. ヴェルメシュは明らかにマルコ1:11、マタイ3:17、ルカ3:22を念頭においている。
7) William Wrede, *The Messianic Secret*, tr. J. C. G. Greig (Cambridge & London: James Clarke, 1971). (原著: *Das Messiasgeheimnis in den Evangelien*, 1901) p. 25.

という形でしか表現できないような社会的困難さを彼の状態で示していたのだとしたら、イエスがこの男を社会的に受容可能な状態にしたことは、社会全体に関わることであり、公の場で彼の悪霊祓いを目撃した人々もまた、彼が悪霊から解放されたその経験に参与するのである[8]。

4）ゲラサの悪霊祓い（マルコ 5:1–20）

マルコによる福音書5:1–20のいわゆる「ゲラサの悪霊祓い」伝承には、穢れた霊に憑かれた人の癒しに、悪霊の大軍が豚に乗り移るのをイエスが許して、悪霊に乗り移られた豚が湖になだれ込んでおぼれ死ぬという奇跡物語が組み込まれている。

> 5:1 一行は、湖の向こう岸にあるゲラサ人の地方に着いた。2 彼〔イエス〕が舟から上がるとすぐに、穢れた霊に支配された人が墓場からやって来た。3 この人は墓場に住まいを持ち、もはや誰も、鎖を用いてさえ彼をつないでおくことはできなかった。4 これまでにも度々足枷や鎖で縛られたが、鎖は引きちぎり足枷は壊してしまい、誰も彼をおとなしくさせることはできなかったのである。5 彼は昼も夜も墓場や山で叫んだり、石で自分を打ちたたいたりしていた。6 イエスを遠くから見ると、走って来て彼にひれ伏し、7 大声で叫んで言った。「いと高き神の子イエス、私とお前に何の関係があるのか。神にかけて、どうか苦しめないでほしい。」8 イエスが、「穢れた霊、この人から出て行け」と言ったからである。9 そこで、イエスが、「名は何というのか」と尋ねると、「私の名はレギオン。大勢だから」と言った。10 そして、自分たちをこの地方から追い出さないようにと、イエスにしきりに願った。
>
> 11 ところで、その辺りの山で豚の大群がえさを食っていた。12 穢れた霊どもはイエスに、「豚の中に送り込み、あれらの中に入らせてくれ」と願った。13 イエスが許したので、穢れた霊どもは出て、豚たちの中に入った。すると、豚の群れが崖を下って湖になだれ込み、二千匹ほど、

---

8) Witmer, *Jesus, the Galilean Exorcist*, p. 165

湖の中でおぼれ死んだ。¹⁴豚飼いたちは逃げ出し、町や村にこのことを知らせた。人々は何が起こったのかと見に来た。¹⁵彼らはイエスのところに来ると、悪霊に憑かれている人が服を着、正気になって座っているのを見て、恐ろしくなった。¹⁶成り行きを見ていた人たちは、悪霊に憑かれている人の身に起こったことと豚のことを人々に語った。¹⁷そこで、人々はイエスにその地方から出て行ってくれと頼み始めた。¹⁸イエスが舟に乗ると、悪霊に憑かれていた人が、一緒に行きたいと願った。¹⁹イエスはそれを許さないで、こう言われた。「自分の家に帰りなさい。そして彼らに、主があなたにしてくださったすべてのこと、あなたを憐れんでくださったことを知らせなさい。」²⁰その人は立ち去り、イエスが自分にしてくださったことをことごとくデカポリス地方に言い広め始めた。皆が驚いた。

編集の分析

このペリコーペ (5:1–20) は、男の悪霊祓いの奇跡 (1–2節、7–8節、15節、18–20節) と豚がおぼれ死んだレギオン伝承 ((3–5節)、9–14節、16–17節) とが編集によって結び付けられたものであると分析できる[1]。二つの伝承は、ゲラサという地名と、豚が飼われている地方、つまり異邦人の地、という地理的要素を共通項として、マルコあるいは先立つ伝承で結び付けられたと考えられるのだが、その根拠は以下の考察による。

5:1 は、導入のための編集句である。5:2 と 5:6 には重複があり[2]、3–5節で悪霊憑きの症状がいかにひどいものであったかの説明あるいは誇張を挿入するために、5節と7節のつなぎとして6節が入れられた可能性がある。あるいは、2節から6節へ続く、幾分冗長な文であった中に3–5節が挿入された

---

1) ブルトマンは8節のみが後の挿入と考える (ブルトマン『共観福音書伝承史 II』、p. 17)。あるいは、挿入はあるが、もともと、病人の登場、悪霊の反発、イエスの退去命令、悪霊が豚に入り、豚を飼っていた人々が証言したということについての報告からなるひとつの物語であると、解釈する研究者も多い (シュヴァイツァー『マルコによる福音書』、p. 149; 小河陽『イエスの言葉』、pp. 148–149 など)。
2) 小河『イエスの言葉』、p. 125; 富田『マルコ福音書註解』I, p. 362.

のかも知れない。いずれにしても、2節と6節が分離した現存の本文では男の登場が2度になり、そのことは3–5節が後からの挿入であるという以外説明ができない。9–14aも最初は別伝承であったと考えられる。9–14aのまとまりでは、穢れた霊が複数になり、2節の単数形と矛盾が出ているが、これは、もともと、悪霊に憑かれた男の癒しと、大軍の悪霊が豚に乗り移りおぼれ死んだ奇跡が別の伝承であってマルコがひとつに編集したためであろう。この、単数と複数の食い違いを解決するために9節「名は何というのか」が挿入され、その後の複数形への移行を導いている。小河陽が指摘するように[1]、おそらく9節以降を挿入する前の8節は「〜からである」（γάρ [gar]）なしの退去命令であったと考えられる。γάρの挿入は7節から9節までのつながりを幾分自然にするためになされたのであろう。しかしその挿入によって、8節で退去命令があった後で10節、12節で悪霊がイエスに取り引き（男から出る代わりに豚に乗り移ることを許してほしい）を持ちかける運びとなり、退去命令の効果を減じているというもう一つの不都合が出てしまっている。福音書の他の箇所では、イエスが悪霊に退去の命令や宣告を下した場合には即座にそれが効力を発することが強調されており（マルコ 1:26//並行ルカ 4:35; マルコ 7:29–30; 9:26//並行マタイ 17:18//ルカ 9:25–26）[2]、ここで退去命令をうけた悪霊がさらにイエスに譲歩を要求する形になっていることは理解し難い。この不整合は、むしろ、8節と9–14a節は元来別個の伝承であっ

---

1) 小河『イエスの言葉』, pp. 125–126.
2) イエスが悪霊に対して絶対的な力を持つことは、彼が悪霊を「しかりつけて」（マルコ 1:25）出てゆかせる権威に顕著である。そこで用いられるἐπιτιμάω（しかる、命じる）の語は、詩編103:7で、神の創造の業に言及して用いられ、神が水を「しかりつけて」陸から引かせたとうたわれている。自然界を一喝で従わせる権威は、霊たちを従わせる力である。この、ゲラサの悪霊祓いに先立つマルコ 4:36–41では、イエスが突風を鎮めた奇跡が語られているが、そこでもイエスが風をἐπιτιμάωしたとされている。これは、自然を従わせる彼の権威を示すとされるが、πνεῦμαに「風」と「霊」の両方の意味があったことなどから考えて、風を鎮める奇跡は、単に物理的自然ではなく、霊的なものを抑えたと考えられていたと見るべきであろう。イエスが鎮めた「風」はἄνεμοςであって、πνεῦμαとは書かれてはいないが、風と霊的なものを一語で表す傾向は、ゲルマン語の"geist"の昔の意味にもあり、珍しいことではなかった。

たためと考える方が妥当であろう。このように二つの伝承の合成と解釈すれば、2節での悪霊が単数であり、レギオン伝承では複数であることも説明がつく。

　15節での目撃者の恐れのモチーフは、悪霊祓いの奇跡の確認であり結び[1]である。そして、16–17節は、レギオンと豚の話の結末と見るべきである[2]。これは17節に対応する退去願いがマタイの並行箇所の結びになっていることでも裏付けられる。16節は、15節と17節を切り離し、人々がイエスに出て行ってほしいと言ったことが、悪霊祓いを見たときのヌミノーゼ的恐れ（15節）からではなく、イエスが悪霊を豚に入らせ、豚を溺死させたのを知り、イエスを悪しき者と思ったからであるという解釈をも許す。18–20節は15節に続くが、本来の治癒物語の枠外であり、この悪霊祓いの治癒がイエスの宣教にもつ意味を示すための伝承または編集の手による付加である。このことから、男の悪霊祓いとレギオンの放逐の物語のもともとの意味は、別々に考察できる。

　ゲラサ人の悪霊祓いの意味
　悪霊に憑かれた男は、自分からイエスに近づいておきながら、「いと高き神の子イエス、わたしとお前に何の関係があるのか。苦しめないでほしい」（7節）と叫ぶ。悪霊に憑かれた彼は、癒されたいという願望を持つが、彼を支配している悪霊が癒しを拒否する。これは、今日でも中毒患者に見られる現象に似ている。たとえば、アルコール中毒者や麻薬患者は、治癒を望むが、その一方で、アルコールや麻薬を欲し、癒しを拒否する。違いは、ここではイエスもこの男も、男の憑依状態を心理的なものとは考えていないことである。この男にとり憑いた悪霊と対峙しているのである。この叫びは悪霊

---

1) 小河『イエスの言葉』, p. 127; 田川建三『マルコ福音書 上巻』（現代新約注解全書）（東京：新教出版社, 1972）, p. 398.
2) シュヴァイツァー『マルコによる福音書』, p. 149は、16節での「豚のこと」に関する言及が後からの付加である可能性を考えているが、必ずしもそう考える必要はないように思われる。

追放物語の文学類型に特徴的に見られる悪霊の防衛の試みである[1]。イエスの時代には、相手の名前を知りその名を呼ぶことには相手に対する呪縛的な力の効果があると考えられていた[2]。ただし、「わたしとお前に何の関係があるのか」[3]は逃げ腰の抗弁であり、イエスの名を呼んだことも、イエスに勝てないまでもせめて先手をついて試みられた、必死の抵抗と解釈される。

この悪霊がイエスを名指す「いと高き神の子」との呼称は、異邦人によってのみ、イスラエルの神との関連において用いられていたという指摘があり[4]、この奇跡がゲラサ人の地方でなされたとの断りとともに、この悪霊祓いが異邦人の上になされたことを強調する。その文脈からすると「わたしとお前に何の関係があるのか」は、異邦人のゲラサにいる悪霊が、イスラエルの「いと高き神の子」がこの異邦人の国にまで力を及ぼしていることを意識し、イスラエルの神の子なら異邦人のこの地には介入しないでくれ、という意味をも含むと理解できる[5]。しかし、それよりも妥当なとり方は、むしろ、この地上はサタンの支配下であり、その支配に基づいて活動する悪霊である自分のことには介入しないでくれという意味であろう。イエスはそれに対し一方的に退去命令を出し、霊はこの男から出て行かざるを得なかった。男は癒された。これはサタンの敗北である。

そしてその後、この男が、イエスとともに行きたいと言った願いが許され

---

1) Pheme Perkins, "The Gospel of Mark," in *The New Interpreter's Bible*, vol. 8 (Nashville: Abington Press, 1995), pp. 583–584.
2) 小河陽『イエスの言葉』, p. 148; Lane, *Commentary on the Gospel of Mark*, pp. 183–184; Joel Marcus, *Mark 1–8*, The Anchor Bible (New York: The Anchor Bible, 1999), p. 192; Twelftree, *Jesus the Exorcist*, p. 82.
3) τί ἐμοὶ καὶ σοί [...]; 新共同訳では「かまわないでくれ」となっている。
4) Marcus, *Mark 1–8*, p. 342. ダニエル書で、バビロンの王ネブカドネツァルが、ユダヤ人シャドラク、メシャク、アベド・ネゴを「いと高き神の僕たち」と呼び (3:26)、イスラエルの神を「いと高き神」(3:32) と呼んでいるのが一つの例である。その他、Marcus は、民数記24:16; Ⅰエスドラ 2:2; マカバイ記二3:31; マカバイ記三 7:9 なども挙げている。C. J. デン・ヘイヤール『マルコによる福音書Ⅰ』伊藤勝啓訳 (東京: 教文館, 1996), p. 206; Mary Healy, *The Gospel of Mark* (Catholic Commentary on Sacred Scripture Series) (Grand Rapids: Eerdmans, 2008), p. 99.
5) Cf. Marcus, *Mark 1–8*, p. 342

なかったことは、イエスが彼を弟子にすることを拒否したという意味ではない。むしろ、悪霊憑きからの治癒もまた、他の疾患からの治癒と同様に物理的意味での悪霊祓いでは完了せず、悪霊憑きに起因する社会からの疎外、自分の家にさえ居られなくなっていた状況からの回復をもって初めて完了するということを示す。イエスは帰宅命令とともに、「主があなたにしてくださったすべてのこと、あなたを憐れんでくださったことを知らせなさい」と言うが、ここでイエスは、自分の行なった悪霊祓いが、イエス自身の業ではなく、イエスを通して神がなした業であると考え、そのように告げている。これは、先に見たラビ、ハニナ・ベン・ドーサの考えと同様である。その点で19節の「主」は、田川建三の意見とは異なるが、イエス自身が「主」と呼ぶ神をさす[6]ととるのが自然である。また、これが、イエスの力を示すものというよりも、神が悪霊に憑かれていた人のことを憐れんだしるしと見なされていることも、ユダヤ教のラビたちの伝統と和合する。しかし20節によると、この男の人は、この癒しの業を神の業として宣教するのではなく、むしろイエスが自分になしてくれた業として言い広める。そして、イエスをメシアとして宣教する福音書の趣旨からすれば、福音書記者もこれをイエスの業として記していることは明らかである。ここには、イエス自身が神の業を宣べ伝えていたのに対し、イエス運動に加わった者たちがイエス自身を宣べ伝えるようになっていった方向のひとつの例がすでに見える。イエス自身の言行に注目するなら、本書での私たちの関心にとってここで重要なことは、社会で最も呪われ穢れたと考えられ、疎外されていたこの男が、真っ先に神の憐れみを受けて救われたということである。

レギオンの放逐の意味

次にレギオンの放逐の奇跡に関して考えたい。悪霊が悪霊祓いに願い出

---

6) 田川建三は19節の ὁ κύριός を「20節との対応上」イエスととり、「実際、1–15節の物語の運びでは、まさにイエスがこの男にしてあげたことである。マルコは素朴な作家だから、イエスの発言する台詞の中にも、自分自身の価値観からイエスを呼ぶ「主」という単語を用いてしまって、平気だった、ということだろうか」(田川『マルコ福音書 上巻』, p. 359) と述べている。

て、自分のいる場を確保しようとするという話はラビ・ハニナにもあり、そこでは人の居住地区から追い払われそうになった悪霊がかけあって、安息日と水曜日の夜だけはいられるように許可を取っている（Pesachim 112b）。同様に、ここで悪霊はイエスに自分の行く先を願い出ている。これは、悪霊は大群であってもイエスに対しては無力で、イエスの許しなしには、勝手に豚に乗り移ることさえできないということである。「レギオン」は、6000人からなるローマの軍隊をさす言葉であり、レギオンが壊滅させられたこの奇跡のうちに反ローマ感情を読み取る解釈者もある[1]。しかし、イエスが政治的に反ローマの言動をしたという記録は他に見られないので、その解釈は難しいであろう[2]。むしろ、この時代「レギオン」は、ことさらローマの軍勢に限らず多勢の集合を表すのに用いられていたというJ・ライトフットの指摘[3]に従い、ここでは、多数の悪霊が強力な軍隊のようにこの人にとり憑いていたということを視覚的に表現する有効な比喩的言語として、「レギオン」という語が用いられたと考えられる。悪霊が豚に移ることを望んだのは、穢れた霊の好む場所が、墓場を初めとして、不浄とされる場であったから、穢れた動物とされる豚がふさわしかったのであろう。ただし、イエスが豚の大群の溺死を許した理由は、説明がつかない。新約聖書で、動物、とくにユダヤ教で穢れた動物とされていた豚の生命がここはっきりとないがしろにされていることは、イエスや彼の奇跡伝承の担い手がユダヤ思想の枠内で行動し、著述していたことのひとつのしるしである、と説明するのが最も妥当に思わ

---

[1] Perkins, "The Gospel of Mark," p. 584; 田川『マルコ福音書 上巻』, p. 357.
[2] この伝承で悪霊が自らを「レギオン」と呼んだことのうちに、ローマの軍隊に悪霊的な力を見る視点が入っていることは可能かもしれない。ただし、福音書を総じて、イエスは反ローマの政治的言動をしている箇所がないのみでなく、むしろローマへの納税問題などの微妙な問題に関して、ローマ当局を刺激しない配慮を見せている（マルコ12:13–17//並行マタイ22:15–22//ルカ20:20–26）。それゆえ、この悪霊祓いが政治的意味合いを持って行なわれたと考えるのは、読み込みすぎであろう。もし反ローマ感情が入っているとすれば、それは伝承の担い手によると考えられる。
[3] John Lightfoot, *A Commentary on the New Testament From the Talmud and Hebraica: Matthew–I Corinthians, vol. 2, Matthew–Mark* (Grand Rapids: Baker Book House, 1859), p. 411.

れ、善悪で解釈しようとしたり神義論的説明を施そうとしたりするなら、単なる読み込みに堕してしまうことになる。

3　本章の結論――イエスの悪霊祓いの意味

　I章で見たように、悪霊という存在を信じる概念はもともと旧約にはなかったか、あるいは表面化していなかった。悪霊の活動に病やさまざまな禍の原因を帰す思想が一般化したのは、イスラエルの民の間では、捕囚期以降、ヤハウェを唯一絶対の善なる神とする唯一神信仰が確立してからのことであると考えられる。申命記史家の禍の神義論では、あらゆる禍や苦しみは、民が自身犯した罪の罰と考えるべきであるが、明らかに問題となるのは、理不尽に見える苦しみである。神義論的問題として、人々はそのような不当な悪の責任をヤハウェに帰すわけにはいかなかった。そのとき、申命記史家の考えに満足できない人々は、ペルシアから悪霊という概念を取り込むことで、その問題を解決したのであろう。悪霊、あるいは、穢れた霊からの癒しは、第一にその、悪の力からの解放であった。第二に、イエスの悪霊祓いは、神がその人に対してなした憐れみの業（マルコ 5:19）と解釈され、悪霊に憑かれた人々が、救いから遠く見えたにもかかわらず、神に受け入れられているしるしとなる。病人を悪人と見なす禍の神義論に対し、苦しんでいる人が神の憐れみによって贖われるという、恩寵と贖い[1]の神義論が立てられるのである。これは、穢れとされた他の病を患った人と同様に当てはまることである。

　さらに、イエスの悪霊祓いは、単なる魔術的癒しのレベルを超えて、宇宙論的意味を持つ。福音書において、悪霊は神の霊や聖霊と同様にリアリティーとしてとらえられている。当時の地中海世界で、悪霊が現実の存在として考えられていたからである。それと同様の理由で、「悪霊に憑かれた」人たち自身も、悪霊をリアリティーとしてとらえている。彼らにとって、悪

---

1) この「贖い」という言葉は、ここでは広い意味で、「救いと苦しみからの解放」という意味で用いる。

霊からの解放は、真に、束縛からの解放であり、穢れからの清めであり、サタンの力から救い出されることであった。そのことを忘れて、彼らの憑依状態やその治癒をその人の心理状態の比喩的表現に還元してみることは、その人にとって、悪霊祓いが持っていた意味を理解することではない。イエスも、そして癒された人々も、癒しを目撃した人々も、新約聖書に記録されている人たちは悪霊からの解放を現実の救いの働きとして理解した。

　20世紀には福音書を「非神話化」して、イエスの奇跡はキリスト教の本質的な部分ではないと考える向きもあった。その代表はルドルフ・ブルトマンであろう。彼は、新約聖書が迷信的神話の世界であったとして、その非神話化を提唱した。彼は、「われわれは、電気をつけて暮らしながら、〔…〕同時に、新約聖書の霊や奇跡の世界を信じることは出来ない」[1]、「今日では、神話的世界観は過去のものになっているので、神話的な話である限り、新約聖書は受け入れられにくい」と考え、聖書にでてくる奇跡や神話を現代的に解釈して示すことが、現代の神学者の務めであると主張した[2]。ブルトマンは、イエスが奇跡行為者と悪霊祓い師として人を驚かせるヌミノーゼ的な活動をしたとしても、そのことを語ったり暗示したりしている章句は「明らかに福音書記者たちの編集部分に属していて古い伝承ではない——それは教団のケリュグマにおいては何の役割をも果たしていない。教団はイエスを預言者、教師として、さらにそれを超えて、きたらんとする「人の子」として告知するのであって、ヘレニズム世界の明らかにヌミノーゼ的な姿をもつ《神の人》(テイオスアネール)として告知するのではない。ヘレニズム的な地盤の上で伝説が成長するにつれて、初めてイエスの姿は《神の人》に似てくる。旧約聖書的ユダヤ的世界には、ギリシャ世界の意味での英雄も、ヘレニズムの意味での homines religiosi（宗教人）も知られていない。こうしてパウロやヨハネのケリュグマにとって、またそもそも新約聖書全般にとって、イエスの個性は何

---

1) Rudolf Bultmann, "New Testament and Mythology," *New Testament and Mythology and Other Basic Writings*, ed. and tr. Schbert M. Ogden (Philadelphia: Fortress Press, 1984), p. 4.

2) Bultmann, "New Testament and Mythology," pp. 2–3.

3 本章の結論——イエスの悪霊祓いの意味

の意義をも持っていない」と言う[1]。その流れとも和合して、20世紀科学時代の神学は、イエスの悪霊祓いや超自然的な悪の実在との戦いをイエス自身がどれほど現実的に受け止めていたかということを学問的に十分に認識してこなかったように思われる。しかし1世紀の人々にとって、悪を悪霊という実体でとらえることは、神を受肉した実在として信じることと同程度に、決して比喩表現や心理的現象ではすまされないリアルな体験の範疇にあった。イエスの悪霊祓いは、単なる精神的、比喩的な意味ではなく、それを体験した人々にとっては、悪霊との実際の戦いであったと見るべきである。

M・ボーグが言うように、彼らにとっての霊たちの世界のリアリティーは真剣に受け取るべきであり、そうした世界についての考えを排除したり心理学的な領域に還元したりしては、ユダヤの伝承やイエスを理解することはできないのである[2]。

イエスが悪霊に対して絶対的な支配力を持っていたことは、神義論的には、彼を通して神の善が悪に対して究極的に勝る、その勝利がすでに始まっていることを意味する。また、イエスが悪霊を祓うとき、それが言葉によってなされていることも、意味がある。福音書記者ヨハネはイエスを神の言葉の受肉ととらえたが[3]、創世記において神の「言葉」דָּבָר (dābār) は世界創造の「出来事」דָּבָר となった（創世1:3–30）。そして、共観福音書の悪霊との対決においても、イエスの言葉が悪霊祓いという出来事となり、その出来事が福音宣教の言葉、「教え」（マルコ1:27）となる[4]。

A・ウィットマーは、イエスの悪霊との対峙に、宇宙論的な意味と、社会的な意味が同時に重要であったと指摘している。悪霊に憑かれた人が、悪霊憑きという仕方では表現できない社会的な困難を背負っていたことすれば、それはその人だけではなく、社会の状態にも関わる。それゆえ、イエスの悪霊

---

1) Bultmann, *Theologie des Neuen Testamemt* (Tübingen: J. C. B. Mohr, 1953), p. 36（訳は R. ブルトマン『新約聖書神学 I　新約聖書神学の前提と動機』川端純四郎訳（東京：新教出版社, 1963), pp. 44–45）.
2) Cf. Borg, *Jesus*, p. 34.
3) ただし、イエス自身が自分を神の受肉と考えていたかどうかは別問題である。
4) この考察は、イエス自身が自分の言葉を創世記の神の言葉と結び付けているという意味ではない。

祓いはその人を社会的に受け入れられる存在に変容させ、その人を社会の一員にすることで、社会とその共同体の人々をも変容させるのである。その意味で、たとえば、カファルナウムのシナゴーグで行われた悪霊祓いは、シナゴーグという公の領域で行われたという点で重要だった。悪霊祓いは、悪霊を払われた人の個人的な問題にとどまらず、共同体全体の問題だったからだ[5]。イエスの悪霊祓いは、その人個人の救いであると同時に、社会的変容をもたらし、また、悪霊と神の力の対決として、宇宙論的な意味も持つ、三重の意味での変革をもたらすものだった[6]。

そうしてイエスと悪霊の戦いという形で、善と悪との終末論的戦いが、旧約の時代にはなかった形でこの世で始まっているのである[7]。イエスの癒しは、サタンの支配を終わらせ、今、この世で始まりつつある神の国を実現する戦いの一部でもあり、また、真の救いの世としてその神の国が開けつつあるしるし、前触れでもあった。

---

5) Witmer, *Jesus, the Galilean Exorcist,* pp. 164–165.
6) Christian Strecker, "Jesus and the Demoniacs," in Wolfgang Stegemann/Bruce J. Malina/Gerd Theissen eds., *The Social Setting of Jesus and the Gospels*（Minneapolis: Fortress Press, 2002）, p. 126. Winter は、この見方に賛同して、Witmer, *Jesus, the Galilean Exorcist,* pp. 164–165で言及している。
7) 神話的に見れば、神の子が受肉した今、悪の力も受肉してこの地上での戦いを開始したのだと解釈できる。ただし、これは、福音書を文学・あるいは神話として読んだ場合の解釈であり、イエス自身が自分を「神の子」と考えていることを裏付ける資料はない。イエスが神の子の受肉であるという教義は、完全に、後代の教会によると考えるべきである。

VIII 章　貧しい者への福音

1　序——問題の所在と本章の目的

　　^{7:22}行って、見聞きしたことをヨハネに伝えなさい。目の見えない人は見え、足の不自由な人々は歩き、重い皮膚病を患っている人々は清くされ、耳の聞こえない人々は聞こえ、死者は起こされ、貧しい人々は福音を告げ知らされている。²³私につまずかない人は幸いである。（ルカ 7:22–23）

　洗礼者ヨハネの弟子の「来るべき方は、あなたでしょうか。それとも、ほかの方を待たなければなりませんか。」（ルカ 7:19）との問いに対する答えと位置づけられているこの言葉は、イザヤ書35章5–6節と61章1節を混合させて引用し、そこに「死者の甦り」の項目（イザヤ 26:19）を加えたもので、四海文書（4Q512）に並行個所があり、当時このような形のメシア期待が広まっていたことの指標となる[1]。22節の最後の部分は、イザヤ書61章1節、「主は

---

1) 大貫『イエスという経験』, pp. 61–62; James, D. Tabor, "Parallels Between A New Dead Sea Scroll Fragment（4Q521）and the Early New Testament Gospel Tradition," e-text, retrieved on 22 March, 2012 from http://religiousstudies.uncc.edu/people/jtabor/4q521.html.
　　4Q521はヘブライ語で書かれており、貧しい者への福音の個所はיהוה ענוים בשרで、イザヤ書と同じבשרという語を使っているが、福音を告げる主語が、主（ヤハウェ）で能動態未完了形「主は貧しい者たちに福音を告げるだろう」の意となっている。それに対し、イザヤ書61:1（ヘブライ語聖書לְבַשֵּׂר עֲנָוִים שְׁלָחַנִיと70人訳 εὐαγγελίσασθαι πτωχοῖς ἀπέσταλκέν με）は不定詞を用いて「福音を告げるために（私を遣わした）」となっているのに対して、ルカ 7:22は πτωχοὶ εὐαγγελίζονται「貧しい者たちは、福音を告げ知らされている」と、貧しい者が主語になっている。ゆえに、ルカ 7:22は、クムラン文書からの直接引用でも、イ

私に油を注ぎ、主なる神の霊が私をとらえた。私を遣わして、貧しい人々に良い知らせを伝えさせるために」からきていると考えられるが、ここで神の国の到来の徴となる救いの出来事の列挙の最後に貧しい人への福音があげられていることは、イエスの宣教の中で、貧しい者への福音が最も重要な部分をなしていることを示唆するとの指摘も理解されている[1]。

旧約聖書には、富を神の愛顧の徴と見、貧しさを救いからの遠さと見る見方と、弱者、貧困者を神の配慮の対象と見る見方とがあることは第Ⅰ章で見た。これらの見方の間で、イエスは、貧困者を顧み彼らに対する援助を勧める律法と預言者の側に立っている。ルカによる福音書（14:15–24）では、結局神の国に招かれるのは、まず、通りや小道にいた貧しい人々である。マタイによる福音書20:1–16のぶどう園の譬えも、夕方まで雇用主が見つからずその日の暮らしにも不安を抱く日雇い労働者に他の人々と同様に必要な糧を与えようとする主人にたとえられる神の恵みを表している。

福音書によれば、彼は、金持ちに対しては持ち物を売って貧しい者たちに施すように促し（マルコ 10:21//並行マタイ 19:21//ルカ 18:22）、神殿でわずかしか献金できなかったやもめを「乏しい中から生活費をすべて献金した」（マルコ :41–44//並行ルカ 21:1–4）と賞賛している。また、イエスが実際の活動において、食べるものも無い人々を気遣い、給食を行ったこと（マルコ 6:35–45//並行マタイ 14:13–21//ルカ 9:12–17; マルコ 8:1–9//並行マタイ 15:32–38//ルカ 9:12–17）も記されている。さらに、彼が行った癒しの報告などから、栄養失調による障碍をもつ貧しい人々に彼が救いの手をさしのべたことが分かる[2]。

本章では、ルカ6:20のマカリズム（祝福の宣言）の最初にあげられている「貧しい者は幸いである」との宣言、貧しい人々への神の配慮についてのイ

ザヤ書からの直接引用でもなく、大貫の指摘にあるように当時、このような表現でのメシア期待が広まっていたものであろう。

1) John Dominic Crossan, *The Historical Jesus: The Life of a Mediterranean Jewish Peasant* (Edingurgh: T&T Clark), pp. 516–517.
2) Richard A. Horsley, *Jesus and the Spiral of Violence: Popular Jewish Resistance in Roman Palestine* (San Francisco: Harper & Row, 1987), p. 224.

エスの言葉（ルカ 12:22–31//並行マタイ 6:25–33）、イエスの譬えに示された富者と貧しい人々への使信を通して、貧困という苦難と悪の問題に対するイエスの提示する神義論上の回答を見出したい。

2 「幸いなるかな貧しい人々は。神の国はあなたがたのものだから。」（ルカ 6:20）

  6:20 イエスは目を上げ弟子たちを見て言った。「幸いなるかな、貧しい人々は。神の国はあなたがたのものだから。²¹ 幸いなるかな、今飢えている人々は。あなたがたは満ち足りるだろうから。幸いなるかな、今泣いている人々は。あなたがたは笑うだろうから。」（ルカ 6：20–21）

 「幸いなるかな」（Μακάριος [Makarios]）で始まるマカリズム（幸いの宣言）は、貧しい者（πτωχός [ptōchos]）たちへの祝福で始まる。μακάριος は、「幸運」というよりも、神に祝福されている人々の状況を表し、単なる叙述ではなく、奨励と、しばしば慰めの要素も含む意味を持つと解釈される[1]。

 「貧しい人々」が、物理的に貧しい人々を指すのか、あるいは、マタイが「幸いなるかな霊において貧しい人々は」（マタイ 5:3）と、説明を付加したように霊的、宗教的意味での貧しさを指すのかは、大きく二通り解釈があり、もともとはルカでのように物理的に貧しく搾取されていた人々へのマカリズムであったのが、マタイが編集において精神化したとの解釈[2] と、古代Jイスラエルにおいては、物理的に貧しい者はその無力さのゆえに神のみ

---

1) G. Strecker, "μακάριος," in *Exegetical Dictionary of the New Testament,* vol. 3（Grand Rapids: Eerdmans, 1981）, pp. 376–377; Douglas R. A. Hare, *Matthew*（Interpretation, A Bible Commentary for Teaching and Preaching）（Westminster/John Knox Press, Lousville, 1993）, pp. 35–36; L. John Topel, S. J. *Children of a Compassionate God: A Theological Exegesis of Luke 6:20–49*（Collegeville, Minnesota: The Liturgical Press, 2001）, p. 62.

2) Geza Vermes, *The Religion of Jesus the Jew*（Minneapolis: Fortress Press, 1993）, p. 142; John Nolland, *The Gospel of Matthew: A Commentary on the Greek Text*（Grand Rapids, Michigan: Eerdmans, 2005）, p. 200 など。

により頼むしかなく、それゆえ、物理的に貧しいことと精神的に謙遜・敬虔なこと（＝貧しい者）は同一のことと見なされていたとの解釈である[1]。πτωχόςとは、多少の貧しさではなく、極貧の人々のことを指す。ギリシア語で、貧しさを指す語にはπτωχόςの他にπένης [penēs] があり、πένηςは日雇い労働者など、その日暮しの人々であり、πτωχόςはそれよりも貧しく、物乞いをしなければ暮らせない人々である[2]。

いずれにしろ、彼らが無力であり、無力さの自覚から神に依り頼むことで、神は彼らを顧みて彼らを守るであろうということである。「イエスが貧しい者を幸いと呼んだのは、彼らが金持ちになるだろうからではなく、彼らが神の力に参与するだろうからである」[3]。そしてまた、貧しい者たちが、将来幸いになるであろうというのではなく、今、幸いと言われているのは、「彼らの状況がすでに変化したからではなく、神が彼らを見捨てていないということを彼らが確信できるからであり、また、神の御国における彼らの場が確かなものとされているからである」[4]。イエスの使信においてその「御国」とは、来世のものとは限らない。むしろ、主の祈りを見れば、御国の成就とは、人々が皆この世界の生において今日のパンを与えられる時と考えられる。

以下で考察する「金持ちとラザロ」の譬えなどを見れば、イエスが「貧しい者」と言った意味が、もっぱら精神的な意味であるとは考えられない。当時クムランの「戦いの書」（1QM 14:7）に、クムランの共同体を自称して「霊

---

[1] Gerd Theissen/Annette Merz, *The Historical Jesus: A Comprehensive Guide,* tr. John Bowden (London, SCM, 1998), pp. 270–271; Hagner, *Matthew 1–13*, p. 91. Hagnerは、マタイもルカも、互いにない重要な部分を含むことから、両者が別々の資料を用いていると考えている。James Dunn, *Jesus Remembered. Christianity in the Making,* vol. 1 (Grand Rapids, Michigan: Eerdmans, 2003), p. 518; Malina & Roharbaugh, *Social-Science Commentary on the Synoptic*, p. 48.

[2] John Dominic Crossan, *The Historical Jesus: The Life of a Mediterranean Jewish Peasant* (Edingurgh: T&T Clark), p. 272: Bawer, pp. 795 & 896.

[3] Theissen/Merz, *The Historical Jesus*, p. 271.

[4] James Dunn, *Jesus Remembered. Christianity in the Making,* vol. 1 (Grand Rapids, Michigan: Eerdmans, 2003), p. 413.

において貧しい者」という表現がされているとの指摘がある[1]が、これはイエスの意味とは異なるであろう。「霊において」をマタイが付加した意味も、これとは異なると考えるべきである。

3　神の配慮（ルカ 12:22–31／マタイ 6:25–33）

12:22 それから、イエスは弟子たちに言った。「だから、あなたたちに言う。命のことで何を食べようか、体のことで何を着ようかと思い悩むな。23 なぜなら、命は食べ物にまさり、体は衣服にまさっているからだ。24 カラスのことを考えてみなさい。彼らは種も蒔かず、刈り入れもせず、彼らには納屋も倉もない。けれども、神は彼らを養ってくださっている。あなたたちは、鳥よりもどれほど価値があることか。25 あなたたちのうちの誰が、思い悩んだからといって、寿命をわずかでも延ばすことができるだろうか。26 ほんの小さな事さえできないのに、なぜ、そのほかの事を思い悩むのか。27 野原の花がどのように育つかを考えてみなさい。働きもせず紡ぎもしない。しかし、あなたたちに言う。栄華を極めたソロモンでさえ、この花の一つほどにも着飾ってはいなかった。

28 今日は野にあって、明日は炉に投げ込まれる草でさえ、神はこのように装ってくださるなら、まして、あなたたちのことは、なおさらのことである。信仰の薄い者たちよ。29 あなたたちも、何を食べようか、何を飲もうかと求めてはならない。また、思い悩むな。30 それはみな、この世の異邦人が皆、切に求めているものだ。あなたたちの父は、これらのものがあなたたちに必要なことをご存じである。31 ただ、神の国を求めなさい。そうすれば、これらのものは加えて与えられるだろう。（ルカ 12：22–31）

この言葉は、上記のルカの版では弟子たちに話されたことになっており、

---

1) Hagner, *Matthew 1–13*, p. 92.

マタイの並行個所も、山上の説教の続きで弟子たちに向かって語られた一連の教えの中に位置づけられている。しかし、内容を見ればこれは、「命のことで」食べ物の心配をせずにいられない人々、「体のことで」着るものの心配をしなければならない人々、つまり、嗜好や折々の状況にふさわしく食べ物の手配をすることや趣味や礼儀にかなった衣服を揃える気遣いをするような余裕がなく、生きるにやっと足るだけの衣食をいかに確保するかをいつも心配しながら暮らさざるを得ない貧しい人々に向けられている。この祝福の言葉におけるカラスや花の比喩は、無為に暮らすことののどかさを言っているのではなく、働きたくとも働き口がなく、種を蒔くことも刈り取ることも、自分の納屋に収穫物を収めることもできない人々に対して、神の配慮を示すために導入されているのである。

　人間は、神に依存するはかない存在でありながら、神の配慮と保護のもとに生かされている、神との関係において生きる被造物であることがここには表されている[1]。

　それと同時に、ルカがこれを愚かな金持ちの譬えと、施しを勧める言葉、「小さな群れよ、恐れるのはやめなさい。あなたたちの父はあなたたちに神の国を与えることが嬉しいのだから。自分の持ち物を売り払って施しなさい。自分たちのために、擦り切れることのない財布と、尽きることのない天の富を作りなさい」（12:32–33）に挟んだことは、重要である。S・H・リンジは、神の配慮を述べた上記の言葉が、むしろ、ものの所有者（haves）に向けられていると考えている。彼女の考えでは、この言葉の要点は、「豊かさの感覚は、ますます多くの富を蓄えることからではなく、正義が表れるように社会的、物質的財産の再分配から来るように、変わらなければならない」[2]ということにある。私見では、これはイエスが貧しい人々に語った言葉をルカやマタイが、より裕福な彼らの聴衆のための文脈に移したのではないかと思われる。しかしその一方、イエスの聴衆の中に貧しい人々と富者が混在し

---

1) 嶺重淑「聖書の人間像──人類の古典に学ぶ」（東京：キリスト新聞社, 2009）, p. 124
2) Sharon H. Ringe, *Luke*（Louisville, Kentucky: Westminster John Knox Press, 1995）, pp. 178–179. 引用はp. 179.

ていたことを考えれば、「ファリサイ派の人と徴税人」の譬えなどと同様、これは、聞き手によって異なる多層的な意味を持つものだったかもしれない。

4 イエスの譬えにおける裕福な者、貧しい者への使信

1)「愚かな金持ち」の譬え（ルカ 12:16–21）

^{12:16}それから、イエスは譬えを話し、こう言った。「ある金持ちの畑が豊作だった。¹⁷金持ちは、『どうしよう。私には私の作物を保存しておく場所がない』と思い巡らしたが、¹⁸やがて言った。『こうしよう。私の倉を壊して、もっと大きいのを建て、そこに穀物や私の財産をみなしまい、¹⁹こう自分に言ってやるのだ。「さあ、何年分もの蓄えがある。安心しろ、食べ、飲み、楽しめ」と。』²⁰しかし神は、『愚かな者よ、今夜、お前の命は取り上げられる[注1)]。お前が用意した物は、いったい誰のものになるのか』と言われた。²¹自分のために富を積んでも、神に向かって豊かにならない者はこのとおりだ。」

ここには、富んでいる者に対して、貧しい者への配慮をないがしろにして自分だけのために富を蓄え享受しようとすることへの批判がある。この男は、「愚か者」（ἄφρων [aphrōn]）と呼ばれているが、用いられているἄφρωνは、70人訳の詩編14:1「愚か者は心の中で言う、『神などいない』と」で用いられている語と同一であり、イエスの譬えを聞いた者はこれとの明らかなつながりを感じたであろう[2)]。詩編14:1のἄφρωνはנָבָל (nābāl) のギリシア語

---

1) 文字通りには、3人称複数能動態で、「（彼らは）お前の命を取り戻す」。命を取り上げるのは、神ではない。すなわち、「神」が、罰として命を取り去るのではない。これは、イスラエルの神は罰を与える神ではなく、悪の結果はその自然な帰結として禍をもたらすのだとのコッホの論点に和合する。Cf. Klaus Koch,"Is There Doctrine of Retributionin the Old Testament ?" pp. 57–87.
2) Charles W. Hedrick, *Parables as Poetic Fictions: The Creative Voice of Jesus*（Peabody, Massachusetts: Hendrickson, 1994）, p. 150. Hedrickは、ルカとシラ書の間に、内容だ

訳であり、נָבָל は倫理的、宗教的に無感覚な人間、神を否定し、冒瀆する人間を表す[1]。神が存在しないかのように、悪を行い、他人を食い物にする者たちが詩編14編ではこう呼ばれている。(新共同訳では、「神を知らぬ者」と訳されている。)

この「愚かな金持ち」の譬えはまた、ベン・シラの知恵11章18-19との類似も指摘される[2]。シラ書では、

> 11:18 生活を切り詰め、強欲に富を蓄える人もいる。
> だが、どんな報いがあると言うのか。
> 19 「これで安心だ。
> 自分の財産で食っていけるぞ」と言っても、
> それがいつまで続くのか知る由もなく、
> 財産を他人に残して、死んでいく。

とあり、地上の富に心を砕くよりも、律法をしっかり守り、自分の務めを果たしながら年齢を重ねてゆくことのほうが勧められている。「主の祝福こそ、信仰深い人の受ける報い」(シラ 11:22)だからである。シラ書でも、イエスの譬えでも、暗黙の前提として、多大な富を蓄えることと神の律法を守り信仰深く生きることとは両立しない生き方と考えられている。自分のためだけに富を蓄えることは他人の富を搾取することであり、また、貧しい人への施しを求める律法に反することである。

同様の趣旨は、『エノク書』にも見られる。

> 97:8 わざわいなるかな、銀と金を正当な手段によらず手に入れておき

けではなく、ルカ「安心しろ」($\dot{\alpha}\nu\alpha\pi\alpha\acute{u}ou$); シラ「これで安心だ」(=安心を見つけた、$\dot{\alpha}\nu\alpha\pi\alpha\upsilon\sigma\iota\nu$)。ルカ「食べ ($\phi\acute{\alpha}\gamma\epsilon$)、飲み、楽しめ」、「蓄え ($\dot{\alpha}\gamma\alpha\theta\alpha$) がある」、シラ「自分の財産 ($\dot{\alpha}\gamma\alpha\theta\acute{\alpha}$) で食って ($\dot{\alpha}\phi\alpha\theta\hat{\omega}\nu$) いける」など、語彙上の共通項も指摘している。

1) Cf. *BDB* "נָבָל" の項 (p. 614).
2) Hedrick, *Parables as Poetic Fictions*, p. 150.

ながら、われわれは大いに富んだ、大変な物持ちになった、欲しいものは全部手に入れた、と豪語するきみたちは。[9]（きみたちはまた言う、）「さて、かねて思い定めていたことをやるとするか。銀はかき集めたし、倉は満ち、家には宝がどっさり、水のようにあふれている」。[10]だがきみたちはだまされたのだ。富はきみたち（の手）に残りはしない。またたくまに消え去る。全部よからぬ手段で手に入れたものゆえ。そして、きみたちは大いなる呪いに引き渡されるであろう[注1]。

この譬えは、当時の神殿やサドカイ派の人々への批判であったとも考えられる。当時、神殿や、神殿と親密な関係をもつサドカイ派の祭司たちは、ローマ権力におもねることで権力を保ち、民衆から重い神殿税をとることで富を蓄積していた。ラビは民衆の支持を得ていたがサドカイ派は得ていなかった。民衆は反乱を起こしたとき、神殿の倉を強奪しているが、これは神殿が支持を失い、また、搾取していた証拠であると、エヴァンスは指摘している[2]。彼はまた、旧約聖書のアラム語訳であるタルグムには祭司たちへの反感が表れており（イザヤ書5:1-7、1-13、22:20）、エレミヤ書タルグム7:9では宗教的指導者たちははっきりと「盗人」と呼ばれ、同書14:18では律法学者と祭司たちの商業主義が批判されていることも指摘している[3]。クムラン教団のハバクク書注解でも、大祭司がしばしば「邪悪な祭司」（Wicked Priest）（1QpHab 1:13; 8:9; 9:9; 11:4）と呼ばれ、貧しい者たちから奪い（1QpHab 8:12; 9:5; 10;1;12:10）、富を蓄え（1WpHab 8:8-12; 9:4-5）、聖域を汚している（1QpHab 12:8-9）と非難されている[4]。

イエスのいわゆる神殿清めの行為（マルコ11:15-17//並行マタイ21:12-13//ルカ19:45-46//ヨハネ2:14-16）は、貧しい人々から搾取している宗教的指導

---

1) 村岡訳「エノク書」, pp. 276-277.
2) Graig A. Evans, *Jesus and His Contmporaries: Comparative Studies* (1995; Boston and Leiden: Brill Academic Publishers, 2001), p. 322。Evansは、ヨセフスの*J.W.* 5.5.6 §222-224; 5.5.4 §210-211; *Ant.* 15.11.3§395; *Ant.*14.7.2 §110; from §111 to §119; *Against Apion* 2.21 §185-187; see 2.22 §188; *Ant.* 20.9.4 §213などを参照している。
3) Evans, *Jesus and His Contmporaries*, p. 328-329; 330.
4) Evans, *Jesus and His Contmporaries*, p. 337.

者への批判の行為であり、そのことからも、ここで批判されているのが、そうした人々であることが察せられる。彼が祭司たちの反感を買ったことの一つの理由は、このような批判を彼が言葉においても行為においてもなしたからであろう。

　イエスのこの譬えは、さらに福音書の中では、「人は、たとえ全世界を手に入れても、自分の身を滅ぼしたり、失ったりしては、何の得があろうか」（マルコ 8:36//並行ルカ 9:25//マタイ 16:26）との彼の言葉に呼応し[1]、その例示となっている。イエスはここで、祭司たちを含め、自分のみ富んで貧しい者たちへの配慮を怠る人々へ、エゼキエル 14:49 と通じる批判をもって立ち帰りを促している。

2）「金持ちとラザロ」の譬え（ルカ 16:19–31）

> [16:19]「ある金持ちがいた。紫の衣や柔らかい麻布を着て、毎日ぜいたくに遊び暮らしていた。[20]ラザロという名の貧乏人がこの金持ちの門前に、できものに覆われて置かれていた。[21]そして、その金持ちの食卓から落ちるもので腹を満たしたいと思っていたが、犬までやって来ては、そのできものをなめた。[22]しかしこうなった。この貧しい人は死んで、天使たちによって宴席にいるアブラハムのふところに連れて行かれた。金持ちも死んで葬られた。[23]そして、金持ちはシェオール（黄泉）で目を上げると、宴席でアブラハムとそのすぐそばにいるラザロとが、はるかかなたに見えた。[24]そこで、大声で言った。『父アブラハムよ、私を憐れんでください。ラザロをよこして、指先を水に浸し、私の舌を冷やさせてください。私はこの炎の中でもだえ苦しんでいます。』[25]しかし、アブラハムは言った。『子よ、思い出してみるがよい。お前は生きている間に良いものをもらっていたが、ラザロは反対に悪いものをもらっていた。今は、ここで彼は慰められ、お前はもだえ苦しむのだ。[26]それば

---

1) R. Alan Culpepper, "The Gospel of Luke," in *The New Interpreter's Bible*, vol. 9 (Nashville: Abington Press, 1995), p. 256 のルカ 9:26 についての注。

かりか、私たちとお前たちの間には大きな淵があって、ここからお前たちの方へ渡ろうとしてもできないし、そこから私たちの方に越えて来ることもできない。』²⁷金持ちは言った。『父よ、ではお願いです。私の父親の家にラザロを遣わしてください。²⁸私には兄弟が五人います。あの者たちまで、こんな苦しい場所に来ることのないように、よく言い聞かせてください。』²⁹しかし、アブラハムは言った。『お前の兄弟たちにはモーセと預言者がいる。彼らに耳を傾けるがよい。』³⁰金持ちは言った。『いいえ、父アブラハムよ、もし、死んだ者の中からだれかが兄弟のところに行ってやれば、悔い改めるでしょう。』

　³¹アブラハムは言った。『もし、モーセと預言者に耳を傾けないのなら、たとえ死者の中から生き返る者があっても、その言うことを聞き入れはしないだろう。』」

　この譬えには、類似の話がエジプトの民話（シ・オシリスとセトメ・カエムウスの話）、エルサレム・タルムードに収録されているユダヤ教テキスト（「サンヘドリン」23c、「ハギガー」77d）、後代のユダヤの伝説、およびルーキアーノス「冥界行または僭主」(KATAPLOGS H TGPANNOS) に見出されることが指摘されている¹⁾。そのいずれにも共通するのは、死後の世界での貧富の運命の転覆のモチーフ、その運命の逆転が第三者に知らされることなどである²⁾。しかし、タルムードはイエスの後代に属し、エジプトの民話やユダヤの民話はイエスの譬えとは主要な点も細部も異なるので、イエスの譬えがいずれかを定本としているとか、その逆であるとは考える必要はない。重要なことは、ボーカムが言うように、富者と貧者の黙示的運命の逆転は、一般的な民衆、すなわち貧しい人々の希望であり、この世で報われない人々

---

1) たとえば、太田修司『金持ちとラザロの譬え』の民話的背景」『聖書学論集』42 (2008), pp. 1–2; Craig L. Blomberg, *Interpreting the Parables* (Leicester: Apollos, 1990), pp. 203–204.
2) これらの物語のあらすじは、Richard Bauckham, *The Fate of the Dead: Studies on the Jewish and Christian Apocalypses*, Supplements to Novum Testamentum, vol. 93 (Leiden: Brill, 1998), pp. 89, 1126; 太田『金持ちとラザロの譬え』の民話的背景」pp. 4–8; Snodgrass, *Stories with Intent*, pp. 421–422.

への神の正義として期待されていたこと、その中でイエスはそうした貧しい人たちの側に立って、この希望を肯定する譬えを語ったということである[1]。

　この話には、また、『エリヤの黙示録』のモチーフとの共通点も指摘されている。この黙示録には、シェオール（黄泉）で罰を受けている人々をエリヤが見たこと、その人々が生前自分が犯した罪にふさわしい部分でつるされていたこと——たとえば、瀆神や偽証をした人は舌で、姦淫を犯した人は生殖器でつるされているなどである——が記されている[2]。この応報のモチーフは「金持ちとラザロ」の譬えで、生前飽食を尽くして、余ったパンを床に落として捨て置くほどの[3]贅沢をしていても貧しい者たちに施しをしなかった金持ちが、シェオールで舌と口で罰せられる火中の乾きという拷問を味わっていることと通じる[4]。それゆえ、この金持ちの死後の苦しみは彼の生前の振る舞いの報いと理解することも不可能ではないだろう。彼が特に高価な布地で織った上着や特に上質の布地を身につけ、毎日豪奢な暮らしをしていたことは、ただ裕福だっただけではなく裕福さを誇示していたことである[5]。富を誇示すること自体は律法違反とは限らないと見えるかもしれない

---

1) Bauckham, *The Fate of the Dead*, p. 105.
2) Bauckham, *The Fate of the Dead*, p. 89.
3) Hultgrenは、「食卓から落ちるもの」（16：21）とは手を拭いたパンのことだろうという読みがあるが、そのようなことがなされていた証拠はないと言っている（Hultgren, *The Parables of Jesus*, p. 112. Hultgren は John R. Donahue, *The Gospel in Parable*（Philadelphia: Fortress, 1988）, p. 170を参照）。

　　タルムードには、パンで手を拭くということは書いていない。パンで手を拭くのはもともと古代スパルタでパン生地を練ったものを手拭にしていたのがパンで手を拭く習慣になったものらしく、ギリシアの習慣である（Cf. http://www.foodreference.com/html/art-history-napkins-729.html, 2011年5月10日アクセス）。イエスの時代にヘレニズムの影響でそのような習慣を持ち込んだ人がいたかどうかは分からないが、敬虔なユダヤ人はパンを食べる前に感謝して祈りをささげて食べたのでそれで手を拭いて床に捨てるということは、瀆神行為だろう。この譬えでこの金持ちに対してそこまで読み込んでよいかどうかは疑問に思われる。
4) Cf. 太田修司「『金持ちとラザロの譬え』のメッセージ」『キリスト教学』51（立教大学キリスト教学会、2009）, p. 64.
5) William Hendriksen, *The Gospel of Luke: New Testament Commentary*（Edinburgh: The

が、この金持ちは、律法の禁止命令は破っていなかったとしても、律法の当為命令に従っていたわけではない。申命記には、「あなたの神、主が与えられる土地で、どこかの町に貧しい同胞が一人でもいるならば、その貧しい同胞に対して心をかたくなにせず、手を閉ざすことなく、〔…〕貧しい同胞を見捨て、物を断ることのないように注意しなさい。その同胞があなたを主に訴えるならば、あなたは罪に問われよう」(15:7, 9) とあるからだ。ベイリーは、ラザロが金持ちの家の前に「置かれていた」との受動態で書かれていることに読者の注意を促し、彼の周りの者たちは、この富める人か客人の誰かが憐れみを感じて彼に何かを施すことを期待してこの金持ちの家の前に置いたのであると指摘している。こうした慣習は東方では一般に行われているからだ[1]。彼らの振る舞いから、ベイリーは、ラザロが共同体の者たちから好かれていただろうと述べ、犬たちでさえも、彼を憐れんで傷をなめた(犬が人間をなめるのは愛情のしるしであり、しかも、その唾液は傷を癒す効き目があると経験上知られていた)と理解している[2]。しかし、彼らの期待に反し、金持ちとその客人たちはラザロを無視し続けた。貧しい同胞への配慮と援助を奨励するモーセ五書や預言者の言葉を無視し続けたのだ。これは、彼の兄弟についても当てはまる。「もし、モーセと預言者に耳を傾けないのなら、たとえ死者の中から生き返る者があっても、その言うことを聞き入れはしないだろう」とアブラハムが言うのは、そのことである。彼らは、アブラハムとその子孫に祝福を約束した神の目から見れば、神の言葉に反し続けていたことになる。そのため、アブラハムの神はラザロにはその父祖アブラハムの懐における死後の幸福を与えても、この金持ちにはそれを与えることはできなかったのである。大貫隆は、アブラハムがこの譬えにおいては、神の代役[3]であると指摘している。そして、特にここでアブラハムが神の代役になっている意味は、その神がアブラハムを祝福したアブラハムの神であり、その祝福に信実であり続ける「義」の神であるということであろう。

Banner of Truth Trust, 1978), p. 782.
1) Bailey, *Through Middle Eastern Eyes*, p. 383.
2) Bailey, *Through Middle Eastern Eyes*, p. 385.
3) 大貫『イエスの時』, p. 77.

そして、ラザロが今アブラハムの「ふところに」(εἰς τὸν κόλπον [eis ton kolpon])憩うことは、神の救いの本質が神と「共にいる」ということなのだという、本書IV章で確認したことと和合する。

しかし、この話を、金持ちとラザロの死後の運命が、彼らの生前の悪行と善行に正比例した報いであり、生前成就しなかった申命記的応報の死後の成就を示しているものと考えるのは無理である。ラザロが特に律法を遵守していたということは、この譬えには書いていない。確かに、ラザロが敬虔な者であったという示唆を読み込もうとする研究者もいる。たとえばA・J・ハルトグレンやI・H・マーシャルは、ラザロの名の意味が「神は助けたもう」であることがラザロの敬虔さを示唆していると言っている[1]。彼らはまた、ルカが通常貧しさと敬虔さをイコールと描く傾向があるために、ここでも、暗黙のうちにラザロが敬虔であったと示唆されているだろうと見ている[2]。しかし、それはイエスがこの譬えで語った言葉として実際に書かれていることではない。

この譬えと近似したエジプトやユダヤの伝承(シ・オシリスなど)では、応報思想が明らかであり、死後の運命は生前の行為や道徳的生き方にかかっているのだが、これらとイエスの譬えの比較で重要なことは、筋の近似点よりもむしろ相違にあり[3]、ラザロが何も特に善行を積んだということが示唆されていないにもかかわらず、死後の幸福を得る点にある。彼は貧しく不遇のうちに死んだというその事実だけのために、死後、アブラハムの懐に連れて行かれ天の晩餐に与ることができるのである。これは、貧しい者たちが実は神に憐れまれ、顧みられていることを示し、いわゆる「申命記的誤謬」[4]――申命記における祝福と呪いの預言から誤って導き出された見方で、この世の幸不幸を神の祝福の指標と見て、幸福に恵まれている者は神に祝福され

---

1) Hultgren, *The Parables of Jesus*, p. 112; Marshall, *The Gospel of Luke*, p. 632.
2) Hultgren, *The Parables of Jesus*, p. 112; Marshall, *The Gospel of Luke*, p. 632.
3) Bauckham, *The Fate of the Dead*, pp. 104–105.
4) "Deuteronomic fallacy." George W. E. Nickelsburg, "Riches, the Rich, and 1 Enoch 92–105 and the Gospel According to Luke," *New Testament Studies*, 25 (1979), p. 332; 太田修司「『金持ちとラザロの譬え』のメッセージ」『キリスト教学』51 (立教大学キリスト教学会) (2009), p. 60. 太田は「申命記的誤信」と訳している。

ており、そのことはその人が戒めを守っている義人であることを実証し、逆に不遇な者は罪人であることが分かると見る偏見――を正して、貧しい人々がこの世で与えられない幸せを死後に請合うものである[1]。富者は神に祝福されており、貧しい者は呪われていると多くの者達が考えていた、それと、この譬えは逆なのである[2]。

　この譬えで特に注目すべきことは、ラザロが死後、時を置かずしてアブラハムの懐に連れて行かれたことである。この譬えでは、死者は終末まで復活を待たず、すぐに死後の幸不幸を味わっている。ラザロが連れて行かれたのが天国かどうかは意見が分かれている。ハルトグレンは、「ラザロは天使たちによって運ばれ天国に連れて行かれた」と言っている。ここで、ハルトグレンは「天使たちに助けられた昇天」が『十二族長の遺訓』の10男、「アセルの遺訓」6:5、『エノク書』22:1–14（天使に連れられて死後の世界を訪問する）にもあると指摘している[3]。しかし、「アセルの遺訓」の該当個所は、単に天使の助けについての言及で、昇天とは無関係である。また、『エノク書』の該当個所は、死後の世界「シェオール」であり、4つの空洞が深く広い口をあけ、その一つは罪人が死後最後の裁判の日まで苦しめられる場である。一つは義人の魂のためにつくられ、光り輝く光の泉がある。この「シェオール」は、全体として高いところにある天国というよりも、この世と同じレベルにある別世界のように見える[4]。しかもルカ16:29のハデスは天にある「天国」というよりもむしろ旧約聖書のシェオールの概念から来ると考えられる[5]。しかしこの譬えで重要なことは、地理的な問題ではなく、ラザロが死後、生前の不幸を補償する至福の平安を得ることである。

　また、もう一点重要なことは、この譬えが聞き手の中にここに出てくる金持ちのような生き方をしている者も想定しており、律法と預言者に耳を傾け

---

1) Nickelsburg, "Riches, the Rich, and 1 Enoch 92–105 and the Gospel According to Luke," p. 332.
2) Snodgrass, *Stories with Intent*, p. 425.
3) Hultgren, *The Parables of Jesus*, p. 113.
4) Hultgren, *The Parables of Jesus*, p. 113.
5) Larry Kreitzer, "Luke 16:19–31 and 1 Enoch 22," *The Expository Times,* 103（February 1992）, p. 140.

ることを促すように語られていることである。「愚かな金持ち」の譬えも、この譬えも、富者に対しては立ち帰りを促すものであり、それは、言い換えれば、神の国への招きなのである。ベイリーが読むように、この譬えにおいて、「問いは、なぜ、ではなく、今何をすべきかである」[1]。イエスは、この譬えによって聞き手の富者には隣人への配慮の実践を促し[2]、それと同時に、この世で恵まれない貧しい者には、終末を待たずして死後幸福が待っていると請合う。この譬えは、民話的譬え話の枠組みを使っており、ここで描かれている死後の世界のイメージを文字通りにイエスの来世観ととることには留保が必要であろうが[3]、当時のパレスチナですでに死後の生という概念が見られるようになっていたことを考えれば、この譬えのイメージは必ずしも非現実的とは思われなかったはずであり、この世で恵まれなかった人々に大きな希望と救いとなったであろう。これが現在のキリスト教で考える「天国」に影響を及ぼしていることも確かと思われる。

5　本章の結論

　富者と貧者についての彼の譬え、「愚かな金持ち」の譬え（ルカ 12:13–20）と「金持ちとラザロ」の譬え（ルカ 16:19–31）は、金持ちに貧者への配慮を促す、裁きの預言を含む預言者の系統のものであり、貧しい者が神の恵みを受

---

1) Bailey, *Through Middle Eastern Eyes*, p. 294.
2) 太田修司「『金持ちとラザロの譬え』のメッセージ」『キリスト教学』51（立教大学キリスト教学会、2009）、p. 74. は、この点をこの譬えのメッセージとしている。
3) Snodgrass, *Stories with Intent*, p. 430.
　太田修司は、イエスがこの譬えにおいて伝統的なユダヤの終末思想を離れて、死んだ金持ちが死の直後にハデスで責め苦を受けているように描く、この描き方を可能にした要因として4つの可能性を考える。それは要約すると、①この時代に例外的にイエスが死者の運命についての新しい黙示的見方を持っていた、②ギリシア思想の完全な受容、③イエス自身が何らかの仕方で（幻視、脳死体験など）人間の死後の運命を見た、④エジプトの物語のなごり。太田は、①〜③のそれぞれにつき、新約聖書の他の記述との整合性などから④が正しいと考える（太田修司「『金持ちとラザロの譬え』の黙示文学的背景」『人文・自然研究』（一橋大学大学教育研究開発センター、2009）、p. 221）。

けており、金持ちにも先立ってまず救われるという思想が伝えられている。ここでは、必ずしも特に律法に忠実だった者に限らず、生きていた間に良いものを味わえず、悪いものばかりを経験してきた者（16:25）が、その埋め合わせとして死後、至福の食卓に与ることができる。この世では体験することのできなかった神の義は、死後必ず、人々を贖うであろう。

　これらを語るイエスの言葉は、貧しい者たちには福音である。しかし同時に重要なことは、これらは明らかに立ち帰りの促しを含み、聞き手に富者を想定したものと思われることである。貧しい者に対する配慮を富者に促すことによって、貧しい者への福音のこの世での実現を促進するとともに、富者の神の国への参入も実現しようとする、両面をイエスの使信は持っている。

結　論

　スタンダールが「神のできる唯一の弁解は、神が存在しないということだけだ」と言った言葉はよく引かれる[1]。善かつ全能なる神と悪の存在という矛盾する二項に面した人々は、神の存在そのものを否定することさえありうるのである。しかしそのように無神論をとる者は、実際は、「神とは全能かつ善なる者である」という伝統的な神概念を保持しているので、やはり、矛盾した形で神を信じていることになる。もともと「神は全能かつ善である」という絶対神の概念のないところでは、スタンダールのような発言はできない。西洋キリスト教の伝統内では、「神＝全能かつ善なるもの」という信念が公理的に強く、たとえ神は存在しないという可能性が考えられるような場においてさえもこの概念は捨てられなかったからこそ、彼のような言葉がありうるのである。

　しかし悪の存在が神の善性と全能に論理的に矛盾するとして神の存在が疑問視されるようになったのは近代の現象であり、本来キリスト教はそのような疑問を想定しておらず、答えようともしていない。それは、キリスト教の母体となったユダヤ教でも同様である。旧約聖書において悪の問題とは主に、なぜ神の民であるイスラエルが苦難にあうのか、ということであり、詩編やヨブ記では神の民や義人の苦難が神義論の問いとして扱われている。

　ケネス・スーリンは、「善意にみちた全能の神と悪の存在との矛盾は、中世のキリスト教思想家の目から見れば、信仰の妨げにはならなかった。〔…〕この、近代以前の状況は、17世紀以降支配的となった状況とはまるで異なっていた。（17世紀以来、〈悪の問題〉は、キリスト教信仰の一貫性と明瞭さに関する問題へと、変容していったのである）」[2]と指摘している。

---

1 ）たとえば、Hick, *Evil and the God of Love,* p. ix.
2 ）Surin, *Theology and the Problem of Evil,* p. 9.

組織神学で問われている神義論の問い、なぜ全能かつ善なる神が創造したこの世界に悪や苦難が存在するのか、との問いにはイエスは答えていない。しかし本書で見てきたように、それは、彼が悪や苦難の問題に無関心だったからではない。イエスの時代の人々は、神の民である彼らがなぜ苦しむのかとの問いに向かい、主として、3種類の理解をもっていた。第一は、それらを人々が過去に犯した何らかの罪の罰と考える応報思想、すなわち申命記史家の歴史観から導き出されたいわゆる「禍の神義論」である。これは、禍を人間の責任に帰し、神の正義を法的に擁護する思想である。第二に、重い皮膚病などに関して、それを穢れと見る思想があった。これも、旧約聖書に由来する。人々は律法に従い、穢れているとされた者、特に重い皮膚病の者を共同体の外に隔離することで、穢れの感染から自分たちを守ろうとした。第三に、禍をサタンや悪霊に帰す思想があり、それは旧約時代と新約時代の間の中間時代にペルシアから入ってきたものだった。福音書やその後のラビ文献には、悪霊の存在が当時実際信じられ、悪霊祓いが行なわれていたことが記録されている。また、人々の苦しみに対して神は何をしてくれるのかとの問いに対しては、当時、神の救いが政治的メシアによるイスラエルの独立、あるいは終末的刷新による神の支配の到来などという形で待望されていた。

こうした社会的思想的背景においてイエスは、病を癒し、悪霊を祓い、罪の赦しを宣言し、神の国の到来を告げ人々に立ち帰りを求めた。それは、神義論的には、当時のイスラエルの人々の考える応報思想や政治的、あるいは終末論的メシア思想が考える神の義の実現とは異なる仕方での神の義の実現を示し、目指すものだった。イエスの悪と苦難の問題に対する答えは、理由を問う思弁的なものではなく、能動的なものであり、神が悪や苦難の中にいる民を救うために働いていることを、実際にイエス自身が行動によって示すものであった。

イエスは、人々の苦難を神が与えた罪の罰と見る応報思想や、穢れや悪霊憑きを被っている人々を忌むべき救いから遠い者たちとして忌避する考えに反対であった。むしろ神は人間の苦しみを自身の痛みとして感じるほどに人間を憐れむ。そして、その憐れみを持って、苦難の中にある人間を救おうとする。病の人々、貧しい人々、罪人と言われていた人々、悪霊に憑かれた

人々は、当時、救いから遠い人々と見られることもあったが、それは誤りであり、むしろ、他の人々よりも先に神に顧みられ、救われるのであるということを、イエスは示した。これは、苦難の根拠を何らかの罪の罰と見る禍の神義論の否定である。人々の苦しみは決して神の罰ではない。苦難にあっている人々が特別罪深かったから禍にあっているわけではないのである。

　ただし、そのことは人間の罪深さの否定ではない。むしろ逆に、イエスは、誰もが神への立ち帰りを必要とすると考えていた。病や禍の渦中にいる人々だけではなく、すべての人々が神への立ち帰りによって救われることを必要としている、と訴えていた。

　イエスの神は、人々の立ち帰りを助けるように、自ら人々を招き、憐れみによって、人間の側の立ち帰りに先んじて彼らに神の赦しを宣言し、神との和解を差し出す。そして、赦された人間、救われた人間が、自らが知った神の憐れみと、憐れみによる赦しや苦痛の軽減を受け入れ、赦されたことの意味、救われたことの意味を理解することによって、今度は、人間同士、互いに赦しと救いを広めてゆくようになることを求めた。そうすることは、神に赦され救われたことへの必然的応答でもあり、必然であるがゆえに、赦しや救いを真に受け取ることの一部でもある。そうすることで人間は、神に憐れまれ、赦され、救われることで、神に倣う生き方に立ち帰り、そのことで、神の国を生きることが出来るのである。そのことによって、この世に存在する悪や苦難は克服されてゆくであろう。人間は神の救いの業に参与することによって悪の問題への答えを受け取ることができる。

　その結果実現するイエスの告げた神の国の到来は、多くの人々が考える神の国とは異なり、イスラエルの政治的独立と神政政治によるものではない。むしろ、人々が全人的救いに入れられるこの世における神の国の支配である。

　この神の国の実現は、超自然的なレベルでも考えられた。イエスはそれをサタンの敗北と見る。苦難の原因の一つを悪霊と見る見方について、イエスは、それを同時代の同胞と共有し、悪霊祓いを行なった。悪霊祓いは、イエスにとって、この世のサタンの支配を終わらせ神の国をこの世界に成就させるための宇宙論的意味も持っていたのである。

これらの点から、イエスは当時有力であった二つの神の国観、つまり、政治的メシアによる神政政治と、この世の終わりという意味での終末と新たな神の国の到来の二つの見方を否定し、この世での神の国の実現を考えていたと言える。この世での神の国の成就が、イスラエルの国家滅亡という民族的苦難や病、穢れ、貧困などの個人レベルの苦難の問題に対する彼の答えなのである。そして、その成就は、人間が助け合い赦しあうことで成るものであり、人間がただ待っていて成るものではない。

　イエスの悪に対する見方と態度は、禍の神義論に対しては赦しと恩寵の神義論と呼ぶことができ、また、「なぜ」と問う思弁的神義論に対しては、能動的神義論と呼ぶことができよう。われわれは、悪の存在の理由を問うよりも、むしろ、神の義の実現に参与することを求められている。そして、神はその力をわれわれに与えているのだと信じ、われわれ自身が、悪や苦難を減らし軽減すべく行動することによって、悪の問題に関する神の答えを実現してゆこうとすることが、イエスの姿勢に倣った、悪の問題への取り組み方であろう。

補3　イエスの真正な言葉の基準

　福音書に記されているどの言葉がイエスの真正な言葉として認められるのかを判断する基準は、未だに新約学者の中で合意が成り立っておらず、様々な議論がなされている。イエスのもとの言葉はアラム語で語られたであろうから、現在ギリシア語で伝わっている新約聖書におけるイエスの言葉は、どれも、文字通り彼が語ったままであることはありえず、しかも、複数の福音書に並行記事がある個所を比較して見れば、伝承の過程で加筆や変更が加えられたもの以外は残っていないであろう事は明らかである。

　イエスの真正な言葉と後代の付加、すなわち、伝承の伝え手や編集者、初代教会がイエスの口にのせた言葉との区別は、特に近代、ディベリウスやブルトマンによって始められた様式史や、その後の編集史的分析によって、意識的に始められた。ブルトマンは、『共観福音書伝承史』（R. Bultmann, *Die Geschichte der synoptischen Tradition*, 1921）によって、K・L・シュミット（K. L. Schmidt, *Der Rahmen der Geschichte Jesu*, 1919）、M・ディベリウス（M. Dibelius, *Die Formgeschichte des Evangelium*, 1919）とともに福音書の様式史の基礎を築いた[1]のであるが、この書で彼は、イエス伝承を言葉伝承と物語素材の伝承とに大別し、さらに言葉伝承を「アポフテグマ」（「短い〔物語〕枠に収められたイエスの言葉が〔物語の〕焦点を形成しているたぐいの伝承」[2]）と「主の言葉」に分類し、それらをさらに下位分類して、イエスの言葉が編集を経て福音書の伝承に発展した過程を推論した。この試みでは、イエスの真正な言葉を選択するための基準は、意識的に体系づけられてはいないが、ブルトマンがこの書で用いたいくつかの基準は、現在に至るまで、イエスの真正な言葉とそうでないものを区別するための基準として影響力を持ってい

1）加藤善治「様式史、編集史、文学社会学」、木幡藤子、青野太潮編『現代聖書講座2　聖書学の方法と諸問題』（東京：日本キリスト教団出版局, 1998）, p. 209; 小河陽「様式史学派のイエス研究」、大貫隆、佐藤研編『イエス研究史――古代から現代まで』（東京：日本キリスト教団出版局, 1998）, p. 164.
2）ブルトマン『共観福音書伝承史I』, p. 19.

る。ブルトマンは、イエスのロギオンの真正性の基準として、それらが個性的であるほど、また、悔い改めときたるべき神の支配の宣教者、真実さの要求者であるイエスの特徴を表していればいるほど、その真実性の度合いは大きいとする。そして、実際には、多数のロギオンはユダヤの民間の知恵に由来し、教会によって初めてキリスト教の伝承に取り入れられ、イエスの言葉と見なされたのであろうと、考える。また、Q資料については、主の言葉だけではなく、主の言葉の他に、後期ユダヤ教の格言や教会によって取り入れられた過程の中で成立した規則及び預言を含んでいたのではないだろうか、と論じている[1]。こうしたことから、彼は、あるロギオンを確信を持ってイエスに帰しうるのはわずかな場合だけであるとしながら、一般的規則としては、ユダヤ教との断絶が明確な言葉ほど、イエスの言葉としての真正性が高いと考えている。一方、イエス以降の教会との関係で言えば、イエス自身および教会の運命や関心との関連の認められる度合いが少なければ少ないほど、逆に特徴を持った個性的精神の現れる度合いが多ければ多いほど、それらがキリスト教起源である可能性は否定されるべきであると、彼は考え、それゆえイエスの言葉である真正性は高いと判断する[2]。

　　伝承は主の言葉を集め、それらを様式の点で改変し、付加によって拡大し、さらに作り変えてゆく。伝承は同様に他の、ユダヤ教の、格言素材を集め、それらに手を加えてキリスト教的教訓集に適したものにして、新しい言葉を作り出してイエスの口に置くのである。取り扱った言葉の中で・教・会・宗・規（Gemeinderegel）がもっとも新しいことは、明瞭である[3]。

ブルトマンのこの書の影響は、ユダヤ教と初代教会との両方ともの思想と異なった言葉を第一にイエスのものと考えることなどにおいて現代にまで及んでいる。

1）ブルトマン『共観福音書伝承史Ⅰ』, p. 174.
2）ブルトマン『共観福音書伝承史Ⅰ』, p. 219.
3）ブルトマン『共観福音書伝承史Ⅰ』, p. 252.

ブルトマンより新しく、イエスの言葉の真正性の基準についてかなり包括的に論じている一人は、ジョン・P・マイアーである。彼は、5つの主たる基準と5つの二次的（不確かな）基準を挙げている[1]。それらは、
主たる基準（Primay Criteria）
　1）戸惑いの基準（The Criterion of Embarrassment）
　2）不連続性の基準（The Criterion of Discontinuity）
　3）複数証言の基準（The Criterion of Mulitiple Attestation）
　4）一貫性の基準（The Criterion of Coherence）
　5）拒絶の基準（Jesus' Rejection）
二次的（不確かな）基準（Secondary [or Dubious] Criteria）
　6）アラム語の痕跡の基準（The Criterion of Traces of Aramaic）
　7）パレスチナの状況からの基準（The Criterion of Palestinian Environment）
　8）生き生きした語りという基準（The Criterion of Vividness of Narration）
　9）共観福音書の発展傾向に照らした基準（The Criterion of the Tendencies of the Developing Synoptic Tradition）
　10）歴史的推量による基準（The Criterion of Historical Presumption）
である。これらは、真正な言葉の基準について現在提出されている主な説をほぼ網羅していると思われる。
　主たる基準の第一、「戸惑いの基準」[2]は、初代教会の信徒に戸惑いを与える言葉は、教会の創作ではありえないので、イエスの真正な言葉である確率が高い、というもので、これは、言葉のみではなく行為にもあてはまる。たとえばまったく罪のないはずのイエスが、彼よりも劣っているはずの洗礼者ヨハネに「罪の赦しの洗礼（バプテスマ）」を受けたこと（マルコ1:4, 9）や、福音書記者によれば全知の神の子であるはずのイエスが、終末的出来事を予言する際に、「その日、その時は、だれも知らない。天使たちも子も知らない。父だけがご存じである」（マルコ3:32）と自分の無知を明らかにすることなどである。
　ただしマイアーは、この基準の限界として、われわれの眼から見て戸惑い

---

1) John P. Meier, *A Marignal Jew: Rethingking the Historical Jesus*, vol. 1, *The Roots of the Problem and the Person*（New York: Doubleday, 1991）, pp. 168–183.
2) Meier, *A Marignal Jew*, vol. 1, pp. 168–171.

を与えると見えるものでも、この基準によってイエスの真正な言葉として確定されるとは限らない例があることを指摘している。たとえば、死に瀕した十字架上のイエスの叫び「わが神、わが神、なぜ私をお見捨てになったのですか」（マルコ 15:34//並行マタイ 27:46）は、一見この明らかな例に見え、実際、ルカはこの個所に戸惑ったのかこれを神への信頼の言葉に置き換えており（ルカ 23:46）、ヨハネは勝利の叫び「成し遂げられた」（ヨハネ 19:30）に変えている。しかし一方で、これは詩編22編からの引用であり、その点から見れば、この言葉は戸惑いを与えるものではないかもしれない。なぜならば、この詩編は全体で見れば義人が悪人によって死に至らしめられるが神によって甦らされ、その義が証されるという内容の、神への信頼と感謝の詩だからである。この詩編の、「（彼らは）私の着物を分け、衣を取ろうとしてくじを引く」（詩編22:19）を、マルコ福音書は、「それから、兵士たちはイエスを十字架につけて、その服を分け合った、誰が何を取るかをくじ引きで決めてから」（15:24）などのモティーフに用いており、そのことなどから、イエスの言葉も福音書記者の編集による可能性がある。

　このようにマイアーは留保をつけているが、大筋のところ、この基準は一つの指標として妥当性がある。詩編22編の引用は特殊な例であり、イエスが唱えたのがこの詩編の福音書に記されている冒頭部だけであったか、あるいは、詩編全部を唱えたのをその冒頭の言葉で表しているのか（ひとつの詩編全編を、その冒頭の言葉で示す表記法によるとの説がある）に関してさえ、一定した見方はなく、さらにこの言葉の解釈が、イエスの十字架と復活の出来事についての理解に関わることから、この言葉が史的イエスの真正な言葉であるかどうかについては、単に、戸惑いの基準によってのみでは判断できないので、別個に考えるべきであろう。

　第二の、「不連続性の基準」[1]は、相違性の基準、二重の還元不可能性（The Criterion of dissimilarity, originality, or dual irreducibility）などとも言える。初代教会に遡れる伝承は、初代教会の創作かも知れないのでイエスに発する真正な言葉であるかどうか疑問である。同様に、初代教会のユダヤ教的文脈で

1）Meier, *A Marignal Jew*, vol. 1, pp. 171–174.

読むことができる言葉も、ユダヤ教の中にあったものを教会が取り込んでイエスの口に乗せた可能性があるので、イエスの真正な言葉を指し示すものとして信頼することはできない。それゆえイエス当時のユダヤ教から発したとも、彼以降の初代教会から発したとも考えられない言葉はイエスの真正な言葉である確率が高い。これが、マイアーの言う不連続性の基準である。

　これはＳ・Ｔ・ポーターのいう、二重の相違性の基準（Criterion of Double Dissimilarity）と同様である[1]。ポーターは、この基準が、一方でユダヤ教の道徳や敬虔さと異なるイエスの教え特有の黙示的気質の特徴が明確に表れており、他方で、特にキリスト教的な特徴が何もない場合にのみ、真にイエス的なものと信頼できるとする、ブルトマンの『共観福音書伝承史』によってすでに採択されていた基準であることを指摘している[2]。ノーマン・ペリンも、イエス特有と示された言葉のみイエスに帰すことができるであろう、そして、イエス特有とは、通常、彼以前のユダヤ教や彼以降の教会について知られた傾向と異なるということを意味すると、述べている[3]。タイセンとメルツの共著でも、一般的に用いられてきた基準として、相違の基準、一貫性の基準、複数の証言をあげ、相違の基準はコンツェルマン[4]の採択によって標準的に用いられるようになっていたことが言われている。しかし、この基準は、厳しい批判も受けており、Ｍ・フーカーが、「キリスト論と方法論」[5]でなしたこの基準への反駁は、決定的である。彼女は、この基準の欠点を、以下のように指摘している。

---

1) Stanley E. Porter, *The Criteria for Authenticity in Historical-Jesus Research: Previous Discussion and New Proposals.* Journal for the Study of the New Testament Supplement Series 191 (Sheffield: Sheffield Academic Press, 2000), pp. 70–71.
2) Porter, *The Criteria for Authenticity in Historical-Jesus Research*, p. 71; Porter は Rudolf Bultmann, *Die Geshichite der synoptischen Tradition* TRLANT, 29 (Göttingen: Vandenhoeck & Ruprecht, 1921; 2nd edn. 1931; 6th edn. 1957) in English Translation, tr. by J. Marsh (Oxford: Basil Blackwell, 1963; 2nd edn 1968), p. 205 を参照している。
3) Norman Perrin, *What is Redaction Criticism?* (Philadelphia: Fortress Press, 1969), p. 71.
4) Gerd Theissen/Annette Merz, *The Historical Jesus*, p. 115. 言及は Conzelmann, Jesus (Philadelphia, 1973), p. 16.
5) M. D. Hooker, "Christology and Methodology," *New Testament Studies*, 17 (1971), pp. 480–487.

1）相違性の基準によって得られるイエス特有のものは、イエスの特徴的な（distinctive）ものというよりもむしろ、イエスにだけしかない（distinctive）ものであり、本当のイエスらしさではない。

2）当時のユダヤ教についても初代キリスト教についてもわれわれは正確な知識を持たないので、そのどちらとも異なる要素が何なのかも分からない。

3）他の同時代人と重なる要素を否定するところから始めれば、そのような結果が出るのは当たり前である。

4）この方法は、主観的にならざるを得ない。当時のユダヤ教と異なり、しかも当時のユダヤ教で存在しうる考えなどというものは矛盾している。

5）一貫性、と言っても、何が一貫しているか、当時とまったく異なる世界に生きているわれわれには分からない。

6）相違性の基準によって真正と分かったものと一貫しているというなら、相違性の基準が不確かな場合、一貫しているものの真正性も不確かである。

7）実際にこの基準を使っている者たちは、一貫していない。たとえば、初代教会が用いていたアッバ父よとの呼び方は、ユダヤ教に同一の用法が見られない例であるが、初代キリスト教（ローマ 8:15; ガラテヤ 4:6）では見られるので、相違性の基準によれば排除されるべきである。しかし、この呼び方はイエスに発していると大方の合意ができている。

一方、「人の子」の受難に言及する言葉は、福音書の外には見られず、イエスが人の子であるという定型的な告白文も福音書には無いので、相違性の基準によれば、イエスの真正な言葉と認められるはずであるが、実際にそう認める研究者は少ない。

フーカーは、相違性の基準を放棄するだけではなく、そもそも資料を「真正な」言葉と「真正でない」言葉に分ける厳密な基準は見出せないと考えている。

フーカー以降の今日ではさらに、イエスのユダヤ性が見直されるに従って、イエスの真正な言葉を立証するためのこの不連続性の基準も、新たな意味でまた、妥当性に欠くことが指摘されている。イエスのユダヤ教的側面を

強調する研究者が多出し[1]、イエスとユダヤ教の思想的断絶を言うことはすでに不可能になっているのである。

　タイセンとメルツは、この基準が、イエスの比類なき独自性をアプリオリに前提しており、さらに、イエスのある言葉や思想に近似の例がイエス以前のユダヤ教にも初代キリスト教にも存在しないかは、すべての例を知るまでは断定できないことであり、すべての例を知ることは不可能なため、現実にはできないことを指摘し、この基準の非有効性を唱えている[2]。さらに、タイセンとウィンターは、共著『蓋然性の高いイエスの探求』[3]で、相違性の基準は、イエスが初代キリスト教やユダヤ教と異なるとの前提によって、イエスがいかなる言葉を語ったかを先に決めているので、妥当性に欠けると論じている[4]。彼らは、相違性の基準の難点として、1) イエスの言葉を伝えた初代キリスト教徒は現在のキリスト教よりはむしろユダヤ教徒に近い、ユダヤ＝キリスト教徒であった。イエスがユダヤ教とまったく異なっていたなら、彼らはイエスの思想を理解できなかったであろうし、それを正しく伝えることもできなかったであろう。2) 当時のキリスト教も、ユダヤ教も、一枚板ではなく、どのようなものであったかはっきりと分かってもいない。それゆえ、初代キリスト教ともユダヤ教とも異なる、ということは証明しようがな

---

1) Brad H. Young, *Jesus and His Jewish Parables, Rediscovering the Roots of Jesus' Teaching* (Mahwah, NJ: Paulist Press, 1989); Brad H. Young, *Jesus the Jewish Theologian* (Peabody, Massachusetts: Hendrickson Publishers, 1995); James H. Charlesworth ed. *Jesus' Jewishness: Exploring the Place of Jesus in Early Judaism* (New York: Crossroad, 1996); Geza Vermes, *Jesus in his Jewish Context* (London: SCM, 2003); Geza Vermes, *The Religion of Jesus the Jew* (inneapolis: Fortress Press, 1993); Eric Eve, *The Jewish Context of Jesus' Miracles,* Journal for the Study of the New Testament Supplement Series 231 (Sheffield: Sheffield Academic Press, 2002); Donald A. Hagner, *The Jewish reclamation of Jesus: an analysis and critique of modern Jewish study of Jesus* (Grand Rapids, Mich. : Academie Books c1984) など。
2) Theissen/Merz, *The Historical Jesus*, p. 115.
3) Gerd Theissen/Dagmar Winter, *The Quest for the Plausible Jesus: The Question of Criteria* (Louisville: Westminster John Knox Press, 2002).
4) Theissen/Winter, *The Quest for the Plausible Jesus*, p. 20.

い[1]と指摘している。

　むしろタイセンとウィンターは、相違性の基準に替わる基準として、「歴史的蓋然性の基準」を提唱している[2]。彼らによればこれは、二重の相違性の基準に取って代わる基準であり、当時のユダヤ教のコンテクストにおいてありうると共に、キリスト教に影響を及ぼした言葉としてもありうるとの二重の蓋然性を尺度にするものである。

　これは、説得力がある。イエスがユダヤ教の中で生まれ育ち、ユダヤ教の中にいる人々に語り理解されたことと、初代キリスト教が自分たちの信仰をイエスの思想と言動に従ったものと考えていたことを考えれば、彼らの考えるように、ユダヤ教とキリスト教の両方にまたがる特徴を持つことは、イエスの思想にありそうである。

　ただし、一方で、これが必ずしも二重の相違性の基準に取って代わるということも必要ないように思われる。ユダヤ教の他の文献に並行例がなく、初代キリスト教の中で教義の中に発展しなかったイエスの言葉は、真正な言葉として認められるかもしれない。たとえば、人の子発言や、サタンが天から落ちたのを見たとの発言がそれである。ただし、これらも、一部の限られた伝承であって、もともとがイエスの真正な言葉ではなかったものが入り込み、また、消えていったと考えることは不可能ではない。また、当時のユダヤ教の道徳とだけではなくローマの社会常識とも相容れない言葉は、キリスト教徒がローマ帝国内で生き残るためには不都合であるから、イエスの真正な言葉でなかったなら、わざわざ創作して福音書に入れることはなかったであろう。ゆえに、家父長制の女性蔑視に対立する言動（マルコ 14:3–9 の香油注ぎの出来事における言葉など）や、主人が弟子に仕えるとの譬え（ルカ 12:37）などは、福音書記者や初代教会の創作ではなく、イエス自身の言葉に遡ることができると考えられる。

　第三の、「複数証言の基準」[3]は、複数の独立した伝承、あるいは、複数のジャンル（譬え、論争、奇跡物語、預言、金言など）に伝承されてきた言葉

---

[1] Theissen/Winter, *The Quest for the Plausible Jesus*, p. 21.
[2] Theissen/Winter, *The Quest for the Plausible Jesus*, p. 25.
[3] Meier, *A Marginal Jew,* vol. 1, pp. 74–76.

は真正である確率が高い、ということである。この基準は、ポーター[1]や、タイセンとウィンター[2]も挙げており、マイアーは、この基準の限界として、複数の伝承や複数のジャンルで伝えられていることは、その伝承の古さを示す尺度となっても、必ずしも真正性の証拠にはならないと指摘している。これはポーターもまた指摘していることである[3]。これは正しく、古さの基準と真正性の基準を同一視すべきではない。複数の証言は真正性の基準というよりもむしろ古さの基準である。しかし、古いことは源に近いことであり、真正性の証拠にならずとも、その確率を増すとは言える。

　第四の、「一貫性の基準」[4]は、真正と認められた言動と一貫性がある言動は、真正である確率が高い、というものである。ただし、弟子たちがイエスの言葉を忠実に真似たせりふを作らなかったとは限らないので、必ずしもこの基準を満たせばイエスの真正な言葉であるとは限らない。また、言動の数々が矛盾するように見える偉大な思想家は多いので、この基準を満たしていなくとも真正な言葉である可能性はあるとマイアーは指摘し、この基準の有効性と限界に注意を促している。

　タイセンとメルツも、この基準を、一般的に広く用いられてきた基準として挙げている。ただし、これは、不連続性の基準によって真正と認められた言葉との一貫性に依存するので、相違性の基準がはらむ限界をもっている。彼らはまた、マイアーと同様、この基準がイエスのいくつかの言葉がときに相矛盾していた可能性を排除している限界を指摘している[5]。

　この基準は、教会が自分たちの記憶していたイエスの言葉と似た言葉を創作した可能性のあることを考慮すれば、イエスの真正な言葉の逐語的記録としての基準としては限界があると分かるが、仮に真正な言葉と一貫性のある言葉を教会が創作したとすれば、その基となった言葉が教会にとって重要な

---

1) Poter は、"Criterion of Multiple Attestation or Cross-Section Method," としている。Porter, *The Criteria for Authenticity in Historical-Jesus Research*, p. 82.
2) Theissen/Winter, *The Quest for the Plausible Jesus,* pp. 16–17.
3) Porter, *The Criteria for Authenticity in Historical-Jesus Research*, pp. 86–87.
4) Meier, *A Marginal Jew,* vol. 1, pp. 76–77.
5) Theissen/Merz, *The Historical Jesus*, p. 115.

イエスの教えであったということを示すであろう。それゆえイエスの語録の中に一貫した一連の言葉のネットワークが見られれば、それは、イエスの思想体系を示すものとしての意味は持つと考えられる。ただし、イエスの言葉が状況によって時に他の言葉と矛盾していた可能性はあるので、一貫性の基準を満たさない言葉を、だからと言ってそれだけで真正ではないと結論することは危険である。

マイアーが第五にあげた「拒絶の基準」[1]は、イエスが拒絶された内容の伝承は真正性が高いと考えるものである。イエスが拒絶された伝承は、イエスの真正な言葉を直接示すのではなくとも、イエスがユダヤとローマの官憲によって処刑された歴史的事実を示し、イエスのいかなる言動が「ユダヤ人の王」として彼が磔刑にされる理由となったかを説明すると、マイアーは考える[2]。

マイアーが言うとおり、これは、イエスの言葉そのものについての真正性の基準というより、イエスに対する周りの者の態度を示す事柄に関わる。しかし、福音書記者がことさらイエスの受けた拒絶を記している時、これは、戸惑いの基準とも重なるが、その記述は真正なものである確率が高いと考えられる。

マイアーが二次的（不確かな）基準としてあげる第一の基準は、「アラム語の痕跡の基準」[3]である。これは、新約のギリシア語の言葉にセム語語法が見える、あるいはその他の理由で、元のアラム語が推定可能な場合、それがイエスの語ったもともとのアラム語の言葉であろうと考えるものである。マイアーは、これが20世紀に、エレミアスなどが用いた代表的な基準のひとつであることを述べた上で、ギリシア語の背後に原語のアラム語表現が見えたとしても、それが、イエス自身の言葉であったか、他の人のアラム語での

---

1) Meier, *A Marignal Jew*, vol. 1, pp. 177–178.
2) Meier, *A Marignal Jew*, vol. 1, p. 177.
3) Meierはセム語法からの論理を用いた学者として、Jeremias, Matthew Black, Geza Vermes, Joseph Pitzmyerの名を挙げている。Meier, *A Marignal Jew*, vol. 1, pp. 178–180; Poterは、これを、「セム語現象の基準」"Criterion of Semitic Language Phenomena"と呼んでいる。Porter, *The Criteria for Authenticity in Historical-Jesus Research*, p. 89.

言葉だったかは、判別がつかないと指摘している[1]。

マイアーが挙げる二つ目の不確かな基準は、「パレスチナの状況からの基準」[2]、すなわち、イエス当時のパレスチナの状況に適合するものは、イエスの真正な言葉らしいというものである。マイアーは、これはむしろ否定的基準として働く基準であり、パレスチナの外だけで当てはまるか、あるいはイエスの死後にだけ当てはまるような社会的、政治的、経済的、宗教的状況であれば、真正ではないとの原則として意味があると指摘する[3]。これは、正しい指摘である。イエスと同時代の者が創作した言葉は、イエスの言葉でなくとも当時のパレスチナの状況に適合するだろうからである。

三つ目の不確かな基準は、「生き生きした語りという基準」[4]、つまり、生き生きと語られているイエスの言葉や情景は、イエスの行動を直接に目撃した者だからこそできた、真正なイエスについての証言に遡ると考えるものである。これによると、生き生きした語りは真正性の目安となるが、マイアーは、優れた語り手ならば、史的事実でなくとも、事実のように語れると指摘している[5]。これは正しい指摘であり、この基準は有効性に乏しい。

第四の不確かな基準は、「共観福音書の発展傾向に照らした基準」[6]であるが、これは、共観福音書の発展における傾向に合致するか否かがイエスの真正な言葉を識別する基準となるという考えである。マイアーは、これは、非常に危うい基準であると言う。共観福音書の発展傾向は断定的に知ることはできず、様々な方向の編集変更が加えられているからである[7]。実際、マイアーの指摘どおり、一般論としてすべての例にあてはまる発展傾向はないので、実際に個々の例を見るときにこの基準を当てはめることは困難であろう。

---

1) Meier, *A Marignal Jew*, vol. 1, pp. 178-180.
2) Meier, *A Marignal Jew*, vol. 1, p. 180.,
3) Meier, *A Marignal Jew*, vol. 1, p. 180.
4) Meier, *A Marignal Jew*, vol. 1, pp. 180-182.
5) Meier, *A Marignal Jew*, vol. 1, p. 180.
6) Meier, *A Marignal Jew*, vol. 1, pp. 182-183.
7) Meier, *A Marignal Jew*, vol. 1, p. 182.

最後に、第五の不確かな基準は、「歴史的推量による基準」[1]である。マイアーは、歴史的推量と言っても様々あり、一方で、イエスの言行と証言が記されるまでの時間的隔たりがイエスの真正な言葉の伝承を損なっているとの推量があるのに対し、逆に、初代キリスト教会が証言したことは、イエスに近いためおそらく真正な言葉を伝えるだろうとの見方との両方があることを指摘し、これは、証明するほうが困難な基準であり、真正か否かだけではなく「明らかではない」"not clear"（*non* liquet）という範疇を設けるべき項目であると指摘している[2]。

　以上タイセンやマイアーの挙げた基準によれば、福音書に記されたイエスの言葉の真正性を信じる根拠は多分に恣意的で不確実に感じられる。しかし、彼らの立場とは異なって、1991年にケネス・ベイリーが雑誌に発表した論文、「非公式な統制された口伝と共観福音書」[3]におけるイエス伝承の真正性についての提言は、イエスの譬えや言葉伝承の真正性を非常に高く見るものである。彼によれば、中東世界では、非公式で統制されていない口伝と公式で統制されている口伝の文化が共に生きている。また、非公式で統制されている口伝もある[4]。

　非公式で統制されている伝承には、たとえば、格言、物語形式の謎かけ、詩、譬え、村の歴史などがある。統制の度合いには三つのレベルがあり、1）柔軟性がまったくないもの。これは、詩、格言などで、一語も変えてはならず、間違えは正される。2）多少の柔軟性があるもの。譬えや歴史上の人物や出来事の記憶などがこれに入り、多少の解釈を加えても許される。3）完全な柔軟性があるもの。これは冗談や、日々の日常的なニュースや近所の村で起こった事件などである[5]。

　ベイリーは、今日でも中東でそのような口伝による伝承の伝達が行われて

---

[1] Meier, *A Marignal Jew,* vol. 1, p. 183.
[2] Meier, *A Marignal Jew,* vol. 1, p. 183.
[3] Kenneth Bailely, "Informal Controlled Oral Tradition and the Synoptic Gospels," *Asia Journal of Theology* 5 (1991), pp. 34–54.
[4] Bailely, "Informal Controlled Oral Tradition and the Synoptic Gospels," P. 39.
[5] Bailely, "Informal Controlled Oral Tradition and the Synoptic Gospels," pp. 42–45.

いる例を、スコットランドから宣教師としてエジプトに渡り多くのキリスト教共同体を創設したジョン・ホッグについての伝承に見ている[1]。ベイリーは、中東でこのような口伝の文化があったことを根拠に、ルカ1:1–2で福音書記者が「私たちの間で実現した事柄について、最初から目撃者であり言葉に仕えるようになった者たちが私たちに伝えたとおりに、物語を書き連ねようと、多くの人々が既に手を着けています」と述べていることについて、この、「目撃者であり言葉に仕えるようになった者たち」は、詩や格言のようにしっかりと統制されたやり方で伝承を伝えた人々であったろうと見ている[2]。

　ベイリーの説には反論も出され、T・ウィーデンは、ベイリーが挙げたホッグについての口頭伝承の例では、ベイリーが記している話とホッグの娘レナが書いた本で伝えている話は実際には重要な点で異なっており、パンチラインも違うので、ベイリー自身の例が彼の説の反証となっていると読んでいる。しかし、J・D・G・ダン[3]は、ベイリーの説に賛同している。ダンは、ウィーデンに反論し、ベイリーは統制された口頭伝承にも、多少の柔軟性が有り得ることを指摘しているので、ウィーデンの言う反証は実際には反証ではないこと、そもそもレナ・ホッグは口伝として伝えられた伝承を物語の形で記しているのではなく、伝承のもととなった出来事を出来事として語っており、これら二つの異なる形式のものを比べて相違を指摘しても意味がないことを論じ、レナの記した話が物語られた時にどのようだったかは分からないと述べている[4]。また、口伝では、ウィーデンが言うような「原初の」形や「真正な」版があるわけではなく、同じ話が聞き手の共同体にふさわしいやり方で語られうるものであるので、真正な伝承の伝達の基準は、一語一句違わないで伝えられることにはない[5]。真正さは、話の核がきちんと伝えら

---

[1] Bailely, "Informal Controlled Oral Tradition and the Synoptic Gospels," p. 47.
[2] Bailely, "Informal Controlled Oral Tradition and the Synoptic Gospels," p. 50.
[3] James D. G. Dunn, "Kenneth Bailey's Theory of Oral Tradition: Critiquing Theodore Weeden's Critique," *Journal for the Study of the Historical Jesus 7*（2009）, 44–62.
[4] Dunn, "Kenneth Bailey's Theory of Oral Tradition," p. 49.
[5] Dunn, "Kenneth Bailey's Theory of Oral Tradition," p. 56.

れるところにあると指摘している。そして、そのような考察をふまえてダンは、ベイリーが例示した中東の口伝の伝わり方が新約福音書にもあてはまると考えることが妥当と結論している。ダンの読むところ、(1) イエスの宣教を伝えた共観福音書伝承は、福音書記者によって多少の差異があることを認めた上でさえ見事に首尾一貫したイエス像を提供する。(2) イエスは、その宣教の性格と教えによって、彼に出会って彼に従った者たちに衝撃的な影響を与えた。(3) この影響は最初からイエスについての物語や、イエスの教えの形で伝えられ、それはイエスの生前にも死と復活の出来事の後にも、彼らの説教や教えの肝要な要素となった。(4) 個々の人々は、「イエスの名において」洗礼を受け、「キリスト教徒」となったとき、自分たちのアイデンティティとなったイエスという人物について知りたいと思ったであろう。(5) 口伝によるイエスの言動の賛美と伝承に関して (1) の事実と (2) – (4) までの前提は結びつく。(6) 共観福音書伝承は、正にこの性質をもち、口伝時代からこの性質を持っていた[1]。「イエス伝承は──同じ出来事が繰り返し繰り返し語られ、同じ教えが伝承されているが、異なる集団において、あるときは凝縮され、あるときは拡大されて、詳細と強調点は異なって伝えられているのである」[2]。

マイアーは、結論として、最初の五つの項目だけが主たる判断基準となるということが分かった[3]としている。しかしそのどれも、例外のない規則としては通用しない。タイセンとメルツも、イエス伝承に関しては、真正な言葉と真正でない言葉を区別する信頼できる基準はなく、相違の基準も一貫性の基準も、不十分である[4]としている。タイセンが二重の相違性の基準に代わる基準として提唱した「歴史的蓋然性の基準」も、イエスの思想がユダヤ思想を背景に生まれ、キリスト教の基礎となったことを考えれば、説得力があるが、イエスの個々の言葉の真正性を反論の余地なく証明する基準とはならない。しかし、マイアーの挙げた主たる基準の最初の四つ、戸惑いの基

---

1) Dunn, "Kenneth Bailey's Theory of Oral Tradition," pp. 47–48.
2) Dunn, "Kenneth Bailey's Theory of Oral Tradition," p. 62.
3) Meier, *A Marignal Jew*, vol. 1, p. 183.
4) Theissen/Merz, *The Historical Jesus*, p. 115.

準、不連続性の基準、複数証言の基準、一貫性の基準は、それぞれに意味があり、イエスのある言葉の真正性が問題となったときには、その言葉の蓋然性を増す要素となるだろう。

　また、ベイリーの指摘した中東文化における口頭伝承の伝統も、イエスの譬えや言動がある程度までは信頼できることを示唆する。特に、イエスの譬えの中で戸惑いの基準、不連続性の基準、複数証言の基準、一貫性の基準などにあてはまる譬えは、イエスの思想を表す一次資料として用いることが可能であろう。特に、多くの譬えは、イエスをメシアと証言する福音書の目的に直接に寄与しないように見え、その点から福音書記者がわざわざ創作して挿入する理由が見出せないので、福音書記者がイエスの真正な言葉として受け取った伝承に基づくと考えられる。「ムナ」の譬え（ルカ19：12–27）と「タラントン」の譬え（マタイ25：14–30）の比較が示すように、時に福音書記者は伝承に手を加えることを躊躇しなかったが、細部は異なっても、大綱はイエスが語った主旨を（すくなくとも、福音書記者がそのように理解して受け取ったとおりに）、伝えるものであろう。

　史的イエスの言動がどの程度ありのままに伝えられているかという問題は、歴史的問いであり、科学的に証明されうるものではない。それゆえ、様々な理由から蓋然性が高い言葉を作業仮説的に受け入れて考察を進め、その考察の過程で問題が出てきたときには、いったんは受け入れたその言葉の真正性も、問い直す必要が出てくるであろう。

参考文献

(各項内では、断りなき限り日本語の文献は著者名の五十音順、
欧米語の文献は著者名のアルファベット順)

1 テキスト・原資料

1) 新約聖書ギリシア語本文

Aland, Barbara / Kurt Aland / Johannes Karavidopoulos / Carlo M. Martin / Bruce M. Metzger hrsg. *Novum Testamentum Graece*. 27. revidierte Aufl. Stuttgart: Deutsche Bibelgesellschaft, 1993 (参考として、Nestle / Kurt Aland hrsg. *Novum Testamentum Graece*. 25. Aufl. Stuttgart: Württembergische Bibelanstalt, 1963; Kurt Aland / Barbara Aland hrsg. *Novum Testamentum Graece*. 26. neu bearbeitete Aufl. Stuttgart: Deutsche Bibelstiftung, 1979; Barbara Aland / Kurt Aland / Johannes Karavidopoulos, Carlo M. Martini & Bruce M. Metzger hrsg. *Novum Testamentum Graece*. 28. revidierte Aufl. Stuttgart: Deutsche Bibelgesellschaft, 2012 も用いた).

2) 旧約聖書ヘブライ語本文 (マソラ)

Elliger, K / W. Rudolph hrsg. *Biblia Hebraica Stuttgartensia*. 5. Aufl. Stuttgart: Deutsche Bibelgesellschaft, 1997.

3) ギリシア語旧約聖書 (LXX)

Rahlfs, Alfred hrsg. *Septuaginta*, 2 Bde. 5. Aufl. Stuttgart: Privilegierte württembergische Bibelanstalt, 1952 (参考として Brenton, Lancelot C. L. ed. *The Septuagint with Apocrypha: Greek and English*. 1851; Peabody, Massachusetts: Hendrickson, 1992).
Isaiah Targum: Introduction, Translation, Apparatus and Notes. The Aramaic Bible. Vol. 11. Trans. Bruce D. Chilton. Edinburgh: T. & T. Clark, 1987.

4) タルグム

The Targum of Isaiah. Ed. & trans. J. F. Stenning. London: Oxford Univ. Press, 1949.
Targum Neofiti 1: Leviticus & Targum Pseudo-Jonathan: Leviticus. The Aramaic Bible. Vol. 3. Trans. Targum Neofiti by Martin McNamara & Targum Pseudo-Jonathan by Michael Maher. Edinburgh: T. & T. Clark, 1994.

5）その他の聖書翻訳
a. 日本語（刊行年代順）

『聖書　口語訳』東京：日本聖書協会, 1955.
『新改訳聖書』東京：日本聖書刊行会, 1970; 第2版, 1978.
『聖書　新共同訳　旧約聖書続編つき』東京：日本聖書協会, 1989.
『新約聖書』東京：岩波書店, 2004.

b. 欧米語の翻訳・聖書コンピューター用ソフトウエア（聖書テキスト・欧米語の翻訳を含む）（資料名アルファベット順）

Bible Works 5 for Windows: Softwear for Biblical Exegesis & Research. Norfolk, VA: Bible Works, 2001.
Delitzsch, F. ed. *The New Testament in Hebrew.* Berlin: S.l., 1923.
Hebrew New Testament. UBS, 1976, 1991. E-text, retrieved on 1 January, 2012 from http://www.kirjasilta.net/hadash.

6）外典、偽典
a. 日本語訳

荒井献訳『トマスによる福音書』講談社学術文庫. 東京：講談社, 1995.
日本聖書学研究所編『死海文書——テキストの翻訳と解説』東京：山本書店, 1963.
―――『聖書外典偽典1　旧約聖書外典I』東京：教文館, 1975.
―――『聖書外典偽典2　旧約聖書外典II』東京：教文館, 1977.
―――『聖書外典偽典3　旧約聖書偽典I』東京：教文館, 1975.
―――『聖書外典偽典4　旧約聖書偽典II』東京：教文館, 1975.
―――『聖書外典偽典5　旧約聖書外典III』東京：教文館, 1976.
―――『聖書外典偽典6　新約聖書外典I』東京：教文館, 1976.
―――『聖書外典偽典7　旧約聖書外典II』東京：教文館, 1976.
―――『聖書外典偽典別巻　補遺1　旧約聖書編』東京：教文館, 1979.
―――『聖書外典偽典別巻　補遺2　新約聖書編』東京：教文館, 1982.

b. 欧米語訳

Box, G. H., ed. & trans. *The Apocalypse of Abraham.* Translated from the Slavonic Text with Introduction and Notes. London & New York: Macmillan, 1919.
―――. *The Testament of Abraham.* Translated from the Greek Text with Introduction and Notes. New York & Toronto: Macmillan, 1927.
Charles, R. H. *The Assumption of Moses: Translated from the Latin Sixth Century Ms.* London: Adam and Charles Black, 1897.
―――. ed. *The Apocrypha and Pseudepigrapha of the Old Testament in English.* Vol. 1. Apocrypha. Oxford: Clarendon Press, 1913.
―――. ed. *The Apocrypha and Pseudepigrapha of the Old Testament in English.* Vol. 2. Pseud- epigrapha. 1913; Bakley, CA: Apocryphile Press, 2004.

Kraft R. A., ed. *The Testament of Job, According to the SV Text*. Pseudepigrapha Series 4. Text and Translations, 5. Missoula, Montana: Scholars' Press, 1974.

Kraft R. A./A.-E. Purintun trans. & eds. *Paraleipomena Jeremiou*. Pseudepigrapha Series 1. Text and Translations, 1. Missoula, Montana: Scholars' Press, 1972.

Stone, Michael E. *The Testament of Abraham, the Greek Recension*. Text and Translations 2, Pseudepigrapha Series 2. Missoula, Montana: Scholars' Press, 1972.

Tromp, Jonathan. *The Assumption of Moses: A Critical Edition with Commentary*. Leiden, New York & Köln: J. J. Brill, 1993.

7) ラビ文献（文献名アルファベット順）

a. タルムード

The Babylonian Talmud. London, Soncino Press, 1965–1990; Brooklyn, NY: Judaica Press, 1990. In CD-Rom Judaic Classics. Version 3.0.8. Skokie, Illinois: Davka, 2004.

The Talmud of the Land of Israel: A Preliminary Translation and Explanation. Vol. 1. Berakhot. Ed. Jacob Neusner. Trans. Tzvee Zahavy. Chicago: The University of Chicago Press, 1989.

The Talmud of the Land of Israel: A Preliminary Translation and Explanation. Vol. 11. Shabbat. Trans. Jacob Neusner. Chicago: The University of Chicago Press, 1991.

The Talmud of the Land of Israel: A Preliminary Translation and Explanation. Vol. 29. Baba Mesia. Trans. Jacob Neusner. Chicago: The University of Chicago Press, 1984.

b. ミシュナ

The Mishnah: Translated from the Hebrew with Introduction and Brief Explanatory Notes. By Herbert Danby. London: Oxford Univ. Press, 1933.

The Mishnah: A New Translation. By Jacob Neusner. New Haven and London: Yale Univ. Press, 1988.

c. その他

Midrash Rabbah: Deuteronomy. Trans. J. Rabbinowitz. London: Soncino, 1939.

Midrash Rabbah: Ecclesiastes. Trans. A. Cohen. 3rd ed. New York: Soncino, 1983.

Midrash Rabbah: Genesis. 2 vols. Trans. H. Freedman. 3rd ed. New York: Soncino, 1983.

Midrash Rabbah: Leviticus. Trans. Chs. I–XIX by J. Israelstam & Chs. XX–XXXVII by Judah J. Slotki. 3rd ed. New York: Soncino, 1983.

The Midrash on Psalms. 2vols. Trans. from the Hebrew and Aramaic by William G. Braude. New Haven: Yale Univ. Press, 1959.

Sifre: A Tannaitic Commentary on the Book of Deuteronomy. Yale Judaica Series 24. Trans. from the Hebrew with Introduction and Notes by Reuven Hammer. New Haven: Yale Univ. Press, 1986.

8) その他の古典・一次文献（著者名　五十音順）

アウグスティヌス『神の国』（12–15巻）（Saint Augustine. *The City of God Against the*

Pagans. Vol. IV. Books XII–XV. With an English translation by Philip Levine. Loeb Classical Library. London: Willimam Heinemann, 1966）.

───『エンキリディオン』（St. Augustine. "The Enchiridion." Translated by J. F. Shaw. In *St. Augustin: On the Holy Trinity, Doctrinal Treatieses, Moral Treatises. Nicene and Post-Nicene Fathers of the Christian Church.* Vol. 3. Ed. Philip Schaff. 1887; Grand Rapids, Michigan: Eerdmans, 1980. pp. 237–276）.

アタナシオス『言葉の受肉について』（Saint Athanasius［Patriarch of Alexandria］. *Athanasius: De Incarnatione: St. Athanasius on the Incarnation.* Translated by Archibald Robertson. 2nd ed. London: D. Nutt, 1891）.

アリストテレス『詩学』（Aristotle. "The Poetics." With an English translation by Stephen Halliwell. In *Aristotle: The Poetics,"Longinus"On the Subliime, Demetrius On Style.* Revised edtion. Loeb Classical Library. Cambridge, Massachusetts & London: Harvard Univ. Press, 1965; rept. with corrections, 1999. pp. 1–142；アリストテレース「詩学」松本仁助、岡道男訳『アリストテレース　詩学、ホラーティウス　詩論』所収. 東京：岩波書店, 2012. pp. 7–222）.

アンセルムス『なぜ神は人に？』（"Cur Deus Homo," in *S. Anselmi Cntuariensis archiepiscopi opera ominia*, volume secundum continens opera quae archiepiscopus composuit ad fiedm codicum recensuit Fransiccus Saliesius Schmitt Monachus Grissoviensis, O. S. B. Romae, 1940. pp. 37–134; Anselm of Canterbury. *Why God Became Man and The Virgin Conception and Original Sin.* Translated by Joseph M. Colleran. New York: Magi Books, 1969）.

エイレナイオス『異端反駁』IV（Irenaeus［Irénée de Lyon］. *Contre les hérésies.* IV. Édition critique d'après les versions armenienne et latine par Adelin Rousseau, Louis Doutreleau et Charles Mercier. Sources Chrétiennes. Paris: Éditions du Cerf, 1965；エイレナイオス『キリスト教教父著作集3/II　エイレナイオス4 異端反駁IV』小林稔訳. 東京：教文館, 2000）.

───『異端反駁』V（Irenaeus［Irénée de Lyon］. *Contre les hérésies.* V. Édition critique d'après les versions arménienne et latine par Adelin Rousseau, Louis Doutreleau et Charles Mercier. Sources Chrétiennes. Paris: Éditions du Cerf, 1969）.

エウセビオス『教会史』（Eusebius. *The Ecclesiastical History.* Vol. I. Books I–V. With an English translation by Kirsopp Lake. Loeb Classical Library. Cambridge, Massachusetts: Harvard Univ. Press & London: William Heinemann, 1926；エウセビオス『教会史』（1）秦剛平訳. 東京：山本書店, 1986）.

タキトゥス『同時代史』（4–5巻）、『年代記』（1–3巻）（*Tacitus.* Vol. III. *The Histories.* Books IV–V. With an English translation by Clifford H. Moore; *The Annals.* Books I–III. With an English translation by John Jackson. Loeb Classical Library. London: William Heinemann & Cambridge, Massachusetts: Harvard Univ. Press, 1931）.

───『年代記』（8–16巻）（*Tacitus.* Vol. V. *The Annals.* Books XIII–XVI. With an English translation by John Jackson. Loeb Classical Library. London: William

Heinemann & Cambridge, Massachusetts: Harvard Univ. Press, 1937).

フィロストラトス『テュアナのアポロニオス』(1–4巻) (Philostratus. *The Life of Apollonius of Tyana.* 1: Books I–IV. Edited with an English translation by Christopher P. Jones. Loeb Classical Library. Cambridge, Massachusetts & London: Harvard Univ. Press, 2005).

フィロン『ガイウスへの使節』(*Philonis Alexandrini Legatio ad Gaium.* Edited with an introduction, translation and commentary by E. Mary Smallwood. Leiden: E. J. Brill, 1961).

プラトン『法律』(7–12巻) (*Plato.* Vol. XI. *Laws.* Vol. 2. Books VII–XII. With an English translation by R. G. Bury. Loeb Classical Library. Cambridge, Massachusetts: Harvard Univ. Press & London: Heinemann, 1926; reprint, 1968;プラトン『法律』(下)森進一、池田美恵、加来彰俊訳. 東京: 岩波文庫, 1993).

マイモニデス『ミシュネー・トーラー』(Maimonides (Moses ben Maimon). *A Maimonides Reader.* Ed. Isadore Twersky. Springfield: Behrman House, 1972).

ヨセフス, フラウィウス『自伝、アピオーンへの反論』(*Josephus.* Vol. I. *The Life, Agaist Apion.* With an English translation by D. D. Durham. Loeb Classical Library. Cambridge, Massachusetts: Harvard Univ. Press & London: William Heinemann, 1926).

――――『ユダヤ古代誌』(5–8巻) (*Josephus.* Vol. V. *Jewish Antiquities.* Books V–VIII. With an English translation by H. St. J. Thackeray. Loeb Classical Library. Cambridge, Massachusetts: Harvard Univ. Press & London: William Heinemann, 1935; フラウィウス・ヨセフス『ユダヤ古代誌』(2–3) 秦剛平訳. ちくま学芸文庫. 東京: 筑摩書房, 1999).

――――『ユダヤ古代誌』(12–14巻) (*Josephus.* Vol. VII. *Jewish Antiquities.* Books XII–XIV. With an English translation by Ralph Marcus. Loeb Classical Library. Cambridge, Massachusetts: Harvard Univ. Press & London: William Heinemann, 1961; フラウィウス・ヨセフス『ユダヤ古代誌』(4) 秦剛平訳. ちくま学芸文庫. 東京: 筑摩書房, 2000).

――――『ユダヤ古代誌』(18–19巻) (*Josephus.* Vol. IX. *Jewish Antiquities.* Books XVIII–XIX. With an English translation by Louis H. Feldman. Loeb Classical Library. Cambridge, Massachusetts: Harvard Univ. Press & London: William Heinemann, 1965; ヨセフス, フラウィウス『ユダヤ古代誌』(6) 秦剛平訳. ちくま学芸文庫. 東京: 筑摩書房, 2000).

――――『ユダヤ古代誌』(20巻) (*Josephus.* Vol. X. *Jewish Antiquities.* Book XX, General Index. With an English translation by Leuis H. Feldman. Loeb Classical Library. Cambridge, Massachusetts: Harvard Univ. Press & London: William Heinemann, 1965; ヨセフス, フラウィウス『ユダヤ古代誌』(6) 秦剛平訳. ちくま学芸文庫. 東京: 筑摩書房, 2000).

――――『ユダヤ戦記』(*Josephus.* Vols. II–III. *The Jewish War.* I–II. With an English translation by H. St. J. Thackeray. Loeb Classical Library. Cambridge, Massachusetts: Harvard Univ. Press & London: William Heinemann, Vol. II（Books I–III）, 1927; Vol. III（Books IV–VII）, 1968; フラウィウス・ヨセフス『ユダヤ戦記』（1–3）秦剛平訳. ちくま学芸文庫. 東京：筑摩書房, 2002）.

ルキアノス『フィロプセウデス（嘘を愛する人）』（Lucian. "The Lover of Lies *or* the Doubter（Philopseudes sive Incredulus）." In *Lucian.* Vol. III. With an English translation by A. M. Harmon. The Loeb Classical Library. 1921; London: William Heinemann & Cambridge, Massachusetts: Harvard Univ. Press, 1969. pp. 319–281）.

ルクレティウス『物の本質について』（Lucretius. *De Rerum Natura*. With an English translation by W. H. D. Rouse. 2nd ed. Loeb Classical Library. Cambridge, Massachusetts: Harvard Univ. Press & London: William Heinemanns, 1982）.

2　辞書、事典、文法書、コンコーダンスなど

a. 日本語

大貫隆『新約聖書ギリシア語入門』東京：岩波書店, 2004.

東京神学大学神学会編『旧約聖書神学事典』東京：教文館, 1983.

長窪専三『古典ユダヤ教事典』東京：教文館, 2008.

日本基督教協議会文書事業部編『キリスト教大辞典』東京：教文館, 1963; 改訂新版, 1991.

b. 欧米語

Freedman, David Noel ed. *The Anchor Bible Dictionary*. 6 vols. New York, NY: Doubleday, 1992.

Balz, Horst / Gerhard Schneider eds. *Exegetical Dictionary of the New Testament*. 3 vols. Grand Rapids: Eerdmans, Vol. 1, 1990; Vol. 2, 1991; Vol. 3, 1993（原著：Balz, Horst & Gerhard Schneider hrsg. *Exegetisches Wörterbuch zum Neuen Testament*. 3Bde. Stuttgart: W. Kohlhammer, Bd. 1, 1978–80; Bd. 2, 1981; Bd. 3, 1982–1983）.

Bauer, Walter. *Greek-English Lexicon of the New Testament and other Early Christian Literature*. 1957; 2nd rev. ed., 1979; 3rd rev. ed., revised and ed. by Frederick William Danker. Chicago: Univ. of Chicago Press, 2000.（底本：Bauer, Walter. *Griechisch-deutsches Wörterbuch zu den Schriften des Neuen Testaments und der frühchristliche Literatur*. 6. Aufl. Hrsg. Kurt Aland & Barbra Aland with Viktor Reichmann, 1988 and on previous English editions by W. F. Arndt, F. W. Gingrich, and F. W. Danker）.

Botterweck, G. Johannes（ed）. *Theological Dictionary of the Old Testament*（TDOT）. Co-editor Helmer Ringgren（Vols.1–5）/ Heinz-Josef Fabry（Vol. 6–10）. Translated by. John T. Willis（Vols. 1–2）; John T. Willis, Geoffrey W. Bromiley, David E. Greene（Vol. 3）; David E. Green（Vols. 4–7）; Douglas W. Stott（Vol. 8）; David E. Green（Vol. 9）; Douglas W. Stott（Vol. 10）. Grand Rapids, Michigan:

Eerdmans, Vol. 1, 1974; Vol. 2, 1975; Vol. 3, 1978; Vol. 4, 1980; Vol. 5, 1986; Vol. 6, 1990; Vol. 7, 1995; Vol. 8, 1997; Vol. 9, 1998; Vol. 10, 1999（原著：Botterweck, G, Johannes/Heinz-Josef Fabry [Hrsg.]. *Thologisches Wörterbuch zum Alten Testament.* 5Bde. Stuttgart: W. Kohlhammer, Bd. 1, 1970–1972; Bd.2, 1974–1977; Bd. 3, 1977–1983; Bd. 4, 1982–1984; Bd. 5, 1984–1986）.

Brown, F./S. R. Driver/C. A. Briggs eds. *Hebrew and English Lexicon of the Old Testament: With an Appendix Containing the Biblical Aramaic (BDB).* Based on the lexicon of William Gesenius, as trans. by Edward Robinson; and edited with constant reference to the thesarus of Gesenius as completed by E. Rodiger. Oxford: Clarendon Press, 1906; rpt., 1952.

Denis, Albert-Marie/Yvonne Janssens. *Concordance grecque des Pseudépigraphes d'Ancien Testament.* Louvain-la-Neuve: Université Catholique de Louvain, 1987.

Encyclopaedia Judaica. Vols. 2 & 10. Jerusalem: Keter Publishing House Jerusalem, 1972.

Harris, R. Laird, Gleason L. Archer Jr., Bruce K. Waltke. *The Theological Wordbook of the Old Testament (TWOT).* Chicago, Illinois: Moody Press, 1980. In Bible Works 5 for Windows: Softwear for Biblical Exegesis & Research. Norfolk, VA: Bible Works, 2001.

Hatch, Edwin/Henry A. Redpath. *A Concordance to the Septuagint and the Other Greek Versions of the Old Testament, including the Apocryphal Books.* 2nd ed. Grand Rapids, Michigan: Baker Academic, 1998.

Jewish Encyclopedia: A Descriptive Record of the History, Religion, Literature, and Customs of the Jewish People from the Earliest Times to the Present Day. 12vols. New York, NY: Funk & Wagnalls, 1901–1906.

Kittel, Gerhard/Gerhard Friedrich eds. *Theological Dictionary of the New Testament* (TDNT). 10 vols. Trans. Vols. 1–9, Geoffrey W. Bromiley; Vol. 10, Ronald Pitkin. Grand Rapids, Michigan: Eerdmans, Vol. 1, 1964; Vol. 2, 1965; Vol. 3, 1966; Vol. 4, 1967; Vol.5, 1968; Vol.6, 1969; Vol. 7, 1971; Vol. 8, 1972; Vol. 9, 1974; Vol. 10, 1976（原著：Kittel, Gerhard/Gerhard Friedrich hrsg. *Theologisches Wörterbuch zum Neuen Testament.* 10 Bde. Stuttgart: Kohlhammer, Bd. 1, 1933; Bd. 2, 1935; Bd. 3, 1938; Bd. 4, 1942; Bd. 5, 1954; Bd. 6, 1959; Bd. 7, 1964; Bd. 8, 1969; Bd. 9, 1973; Bd. 10.1, 1978; Bd. 10.2, 1979）.

Lampe, G. W. H. ed. *A Patristic Greek Lexicon.* London: Oxford Clarendon Press, 1961.

Liddell, Henry George/Robert Scott. *Greek-English Lexicon.* 9th ed. Rev. with a Revised Supplement by Henry Stuart Jones. Oxford: Oxford Clarendon Press, 1996.

Rengstorf, Karl Heinrich ed. *A Complete Concordance to Flavius Josephus.* 4 vols. Leiden: E. J. Brill, Vol. 1, 1973; Vol. 2, 1975; Vol. 3, 1979; Vol. 4, 1983.

Ryken, Leland/James C. Wilhoit/Tremper Longman eds. *Dictionary of Biblical Imagery.* Leicester: IVP, 1998.

Sakenfeld, Katharine Doob, ed. *The New Interpreter's Dictionary of the Bible.* 5vols.

Nashville: Abingdon Press, Vol. 1, 2006; Vol. 2, 2007; Vol. 3, 2008; Vol. 4, 2009: Vol. 5, 2009.
VanGemeren, Willem A., ed. *New International Dictionary of Old Testament Theology & Exegesis.* Vol. 3. Carlisle, Cumbria: Paternoster Publishing, 1996.
Wallace, Daniel B. *Greek Grammar beyond the Basics: An Exegetical Syntax of the New Testament.* Grand Rapids, Michigan: Zondervan, 1996.
Weingreen, J. *A Practical Grammar for Classical Hebrew.* 1939; 2nd ed. Oxford: Oxford Univ. Press, 1959.
TWOT *Hebrew Lexicon,* Bible Works for Windows. Bible Works LLC, 2001.

3 現代の研究文献・著作など（辞典の項目執筆個所を含む）

a. 日本語

青野太潮『どう読むか、聖書』朝日選書.東京：朝日新聞社, 1994.
─────『「十字架の神学」の成立』東京：ヨルダン社, 1989.
─────『「十字架の神学」の展開』東京：新教出版社, 2006.
荒井献『イエスとその時代』岩波新書.東京：岩波書店, 1974.
─────『問いかけるイエス──福音書をどう読み解くか』東京：日本放送出版協会, 1994.
─────『トマスによる福音書』講談社学術文庫.東京：講談社, 1994.
池田彩『共観福音書とヘレニズムの治癒奇跡物語比較』立教大学組織神学専攻修士論文, 2005年度.
石田友雄、木田献一、左近淑、西村俊昭、野本真也『総説旧約聖書』東京：日本キリスト教団出版局, 1984.
市川裕『ユダヤ教の精神構造』東京：東京大学出版会, 2004.
上村静『イエス──人と神と』東京：関東神学ゼミナール, 2005.
─────「イザヤ書6章9–10節──頑迷預言？」『聖書学論集』34（2002）. pp. 23–67.
─────『宗教の倒錯　ユダヤ教・イエス・キリスト教』東京：岩波書店, 2008.
─────「蒔かれた種のたとえ（マルコ4:3–8）──神の支配の光と影」『新約学研究』42（2014）. pp. 7–24.
太田修司「『金持ちとラザロの譬え』の民話的背景」『聖書学論集』42（2008）. pp. 1–20.
─────「『金持ちとラザロの譬え』のメッセージ」『キリスト教学』51. 立教大学キリスト教学会（2009）. pp. 59–74.
─────「『金持ちとラザロの譬え』の黙示文学的背景」『人文・自然研究』3. 一橋大学大学教育研究開発センター（2009）. pp. 204–226.
大貫隆『イエスという経験』東京：岩波書店, 2003.
─────『イエスの時』東京：岩波書店, 2006.
─────『グノーシス「妬み」の政治学』東京：岩波書店, 2008.

―――『隙間だらけの聖書：愛と想像力の言葉』大貫隆奨励・講演集 1. 東京：教文館, 1993.
―――『聖書の読み方』東京：岩波書店, 2010.
―――『福音書研究と文学社会学』東京：岩波書店, 1991.
―――『福音書と伝記文学』東京：岩波書店, 1996.
―――『マルコによる福音書 I』リーフ・バイブル・コメンタリーシリーズ．東京：日本キリスト教団出版局, 1993.
大貫隆、金泰昌、黒住真、宮本久雄編『一神教とは何か』東京：東京大学出版会, 2006.
小河陽『イエスの言葉――その編集史的考察』東京：教文館, 1978.
―――『マタイ福音書神学の研究――その歴史批評的考察』東京：教文館, 1984.
大原正義「レプラに対するイエスの癒し」『教育のプリズム　ノートルダム教育』創刊号。ノートルダム女学院 (2003). pp. 204–218.
笠原義久『新約聖書入門』東京：新教出版社, 2000.
川島貞雄『マルコによる福音書：十字架への道イエス』福音書のイエス・キリスト 2. 東京：日本キリスト教団出版局, 1996.
川島重成『イエスの七つの譬え――開かれた地平』東京：三陸書房, 2000.
木田献一『旧約聖書の預言と黙示』現代神学双書 78. 東京：新教出版社, 1996.
木田献一、星野正興、川越厚、絹川久子、栗林輝夫、川中子義勝、加藤智『人間イエスをめぐって』東京：日本キリスト教団出版局, 1999.
木原圭二「『不義な管理人の譬え』の解釈――ルカ福音書 16 章 1–9 節の釈義的研究」『日本の聖書学』6. 東京：ATD・NTD 聖書註解刊行会, 2001. pp. 61–95.
―――「ルカ神学における神の救いと人間の改心的行為――ルカ文書の編集史的研究による考察」関西学院大学博士論文. 2009.
阪口吉弘『ラビの譬えイエスの譬え』東京：日本キリスト教団出版局, 1992.
佐藤研『最後のイエス』東京：ぷねうま舎, 2012.
―――『聖書時代史　新約編』東京：岩波現代文庫, 2003.
―――『始まりのキリスト教』東京：岩波書店, 2010.
―――『悲劇と福音――原始キリスト教における悲劇的なるもの』東京：清水書院, 2001.
佐藤陽二『イエスのたとえ話講解』東京：聖文舎, 1982.
志村真「「レギオン（軍団）に憑かれた人の癒し」（マルコによる福音書 5:1–20）をめぐって――アジア的聖書解釈は可能か③」『中部学院大学・中部学院大学短期大学部研究紀要』5 (2004). pp. 11–19.
菅原裕治、月本昭男「マルコ福音書 4 章 12 節におけるイザヤ書 6 章 10 節の引用をめぐって」『聖書学論集』33 (2001). pp. 119–139.
鈴木浩『ガリラヤへ行け　マルコ福音書研究』東京：新教出版社. 2005.
関根清三「イザヤの頑迷預言をめぐる覚書――拙訳の論評にお答えしつつ」『聖書学論集』34 (2002). pp. 69–88.

関根正雄、伊藤進『マタイ福音書講義』東京：教文館, 2004.
田川建三『イエスという男　逆説的反抗者の生と死』東京：三一書房, 1980.
―――『キリスト教思想への招待』東京：勁草書房, 2004.
―――『原始キリスト教史の一断面：福音書文学の成立』東京：勁草書房, 1968.
―――『新約聖書　訳と註1　マルコ福音書、マタイ福音書』東京：作品社, 2008.
―――『新約聖書　訳と註2上　ルカ福音書』東京：作品社, 2011.
―――「時と人間」『日本聖書学研究所論集』2（1963）. pp. 13–47.
―――『マルコ福音書　上巻』現代新約注解全書. 東京：新教出版社, 1972.
高橋虔監修『新共同訳旧約聖書注解I』東京：日本キリスト教団出版局, 1996.
―――『新共同訳旧約聖書注解II』東京：日本キリスト教団出版局, 1994.
―――『新共同訳旧約聖書注解III続編注解』東京：日本キリスト教団出版局, 1993.
―――『新共同訳新約聖書注解I』東京：日本キリスト教団出版局, 1991.
―――『新共同訳新約聖書注解II』東京：日本キリスト教団出版局, 1991.
高橋三郎、月本昭男『エロヒム歌集　詩篇第四二篇–第七二篇講義』東京：教文館, 2008.
高尾利数『イエスとは誰か』東京：日本放送出版協会, 1996.
月本昭男『詩篇の思想と信仰I　第1篇から第25篇まで』東京：新教出版社, 2003.
―――『詩篇の思想と信仰II　第26篇から第50篇まで』東京：新教出版社, 2006.
―――『詩篇の思想と信仰III　第51篇から第75篇まで』東京：新教出版社, 2011.
―――『詩篇の思想と信仰IV　第76篇から第100篇まで』東京：新教出版社, 2013.
―――「歴史と時間」上村忠男、大貫隆、月本昭男、二宮宏之、山本ひろ子編『歴史を問う2　歴史と時間』東京：岩波書店, 2002. pp. 1–60.
富田栄『マルコ福音書註解1–3』東京：みすず書房, 1984.
中野実「イエスとレプラの清め――イエスにとってイスラエルとは？」『聖書学論集』38（2006）. pp. 31-90.
並木浩一『旧約聖書における社会と人間――古代イスラエルと東地中海世界』東京：教文館, 1982.
―――『ヘブライズムの人間感覚』東京：新教出版社, 1997.
―――『「ヨブ記」論集成』東京：教文館, 2003.
芳賀力『自然、歴史そして神義論――カール・バルトをめぐって』東京：日本キリスト教団出版局, 1991.
廣石望『信仰と経験――イエスと〈神の王国〉の福音』東京：新教出版社, 2011.
船本弘毅『イエスの譬話』東京：河出書房新社, 2002.
本多峰子「イエスによる病気治癒と悪霊祓いの意味についての一考察――ユダヤ、ヘレニズム的背景との比較を視野に」日本聖書学研究所編『経験としての聖書　大貫隆教授献呈論文集』（『聖書学論集』41）. 東京：リトン, 2009. pp. 233–250.
―――「イエスの神義論――新約聖書学的考察：とくに、イエスの治癒奇跡と悪霊祓いをめぐって」『聖書と神学』21. 日本聖書神学校キリスト教研究所（2009）. pp. 21–66.

―――「イエスの神義論:特に、イエスの悪霊祓いと癒しの意味をめぐって」東京大学地域文化研究地中海文化専攻修士論文, 2008年12月.
―――「イエスの思想における〈義〉」『二松学舎大学国際政経論集』19 (2013). pp. 35–51.
―――「イエスの真正な言葉の基準についての一考察」『国際政経』18. 二松学舎大学国際政経学会 (2012). pp. 45–62.
―――「イエスの譬えにおける「奴隷」の意味」『聖書と神学』23. 日本聖書神学校キリスト教研究所 (2011). pp. 1–26.
―――「イエスの招き――ファリサイ派の人々や律法学者たちはイエスの福音の対象外だったか?」『二松学舎大学論集』50 (2007). pp. 1–28.
―――「インマヌエルとしての救い主――神の同情の救済論的意味についての考察」『聖書と神学』22. 日本聖書神学校キリスト教研究所 (2010). pp. 47–76.
―――「神は存在するか――神の存在証明」『二松学舎大学国際政経論集』13 (2007). pp. 107–121.
―――「神の信義と法的義――旧約聖書における神義論上の問題の発生の過程についての考察」『国際政経』20. 二松学舎大学国際政経学会 (2014). pp. 23–53.
―――「義に先行する赦し:ペラギウス主義に対するイエスの回答」『二松学舎大学国際政経論集』16 (2010). pp. 155–174.
―――「旧約聖書における神義論」『二松学舎大学論集』52 (2009). pp. 53–68.
―――「旧約聖書の神義論――ヨブ記と詩編の場合」『二松学舎大学国際政経論集』17 (2011). pp. 191–202.
―――「この世を越えた報いとしての天国の概念の発達」『国際政経』17. 二松学舎大学国際政経学会 (2011). pp. 47–59.
―――「自由意志型の神義論――アウグスティヌスとアルヴィン・プランティンガ」『二松学舎大学国際政経論集』15 (2009). pp. 205–221.
―――「神義論の問い――予備論的考察」『国際政経』14. 二松学舎大学国際政経学会 (2008). pp. 51–58.
―――「新約聖書の死生観 (金持ちとラザロの譬えを中心に)」『聖書と神学』25. 日本聖書神学校キリスト教研究所 (2013). pp. 1–19.
―――「新約聖書の神義論――イエスの福音と宣教」『聖書と神学』24. 日本聖書神学校キリスト教研究所 (2012). pp. 23–84.
―――「脱西洋主義と神義論」『聖書と神学』26. 日本聖書神学校キリスト教研究所 (2014). pp. 27–56.
―――「プロセス神学の神義論」『国際政経』12. 二松学舎大学国際政経学会 (2006). pp. 41–83.
―――「貧しい者への福音:貧困者の苦しみへのイエスの答え」『二松学舎大学国際政経論集』18 (2012). pp. 69–81.
―――「マルコによる福音書――その著作動機と手法について」『国際政経』9. 二松学舎大学国際政経学会 (2003). pp. 143–160.

―――「マルコによる福音書におけるイエスの受難の意味：神義論の視点から」『二松学舎大学国際政経論集』20. 二松学舎大学国際政経学会（2014）．pp. 19–35.

―――「マルコによる福音書における政治的、神義論の問いに対する答え」『国際政経』19. 二松学舎大学国際政経学会（2013）．pp. 45–62.

―――「マルコによる福音書における「罪人の救い」――頑迷預言と弟子たちの無理解を中心に」日本聖書学研究所編『聖書的宗教とその周辺　佐藤研教授・月本昭男教授・守屋彰夫教授献呈論文集』（『聖書学論集』46）．東京：リトン, 2014. pp. 337–358.

―――「マルコによる福音書4:11–12の譬えの解釈――頑迷預言（？）」『国際政経』16. 二松学舎大学国際政経学会（2010）．pp. 41–46.

―――「ヤハウィストの神――旧約聖書のはじめの神観」『国際政経』8. 二松学舎大学国際政経学会（2002）．pp. 109–123.

―――「ユダは救われるか――カール・バルト『イスカリオテのユダ』と、遠藤周作『沈黙』による考察」『二松学舎大学国際政経論集』11（2005）．pp. 79–94.

―――「ルカ福音書17:20–21の解釈――とくにhe basileia theou entos hymon estinをめぐって」『聖書学論集』45（2013）．pp. 185–208.

―――「ルカによる福音書16:1–13『不正な（？）管財人の譬え』の使信と適用――解釈のひとつの試み」『国際政経』13. 二松学舎大学国際政経学会（2007）．pp. 43–56.

松永希久夫『歴史の中のイエス像』NHKブックス．東京：日本放送教会, 1989.

嶺重淑『聖書の人間像――人類の古典に学ぶ』東京：キリスト新聞社, 2009.

宮平望『マルコによる福音書　私訳と解説』東京：新教出版社, 2008.

―――『マタイによる福音書　私訳と解説』東京：新教出版社, 2006.

―――『ルカによる福音書　私訳と解説』東京：新教出版社, 2009.

宮本久雄、大貫隆、山本巍編著『受難の意味　アブラハム・イエス・パウロ』東京：東京大学出版会, 2006.

三好迪『ルカによる福音書』高橋虔監修『新共同訳新約聖書注解I』東京：日本キリスト教団出版局, 1991. pp. 260–391.

―――『ルカによる福音書――旅空に歩むイエス』福音書のイエス・キリスト3. 東京：日本キリスト教団出版局, 1996.

八木誠一『イエス』人と思想．東京：清水書院, 1968.

矢野睦「マルコ福音書における弟子の無理解」『聖書学論集』34（2002）．pp. 89–124.

山我哲雄「歴代誌上・下」高橋虔監修『新共同訳旧約聖書注解I　創世記－エステル記』東京：日本キリスト教団出版局, 1996. pp. 665–787.

山口雅弘『イエス誕生の夜明け　ガリラヤの歴史と人々』東京：日本キリスト教団出版局, 2002.

山本泰次郎『脚注新約聖書3ルカによる福音書』東京：教文館, 1973.

吉田忍「マルコ福音書4章12節の翻訳とその解釈」『聖書学論集』39（2007）．pp. 45–68.

b. 欧米語（翻訳を含む）

Abrahams, I. *Studies in Pharisaism and the Gospels*. First Series. Cambridge: Cambridge Univ. Press, 1917.

―――. *Studies in Pharisaism and the Gospels*. Second Series. Cambridge: Cambridge Univ. Press, 1924.

Achtemeier, Paul J. "Mark, Gopel of." In David Noel Freedman ed. *The Anchor Bible Dictionary*. Vol. 4. New York: Doubleday, 1992. pp. 541-557.

Adams, Marilyn McCord. *Christ and Horrors: The Coherence of Christology*. Cambridge: Cambridge Univ. Press, 2006.

―――. *Horrendous Evils and the Goodness of God*. Ithaca, NY: Cornell Univ. Press, 1999.

Adler, Morris. *The World of the Talmud*. Schocken Paperbacks SB58. 2nd ed. New York, NY: Schocken Books, 1963（アドラー、モリス『タルムードの世界』河合一充訳．東京：ミルトス、1991）．

Ahearne-kroll, Stephen P. *The Psalms of Lament in Mark's Passion: Jesus' Dividic Suffering*. Cambridge: Cambridge Univ. Press, 2007.

Allison, Jr. Dale C. *The End of the Ages Has Come: An Early Interpretation of the Passion and Resurrection of Jesus*. Philadelphia: Fortress Press, 1985.

―――. "The Eschatology of Jesus." In John J. Collins ed. *The Encyclopedia of Apocalypticism*. Vol. 1. London: Continuum, 2000. pp. 267-302.

―――. *The New Moses: A Matthean Typology*. Edinburgh: T. & T. Clark, 1993.

Armstrong, Karen. *A History of God: The 4,000-Year Quest of Judaism, Christianity and Islam*. New York, NY: Ballantine Books, 1993（アームストロング、カレン『神の歴史：ユダヤ・キリスト・イスラム教全史』高尾利数訳．東京：柏書房、1995）．

Bacher, Wilhelm. "Talmud." In *Jewish Encyclopedia: A Descriptive Record of the History, Religion, Literature, and Customs of the Jewish People from the Earliest Times to the Present Day*. Vol. 12. New York & London: Funk & Wagnalls, 1906. pp. 1-27.

Bailey, Kenneth E. *Finding the Lost: Cultural Keys to Luke 15*. Saint Louis: Concordia Publishing House, 1992.

―――. "Informal Controlled Oral Tradition and the Synoptic Gospels." *Asia Journal of Theology* 5（1991）. pp. 34-54.

―――. *Jacob & the Prodigal: How Jesus Retold Israel's Story*. Downers Grove, Ilinois: InterVarsity Press, 2003.

―――. *Jesus Through Middle Eastern Eyes: Cultural Studies in the Gospels*. Downers Grove, Illinois: InterVarsity Press, 2008（ベイリー、ケネス・E『中東文化の目で見たイエス』森泉弘次訳．東京：教文館、2010）．

―――. *Poet & Peasant and Through Peasant Eyes: A Literary-Cultural Approach to the Parables in Luke*. Combined edition. Two Volumes in One. Grand Rapids, Michigan: Eerdmans, 1983（*Poet & Peasant*. Grand Rapids, Michigan: Eerdmans, 1976; *Through Peasant Eyes*. Grand Rapids, Michigan: Eerdmans, 1980）．

Baird, J. Arthur. *The Justice of God in the Teaching of Jesus*. London: SCM, 1963.
Balabanski, Vicky. *Eschatology in the Making: Mark, Matthew and the Didache.* Society for New Testament Studies Monograph Series 97. Cambridge: Cambridge Univ. Press, 1997.
Balentine, Samuel E. "Book of Job." In Katharine Doob Sakenfeld ed. *The New Interpreter's Dictionary of the Bible*, Vol. 3. Nashville, Abingdon Press, 2008. pp. 319–336.
Barclay, William. *A Beginner's Guide to the New Testament*. Louiseville: Westminster John Knox Press, 1976.
―――（バークレー，ウィリアム）『マルコ福音書』（聖書註解シリーズ3）大島良雄訳. 東京：ヨルダン社, 1968（原著：Barclay, William. *The Gospel of Mark.* The Daily Study Bible Series. Edingburgh: St. Andrew Press, 1954）.
Barker, Paul A. *The Triumph of Grace in Deuteronomy.* Milton Keynes: Paternoster, 2004.
Barrett, C. K. "The Background of Mark 10:45." In A. J. B. Higgins ed. *New Testament Essays: Studies in Memory of Thomas Walter Manson.* Manchester: Manchester Univ. Press, 1959. pp. 1–18.
―――. *The Gospel According to St. John: An Introduction with Commentary and Notes on the Greek Text.* London: SPCK, 1955.
Bartchy, S. Scott. "Slavery: New Testament." In David Noel Freedman ed. *Anchor Bible Dictionary.* Vol. 6. New York, NY: Doubleday, 1992. pp. 65–73.
Barth, Gerhard. "πίστις, πιστεύω." In Horst Balz/Gerhard Schneider eds. *Exegetical Dictionary of the New Testament*. Vol. 3. Grand Rapids: Eerdmans, 1993. pp. 91–97（原著：Barth, Gerhard. "πίστις, πιστεύω." In Horst Balz/Gerhard Schneider hrsg. *Exegetisches Wörterbuch zum Neuen Testament.* Bd. 3. Stuttgart: W. Kohlhammer, 1982–1983）.
Barth, Karl（バルト , カール）『イスカリオテのユダ』吉永正義訳. 東京：新教出版社, 1997（原著：Barth, Karl. *Die Kirchliche Dogmatik. Bd. 2. Die Lehre von Gott.* 2. Teil. 1942の7. Kapitel, "Gottes Gnadenwahl." §35, S. 336–563. "Der Wahl der Einzelne."（抄訳））
Bauckham, Richard. *Jesus and the Eyewitnesses: The Gospels as Eyewitness Testimony*. Grand Rapids, Michigan: Eerdmans, 2006.（ボウカム，リチャード『イエスとその目撃者たち――目撃者証言としての福音書』淺野淳博訳. 東京：新教出版社, 2011）.
―――. *The Fate of the Dead: Studies on the Jewish and Christian Apocalypses.* Supplements to Novum Testamentum 93. Leiden: Brill, 1998.
Bayer, Batya. "Kedushah." In *Encyclopaedia Judaica*. Vol.10. Jerusalem: Keter Publishing House Jerusalem, 1972. pp. 875–876.
Bayer, Hans F. *Jesus' Predictions of Vindication and Resurrection.* Wissenschaftliche Untersuchungen zum Neuen Testament 2. Reihe 2. Tübingen: J. C. B. More（Paul Siebeck）, 1986.

Beasley-Murray, George R. "The Kingdom of God in the Teaching of Jesus." *The Journal of the Evangelical Theological Society* 35 (1992). pp. 19–30.
―――. *Jesus and the Kingdom of God.* Grand Rapids: Eerdmans, 1986.
―――. *John.* Word Biblical Commentary 36. Waco, Texas: Word Books, 1987.
Beausobre, Iulia de. *Creative Suffering.* 1940; Oxford: SLG Press, 1984.
Beavis, Mary Ann. "Ancient Slavery as an Interpretive Context for the New Testament Servant Parables with Special Reference to the Unjust Steward, (LUKE 16:1–8)." *Journal of Biblical Literature* 111 (1992). pp. 37–54.
―――. *Mark's Audience: The Literary and Social Setting of Mark 4.11–12.* Journal for the Study of the New Testament Supplement Series 33. Scheffield: Sheffield Academic Press, 1989.
Beernaert, Pierre Mourlon（ベールネール，ピエール・ムルロン）『マルコ福音書のイエス――最初の福音書の新しい読み方』伊藤慶枝訳. 東京：原書房, 1985.
Bell, Albert A. *A Guide to the New Testament World.* Scottdale, PA: Herald Press, 1989.
Benoît, Pierre/Roland Murphy eds. *Immortality and Resurrection.* Freiberg: Herder and Herder, 1970.
Best, Ernest. "Matthew V. 3." *New Testament Studies* 7 (1960–1961). pp. 255–258.
Bird, Michael F. *Are You The One Who Is To Come?: The Historical Jesus and the Messianic Question.* Grand Rapids, Michigan: Baker Academic, 2009.
Black, Matthew. "The 'Son of Man' Passion Sayings in the Gospel Tradition." *Zeitschrift für die Neutestamentliche Wissenschaft* 60 (1969). pp. 1–8.
Blackburn, Barry. *Theios Anēr and the Markan Miracle Traditions.* Wissenchaftliche Untersuchungen zum Neuen Testament 2. Reihe 40. Tübingen: J. C. B. Mohr, 1991.
Blenkinsopp, Joseph. *Ezekiel.* Interpretation. Louisville: John Knox Press, 1990.
Blomberg, Craig L. *Contagious Holiness: Jesus' Meals with Sinners.* New Studies in Biblical Theology 19. Downers Grove, Illinois: InterVarsity Press, 2005.
―――. *The Historical Reliability of John's Gospel.* Leicester: Apollo, 2001.
―――. *Interpreting the Parables.* Leicester: Apollos, 1990.
Bock, Darrell L. *Luke.* Vol. 1. *1:1–9:50.* Grand Rapids, Michigan: Baker Books, 1994.
―――. *Luke.* Vol. 2. *9:51–24:53.* Grand Rapids, Michigan: Baker Books, 1996.
Bockmuehl, Markus/Donald A. Hagner eds. *The Written Gospel.* Cambridge: Cambridge Univ. Press, 2005.
Boman, Thorlief. *Hebrew Thought Compared with Greek.* Trans. Jules L. Moreau. London: SCM, 1960（原著：Boman, Thorlief. *Das hebräische Denken im Vergleich mit dem Griechischen.* 2nd ed. Göttingen: Vandenhoeck & Ruprecht, 1954, with the aurhor's revisions to January 1960）.（ボーマン，トーレイフ『ヘブライ人とギリシャ人の思惟』植田重雄訳. 東京：新教出版社, 1959.）
Boobyer, G. H. "The Eucharistic Interpretation of the Miracle of the Loaves in St. Mark's Gospel." *Journal of Theological Studies* New Series 3 (1952). pp. 161–171.

Borg, Marcus J. "Jesus and Eschatology: A Reassessment." In James H. Charlesworth / Walter P. Weaver eds. *Images of Jesus Today.* Valley Forge, PA: Trinity Press International, 1994. pp. 42–67.

―――. *Jesus: A New Vision.* 1987; San Francisco: Harper Collins Paperback, 1991.

―――. *Jesus in Contemporary Scholarship.* Valley Forge, PA: Trinity Press International, 1994（ボーグ, M. J.『イエス・ルネサンス　現代アメリカのイエス研究』『聖書の研究シリーズ』49. 小河陽監訳. 東京：教文館, 1997）.

―――. "An Orthodoxy Reconsidered: The 'End-of-the-World Jesus'." In L. D. Hurst / N. T. Wright eds. *The Glory of Christ in the New Testament: Studies in Christology, in Memory of George Bradford Caird.* Oxford: Clarendon Press, 1987. pp. 207–217.

Boring, M. Eugene. *Mark: A Commentary.* Louisville, Kentucky: Westminster John Knox Press, 2006.

―――. "The Gospel of Matthew." In Katharine Doob Sakenfeld ed. *The New Interpreter's Bible.* Vol. 8. Nashville: Abingdon Press, 1995. pp. 87–505.

Bornkamm, Günter.（ボルンカム, G.）『新約聖書』佐竹明訳. 東京：新教出版社, 1974（原著：Bornkamm, Günter. *Bibel: Das Neue Testament.* Stuttgart: Kreuz-Verlag, 1971）.

Borrell, Agustí. *The Good News of Peter's Denial: A Narrataive and Rhetorical Reading of Mark 14:54.66–72.* Trans. Sean Conlon. Atlanta, Georgia: Scholars Press, 1998（原著：Borrell, Agustí. "Il rinnegamento di Pietro e i discepoli nella Passione secondo Marco. Analisi narrativa e retorica di Mc 14, 54.66–72." Diss. Pontifical Biblical Institute, Rome, 1996）.

Bowen, Clayton R. "The Kingdom and the Mustard Seed." *The American Journal of Theology* 22 (1918). pp. 562–569.

Bowker, John W. *Jesus and the Pharisees.* Cambridge: Cambridge Univ. Press, 1973（ボウカー, ジョン『イエスとパリサイ派』土岐正策、土岐健治訳. 東京：教文館, 1977）.

―――. "Mystery and Parable: Mark iv. 1–20." *Journal of Theological Studies* 25 (1974). pp. 300–317.

―――. *Problems of Suffering in Religions of the World.* Cambridge: Cambridge Univ. Press, 1970（ボウカー, ジョン『苦難の意味　世界の諸宗教における』脇本平也監訳. 東京：教文館, 1982）.

Boyarin, Daniel（ボヤーリン, ダニエル）『ユダヤ教の福音書――ユダヤ教の枠内のキリストの物語』土岐建治訳. 東京：教文館、2013（原著：Boyarin, Daniel. *The Jewish Gospels: the Story of the Jewish Christ.* New York: New Press, 2012）.

Boys, Mary C. ed. *Seeing Judaism Anew: Christianity's Sacred Obligation.* Lanham, Maryland: Rowman & Littlefield, 2005.

Box, G. H. "Introduction' to Sirach." R. H. Charles ed. *The Apocrypha and Pseudepigrapha of the Old Testament.* Vol. 1. *Apocrypha.* Oxford: Clarendon Press, 1913. pp.

291–294.

Branscomb, B. Harvie. *The Gospel of Mark*. The Moffatt New Testament Commentary. London: Hodder & Stoughton, 1937.

Brettler, Marc Zvi. "Predestination in Deuteronomy 30.1–10." In Linda S. Schearing / Steven L. McKenzie eds. *Those Elusive Deuteronomists: The Phenomenon of Pan-Deuteronomism*. Journal for the Study of the Old Testament Supplement Series 268. Sheffield: Sheffield Academic Press, 1999. pp. 171–188.

Bruteau, Beatrice ed., *Jesus Through Jewish Eyes: Rabbis and Scholars Engage an Ancient Brother in a New Conversation*. Maryknoll, NY: Orbis Books, 2001.

Brooks, James A. *Mark*. The New American Commentary 23. Nashville, Tennessee: Broadman Press, 1991.

Brown, Michael Joseph "Matthew, Gospel of." In Sakenfeld, Katharine Doob ed. *The New Interpreter's Dictionary of the Bible*. Vol. 3. Nashville: Abingdon Press, 2008. pp. 839–852.

Brown, Michael L. *Israel's Divine Healer*. Studies in Old Testament Biblical Theology. Carlisle: Paternoster, 1995.

Brown, Raymond E. *The Death of the Messiah: From Gethsemane to the Grave—A Commentary on the Passion Narratives in the Four Gospels*. New York: Doubleday, 1994.

Brueggemann, Walter. *Old Testament Theology: Essays on Structure, Theme and Text*. Ed. by Patrick D. Miller. Minneapolis: Fortress, 1992.

Buchanan, George Wesley. *Jesus: The King and His Kingdom*. Macon, Georgia: Mercer Univ. Press, 1984.

Bultmann, Rudolf. *The Gospel of John: A Commentary*. Trans. G. R. Beasley-Murray. Oxford: Basil Blackwell, 1971 (原著：Bultmann, Rudolf. *Das Evangelium des Johannes*, 1964, with the Supplement of 1966).

―――. "New Testament and Mythology." In *New Testament and Mythology and Other Basic Writings*. Ed. and trans. Schbert M. Ogden. Fortress Press, 1984（原著初版：Bultmann, Rudolf. *Neues Testament und Mythologie. Das Problem der Entmythologisierung der neutestamentlichen Verkündigung*, 1941).

―――. *Theologie des Neuen Testamemt*. Tübingen: J.C.B. Mohr, 1953（ブルトマン, R『新約聖書神学 I　新約聖書神学の前提と動機』川端純四郎訳.東京：新教出版社, 1963. *Theologie des Neuen Testamemt*. Erster Teil に該当する部分の邦訳）（英訳：Bultmann, Rudolf. *Theology of the New Testament*. 2 vols. Trans. Kendrick Grobel. London: SCM, 1952).

―――（ブルトマン, R.）『イエス』八木誠一、川端四郎訳. 東京：未来社, 1963（原著初版：Bultmann, Rudolf. *Jesus*. Berlin, 1926).

―――『共観福音書伝承史』I & II. 加山宏路訳. 東京：新教出版社, I 巻 1983; II 巻 1987.（原著：Bultmann, Rudolf. *Die Geschichte der synoptischen Tradition*, 1921;

6. Aufl., 1964). (英訳：Bultmann, Rudolf. *History of the Synoptic Tradition.* Trans. John Marsh. Oxford: Basil Blackwell, 1963; rev., 1972. Trans. from the 2nd German edition, 1931).

―――. "ἔλεος, ἐλεέω ἐλεήμων, ἐλεημοσύνη, ἀνέλεος, ἀνελεήμων." In Gerhard Kittel/Gerhard Friedrich eds. *Theological Dictionary of the New Testament.* Vol. 2. Trans. & ed. Geoffrey W. Bromiley. Grand Rapids, Michigan: Eerdmans, 1964. pp. 477–487 (原著：Bultmann, Rudolf. "ἔλεος, ἐλεέω ἐλεήμων, ἐλεημοσύνη, ἀνέλεος, ἀνελεήμων." In Gerhard Kittel/Gerhard Friedrich hrsg. *Theologisches Wörterbuch zum Neuen Testament.* Bd. 2. Stuttgart: W. Kohlhammer, 1935).

―――. "οἰκτίρω, οἰκτιρμος, οἰκτίρμοων." In Gerhard Friedrich ed. *Theological Dictionary of the New Testament.* Vol. 5. Trans. & ed. Geoffrey W. Bromiley. Grand Rapids, Michigan: Eerdmans, 1967. pp. 159–161 (原著：Bultmann, Rudolf. "οἰκτίρω οἰκτιρμός οἰκτίρμοων." In Gerhard Friedrich hrsg. *Theologisches Wörterbuch zum Neuen Testament.* Bd. 5. Stuttgart: W. Kohlhammer, 1954).

Burkes, Shannon. *God, Self, and Death: The Shape of Religious Transformation in the Second Temple Period.* Leiden: Brill, 2003.

Byrne, Brendan. *The Hospitality of God: A Reading of Luke's Gospel.* Collegevill, Minnesota: The Liturgical Press, 2000.

Caird, George Bradford (ケアード, G. B.)『ルカによる福音書注解』藤崎修訳. 東京：教文館, 2001 (原著：Caird, George Bradford. *The Gospel of St. Luke, The Pelican Gospel Commentaries.* London: Black, 1968).

Carpenter, Humphrey (カーペンター, H.)『イエス』滝沢陽一訳. 東京：教文館, 1995 (原著：Carpenter, Humphrey. *Jesus.* Oxford: Oxford Univ. Press, 1980).

Carter, Warren & John Paul Heil. *Matthew's Parables: Audience-Oriented Perspectives.* The Catholic Biblical Quarterly Monograph Series 30. Washington, DC: The Catholic Biblical Association of America, 1998.

Casey, Maurice. *Jesus of Nazareth: An Independent Historian's Account of his Life and Teaching.* London: T. & T. Clark, 2010.

Charlesworth, James H. "Baruch, Book of 2 (Syriac)." In David Noel Freedman ed. *The Anchor Bible Dictionary.* Vol. 1. New York: Doubleday, 1992. pp. 620–621.

―――. *Jesus within Judaism.* London: SPCK, 1988.

―――. ed. *Jesus and the Dead Sea Scrolls.* New York, NY: Doubleday, 1992. (チャールズワース, ジェームズ・H. 編『イエスと死海文書』山岡健訳. 東京：三交社, 1996).

―――. ed. *Jesus' Jewishness: Exploring the Place of Jesus in Early Judaism.* New York: Crossroad, 1996.

Charlesworth, James H./Hermann Lichtenberger/Gerbern S. Oegema eds. *Qumran-Messianism.* Tübingen: Mohr Siebeck, 1998.

Charlesworth, James H./Walter P. Weaver eds. *Images of Jesus Today.* Valley Forge, PA:

Trinity Press International, 1994.
Chilton, Bruce. "Genesis, the Book of." In Katharine Doob Sakenfeld ed. *The New Interpreter's Dictionary of the Bible*. Vol. 2. *D-H*. Nashville: Abingdon, 2007. pp. 539–556.
Chilton, Bruce/Craig A. Evans eds. *Authenticating the Activities of Jesus*. New Testament Tools and Studies Series. Leiden: Brill, 1999.
────── eds. *Authenticating the Words of Jesus*. New Testament Tools and Studies Series. Leiden: Brill, 1999.
Chilton, Bruce/Jacob Neusner. *Judaism in the New Testament: Practices and Beliefs*. London: Routledge, 1995.
Chilton, Bruce/J. I. H. McDonald. *Jesus and the Ethics of the Kingdom*. London: SPCK, 1987.
Christensen, Duane L. *Deuteronomy 1:1–21:9*. World Biblical Commentary 6A. 2nd rev. ed. Nashville: Thomas Nelson Publishers, 2001.
Clines, David J. *Job 38–42*. Word Biblical Commentary 18B. Nashville, Tennssee: Thomas Nelson, 2011.
Cobb, John B. Jr. *The Process Perspective, Frequently Asked Questions about Process Theology*. St. Louis, Missouri: Chalice, 2003.
Cohen, A. (コーヘン, A.)『タルムード入門』I. 村岡崇光訳、II & III. 市川裕、藤井悦子訳. 東京: 教文館, 1997 (原著: Cohen, A. *Everyman's Talmud*. Revised ed. 1949).
Cole, R. Alan. *Mark*. Tyndale New Testament Commentaries. Grand Rapids, Michigan: Eerdmans, 1989.
──────. "Mark." In *New Bible Commentary 21st Century Edition*. 4th ed. Leicester: Inter-Varsity Press, 1994. pp. 946–977.
Collins, Adela Yarbro. *Mark: A Commentary*. Hermeneia—A Critical and Historical Commentary on the Bible. Minneapolis: Fortress Press, 2007.
──────. "The Signification of Mark 10:45 among Gentile Christians." *Harvard Theological Review* 90 (1997). pp. 371–82.
Collins, John J. "Apocalyptic Eschatology as the Transcendence of Death." *Catholic Biblical Quarterly* 36 (1974). pp. 21–43.
──────. *The Apocalyptic Imagination: An Introduction to Jewish Apocalyptic Literature*. 2nd ed. Grand Rapids, Michigan & Cambridge, UK: William B. Eerdmans, 1998.
──────. "Jewish Apocalyptic against Its Hellenistic near Eastern Environment." *Bulletin of the American Schools of Oriental Research* 220, Memorial Issue: *Essays in Honor of George Ernest Wright* (1975). pp. 27–36.
──────. *Jewish Wisdom in the Hellenistic Age*. Edinburgh: T. & T. Clark, 1997.
──────. "The Root of Immortality: Death in the Context of Jewish Wisdom." *The Harvard Theological Review* 71 (1978). pp. 177–192.
Colwell, E. C. "A Definite Rule for the Use of the Article in the Greek New Testament."

Journal of Biblical Literature 52（1933）. pp. 12–21.

Conzelmann, Hans（コンツェルマン、ハンス）『時の中心――ルカ神学の研究』田川建三訳. 東京：新教出版社, 1965（原著：Conzelmann, Hans. *Die Mitte der Zeit: Studien zur Theologie des Lukas*. 4. Aufl. Tübingen: J. C. B. Mohr（Paul Siebeck）, 1962）.

Cooper, Rodney L. *Mark*. Holman New Testament Commentary 2. Nashville, Tennessee: Broadman & Holman Publishers, 2000.

Craddock, Fred B. *Luke*. Interpretation: A Bible Commentary for Teaching and Preaching. Louisville: John Knox Press, 1990.

Cranfield, C. E. B. *The Gospel according to Saint Mark*. Cambridge: Cambridge Univ. Press, 1959.

Crenshaw, James L. "Book of Job." In David Noel Freedman ed. *The Anchor Bible Dictionary*. Vol. 3. New York, NY: Doubleday, 1992. pp. 858–868.

―――. *The Psalms: An Introduction*. Grand Rapids, Michigan: Eerdmans, 2001.

―――. ed. *Theodicy in the Old Testament*. Philadelphia: Fortress Press, 1983.

Crossan, John Dominic. *The Historical Jesus: The Life of a Mediterranean Jewish Peasant*. Edinburgh: T. & T. Clark.

―――. *Jesus: A Revolutionary Biography*. San Francisco: Harper, 1994（クロッサン, J. D.『イエス　あるユダヤ人貧農の革命的生涯』太田修二訳. 東京：新教出版社, 1998）.

―――. *In Parables: The Challenge of the Historical Jesus*. California: Polebridge Press, 1992.

―――. *Raid on the Articulate: Comic Eschatology in Jesus and Borges*. New York & London: Harper and Row, 1976.

―――. "The Seed Parables of Jesus." *Journal of Biblical Literature* 92（1973）. pp. 244-266.

Crossley, James G. *The Date of Mark's Gospel: Insight from the Law in Earliest Christianity*. Journal for the Study of the New Testament Supplement Series 266. London: T. & T. Clark, 2004.

Cullmann, Oscar. *Immortality of the Soul or Resurrection of the Dead?: The Witness of the New Testament, The Ingersoll Lecture on the Immortality of Man*. London: Epworth Press, 1958（クルマン、オスカー『霊魂の不滅か死者の復活か』岸千年、間垣洋助訳. 東京：聖文舎, 1966）.

Culpepper, R. Alan. *Anatomy of the Fourth Gospel: A Study in Literary Design*. Philadelphia: Fortress Press, 1983.

―――. "The Gospel of Luke." In Katharine Doob Sakenfeld ed. *The New Interpreter's Bible*. Vol. 9. Nashville: Abingdon Press, 1995. pp. 1–490.

―――. *Mark*. Smyth & Helwys Bible Commentary Series. Macon, Georgia: Smyth & Helwys, 2007.

Culpepper, R. Alan / C. Clifton Black eds. *Exploring the Gospel of John: In Honor of D. Moody Smith.* Louisville, Kentucky: Westminster John Knox Press, 1996.

Dahl, Nils Alstrup. *The Crucified Messiah and Other Essays.* Minneapolis, Minnesota: Augsburg Publishing House, 1974.

Dalman, Gustaf. *Jesus-Jeshua: Studies in the Gospels.* Trans. by Paul R. Levertoff. New York & Tronto: Macmillan, 1929 (原著: Dalman, Gustaf. *Jesus-Jeschua.* Leipzig: J. C. Hinrichs'sche Buchhandlung, 1922).

Davies, Margaret. *Rhetoric and Reference in the Fourth Gospel.* Journal for the Study of the New Testament Supplement Series 69. Sheffield: Sheffield Academic Press, 1922.

Davis, Stephen T., ed. *Encountering Evil: Live Options in Theodicy.* Edinburgh: T. T. Clark, 1981.

―――. ed. *Encountering Evil: Live Options in Theodicy.* 2nd ed. Louisville, Kentucky: Westminster John Knox Press, 2001.

DeConick, April D., ed. *Paradise Now: Essays on Early Jewish and Christian Mysticism.* Atlanta: Society of Biblical Literature, 2006.

Dell, Katharine. 'Get Wisdom, Get Insight': An Introduction to Israel's Wisdom Literature. London: Darton, Longman & Todd, 2000.

Derrett, J. Duncan M. "Fresh Light on St. Luke XVI. I. The Parable of the Unjust Steward." *New Testament Studies* 7 (1960-1961). pp. 198-219.

―――. *Law in the New Testament.* London: Darton, Longman & Todd, 1970.

―――. "Law in the New Testament: The Parable of the Prodical Son." *New Testament Studies* 14 (1967-1968). pp. 56-74.

Dewey, Joanna. "The Literary Structure of the Controversy Stories in Mark 2:1-3:6." *Journal of Biblical Literature* 92 (1973). pp. 394-401.

Dibelius, Martin. *From Tradition to Gospel.* Trans. in collaboration with the author by Bertram Lee Woolf. London: Ivor Nicholson and Watson, 1934 (原著: Dibelius, Martin. *Die Formgeschite des* Evangelium, 1919; 2nd revised ed., 1933).

―――（ディベリウス）『イエス』神田盾夫訳. 東京: 新教出版社, 1950 (原著: Dibelius, Martin. *Jesus.* Walter de Gryuter, 1939) (英訳: Dibelius, Martin. *Jesus.* Trans. Charles Baker Hedrick and Frederick Charles Grant. 1949; London: SCM, 1963).

Doble, Peter. *The Paradox of Salvation: Luke's Theology of the Cross.* Society for New Testament Studies Monograph Series 87. Cambridge: Cambridge Univ. Press, 1996.

Dodd, C. H. "The Beatitudes: a Form-Critical Study." In C. H. Dodd. *More New Testament Studies.* Manchester: Manchester Univ. Press, 1968. pp. 1-10.

―――. *Historical Tradition in the Fourth Gospel.* Cambridge: Cambridge Univ. Press, 1963.

―――. *The Interpretation of the Fourth Gospel.* Cambridge: Cambridge Univ. Press, 1953.

———. *The Parables of the Kingdom*. London: Nisbet & Co, Ltd., 1935（ドッド, C. H.『神の国の譬』室野玄一、木下順治訳. 東京：日本基督教団出版部, 1964）.

Dods, Marcus. *The Gospel of St. John*. Vol. 1. New York & London: A. C. Armstrong and Son. 1903.

Donahue, John R. *The Gospel in Parable*. Philadelphia: Fortress, 1988.

———. "Tax Collectors and Sinners." *Catholic Biblical Quarterly* 33 (1971). pp. 39–61.

Donahue, John R. & Daniel J. Harrington. *The Gospel of Mark*. Sacra Pagina Series 2. Collegeville: The Liturgical Press, 2002.

Doran, Robert. "The Pharisee and the Tax Collector: An Agonistic Story." *The Catholic Biblical Quarterly* 69 (2007). pp. 259–270.

———. "Maccabees, second book of." In Katharine Doob Sakenfeld ed. *The New Interpreter's Dictionary of the Bible*. Vol. 3. Nashville, Abingdon Press, 2008. pp. 755–758.

Douglas, Mary. *Purity and Danger: An Analysis of the Concepts of Pollution and Taboo*. London & New York: Routledge & Kegan Paul, 1966; London: Ark Paperbacks, 1966.

Dowd, Sharyn Echols. *Prayer, Power, and the Problem of Suffering: Mark 11:22–25 in the Context of Markan Theology*. SBL Dissertation Series 105. Atlanta, Georgia: Scholars Press, 1988.

Dubarle, André-Marie. "Belief in Immortality in the Old Testament and Judaism." Trans. by Rosaleen Ockenden. In Pierre Benoît & Roland Murphy eds. *Immortality and Resurrection*. Freiberg: Herder and Herder, 1970. pp. 34–45.

Duling, Dennis C./Norman Perrin. *The New Testament: Proclamation and Parenesis, Myth and History*. Fort Worth: Harcourt College Publishers, 1974; 3rd ed., 1994.

Dunn, James D. G. "Jesus and Purity: An Ongoing Debate." *New Testament Study* 48 (2002). pp. 449–467.

———. *Jesus and the Spirit*. London: SCM, 1975.

———. *Jesus Remembered: Christianity in the Making*. Vol. 1. Grand Rapids, Michigan: Eerdmans, 2003.

———. *A New Perspective on Jesus: What the Quest for the Hisorical Jesus Missed*. Grand Rapids, Michigan: Baker Academic, 2005.

———. *New Testament Theology: An Introduction*. The Library of Biblical Theology Series. Nashville: Abingdon Press, 2009.

———. *The Parting of the Ways: Between Christianity and Judaism, and their Significance for the Character of Christianity*. London: SCM Press & Philadelphia: Trinity Press International, 1991.

———. *Romans 1–8*. Word Biblical Commentary 38A. Dallas, Texas: Word Books, 1988.

———. *Romans 9–16*. Word Biblical Commentary 38B. Dallas, Texas: Word Books, 1988.

Dunn, James D. G. & Scot McKnight eds. *The Hisorical Jesus in Recent Research*. Winona Lake, Indiana: Eisenbrauns, 2005.

Dwyer, Timothy. *The Motif of Wonder in the Gospel of Mark*. Journal for the Study of the

New Testament Supplement Series 128. Scheffield: Scheffield Academic Press, 1996.

Ebstein, Wilhelm（エプシュタイン，ヴィルヘルム）『新約聖書とタルムードの医学』梶田昭訳．東京：時空出版, 1990（原著 Ebstein, Wilhelm. *Die Medizin Im Neuen Testament Und Im Talmud.* 1903）.

Edwards, James R. *The Gospel according to Mark.* The Pillar New Testament Commentary. Grand Rapids, Michigan: Eerdmans, 2002.

Edwards, Richard A. *A Theology of Q: Eschatology, Prophecy, and Wisdom.* Philadelphia: Fortress Press, 1976.

Ehrman, Bart D.（アーマン，バート・D.）『破綻した神　キリスト』松田和也訳．東京：柏書房, 2008（原著：Ehrman, Bart D. *God's Problem: How the Bible Fails to Answer Our Most Important Question— Why We Suffer.* New York: Harper One, 2008）.

Eisenstein, J. D. "Mourning." In *Jewish Encyclopedia: A Descriptive Record of the History, Religion, Literature, and Customs of the Jewish People from the Earliest Times to the Present Day.* Vol. 9. New York & London: Funk & Wagnalls, 1905. p. 102.

Elior, Rachel. *The Three Temples: On the Emergence of Jewish Mysticism.* Portland, Oregon: Littman Library of Jewish Civilization, 2004.

Elliott, J. K. ed. *The Language and Style of the Gospel of Mark: An Edition of C. H. Turner's "Notes on Markan Usage," Together with Other Comparable Studies.* Leiden: E. J. Brill, 1993.

Evans, Craig A. "Did Jesus Predict his Death and Resurrection?" In Stanley E. Porter / Michael A. Hayes / David Tombs eds. *Resurrection.* Journal for the Study of the New Testament Supplement Series 186. Sheffield: Sheffield Academic Press, 1999. pp. 82–97.

―――. *Jesus and His Contemporaries: Comparative Studies.* 1995. Boston & Leiden: Brill Academic Publishers, 2001.

―――. "A Note on the Function of Isaiah vi.9–10 in Mark iv." *Revue Biblique* 88 (1981). pp. 234–35.

―――. *Mark 8:27–16:20.* Word Biblical Commentary 34B. Nashville: Thomas Nelson Publishers, 2001.

―――. "On the Isaianic Background of the Sower Parable." *Catholic Biblical Quarterly* 47 (1985). pp. 464–68.

―――. *To See and Not to Perceive: Isaiah 6.9–10 in Early Jewish and Christian Interpretation.* Journal for the Study of the Old Testament Supplement Series 64. Sheffield: Sheffield Academic Press, 1989.

Evans, Craig A. / Peter W. Flint eds. *Eschatology, Messianism, and the Dead Sea Scrolls.* Studies in the Dead Sea Scrolls and Related Literature Series. Grand Rapids, Michigan: Eerdmans, 1997.

Evans, C. F. *Resurrection and the New Testament.* Studies in Biblical Theology Second Series 12. London: SCM, 1970.

———. *Saint Luke.* TPI New Testament Commentaries. London: SCM Press, 1990.

Eve, Eric. *The Jewish Context of Jesus' Miracles.* Journal for the Study of the New Testament Supplement Series 231. Sheffield: Sheffield Academic Press, 2002.

Farmer, William R., ed. *The International Bible Commentary: A Catholic and Ecumenical Commentary for the Twenty-First Century.* Collegeville, Minnesota: The Liturgical Press, 1998.

Fiebig, Paul. *Jüdische Wundergeschichten des neutestamentlichen Zeitalters, unter besonderer Berücksichtigung ihres Verhältnisses zum Neuen Testament bearbeitet: Ein Beitrag zum Streit um die „Christusmythe."* Tübingen: J. C. B. Mohr, 1911.

Fiensy, David A. *The Social History of Palestine in the Herodian Period.* Lampeter: Edwin Mellen Press, 1991.

Filson, Floyd V. *A Commentary of the Gospel According to St. Matthew.* London: Adam & Charles Black, 1960.

Fiorenza, E. S. *In Memory of Her: A Feminist Theological Reconstruction of Christian Origins.* 1983; 10th anniversary edition. NY: Cross Road, 1994（フィオレンツァ, E. S.『彼女を記念して　フェミニスト神学によるキリスト教起源の再構築』山口里子訳. 東京：日本キリスト教団出版局, 1990）.

Fitzmyer, Joseph A. *The Gospel according to Luke, I–X.* Trans. with introduction and notes by the author. The Anchor Bible 28. Garden City, NY: Doubleday, 1981.

———. *The Gospel according to Luke, XI–XXIV.* Trans. with introduction and notes by the author. The Anchor Bible 28A. Garden City, NY: Doubleday, 1985.

Fløysvik, Ingvar. *When God Becomes my Enemy: The Theology of the Complaint Psalms.* Saint Louis, Missouri: Concordia Academic Press, 1997.

Flusser, David（フルッサー、ダヴィド）『ユダヤ人イエス（決定版）』池田裕、毛利稔勝訳. 東京：教文館, 2001.（原書：Flusser, David. *Jesus.* Revised 2nd ed. Jerusalem: The Magnes Press, The Hebrew University, 1998）.

———. "The Parable of the Unjust Steward: Jesus' Criticism of the Essenes." In James H. Charlesworth ed. *Jesus and the Dead Sea Scrolls.* New York: Doubleday, 1992. pp. 176–197.

Foulkes, Francis. *A Guide to St Matthew's Gospel.* London: SPCK, 2001.

Fowler, Robert M. *Let the Reader Understand: Reader-Response Criticism and the Gospel of Mark.* Minneapolis: Fortress Press, 1991.

France, R. T. *The Gospel of Mark.* The New International Greek Testament Commentary. Grand Rapids, Michigan: Eerdmans, 2002.

Frayne, Sean. *Galilee, Jesus and the Gospels: Literary Approaches and Historical Investigations.* Philadelphia: Fortress Press, 1988.

Fredriksen, Paula. *From Jesus to Christ.* New Haven & London: Yale Univ. Press, 1988; 2nd edition, 2000.

———. *Jesus of Nazareth: King of the Jews.* New York, NY: Vintage Books, 1999.

Fredriksen, Paula/Adele Reinhartz eds. *Jesus, Judaism, and Christian Anti-Judaism: Reading the New Testament after the Holocaust.* Louisville, Kentucky: John Knox Press, 2002.

Freyne, Sean. *Galilee, Jesus and the Gospels: Literary Approaches and Historical Investigations.* Philadelphia: Fortress Press, 1988.

Fridrichsen, Anton. *The Problem of Miracle in Primitive Christianity.* Trans. by Roy A. Harrisville/John S. Hanson. Minneapolis: Augsburg Publishing House, 1972（原著：Fridrichsen, Anton. *Le problème du miracle dans le christianisme primitif.* Strasbourg et Paris: *Istra, 1925*).

Friedlander, Gerald. *The Jewish Sources of the Sermon on the Mount.* With Prolegomenon by Solomon Zeitlin. 1911; New York, NY: Ktav Publishing House, 1969.

Friedrich, Gerhard（フリートリッヒ, G.）『イエスの死──新約聖書におけるその宣教の限界と可能性』佐藤研訳. 東京：日本キリスト教団出版局, 1987（原著：Friedrich, Gerhard. *Die Verkündigung des Todes Jesu im Neuen Testament* (Biblisch-Theologische Studien Bd. 6). Neukirchen-Vluyn (Neukirchener Verlag), 1982).

Friedrichsen, Timothy. "The Temple, a Pharisee, a Tax Collector, and the Kingdom of God: Rereading a Jesus Parable (Luke 18:10–14A)." *Journal of Biblical Literature* 124 (2005). pp. 89–119.

Fry, Helen P., ed. *Christian-Jewish Dialogue: A Reader.* Exeter: Univ. of Exeter Press, 1996.

Fuller, Reginald H. *The Mission and Achievement of Jesus.* Studies in Biblical Theology 12. London: SCM Press, 1954.

Funk, Robert. W. *The Gospel of Mark.* Sonoma, California: Polebridge Press, 1991.

Gerhardsson, Birger. "The Parable of the Sower and its Interpretation." *New Testament Studies* 14 (1967–1968). pp. 165–193.

Gerstenberger, Erhard S./Wolfgang Schrage（ゲルステンベルガー, E. S. / W. シュラーゲ）『苦しみ　聖書から3』吉田泰、鵜殿博喜訳. ヨルダン社, 1985（原著：Gerstenberger, Erhard S./Wolfgang Schrage. *Leiden.* 1. Aufl. Stuttgarat, Berlin, Köln & Mainz: Kohlhammer, 1977).

Gnilka, Joachim. *Das Evangelium nach Markus. I: Mk 1–8,26.* Zürich: Benziiger Verlag, 1978.

Godet, F. *The Gospel of St. Luke.* Vol. 2. Trans. M. D. Cusin. 5th ed. 1891; Edinburgh: T. & T. Clark, 1976（原著：Godet, Frédéric. *Commentaire sur l'Évangile de Saint Luc.* 1888).

Grabbe, Lester L. *An Introduction to First Century Judaism: Jewish Religion and History in the Second Temple Period.* Edinburgh: T. & T. Clark, 1996.

Grant, Frederick G. *The Economic Background of the Gospels.* London: Oxford Univ. Press, 1926.

Grayston, Kenneth. *Dying, We Live: A New Enquiry into the Death of Christ in the New Testament.* London: Darton, Longman & Todd, 1990.
Green, Joel B. *The Gospel of Luke.* The New International Commentary on the New Testament. Grand Rapids, Michigan: Eerdmans, 1997.
Grenspoon, Leonard. "Septuagint." Sakenfeld, Katharine Doob ed. *The New Interpreter's Dictionary of the Bible.* Vol. 5. Nashville: Abingdon Press, 2009. pp. 171–177.
Griffin, David Ray. *Evil Revisited: Responses and Reconsiderations.* Albany, NY: State University of New York Press, 1991.
―――. *God, Power & Evil, A Process Theodicy.* 1976; Kentucky: John Knox Press, 2004.
―――. *A Process Christology.* Lanham: University Press of America, 1990.
―――. *Reenhantment without Supernaturalism: A Process Philosophy of Religion.* Ithaca, NY: Cornell Univ. Press, 2001.
―――. ed. *Deep Religious Pluralism.* Kentucky: John Knox Press, 2005.
Grundmann, W. "δεῖ, δέον ἐστί." In Gerhard Kittel/Gerhard Friedrich eds. *Theological Dictionary of New Testament.* Vol. 2. Trans. Geoffrey W. Bromiley. Grand Rapids, Michigan: Eerdmans, 1965. pp. 21–25（原著：Grundmann, W. "δεῖ, δέον ἐστί." In Gerhard Kittel/Gerhard Friedrich hrsg. *Theologisches Wörterbuch zum Neuen Testament.* Bd.2. Stuttgart: Kohlhammer, 1935）.
Guelich, Robert A. *Mark 1–8:26.* Word Biblical Commentary 34A. Dallas, Texas: Word Books, 1989.
Gundry, Robert H. *Mark: A Commentary on His Apology for the Cross.* Grand Rapids, Michigan: Eerdmans, 1993.
Hägerland, Tobias. *Jesus and the Forgiveness of Sins.* Society for New Testament Studies Monograph Series 150. Cambridge: Cambridge Univ. Press, 2012.
Hagner, Donald A. "Jesus' Self-Understanding." In Craig A. Evans ed. *Encyclopedia of the Historical Jesus.* New York & London: Routledge, 2008. pp. 324–333.
―――.*The Jewish reclamation of Jesus: an analysis and critique of modern Jewish study of Jesus.* Grand Rapids, Mich. : Academie Books, 1984.
―――. *Matthew 1–13.* Word Biblical Commentary 33A. Dallas, Texas: Word Books, 1993.
―――. *Matthew 14–28.* Word Biblical Commentary 33B. Dallas, Texas: Word Books, 1995.
Hanson, K. C./Douglas E. Oakman, *Palestine in the Time of Jesus.* Minneapolis: Augsburg Fortress, 1998.
Hare, Douglas, R. *Mark.* Westminster Bible Companion. Louisville: John Knox Press, 1996.
―――. *Matthew.* Interpretation. Louisville: John Knox Press, 1993（ヘア, D. R. A『マタイによる福音書』塚本恵訳. 現代聖書注解. 東京：日本キリスト教団出版局, 1996）.

Harland, Philip, A. "The Economy of First-Century Palestine: State of the Scholarly Discussion." In Anthony J. Blasi/Jean Duhaime/Paul-Andre Turcotte eds. *Handbook of Early Christianity: Social Science Approaches*. Walnut Creek, CA: Altamira Press, 2002. pp. 511–527.

Harrington, D. J. *The Gospel of Matthew*. Sacra Pagina Series 1. Collegeville, Minnesota: The Liturgical Press, 1991.

Hartley, John E. *The Book of Job*. Grand Rapids, Michigan: William B. Eerdmans, 1988.

Harvey, A. E. *Jesus and the Constraints of History*. The Bampton Lectures, 1980. London: Duckworth, 1982.

Healy, Mary. *The Gospel of Mark*. Catholic Commentary on Sacred Scripture Series. Grand Rapids: Eerdmans, 2008.

Hedrick, Charles W. *Parables as Poetic Fictions: The Creative Voice of Jesus*. Peabody, Massachusetts: Hendrickson, 1994.

Heiligenthal, Roman（ハイリゲンタール, R.）.『イエスの実像を求めて』新免貢訳. 東京：教文館, 1997.（原著：Heiligenthal, Roman. *Der Lebensweg Jesu von Nazareth*. Stuttgart: Kohlhammer, 1994）.

Heinemann, Josheph. "Amidah." In *Encyclopaedia Judaica*. Vol. 2. Jerusalem: Keter Publishing House Jerusalem, 1972. pp. 838–846.

Hendriksen, William. *The Gospel of Luke: New Testament Commentary*. Edinburgh: The Banner of Truth Trust, 1978.

———. *The Gospel of Mark: New Testament Commentary*. Edinburgh: The Banner of Truth Trust, 1975.

———. *The Gospel of Matthew: New Testament Commentary*. Edinburgh: The Banner of Truth Trust, 1973.

Hendrickx, Herman. *The Parables of Jesus*. London: Geoffrey Chapman, 1986.

Hengel, Martin. *The Atonement: The Origins of the Doctrine in the New Testament*. Trans. John Bowden. Philadelphia: Fortress Press, 1981（原著：An extended article of "Der stellvertretend Sühnetod Jesu. Ein Beitrag zur Entstehung des urchristlichen Kerygmas." First publishd in German in the *Internationale katholische Zeitschrift* 9（1980）. pp. 1–25 & 135–47. With substantial additions by the author）.

———. *The Charismatic Leader and his Followers*. Trans. James C. G. Greig. Ed. John Riches. Edinburgh: T. & T. Clark, 1981（原著：Hengel, Martin. *Nachfolge und Charisma*. Berlin: Walter de Gruyter, 1968）.

———. *The Pre-Christian Paul*. Trans. John Bowden. London: SCM Press, 1991（原著：Hengel, Martin. "Der vorchristliche Paulus." In M. Hengel & U. Heckel hrsg. *Paulus, Missionar und Theologe und das antike Judentum*. 1991）.

———. *Studies in the Gospel of Mark*. Trans. John Bowden. London: SCM,1985（原著は以下の論文：'Entstehungszeit und Situation des Markusevangeliums'（1984）, 'Probleme des Markusevangeliums'（1983）, 'Die Darstellung des Petrus in den

synoptischen Evangelien'（1983）, *Die Evangelien- überschriften*（1984）with appendixes and additions by the author to his own articles）.
―――.（ヘンゲル, M）.『ユダヤ教とヘレニズム』長窪専三訳. 東京：日本キリスト教団出版局, 1983（原著：Hengel, Martin. *Judentum und Hellenismus : Studien zu ihrer Begegnung unter besonderer Berücksichtigung Palästinas bis zur Mitte des 2. Jh. s v. Chr.* 1969. 2. Aufl. Tübingen: J. C. B. Mohr, 1973）.
Hentrich, Thomas. "The Purity Laws as a Source for Conflict in the Old and New Testament." *Annual of the Japanese Biblical Institute* 30–31（2004–2005）. pp. 5–21.
Heshel, A. J.（ヘッシェル, A. J.）『イスラエル預言者』（上、下）森泉弘次訳. 東京：教文館, 1992（原著：Heshel, A. J. *The Prophets*. New York: Harper, 1962）.
―――『人は独りではない――ユダヤ教宗教哲学の試み』森泉弘次訳. 東京：教文館, 1998（原著：Heshel, A. J. *Man is Not Alone*. New York: Farrar, Straus & Young, 1951）.
―――『人間を探し求める神――ユダヤ教の哲学』森泉弘次訳. 東京：教文館, 1998（原著：Heshel, A. J. *God in Search of Man: A Philosophy of Judaism*. New York: Farrar, Straus & Cudahy, 1955）.
Heyer, C. J. den（ヘイヤール, C. J. デン）『マルコによる福音書 I』伊藤勝啓訳. 東京：教文館, 1996（原著：Heyer, C. J. den. *Tekst en Toelichting, Marcus I*. Kampen: Uitgeversmaatschappij J. H. Kok, 1985）.
―――『マルコによる福音書 II』伊藤勝啓訳. 東京：教文館, 2004（原著：Heyer, C. J. den. *Tekst en Toelichting, Marcus II*. Kampen: Uitgeversmaatschappij J. H. Kok, 1985）.
Hick, John. *Philosophy of Religion*. 4th ed. New Jersey: Prentice Hall, 1990.
―――. *Evil and the God of Love*. 1966; 2nd ed. 1977; 2nd ed., reissued with new Preface, Houndmills & London: Macmillan, 1985.
Hock, Ronald F. "Lazarus and Micyllus: Greco-Roman Backgrounds to Luke 16:19-31." *Journal of Biblical Literature* 106（1987）. pp. 447–463.
Hollenbach, Paul W. "Jesus, Demoniacs, and Public Authorities: A Socio-Historical Study." *Journal of the American Academy of Religion* 49（1981）. pp. 567–588.
Holleran, J. Warren. *The Synoptic Gethsemane: A Critical Study*. Roma: Università Gregoriana Editrice, 1973.
Honda, Mineko（本多峰子）. "An Alternative to Traditional Theodicies ―A Soteriological Approach."『二松学舎大学国際政経論集』14（2008）. pp. 63–75.
―――. "Jesus' Miracle of Healing: Forgiveness of Sin?" *Annual of the Japanese Biblical Institute* 34–36（2008–2010）. pp. 5–28.
Hooker, Morna. *The Gospel According to St. Mark*. London: A & C Black, 1991.
Horbury, William / Brian McNeil eds. *Suffering and Martyrdom in the New Testament: Studies Presented to G. M. Styler by the Cambridge New Testament Seminar*. Cambridge: Cambridge Univ. Press, 1981.

Horsley, *Richard A. Jesus and Empire: The Kingdom of God and the New World Disorder.* Minneapolis: Fortress Press, 2003.

―――. *Jesus and the Spiral of Violence: Popular Jewish Resistance in Roman Palestine.* Minneapolis: Fortress, 1993.

―――. *Sociology and the Jesus Movement.* New York: Crossroad, 1989.

Howard, Wilbert F. "The Gospel According to St. John." In *The Interpreter's Bible.* Vol. 8. Nashville: Abingdon Press, 1952. pp. 435–811.

Hughes, R. Kent. *Luke: That You May Know the Truth.* Wheaton, Illinois: Crossway, 1998.

Hultgren, Arland J. *Christ and his Benefits: Christology and Redemption in the New Testament.* Philadelphia: Fortress Press, 1987.

―――. *Jesus and His Adversaries: The Form and Function of the Conflict Stories in the Synoptic Tradition.* Minneapolis: Augsburg Publishing House, 1979.

―――. *The Parables of Jesus: A Commentary.* Grand Rapids, Michigan: William B. Eerdmans, 2000.

Hume, David. *Dialogues Concerning Natural Religion.* Ed. Henry. D. Aiken. New York: Hafner Publishing Company, 1948.

Hummel, Horace D. *Ezekiel 21–48.* Concordia Commentary. Saint Louis: Concordia Publishing House, 2007.

Hunter, Archibald Macbride. *The Parables Then and Now.* London: SCM, 1971 & 1979（ハンター, A. M.『イエスの譬えの意味』吉田信夫訳. 東京：新教出版社, 1982）.

―――. *Interpreting the Parables.* London: SCM, 1960（ハンター, A. M.『イエスの譬・その解釈』高柳伊三郎、川島貞夫訳. 東京：日本基督教団出版部, 1962）.

―――. *Bible and Gospel.* London: SCM, 1969（ハンター, A. M.『史的イエスと福音書』岡田五作、川島貞雄訳. 東京：教文館, 1976）.

Iersel, Bas M. F. van. *Mark: A Reader-Response Commentary.* Sheffield: Sheffield Academic Press, 1998.

Iverson, Kelly R. *Gentiles in the Gospel of Mark: 'Even the Dogs Under the Table Eat the Children's Crumbs.'* Library of New Testament Studies 339. London: T. & T. Clark, 2007.

Jenks, Alan W. "Elohist." In David Noel Freedman ed. *The Anchor Bible Dictionary.* Vol. 2. New York: Doubleday, 1992. pp. 478–482.

Jeremias, Joachim. *The Central Message of the New Testament.* London: SCM, 1965.（エレミアス, J.『新約聖書の中心的使信』川村輝典訳. 東京：新教出版社, 1966）.

―――. *Jerusalem in the Time of Jesus: An Investigation into Economic and Social Conditions during the New Testament Period.* Trans. F. H. & C. H. Cave. London: SCM, 1969（原著：Jeremias, Joachim. Jerusalem zur Zeit Jesu. 3. Aufl., 1962 with author's revisions in 1967）.

―――. *The Parables of Jesus.* 1954. 2nd English edition. Trans. S. H. Hooke. London: SCM Press, 1963（原著初版：Jeremias, Joachim. Die Gleichnisse Jesu. 1947）.（エレ

ミアス『イエスの譬え』善野碩之助訳. 東京：新教出版社, 1969. 和訳の原本は Jeremias, Joachim. Die Gleichnisse Jesu. 2. Aufl., 1966).

―――『イエスの宣教　新約聖書神学 I』角田信三郎訳. 東京：新教出版社, 1978.（原著：Jeremias, Joachim. *Neutestamentlishe Theologie. I Teil: Die Verkündigung Jesu.* 2. Aufl., 1973). (英訳：Jeremias, Joachim. *New Testament Theology I, The Proclamation of Jesus,* New Testament Library. London: SCM, 1971. Trans. John Bowden from the German *Neutestamentliche Theologie. I Teil: Die Verkündigung Jesu.* 1971).

―――. "λίθος, λίθινος." In Gerhard Kittel/Gerhard Friedrich eds. *Theological Dictionary of the New Testament* (*TDNT*). Vol. 4. Grand Rapids, Michigan: Eerdmans, 1967. pp. 268–280 (原著：Jeremias, Joachim. "λίθος, λίθινος." In Gerhard Kittel/Gerhard Friedrich hrsg. *Theologisches Wörterbuch zum Neuen Testament.* Bd.4. Stuttgart: Kohlhammer, 1942).

―――. "πολλοί." In Gerhard Kittel/Gerhard Friedrich eds. *Theological Dictionary of the New Testament* (*TDNT*). Vol. 6. Grand Rapids, Michigan: Eerdmans, 1968. pp. 536–545（原著：Jeremias, Joachim. "πολλοί." In Gerhard Kittel/Gerhard Friedrich hrsg. *Theologisches Wörterbuch zum Neuen Testament.* Bd. 6. Stuttgart: Kohlhammer, 1959).

John, Jeffrey. *The Meaning in the Miracles.* Grand Rapids, Michigan: Eerdmans, 2001.

Johnson, B. "צָדַק *ṣāḏaq*; צֶדֶק *ṣeḏeq*; צְדָקָה *ṣᵉḏāqâ*; צַדִּיק *ṣaddîq*." In G. Johannes Botterweck/Helmer Ringgren/Heinz-Josef Fabry eds. *Theological Dictionary of the Old Testament.* Vol. 12. Trans. Douglas W. Stott. Grand Rapids: Eerdmans, 2003. pp. 243–265（原書：Johnson, B. "צָדַק *ṣāḏaq*; צֶדֶק *ṣeḏeq*; צְדָקָה *ṣᵉḏāqâ*; צַדִּיק *ṣaddîq*." In G. Johannes Botterweck/Helmer Ringgren/Heinz-Josef Fabry hrsg. *Theologisches Wörterbuch um Alten Testament.* Bd. 7. Lieferungen 6–11. Stuttgart: W. Kohlhammer, 1989).

Johnson, Ben. "The Parable of the Wicked Tenants in Context: Jesus' Interpretation of the Song of the Vineyard in the Light of Second Temple Jewish Parallels." E-text retrieved on 17 January, 2009 from http://kilbabo.files.wordpress.com/2009/01/powt_in_context.pdf.

Johnson, Luke Timothy. *The Gospel of Luke.* Sacra Pagina Series 3. Collegeville, Minnesota: The Liturgical Press, 1991.

―――. "Luke-Acts, Book of." In David Noel Freedman ed. *Anchor Bible Dictionary.* Vol. 4. New York: Doubleday, 1992. pp. 403–420.

―――. "The Lukan Kingship Parable (Lk. 19:11–27)." *Novum Testamentum* 24 (1982). pp. 139–159.

Jones, Peter Rhea. *Studying the Parables of Jesus.* Macon, Georgia: Smyth & Helwys, 1999.

Jonge, M. De. *Pseudepigrapha of the Old Testament as Part of Christian Literature: The Case of the Testaments of The Twelve Patriarchs and the Greek Life of Adam and Eve.*

Leiden & Boston: Brill, 2003.
Jónsson, Jakob. *Humour and Irony in the New Testament*. Leiden: E. J. Brill, 1985.
Juel, Donald H. *A Master of Surprise: Mark Interpreted*. Minneapolis: Augsburg Fortress, 1994.
Jung, C. G.(ユング, C. G.)『ヨブへの答え』野村美紀子訳. 東京：ヨルダン社, 1981(原著：Jung, C. G. *Antworf auf Hiob*. Zürich, 1952).
Just Jr., Arthur A. *Luke, 1:1–9:50*. Concordia Commentary Series. Saint Louis: Concordia Publishing House, 1996.
―――. *Luke, 9:51–24:53*. Concordia Commentary Series. Saint Louis: Concordia Publishing House, 1997.
Käsemann, Ernst. *Commentary on Romans*. Trans. and ed. Beoffrey W. Bromiley. Grand Rapids, Michigan: Eerdmans, 1980. (原著：Käsemann, Ernst. *An die Römer*. 4. Aufl. Tübingen: J. C. B. Mohr (Paul Siebeck), 1980).
―――(ケーゼマン, E.)『パウロ神学の核心』佐竹明、梅本直人訳. 東京：ヨルダン社, 1980 (原著 Käsemann, E. *Paulinische Perspektiven*. Tübingen: J. C. B. Mohr, 1969).
Käsemann, Earnest/Hans Conzelmann/Eduard Lohse/Ellen Flesseman-van Leer/Ernst Haenchen (ケーゼマン、コンツェルマン、ローゼ、フレスマン＝ファン・レール、ヘンヘン『イエスの死の意味』安積鋭二訳. 東京：新教出版社, 1974). (原著：Käsemann, Earnest/Hans Conzelmann/Eduard Lohse/Ellen Flesseman-van Leer/Ernst Haenchen. *Zur Bedeutung des Todes Jesu—Exegetische Beiträge*. Fritz Viering, 3. Aufl., 1968).
Kazen, Thomas. *Jesus and Purity Halakhah: Was Jesus Indifferent to Impurity?* Coniectanea Biblica New Testament Series 38. Stockholm: Almqvist & Wiksell International, 2002.
Kee, Howard Clark. *Christian Origins in Sociological Perspective: Methods and Resources*. Philadelphia: Westminster Press, 1980 (キー, H. C.『初期キリスト教の社会学』土屋博訳. 東京：ヨルダン社, 1988).
―――. *Medicine, Miracle and Magic in New Testament Times*. Cambridge: Cambridge Univ. Press, 1986.
―――. *Miracle in the Early Christian World: A Study in Sociohistorical Method*. New Heven & London: Yale Univ. Press, 1983.
―――. *What Can We Know About Jesus?, Understanding Jesus Today*. Cambridge: Cambridge Univ. Press, 1990 (キー, H. C.『イエスについて何を知りうるか』野道雄訳. 東京：新教出版社, 1997).
Keener, Craig S. *The Gospel of John: A Commentary*. Vol. 1. Peabody, Massachusetts: Hendrickson, 2003.
―――. *The Historical Jesus of the Gospels*. Grand Rapids: Eerdmans, 2009.
―――. *Miracles: The Credibility of the New Testament Accounts*. 2vols. Grand Rapids,

Michigan: Baker Academic, 2011.

Keil C. F. and F. Delitzsch. *Biblical Commentary on the Old Testament, The Pentateuch.* Vol. 3. Edinburgh: T. & T. Clark, 1865.

Kelly, Henry Ansger. *Satan: A Biography.* Cambridge: Cambridge Univ. Press, 2006.

Kensky, Meira Z. *Trying Man, Trying God.* Wissenschaftliche Untersuchungen zum Neuen Testament 2. Reihe 289. Tübingen: Mohr Siebeck, 2010.

Kerr, A. J. "Mattew 13:25. Sowing *Zizania* among Another's Wheat: Realistic or Artificial?" *Journal of Theological Studies* 48 (1997). pp. 108–109.

Kilgallen, John J. *Twenty Parables of Jesus in the Gospel of Luke.* Subsidea Biblica 32. Roma: Editrice Pontificio Istituto Bibliko, 2008.

Kingsbury, Jack Dean. *The Christology of Mark's Gospel.* Philadelphia: Fortress Press, 1983.

———. *Conflict in Mark: Jesus, Authorities, Disciples.* Minneapolis: Fortress Press, 1989.

———. "The Significance of the Cross Within Mark's Story." *Interpretation* 47 (1993). pp. 370–379.

Kistemaker, Simon J. *The Parables of Jesus.* Grand Rapids, Michigan: Baker Book House, 1980.

Klausner, Joseph. *Jesus of Nazareth: His Life, Times, and Teaching.* London: George Allen & Unwin, 1929.

Klawans, Jonathan. "Moral and Ritual Purity." In Amy-Jill Levine, Dale C. Allison Jr./John Dominic Crossan eds. *The Historical Jesus in Context.* Princeton, New Jersey: Princeton Univ. Press, 2006. pp. 266–284.

Kline, Meredith G. *The Structure of Biblical Authority.* 2nd ed. Grand Rapids, Michigan: Eerdmans, 1972.

Koch, Klaus. "Is There Doctrine of Retribution in the Old Testament?" In James L. Crenshaw ed. *Theodicy in the Old Testament.* Philadelphia: Fortress Press, 1983. pp. 57–87.

———. "Wesen und Ursprund der »Gemeinschaftstreue« im Israel der Königszeit." *Zeitschrift für evangelische Ethik* 5 (1961). pp. 72–90.

Kohler, Kaufmann. "Heaven." In *The Jewish Encyclopedia: A Descriptive Record of the History, Religion, Literature, and Customs of the Jewish People from the Earliest Times to the Present Day.* Vol. 4. New York & London: Funk & Wagnalls, 1904. P. 298.

Köster, Helmut. "σπλάγξνον, σπλαγξνίζομαι, εὔσπλαγχνος, πολύσπλαγχνος, ἄσπλαγχνος." In Gerhard Kittel/Gerhard Friedrich eds. *Theological Dictionary of the New Testament.* Vol. 7. Trans. Geoffrey W. Bromiley. Grand Rapids, Michigan: Eerdmans, 1971. pp. 548–559 (原著 Köster, Helmut. "σπλάγξνον, σπλαγξνίζομαι, εὔσπλαγχνος, πολύσπλαγχνος, ἄσπλαγχνος." Gerhard Kittel/Gerhard Friedrich hrsg. *Theologisches Wörterbuch zum Neuen Testament.* Bd.7. Stuttgart: Kohlhammer, 1964).

Kreitzer, Larry. "Luke 16:19-31 and 1 Enoch 22." *The Expository Times* 103 (1992). pp. 139-142.

Kümmel, Werner Georg (キュンメル, W. G.)『新約聖書神学　イエス・パウロ・ヨハネ』山内眞訳. 東京：日本キリスト教団出版局, 1981 (原著：Kümmel W. G. *Die Theologie des Neuen Testaments nach seinen Hauptzeugen: Jesus, Paulus, Johannes*. Grundrisse zum Neuen Testament. Das Neue Testament Deutsch Erglänzungsreihe Bd. 3. Göttingen: Vandenhoeck & Ruprecht, 1972).

―――. *Promise and Fulfilment: The Eschatological Message of Jesus*. Studies in Biblical Theology 23. Trans. Dorothea M. Barton. 1957; 2nd ed. London: SCM, 1961 (原著：Kümmel, Werner Georg. *Verheissung und Erfüllung*, 1945; 3. Aufl. Zürich: Zwingli-Verlag, 1956).

Laato, Antti & Johannes C. de Moor eds. *Theodicy in the World of the Bible*. Leiden & Boston: Brill, 2003.

Ladd, George Eldon. *Jesus and the Kingdom*. London: SPCK, 1966.

―――. *The Presence of the Future: The Eschatology of Biblical Realism*. London: SPCK, 1974.

Lane, William L. *The Gospel According to Mark*. The New International Commentary on the New Testament. Grand Rapids, Michigan: Eerdmans, 1974.

Lang, G. H. *Pictures and Parables: Studies in the Parabolic Teaching of Holy Scripture*. London: Paternoster, 1955.

Larson, Bruce. *Luke*. The Communicator's Commentary Series. Waco, Texas: Word Books, 1983.

Lauterbach, J. Z. "Mishnah." In *Jewish Encyclopedia: A Descriptive Record of the History, Religion, Literature, and Customs of the Jewish People from the Earliest Times to the Present Day*. Vol. 8. New York & London: Funk & Wagnalls, 1904. pp. 609-619.

Leder, Drew. "Yehoshua and the Intact Covenant." In Beatrice Bruteau ed. *Jesus Through Jewish Eyes: Rabbis and Scholars Engage an Ancient Brother in a New Conversation*. Maryknoll, NY: Orbis Books, 2001. pp. 148-150.

LeePollard, Dorothy A. "Powerlessness as Power: A Key Emphasis in the Gospel of Mark." *Scottish Journal of Theology* 40 (1987). pp. 173-188.

Lehtipuu, Outi. *The Afterlife Imagery in Luke's Story of the Rich Man and Lazarus*. Leiden: Brill, 2007.

Leibniz, Gottfried Wilhelm. *Theodicy: Essays on the Goodness of God, the Freedom of Man and the Origin of Evil*. Ed. Austin M. Farrer. Trans. E. M. Huggard, translated from C. J. Gerhardt's edition of the collected philosophical works, 1875-90. London: Routledge & Kegan Paul, 1951 (原著初版：Leibniz, Gottfried Wilhelm. *Essais de Théodicée sur la bonté de Dieu, la liberté de l'homme et l'origine du mal*. 1710).

Lenski, R. C. H. *The Interpretation of St. John's Gospel*. Minneapolis: Augsburg Publishing House, 1943.

———. *The Interpretation of St. Luke's Gospel*. Minneapolis: Augsburg Publishing House, 1946.

———. *The Interpretation of St. Mark's Gospel*. Minneapolis: Augsburg Publishing House, 1946.

Leroy, Herbert. "ἀφίημι, ἄφεσις." In Horst Balz / Gerhard Schneider eds. *Exegetical Dictionary of the New Testament*. Vol. 1. Grand Rapids: Eerdmans, 1990. pp. 181–183 （原著：Leroy, Herbert. "ἀφίημι, ἄφεσις." In Horst Balz / Gerhard Schneider hrsg. *Exegetisches Wörterbuch zum Neuen Testament*. Bd. 1. Stuttgart: W. Kohlhammer, 1978–80）.

Levinas, Emmanuel（レヴィナス、エマニュエル）『困難な自由——ユダヤ教についての試論』内田樹訳. 東京：国文社, 1985（原著：Levinas, Emmanuel. *Difficile liberté*. Albin Michel, 1963（抄訳））.

Levine, Amy-Jill, Dale C. Allison Jr. / John Dominic Crossan eds. *The Historical Jesus in Context*. Princeton, New Jersey: Princeton Univ. Press, 2006.

Lewis, C. S. *The Problem of Pain*. 1940; London: Collins, 1957; paperbacks, 1977.

———. *Reflections on the Psalms*. New York: Harcourt, 1958.

Liebenberg, Jacobus. *The Language of the Kingdom and Jesus: Parable, Aphorism, and Metaphor in the Sayings Material Common to the Synoptic Tradition and the Gospel of Thomas*. Beihefte Zur Zeitschrift Für Die Neutestamentliche Wissenschaft. Berlin: Walter de Gruyter, 2001.

Lightfoot, John. *A Commentary on the New Testament From the Talmud and Hebraica: Matthew—I Corinthians*. Vol. 2. *Matthew—Mark*. Grand Rapids, Michigan: Baker Book House, 1859.

Linnemann, Eta. *Parables of Jesus: Introduction and Exposition*. Trans. John Sturdy. London: SPCK, 1966（原著：*Gleichnisse Jesu: Einführung und Auslegung*. Göttingen: Vandenhoeck & Ruprecht, 1961; 3rd ed. 1964）.

Longenecker, Bruce W. "The Story of the Samaritan and the Innkeeper (Luke 10:30–35): A Study in Character Rehabilitation." Biblical Interpretation 17 (2009). pp. 422–447.

Longenecker, Richard N., ed. *Life in the Face of Death: The Resurrection Message of the New Testament*. Grand Rapids, Michigan: Eerdmans, 1998.

Lohse, Eduard（ローゼ, E.）『新約聖書の周辺世界』加山宏路、加山久夫訳（東京：日本キリスト教団出版局, 1976（原著：Lohse, Eduard. *Umwelt des Neuen Testaments*. 2., durchvesehene und ergänzte Aufl. Göttingen: Vandenhoeck & Ruprecht, 1974）.

Lührmann, Dieter. *Das Markusevangelium*, HNT. Tübingen: J. C. B. Mohr (Paul Siebeck), 1987.

Luz, Ulrich（ルツ, U.）『マタイによる福音書（1–7章）』EKK新約聖書註解1/1. 小河陽訳. 東京：教文館, 1990（原著：Luz, Ulrich. *EKK Evangelisch-Katholischer Kommentar zum Neuen Testament: Das Evangelium nach Matthäus* 1/3, Mt 18–25.

Zürich und Düsseldorf: Benziger, 1985). (英訳: Luz, Ulrich. *Matthew 1-7: A Commentary*. Hermeneia: a critical and historical commentary on the Bible. Trans. by Wilhelm C. Linss. Minneapolis: Augsburg Fortress, 1989).

―――.『マタイによる福音書 (8-17章)』EKK新約聖書註解1/2. 小河陽訳. 東京: 教文館, 1997. (原著: Luz, Ulrich. *EKK Evangelisch-Katholischer Kommentar zum Neuen Testament: Das Evangelium nach Matthäus* 1/2, *Mt 18-25*. Zürich und Düsseldorf: Benziger, 1990).

―――.『マタイによる福音書 (18-25章)』EKK新約聖書註解1/3. 小河陽訳. 東京: 教文館, 2004 (原著: Luz, Ulrich. *EKK Evangelisch-Katholischer Kommentar zum Neuen Testament: Das Evangelium nach Matthäus* 1/3, *Mt 18-25*. Zürich und Düsseldorf: Benziger, 1997).

―――.『マタイによる福音書 (26-28章)』EKK新約聖書註解1/4. 小河陽訳. 東京: 教文館, 2009 (原著: Luz, Ulrich. *EKK Evangelisch-Katholischer Kommentar zum Neuen Testament: Das Evangelium nach Matthäus* 1/4, *Mt 26-28*. Zürich und Düsseldorf: Benziger, 2002).

―――. *Studies in Matthew*. Trans. Rosemary Selle. Grand Rapids, Michigan: William B. Eerdmans, 2005 (原著表示なし: Preface [by the author] on October 2003).

Maccoby, Hyam. *Judaism in the First Century*. London, Sheldon Press, 1989.

MacGregor, C. H. C. *The Gospel of John*. Moffatt's New Testament Commentary. London: Hodder & Stoughton, 1928.

Madigan, Kevin J./Jon D. Levenson. *Resurrection: The Power of God for Christians and Jews*. New Haven & London: Yale Univ. Press, 1985.

Mann, C. S. *Mark: A New Translation with Introduction and Commentary*. The Anchor Bible. New York: Doubleday, 1986.

Manson, T. William. *The Gospel of Luke*. The Moffat New Testament Commentary. London: Hodder & Stoughton, 1930.

―――. *The Sayings of Jesus: As Recorded in the Gospels accoring to St. Matthew and St. Luke arranged with Introduction and Commentary*. London: SCM, 1949.

―――. *The Teaching of Jesus: Studies of its Form and Content*. 1931; 2nd ed., 1936; Cambridge: Cambridge Univ. Press, 1951.

Malina, Bruce J./Richard L. Roharbaugh. *Social-Science Commentary on the Synoptic Gospels*. Minneapolis: Augsburg Fortress, 1992 (マリーナ, ブルース/リチャード・ロアボー『共観福音書の社会科学的注解』大貫隆監訳. 加藤隆訳. 東京: 新教出版社, 2001).

Marcus, Joel. *Mark 1-8*. The Anchor Bible. New York: The Anchor Bible, 1999.

―――. *Mark 8-16*. The Anchor Bible. New York: The Anchor Bible, 2009.

―――. *The Way of the Lord: Christological Exegesis of the Old Testament in the Gospel of Mark*. Edinburgh: T. & T. Clark & Louisville, Kentucky: Westminster John Knox Press, 1992.

Marmostein, A. *The Old Rabbinic Doctrine of God.* Oxford: Oxford Univ. Press, 1927.
Marshall, Christopher D. *Faith as a Theme in Mark's Narrative.* Cambridge: Cambridge Univ. Press, 1989.
Marshall, I. Howard. *The Gospel of Luke: A Commentary on the Greek Text.* Exeter: The Paternoster Press, 1978.
―――. *Luke: Historian and Theologian.* Exeter: Paternoster Press, 1970.
―――. *New Testament Theology: Many Witnesses, One Gospel.* Downers Grove, Illinois: InterVarsity Press, 2004.
―――. "Tradition and Theology in Luke (Luke 8:5–15)." *Tyndale Bulletin* 20 (1969). pp. 56–75.
Martin-Achard, Robert. "Resurrection (OT)." Trans. Terrence Prendergast. In David Noel Freedman ed. *The Anchor Bible Dictionary.* Vol. 5. New York: Doubleday, 1992. pp. 680–684.
Martínez, Florentino García. *The Dead Sea Scrolls Translated: The Qumran Texts in English.* Trans. Wilfred G. E. Watson. Leiden: Brill, 1994; 2nd ed. with corrections and additions. Leiden: Brill & Grand Rapids, Michigan: Eerdmans, 1996 (原著：Martínez, Florentino García. *Textos de Qumrán.* Madrid, Spain: Editorial Trotta, 1992).
Marxsen, Willi (マルクスセン, W.).『新約聖書緒論――緒論の諸問題への手引き』渡辺康麿訳. 東京：教文館, 1984 (原著：Marxsen, Willi. *Einleitung in das Neue Testament: Eine Einführung in ihre Probleme.* 1963; 4. Aufl., 1978).
―――『福音書記者マルコ：編集史的考察』辻学訳. 東京：日本キリスト教団出版局, 2010 (原 著：Marxsen, Willi. *Der Evangelist Markus.* 2. durchgesehene Aufl., Göttingen: Vandenboeck & Ruprecht, 1959).
Mays, James Luther ed. *Harper's Bible Commentary.* San Francisco: Harper & Row, 1988 (メイズ, J. L.編『ハーパー聖書注解』東京：教文館, 1996).
McGaughy, Lane. "Fear of Yahweh and the Mission of Judaism: A Postexilic Maxim and Its Early Christian Expansion in the Parable of the Talents." *Journal of Biblical Literature* 94 (1975). pp. 235–245.
McGrath, Alister E. *Christianity: An Introduction.* 2nd ed. Oxford: Blackwell, 2006.
McIver, Robert K. "One Hundred-Fold Yield – Miraculous or Mundane? Matthew 13.8–23; Mark 4.8–20; Luke 8.8." *New Testament Studies* 40 (1994). pp. 606–608.
McKnight, Scot. *A New Vision for Israel: The Teachings of Jesus in National Context.* Grand Rapids: Eerdmans, 1999.
McCane, Byron R. "'Let the Dead Bury Their Own Dead': Secondary Burial and Matt 8:21–22 Author (s)." *The Harvard Theological Review* 83 (1990). pp. 31–43.
Mead, Richard T. "The Healing of the Paralytic―A Unit?" *Journal of Biblical Literature* 80 (1961). pp. 348–354.
Meier, John P. *A Marginal Jew: Rethinking the Historical Jesus.* Vol. 1. *The Roots of the*

Problem and the Person. New York: Doubleday, 1991.

―――. *A Marginal Jew: Rethinking the Historical Jesus.* Vol. 2. *Mentor, Message, and Miracles.* New York: Doubleday, 1994.

―――. *A Marginal Jew: Rethinking the Historical Jesus.* Vol. 3. *Companions and Competitors.* New York: Doubleday, 2001.

―――. *A Marginal Jew: Rethinking the Historical Jesus.* Vol. 4. *Law and Love.* New Haven: Yale Univ. Press, 2009.

―――. "Matthew, Gospel of." In David Noel Freedman ed., *Anchor Bible Dictionary.* Vol.4. New York: Doubleday, 1992. pp. 622–641.

―――. *Matthew, New Testament Message.* Dublin: Veritas, 1980.

Meyer, Ben F. *The Aims of Jesus.* London: SCM, 1979.

Michaels, J. R. *John.* New International Biblical Commentary. Peabody, Massachusetts: Hendrickson, 1989.

Michell, Basil, ed. *The Philosophy of Religion.* Oxford: Oxford Univ. Press, 1971.

Milgrom, Jacob. "Kipper." In *Encyclopaedia Judaica.* Vol. 10. Jerusalem: Keter Publishing House Jerusalem, 1972. pp. 1039–1044.

―――. *Leviticus, 1–16: A New Translation with Introduction and Commentary.* Anchor Bible 3. Garden City, New York: Doubleday, 1991.

Miller, Robert J. ed. *The Apocalyptic Jesus: A Debate.* Santa Rosa, California: Polebridge Press, 2001.

Minois, Georges（ミノワ, ジョルジュ）『悪魔の文化史』平野隆文訳. 東京：白水社, 2004（原著：Minois, Georges. *Le diable.* Presses Universitaires de France, 2000）.

Moffatt, James. "2 Maccabees." in R.H. Charles ed. *The Apocrypha and Pseudepigrapha of the Old Testament in English.* Vol. 1. *Apocrypha.* Oxford: Clarendon Press, 1913. pp. 125–154.

Moessner, David P. *Lord of the Banquet: The Literary and Theological Significance of the Lukan Travel Narrative.* Minneapolis: Fortress Press, 1989.

Moloney, Francis J. *The Gospel of John.* Sacra Pagina Series 4. Collegeville, Minnesota: The Liturgical Press, 1998.

―――. *The Gospel of Mark: A Commentary.* Peabody, Massachusets: Hendrickson, 2002.

Moltmann, Jürgen（モルトマン, J.）『イエス・キリストの道』蓮見和男訳. J. モルトマン組織神学論叢3. 東京：新教出版社, 1992.（原著：Moltmann, Jürgen. *Der Weg Jesu Christi: Christologie in messianischen dimensionen.* Beiträge zur systematischen Theologie. Bd. 3. München: Chr. Kaiser Verlag, 1989）.

―――『神の到来　キリスト教的終末論』蓮見和男訳. J. モルトマン組織神学論叢5. 東京：新教出版社, 1996（原書：Moltmann, Jürgen. *Das Kommen Gottes: Christliche Eschatologie.* Beiträge zur systematischen Theologie. Bd. 5. Gütersloh: Chr. Kaiser/Gütersloher Verlaghaus, 1995）.

Montefiore C. G. & H. Loewe. *A Rabbinic Anthology: Selected and Arranged with*

Comments and Introductions. London: Macmillan, 1938.

―――. *The Synoptic Gospels. An Introduction and a Commentary.* Vol. 1. 1909; London: Macmillan, 1927.

Moore, A. L. *The Parousia in the New Testament.* Supplements to Novum Testamentum 13. Leiden; E. J. Brill, 1966.

Moore, George Foot. *Judaism in the First Centuries of the Christian Era: The Age of Tannaim.* Vol. 1, 1927; Massachusetts: Hendrickson, 1997; Vol. 2, 1927; Vol 3, 1930; Vols. 2 & 3 bound in one, Massachusetts:Hendrickson, 1997.

Moore, W. Ernest. "'Outside' and 'Inside': A Markan Motif." *The Expository Times* 98 (1986). pp. 39–43.

Moser, Paul K. *The Severity of God: Religion and Philosophy Reconceived.* Cambridge: Cambridge Univ. Press, 2013.

Moulton, James Hope / George Milligan. *The Vocabulary of the Greek Testament: Illustrated from the Papyri and Other Non-literary Sources.* London: Hodder & Stoughton, 1930.

Mounce, Robert H. *Matthew.* New International Biblical Commentary. 1985. Peabody, Massachusetts: Hendrickson Publishers, 1991.

Moxnes, Halvor. *The Economy of the Kingdom: Social Conflict and Economic Relations in Luke's Gospel.* Philadelphia: Fortress Press, 1988.

Mulder, H.（ミュルデル, H.）『ルカによる福音書I』コンパクト聖書注解. 東京：教文館, 2007（原著：Mulder, H. T. *Tekst en Toelichting, Lucas I.* Kleine Biblische Bibliothek. Kampen: Uitgeversmaatschappij J. H. Kok, 1985）.

―――『ルカによる福音書II』コンパクト聖書注解. 東京：教文館, 2008（原著：Mulder, H. T. *Tekst en Toelichting, Lucas II.* Kleine Biblische Bibliothek. Kampen: Uitgeversmaatschappij J. H. Kok, 1985）.

Müller, P.（ミュラー, P.）『この男は何者なのか――マルコ福音書のイエス』大貫隆訳. 東京：教文館, 2007（原著：Müller, P. *»Wer ist dieser?« Jesus im Markus-evangelium, Markus als Erzähler, Verkündiger und Lehrer.* BThSt 27. Neukirchen-Vluyn: Neukirchener Verlag des Erziehungsvereins GmbH, 1995）.

Myers, Ched. *Binding the Strong Man: A Political Reading of Mark's Story of Jesus.* Maryknoll, NY: Orbis, 1988.

Neusner, Jacob. *The Idea of Purity in Ancient Judaism, Studies in Judaism in Late Antiquity.* Leiden: Brill, 1973.

Newsom, Carol A. "The Book of Job: Introduction, Commentary, and Reflections." In Katharine Doob Sakenfeld ed. *The New Interpreter's Bible.* Vol. 4. Nashville: Abingdon Press, 1996. pp. 317–637.

Newsom, Carol A. / Ringe, Sharon. H. eds. *The Women's Bible Commentary.* Louisvill, Kentucky: Westminster John Knox Press, 1992; expanded edition with Apocrypha, 1998（ニューサム, C. A./S. H. リンジ 編『女性たちの聖書注解――女性の視点

で読む旧約・新約・外典の世界』東京：新教出版社, 1998).
Nickelsburg, George W. E. *Resurrection, Immortality, and Eternal Life in Intertestamental Judaism and Early Christianity.* Expanded edition. Harvard Theological Studies 56. Cambridge, Massachussetts: Harvard Univ. Press, 2006.
―――. "Riches, the Rich, and 1 Enoch 92-105 and the Gospel According to Luke." *New Testament Studies* 25 (1979). pp. 324-344.
―――. "Resurrection (Early Judaism and Christianity)." In David Noel Freedman ed. *The Anchor Bible Dictionary.* Vol. 5. New York: Doubleday, 1992. pp. 684-691.
Nineham, D. E. *The Gospel of St. Mark.* London: Adam & Charles Black, 1963.
Nir, Rivka. *Joseph and Aesneth: A Christian Book.* Hebrew Bible Monographs 42. Sheffield: Sheffield Phoenix Press, 2012.
Nolan, Albert. *Jesus Before Christianity.* London: Darton Longman & Todd, 1976 (ノーラン, アルバート『キリスト教以前のイエス』篠崎榮訳. 名古屋：新世社, 1994).
Nolland, John. *The Gospel of Matthew: A Commentary on the Greek Text.* Grand Rapids, Michigan: Eerdmans, 2005.
―――. *Luke 1-9:20.* Word Biblical Commentary 35A. Dallas, Texas: Word Books, 1989.
―――. *Luke 9:21-18:34.* Word Biblical Commentary 35B. Dallas, Texas: Word Books, 1993.
―――. *Luke 18:35-24:53.* Word Biblical Commentary 35C. Dallas, Texas: Word Books, 1993.
O'Day, Gail R. "The Gospel of John." In Katharine Doob Sakenfeld ed. *The New Interpreter's Bible.* Vol. 9. Nashville: Abingdon Press, 1995. pp. 491-865.
Payne, Philip B. "Jesus' Implicit Claim to Deity in His Parables." *Trinity Journal* 2/1 (1981). pp. 3-23.
Pagels, Elaine. *The Origin of Satan.* London: Penguin, 1996. (ペイゲルス, エレーヌ『悪魔の起源』松田和也訳. 東京：青土社, 2000).
Peisker, Carl Heinz. "Konsekutives ἵνα in Markus 4:12." *Zeitschrift für die Neutestamentliche Wissenschaft* 59 (1968). pp. 126-127.
Perkins, Pheme. "The Gospel of Mark." In Katharine Doob Sakenfeld ed. *The New Interpreter's Bible.* Vol. 8. Nashville: Abingdon Press, 1995. pp. 507-733.
―――. *Hearing the Parables of Jesus.* Ramsey, NJ: Paulist Press, 1981.
Perrin, Norman. *Jesus and the Language of the Kingdom: Symbol and Metaphor in New Testament Interpretation.* Philadelphia: Fortress Press, 1976.
―――. *The Kingdom of God in the Teaching of Jesus.* London: SCM, 1963.
―――. *Rediscovering the Teaching of Jesus.* London: SCM, 1967.
―――. *What is Redaction Criticism?* Philadelphia: Fortress Press, 1969.
Petersen, David. L. "Zechariah, Book of." In David Noel Freedman ed. *The Anchor Bible Dictionary* . Vol. 6. New York: Doubleday, 1992. pp. 1061-1068.
Petuchowski, Jakob J. and Michael Brocke, eds. *The Lord's Prayer and Jewish Liturgy.*

New York: Seabury Press, 1978.
Pike, Nelson. "Process Theodicy and the Concept of Power." *Process Studies* 12（1982）. pp. 148–167.
Pilch, John J. *Healing in the New Testament: Insights from Medical and Mediterranean Anthropology*. Minneapolis: Augsburg Fortress, 2000.
Pilgrim, Walter. E. *Good News to the Poor: Wealth and Poverty in Luke-Acts*. Minneapolis, Minnesota: Augsburg Publishing, 1981.
Porter, Stanley E. *The Criteria for Authenticity in Historical-Jesus Research: Previous Discussion and New Proposals*. Journal for the Study of the New Testament Supplement Series 191. Sheffield: Sheffield Academic Press, 2000.
―――. "Did Jesus Ever Teach in Greek?" *Tyndale Bulletin* 44（1993）. pp. 199–235.
Porter, Stanley E./Michael A. Hayes/David Tombs eds. *Resurrection*. Journal for the Study of the New Testament Supplement Series 186. Sheffield: Sheffield Academic Press, 1999.
Powell, Mark Allan. "Was Jesus a Friend of Unrepentant Sinners? A Fresh Appraisal of Sanders's Controversial Proposal." *Journal For the Study of the Historical Jesus* 7（2009）. pp. 286–310.
Procksch, O/F. Büchsel. "λύω, ἀναλύω, ἐπιλύω, ἐπίλυσις, καταλύω, κατάλυμα, ἀκατάλυτος, λύτρον, ἀντίλυτρον, λυτρόω, λύτρωσις, λυτρωτής, ἀπολύτρωσις." In Gerhard Kittel/Gerhard Friedrich eds. *Theological Dictionary of the New Testament*（*TDNT*）. Vol. 4. Grand Rapids, Michigan: Eerdmans, 1967. pp. 328–356（原著：Procksch, O/F. Büchsel. "λύω, ἀναλύω, ἐπιλύω, ἐπίλυσις, καταλύω, κατάλυμα, ἀκατάλυτος, λύτρον, ἀντίλυτρον, λυτρόω, λύτρωσις, λυτρωτής, ἀπολύτρωσις." In Gerhard Kittel/Gerhard Friedrich hrsg. *Theologisches Wörterbuch zum Neuen Testament*. Bd.4. Stuttgart: Kohlhammer, 1942）.
Proudfoot, C. Merrill. "Imitation or Realistic Participation?" *Interpretation* 17（1963）. pp. 140–60.
Pryke, E. J. *Redactional Style in the Marcan Gospel: A Study of Syntax and Vocablulary as Guides to Redaction in Mark*. Cambridge: Cambridge Univ. Press, 1978.
Przybylski, Benno. *Righteousness in Matthew and his World of Thought*. Cambridge: Cambridge Univ. Press, 1980.
Rad, Gerhard von（ラート，ゲルハルト・フォン）『旧約聖書神学Ⅰ　イスラエルの歴史伝承の神学』荒井章三訳．東京：日本キリスト教団出版局，1980（原著：Rad, Gerhard von. *Theologie des Alten Testaments*. Bd. I. *Die Theologie der geshichtlichen Überlieferungen Israels*. München: Kaiser Verlag, 1957.）
Radl, W. "σῴζω." In Horst Balz/Gerhard Schneider eds. *Exegetical Dictionary of the New Testament*. Vol. 3. Grand Rapids, Michigan: Eerdmans, 1993. pp. 319–321（原著：Radl, W. "σῴζω." In Horst Balz/Gerhard Schneider hrsg. *Exegetisches Wörterbuch zum Neuen Testament*. Bd. 3. Stuttgart: W. Kohlhammer, 1982–1983）.

―――『旧約聖書神学 II　イスラエルの預言者的伝承の神学』荒井章三訳. 東京：日本キリスト教団出版局, 1982（Rad, Gerhard von. *Theologie des Alten Testaments*. Bd. II. *Die Theologie der prophetischen Überlieferungen Israels*. München: Kaiser Verlag, 1967.）

―――『創世記　私訳と註解』山我哲雄訳. 東京：ATD・NTD聖書註解刊行会, 1993（原著：Rad, Gerhard von. *Das erste Buch Mose, Genesis*. Das Alte Testament Deutsch 2/4. Göttingen: Vandenhoeck & Ruprecht, 1949）.

Räisänen, Heikki. "Towards and Alternative to New Testament Theology: 'Individual Eschatology' as an Example." In Christopher Rowland and Christopher Tuckett eds. *The Nature of New Testament Theology*. Oxford: Blackwell, 2006. pp. 167–206.

Ramelli, Ilaria L. B. "Luke 16:16: The Good News of God's Kingdom Is Proclaimed and Everyone Is Forced into It." *Journal of Biblical Literature* 127（2008）. pp. 737–758.

Recoeur, Paul（リクール、ポール）『悪の神話』一戸とおる、佐々木陽太郎、竹沢尚一郎訳. 東京：渓声社, 1980（原著：Ricoeur, Paul. *La Symbolique du mal*. Paris: Aubier, 1960）.

―――『物語神学へ』（ポール・リクール聖書論集3）久米博編. 久米博、小野文、小林玲子訳. 東京：新教出版社, 2008.

Reddish, Mitchell, ed. *Apocalyptic Literature: A Reader*. With Forward by John J. Collins. 1990; Peabody, Massachusetts: Hendrickson, 1995.

Rengstorf, Karl Heinrich. "δοῦλος." In Gerhard Kittel/Gerhard Friedrich eds. *Theological Dictionary of the New Testament*. Vol. 2. Trans. & ed. Geoffrey W. Bromiley. Grand Rapids, Michigan: Eerdmans, 1965. pp. 261–80（原著：Rengstorf, Karl Heinrich. "δοῦλος." In Gerhard Kittel/Gerhard Friedrich hrsg. Theologisches Wörterbuch zum Neuen Testament. Bd.2. Stuttgart: Kohlhammer, 1935）.

―――.（レングストルフ, K. H.）『ルカによる福音書』泉治典、渋谷浩訳. 東京：NTD新約聖書註解刊行会, 1976（原著：Rengstorf, Karl Heinrich. *Das Evangelium nach Lukas, Das Neue Testament deutsch*. Göttingen: Vandenhoeck/Ruprecht, 1968）.

―――ed. *A Complete Concordance to Flavius Josephus*. 4 vols. Leiden: E. J. Brill, Vol. 1, 1973; Vol. 2, 1975; Vol. 3, 1979; Vol. 4, 1983.

Riches, John. *The World of Jesus: First-Century Judaism in Crisis, Understanding Jesus Today*. Cambridge: Cambridge Univ. Press, 1990（リッチズ、ジョン『イエスが生きた世界――危機に立つ1世紀のユダヤ教』佐々木哲夫訳. 東京：新教出版社, 1996）.

Ringe, Sharon H. *Luke*. Louisville, Kentucky: Westminster John Knox Press, 1995.

Robinson, H. Wheeler. "Hebrew Psychology." In A. S. Peake ed. *The People and the Book*. Oxford: Clarendon Press, 1925. pp. 353–382.

Rogers, Patrick. "The Desolation of Jesus in the Gospel." In Aelred Lacomara ed. *The Language of the Cross*. Chicago: Franciscan Herald Press, 1977. pp. 53–74.

Roharbaugh, Richard L. "The Social Location of the Markan Audience." *Interpretation* 47

(1993). pp. 380-395.
Rops, Daniel. *Daily Life in Palestine at the Time of Christ*. Trans. Patric O'Brian. London: Weidenfeld and Nicolson, 1962（原著：Rops, Daniel. *La vie quotidienne en Palestine au temps de Jesus Christ*, 1959）.
Rosenbaum, Stanley Ned trans. "A Letter from Rabbi Gamaliel ben Gamaliel." In Beatrice Bruteau ed. *Jesus Through Jewish Eyes: Rabbis and Scholars Engage an Ancient Brother in a New Conversation*. Maryknoll, NY: Orbis Books, 2001. pp. 81-93.
Rosenberg, Shalom（ローゼンベルク，シャローム）『ユダヤ思想における善と悪』植村卍監訳．山田皓一訳．京都：晃洋書房, 2003（原著：Rosenberg, Shalom. *Good and Evil in Jewish Thought*. MOD Books, 1980）.
Roskam, H. N. *The Purpose of the Gospel of Mark in its Historical and Social Context*. Leiden: Brill, 2004.
Rowe, William L. ed. *God and the Problem of Evil*. Oxford: Blackwell, 2001.
Rowland, Christopher / Christopher Tuckett eds. *The Nature of New Testament Theology*. Oxford: Blackwell, 2006.
Rubenstein, Richard L. *After Auschwitz: History, Theology, and Contemporary Judaism*. 2nd ed. Baltimore, Meryland: The Johns Hopkins Univ. Press, 1992 (The first edition was published, with the subtitle *Radical Theology and Contemporary Judaism,* by The Bobbs-Merrill Company, Inc., in 1966).
Russell, D. S. *From Early Judaism to Early Church*. London: SCM Press, 1986.
Russell, Jeffrey Burton. *The Devil: Perceptions of Evil from Antiquity to Primitive Christianity*. Ithaca, NY: Cornell Univ. Press, 1977（ラッセル, J. B.『悪魔──古代から原始キリスト教まで』野村美紀子訳．東京：教文館, 1984）.
Safrai, Shmuel（サフライ，シュムエル）『イエス時代の背景：ユダヤ文献から見たルカ福音書』有馬七朗訳．東京：ミルトス, 1992（原著：David Bivin ed. *Jerusalem Perspective: Exploring the Jewish Background to the Life and World of Jesus.* February1989-March/April 1991 に掲載の12論文）.
───『キリスト教成立の背景としてのユダヤ教世界』カトリック聖書委員会監修．1991年10月5日-10日の日本講演の訳．東京：サンパウロ, 1995.
Sanders, E. P. *The Historical Figure of Jesus.* London: Penguin, 1993（サンダース, E. P.『イエス　その歴史的実像に迫る』土岐健治、木村和良訳．東京：教文館, 2011）.
───. *Jesus and Judaism*. London: SCM, 1985.
───. "Jesus, Ancient Judaism, and Modern Christianity: The Quest Continues." In Paula Fredriksen / Adele Reinhartz eds. *Jesus, Judaism, and Christian Anti-Judaism: Reading the New Testament after the Holocaust*. Louisville, Kentucky: John Knox Press, 2002. pp. 31-55.
───. *Jewish Law from Jesus to the Mishnah: Five Studies*. London: SCM, 1990.
Sanders, E. P. & Margaret Davies. *Studying the Synoptic Gospels*. London: SCM, 1989.

Sandmel, Samuel. *Judaism and Christian Beginnings*. New York: Oxford Univ. Press, 1978.

―――. *We Jews and Jesus: Exploring Theological Differences for Mutual Understanding*. 1965; Woodstock, Vermont: Skylight Paths Publishing, 2006.

Sanford, John A. *Evil, The Shadow Side of Reality*. New York: Crossroad Book, 1998.

―――. *Healing Body and Soul: The Meaning of Illness in the New Testament and in Psychotherapy*. Louisville, Kentucky: Westminster John Knox Press, 1992.

Santos, Narry F. *Slave of All: The Paradox of Authority and Servanthood in the Gospel of Mark*. Journal for the Study of the New Testament Supplement Series 237. London: Scheffield Academic Press, 2003.

Savage, Carl E. *Biblical Bethsaida: An Archaeological Study of the First Century*. Lanham, Maryland: Lexington Books, 2011.

Schäfer, Peter（シェーファー、ペーター）『タルムードの中のイエス』上村静、三浦望訳. 東京：岩波書店, 2010（原著：*Jesus in the Talmud*. Princeton, NJ: Princeton Univ. Press, 2007）.

Schellenberg, Ryan S. "Kingdom as Contaminant? The Role of Repertoire in the Parables of the Mustard Seed and the Leaven." *The Catholic Biblical Quarterly* 71（2009）. pp. 527–543.

Schiffman, Lawrence H./James C. VanderKam eds. *Encyclopedia of the Dead Sea Scrolls*. 2 Vols. Oxford: Oxford Univ. Press, 2000.

Schildgen, Brenda Deen. *Crisis and Continuity: Time in the Gospel of Mark*. Journal for the Study of the New Testament Supplement Series 159. Sheffield: Sheffield Academic Press, 1998.

Schlatter, Adolf. *Das Evangelium des Lukas, Aus seinen Quellen erklärt*. 2. Aufl. Stuttgart: Calwer Verlag, 1960.

Schmidt, Daryl D. *The Gospel of Mark with Introduction, Note and Original Text*, The Scholars Bible. Sonoma, California: Polebridge, 1990.

Schmithals, Walter. *Das Evangelium nach Markus*. Vol. 1. *Kapitel 1–9*. Würzburg: Gütersloher Verlagshaus, 1979.

―――（シュミットハルス, W.）『黙示文学入門』『聖書の研究シリーズ』26. 土岐健治、江口再起、高岡清訳. 東京：教文館, 1986（原著：Schmithals, Walter. *Das Apokalyptik: Einführung und Deutung*. Göttingen: Vandenhoeck & Ruprecht, 1973）.

Schottroff, L./Stegemann, W.（ショットロフ, L & シュテーゲマン, W.）『いと小さき者の神――社会史的聖書解釈・旧約篇』柏井宣夫訳. 東京：新教出版社, 1981（原著：Schottroff, L./W. Stegemann. *Der Gott der Kleinen Leute: Sozialgeschichtliche Bibelauslegungen*. Bd. 1. Altes Testament. München: Kaiser Verlag, 1979）.

―――『いと小さき者の神――社会史的聖書解釈・新約篇』佐伯晴郎、大島衣訳. 東京：新教出版社, 1981（原著：Schottroff, L./Stegemann, W. *Der Gott der Kleinen Leute: Sozial-geschichtliche Bibelauslegungen*. Bd. 2. Neues Testament. München:

Kaiser Verlag, 1979）.
―――『ナザレのイエス　貧しい者の希望』大貫隆訳. 東京：日本キリスト教団出版局, 1989（原著：Schottroff, L./Stegemann, W. *Jesus von Nazareth*. Stüttgart, Berlin, Köln, Mainz: Verlag W. Kohlhammer, 1978）.
Schweid, Eliezer. "Kedushah." In *Encyclopaedia Judaica*. Vol. 10. Jerusalem: Keter Publishing House Jerusalem, 1972. pp. 866–875.
Schweitzer, Albert. *The Quest of the Historical Jesus: A Critical Study of its Progress from Reimarus to Brede*. Trans. W. Montgomery with a Preface by F. C. Bukitt. London: Adam and Charles Black, 1910（原著初版：Schweitzer, Albert. *Geschichte der Leben-Jesu-Forschung: Von Reimarus zu Wrede*. 1906）.
Schweizer, Eduard. *The Good News According to Luke*. Trans. David E. Green. Atlanta: John Knox Press, 1984（原著：Schweizer, Eduard. *Das Evangelium nach Lukas*. Göttingen: Vandenhoeck & Ruprecht, 1982）.
―――. *The Good News According to Mark*. Trans. Donald H. Madvig. Richmond, VA: J. Knox Press, 1970; London: S.P. C.K., 1971（原著 Schweizer, Eduard. *Das Evangelium nach Markus*. Göttingen: Vandenhoeck & Ruprecht, 1967）（シュヴァイツァー, E.『マルコによる福音書：翻訳と註解』高橋三郎訳. NTD新約聖書註解. 東京：ATD・NTD聖書註解刊行会,1976）.
―――. *The Good News According to Matthew*. Trans. David E. Green. Atlanta: John Knox Press, 1975（原著：Schweizer, Eduard. *Das Evangelium nach Matthäus*. Göttingen: Vandenhoeck & Ruprecht, 1973）.
―――. *Jesus the Parable of God: What do We Really Know About Jesus?* Allison Park: Pickwick Publications, 1994（シュヴァイツァー, エドゥアルト『イエス・神の譬え――イエスの生涯について実際に何を知っているか』辻学訳. 東京：教文館, 1998）.
―――（シュヴァイツァー, E.）『新約聖書への神学的入門』小原克博訳. NTD 補遺 2. 東京：日本キリスト教団出版局, 1999（原著：Schweizer, Eduard. *Theologische Einleitung in das Neue Testament, Grundrisse zum Neuen Testament. Neue Testament Deu*. Göttingen: Vandenhoeck & Ruprecht, 1989）.
Senior, Donald. *Matthew*. Abingdon New Testament Commentaries. Nashville: Abingdon Press, 1998.
―――. *The Passion of Jesus in the Gospel of Mark*. Collegeville, Minnesota: The Liturgical Press, 1984.
Shillington V. George ed. *Jesus and his Parables: Interpreting the Parables of Jesus Today*. Edinburgh: T. & T. Clark, 1997.
Sklar, Jay. *Sin, Impurity, Sacrifice, Atonement: The Priestly Conceptions*. Hebrew Bible Monographs 2. Sheffield: Sheffield Phenix Press, 2005.
Smith, Barry D. *Jesus' Twofold Teaching about the Kingdom of God*. New Testament Monographs 24. Scheffield: Sheffield Phoenix Press, 2009.

Snodgrass, Klyne R. "*The Gospel of Jesus.*" In Markus Bockmuehl/Richard A, Hagner eds. *The Written Gospel*. Cambridge: Cambridge Univ. Press, 2005. pp. 31-44.

―――. *The Parable of the Wicked Tenants*. Wissenschaftliche Untersuchungen zum Neuen Testament 27. Tübingen: J. C. B. Mohr, 1983.

―――. *Stories with Intent: A Comprehensive Guide to the Parables of Jesus*. Grand Rapids, Michigan: Eerdmans, 2008.

―――. "Streams of Tradition Emerging from Isaiaii 40:1-5 and Their Adaptation in the New Testament." *Journal for the Study of the New Testament* 24 (1980). pp. 24-45.

Søvik, Atle Ottesen. *The Problem of Evil and the Power of God*. Leiden: Brill, 2011.

Sparks, H. F. D. ed. *The Apocryphal Old Testament*. Oxford: Oxford Univ. Press, 1984.

Spohn, Willam C. *Go and Do Likewise: Jesus and Ethics*. New York and London: Continuum, 2006.

Spronk, Klaas. *Beatific Afterlife in Ancient Israel and in the Ancient Near East*. Alter Orient Und Altes Testament. Kevelaer: Butzon & Bercker & Neukirchen-Vluyn: Neukirchener Verlag, 1986.

Stanton, Graham N. *A Gospel for a New People: Studies in Matthew*. Edinburgh: T. & T. Clark, 1992.

Staudinger, F. "ἔλεος, τό; ἐλεάω; ἐλεέω." In Horst Balz/Gerhard Schneider eds. *Exegetical Dictionary of the New Testament*. Vol. 1. Grand Rapids: Eerdmans, 1990. pp. 429-431 (原 著： Staudinger, F. "ἔλεος, τό; ἐλεάω; ἐλεέω." In Horst Balz/Gerhard Schneider hrsg. *Exegetisches Wörterbuch zum Neuen Testament*. Bd.1. Stuttgart: W. Kohlhammer, 1978-80).

Stegemann, Wolfgang/Bruce J. Malina/Gerd Theissen eds. *The Social Setting of Jesus and the Gospels*. Minneapolis: Fortress Press, 2002.

Stock, Augustine. *The Method and Message of Mark*. Wilmington, Delaware: Michael Glazier, 1935.

Stone, Michael. E. "Esdras, Second Book of." In David Noel Freedman ed. *The Anchor Bible Dictionary* . Vol. 2. New York: Doubleday, 1992. pp. 611-614.

Strack, Herman L./Paul Billerbeck. *Das Evangelium nach Matthäus: erläutert aus Talmud und Midrasch*. Kommentar zum Neuen Testament aus Talmud und Midrasch. Bd. 1. München: Beck, 1922.

―――. *Das Evangelium nach Markus, Lukas und Johannes und die Apostelgeschichte: erläutert aus Talmud und Midrasch*. Kommentar zum Neuen Testament aus Talmud und Midrasch. Bd. 2. München: Beck, 1924.

Strawson, William. *Jesus and the Future Life*. London: Epworth Press, 1970.

Strecker, Christian. "Jesus and the Demoniacs." In Wolfgang Stegemann/Bruce J. Malina/Gerd Theissen eds. *The Social Setting of Jesus and the Gospels*. Minneapolis: Fortress Press, 2002. pp. 117-133.

Student, Gil. "Shabbat and Gentile Lives." E-text, retrieved on March 27, 2012 from http://

www.aishdas. org / student / shabbat.htm#_edn29.
Stuhlmacher, Peter. "Jesu vollkommenes Gesetz der Freiheit: Zum Verständnis der Bergprdigt." *Zeitschrift für Theolgie und Kirche* 79 (1982). pp. 283–322.
―――. (シュトゥールマッハー, ペーター『ナザレのイエスと信仰のキリスト』加藤善治、辻学訳. 東京：新教出版社, 2005 (原著：Stuhlmacher, Peter. *Jesus von Nazareth—Christus des Glaubens*. Stuttgart: Calwer Verlag, 1988).
Surin, Kenneth. *Theology and the Problem of Evil*. Oxford: Blackwell, 1986.
Swinburne, Richard. *Providence and the Problem of Evil*. Oxford: Oxford Univ. Press, 1998.
Talbert, Chales H. *Matthew*. Paideia Commentaries on the New Testament. Grand Rapids, Michigan: Baker Academic, 2010.
―――. *Reading Luke: A Literary and Theological Commentary on the Third Gospel*. New York: Crossroad, 1984.
―――. *Reading the Sermon on the Mount: Character Formation and Ethical Decision Making in Matthew 5–7*. Grand Rapids, Michigan: Baker Academic, 2004.
Taylor, Vincent. *The Gospel According to St. Mark*. The Greek Text with Introduction, Notes, and Indexes. 1952; 2nd ed. London: Macmillan, 1966.
Telford, W. R. *The Theology of the Gospel of Mark*. New Testament Theology. Cambridge: Cambridge Univ. Press, 1999.
Theissen, Gerd. *The Gospels in Context: Social and Political History in the Synoptic Tradition*. Trans. Linda M. Maloney. Edinburgh: T. & T. Clark, 2004 (原著：Theissen, Gerd. *Lokalkolorit und Zeitgeschichte in der Evangelien*. Göttingen: Vandenhoeck & Ruprecht, 1989).
―――. *Miracle Stories of the Early Christian Tradition*. Trans. Francis McDonagh. Ed. John Riches. Philadelphia: Fortress Press, 1983 (原著：Theissen, Gerd. *Urchristliche Wundergeschichten: Ein Beitrag zur formgeschichtlichen Erforschund der synoptischen Evangelien*. Gütersloh: Gütersloher Verlaghaus Gerd Mohn, 1974).
―――(タイセン, ゲルト)『イエス運動――ある価値革命の社会史』廣石望訳. 東京：新教出版社, 2010 (原著：Theissen, Gerd. *Die Jesusbewegung: Sozialgeschichte einer Revolution der Werte*. Gütersloh: Gütersloher Verlaghaus, 2004).
―――『原始キリスト教の心理学――初期キリスト教徒の体験と行動』大貫隆訳. 東京：新教出版社, 2008 (原著：Theissen, Gerd. *Erleben und Verhalten der ersten Christen: eine Psychologie das Urchristentums*. Gütersloh: Gütersloher Verlaghaus, 2007).
―――『新約聖書　歴史・文学・宗教』大貫隆訳. 東京：新教出版社, 2003 (原著：Theissen, Gerd. *Das Neue Testament*. München: Verlag C. G. Beck, 2002).
Theissen, Gerd / Annette Merz. *The Historical Jesus: A Comprehensive Guide*. Trans. John Bowden. London: SCM, 1998 (原著：Theissen, Gerd & Annette Merz. *Der historische Jesus: Ein Lehrbuch*. Göttingen, 1996).

Theissen, Gerd / Dagmar Winter. *The Quest for the Plausible Jesus: The Question of Criteria*. Trans. M . Eugene Boring. Louisville: Westminster John Knox Press, 2002 （原 著：Theissen, Gerd / Dagmar Winter. *Die Kriterienfrage in der Jesusforschung*. University of Fribourg, Switzerland, 1997）.

Thielman, Frank. *Theology of the New Testament: A Canonical and Synthetic Approach*. Grand Rapids, Michigan: Zondervan, 2005.

Thoma, Clemens / Michael Wyschogrod eds. *Parable and Story in Judaism and Christianity*. New York, Mahwah: Paulist Press, 1989.

Thompson, Marianne Meye. *The Promise of the Father: Jesus and God in the New Testament*. Louisville, Kentucky: Westminster John Knox Press, 2000.

Tolbert, Mary Ann. "How the Gospel of Mark Builds Character." *Interpretation* 47 (1993). pp. 347–358.

―――. *Perspectives on the Parables: An Approach to Multiple Interpretations*. Philadelphia: Fortress Press, 1979.

―――. "Mark." In Carol A. Newsom / Sharon. H. Ringe eds. *The Women's Bible Commentary*. Louisvill, Kentucky: Westminster John Knox Press, 1992; expanded edition with Apocrypha, 1998. pp. 350–362.

―――. *Sowing the Gospel: Mark's World in Literary-Historical Perspective*. Minneapolis: Fortress Press, 1996.

Topel, L. John. *Children of a Compassionate God: A Theological Exegesis of Luke 6:20–49*. Collegeville, Minnesota: The Liturgical Press, 2001.

Trakatellis, Demetrios. *Authority and Passion: Christological Aspects of the Gospel according to Mark*. Trans. George K. Duvall and Harry Vulopas. Brookline, Massachusetts: Holy Cross Orthodox Press, 1987 （原 著：Trakatellis, Demetrios. ’Εξουσια καὶ Πάθιη. Athens 1983）.

Trocmé, Etienne（トロクメ, E.）『キリスト教の揺籃期　その誕生と成立』加藤隆訳. 東京：新教出版社, 1998（原著：Trocmé, Etienne. *L'enfance du christianisme*. Paris: Noêsis, 1997）.

―――『ナザレのイエス――その生涯の諸証言から』小林恵一、尾崎正明訳. 東京：ヨルダン社, 1975（原著：Trocmé, Etienne. *Jésus de Nazareth vu par les temoins de sa vie*. Neuch Neuchâtel, Swiss: Delachaux et Niestlé, 1972）.

Turner, C. H. "Marcan Usage: Notes, Critical and Exegetical on the Second Gospel." In J. K. Elliott ed. *The Language and Style of the Gospel of Mark: An Edition of C. H. Turner's "Notes on Markan Usage," Together with Other Comparable Studies*. Leiden: E. J. Brill, 1993. pp. 3–150.

Twelftree, Graham H. *Jesus the Exorcist*. Wissenschaftliche Untersuchungen zum Neuen Testament 2. Reihe 54. Tübingen: J. C. B. Mohr (Paul Siebeck), 1993.

―――. *Jesus the Miracle Worker*. Downers Grove, Illinois: InterVarsity Press, 1999.

―――. "The Miracles of Jesus: Marginal or Mainstream?" *Journal for the Study of the*

Historical Jesus 1 (2003). pp. 104-124.
Vermes, Geza. *Jesus in his Jewish Context*. London: SCM, 2003.
―――. *Jesus the Jew: A Historian's Reading of the Gospels*. London: Collins, 1973 (ヴェルメシュ, G.『ユダヤ人イエス――歴史家の見た福音書』木下順治訳. 東京：日本キリスト教団出版局, 1979).
―――. *The Religion of Jesus the Jew*. Minneapolis: Fortress Press, 1993.
Via, Dan Otto Jr. *The Parables: Their Literary and Existential Dimension*. Philadelphia: Fortress Press, 1967.
Wall, Robert W. "'The Finger of God' Deuteronomy. 9. 10 and Luke 11.20." *New Testament Studies* 33 (1987). pp 144-150.
Walsh, Jerome T. "Elijah." In David Noel Freedman ed. *The Anchor Bible Dictionary*. Vol. 2. New York: Doubleday, 1992. pp. 463-466.
Walter N. "σπλαγχνίζομαι." In Horst Balz/Gerhard Schneider eds. *Exegetical Dictionary of the New Testament*. Vol. 3. Grand Rapids, Michigan: Eerdmans, 1993. P. 265 (原著：Walter N. "σπλαγχνίζομαι." In Horst Balz/Gerhard Schneider hrsg. *Exegetisches Wörterbuch zum Neuen Testament*. Bd. 3. Stuttgart: W. Kohlhammer, 1982-1983).
WCC ed. *The Theology of the Churches and the Jewish People: Statements by the World Council of Churches and its Member Churches*. Geneva: WCC Publications, 1988.
Weber, Max (ヴェーバー, マックス)『古代ユダヤ教』(上・中・下) 内田芳明訳. 東京：岩波書店, 1996 (原書：Weber, Max. *Gesammelte Aufsätze zur Religionssoziologie*. III. *Das antike Judentum*, Tübingen: J. C. B. Mohr, 1920).
Weeden, Theodore J. "Kenneth Bailey's Theory of Oral Tradition: A Theory Contested by Its Evidence." *Journal for the Study of the Historical Jesus* 7 (2009). pp. 3-43.
―――. *Mark—Traditions in Conflict*. Philadelphia: Fortress Press, 1971.
Wells, L. S. A. "Introduction to The Books of Adam and Eve." In R. H. Charles ed. *The Apocrypha and Pseudepigrapha of the Old Testament*. Vol. 2. *Pseudepigrapha*. Berkley, CA: The Apocryphile Press, 2004. pp. 123-134.
Westermann, William L. *The Slave Systems of Greek and Roman Antiquity*. Philadelphia: The American Philosophical Society, 1955.
Wiesel, Elie. *A Jew Today*. Trans. Marion Wiesel. 1978; New York, NY: Vintage Books, 1979. (原著：Wiesel, Elie. *Un Juif aujourd'hui*. 1977).
―――(ヴィーゼル, エリ)『そしてすべての川は海へ』(上・下) 村上光彦訳. 東京：朝日新聞社, 1995 (原著：Wiesel, Elie. *Tous les fleuves vont à la mer: Mémoires*. Paris: Editions du Seuil, 1994).
Wilcock, Michel. *The Message of Luke*. Leicester: Inter-Varsity Press, 1979.
Wilder, Amos N. *Eschatology and Ethics in the Teaching of Jesus*. Rev. ed. 1950; Westport, Connecticut: Greenwood Press, 1978.
Willett, Tom W. *Eschatology in the Theodicies of 2 Baruch and 4 Ezra*. Journal for the Study of the Pseudepigrapha Supplement Series 4. Sheffield: Scheffield Academic

Press, 1989.
Williams, Charles. *Descent into Hell.* 1937; rpt. Grand Rapids: Eerdmans, 1983.
Williams, Joel F. *Other Followers of Jesus: Minor Characters as Major Figures in Mark's Gospel.* Journal for the Study of the New Testament Supplement Series 102. Sheffield: Sheffield Academic Press, 1994.
Williams, Sam K. *Jesus' Death as Saving Event: The Background and Origin of a Concept.* Missoula, Montana: Scholars Press, 1975.
Williamson, Lamar. *Mark.* Interpretation. Louisville: John Knox Press, 1983（ウィリアムソン, L.『マルコによる福音書』山口雅弘訳. 東京：日本キリスト教団出版局, 1987）.
Winton, Alan P. *The Proverbs of Jesus: Issues of History and Rhetoric.* Journal for the Study of the New Testament Supplement Series 35. Sheffield: Sheffield Academic Press, 1990.
Witherington, Ben, III. *The Christology of Jesus.* Minneapolis: Fortress Press, 1990.
―――. *The Gospel of Mark: A Socio-Rhetorical Commentary.* Grand Rapids: Eerdmanss, 2001.
―――. *Jesus the Seer: The Progress of Prophecy.* Peabody, Massachusetts: Hendrickson, 1999.
Witmer, Amanda. *Jesus, the Galilean Exorcist: His Exorcisms in Social and Political Context.* London: T. & T. Clark, 2012.
Worth, Roland H. *The Sermon on the Mount: Its Old Testament Roots.* New York: Paulist Press, 1997.
Wrede, William. *The Messianic Secret.* Trans. J. C. G. Greig. Cambridge & London: James Clarke, 1971 （原著：Wrede, William. *Das Messiasgeheimnis in den Evangelien,* 1971）.
Wright, J. Edward. *The Early History of Heaven.* Oxford: Oxford Univ. Press, 2000.
Wright, N. T. *Evil and the Justice of God.* London: SPCK, 2006.
―――. *Jesus and the Victory of God.* London: SPCK, 1996.
―――. *The Resurrection of the Son of God.* London: SPCK, 2003.
Yano, Mutsumi. "The Incomprehension of the Disciples in Mark 4:1–8:30." *Annual of the Japanese Biblical Institute* 39（2013）. pp. 77–99.
Young, Brad H. *Jesus and His Jewish Parables, Rediscovering the Roots of Jesus' Teaching.* Mahwah, NJ: Paulist Press, 1989.
―――. *Jesus the Jewish Theologian.* Peabody, Massachusetts: Hendrickson Publishers, 1995.
Zeitlin, Irving. *Jesus and the Judaism of His Time.* Cambridge: Polity Press, 1988.
Zenger, Erich. *A God of Vengeance?: Understanding the Psalms of Divine Wrath.* Trans. Linda M. Maloney. Louisville, Kentuckey: Westminster John Knox Press, 1996（原著：Zenger, Erich. *Ein Gott der Rache?: Feindpsalmen Vestehen.* Freiburg, Breisgau

Herder, 1994).

Ziesler, J. A. *The Meaning of Righteousness in Paul: A Linguistic and Theological Enquiry.* Society for New Testament Studies Monograph Series. Cambridge: Cambridge Univ. Press, 1972.

本多峰子（ほんだ・みねこ）

学習院大学人文科学研究科博士後期課程修了、文学博士（イギリス文学）。東京大学総合文化研究科博士課程修了、学術博士（地域文化研究、地中海文化専攻）。二松学舎大学教授。
著書 "C. S. Lewis: A Christian Objectivist—His Pursuit and Participation in Reality"（2006年学習院大学博士論文）、「共観福音書の神義論──マルコによる福音書を中心に」（2017年東京大学博士論文）、『天国と真理──C. S. ルイスの見た実在の世界』など。
訳書 S. T. デイヴィス『神は悪の問題に答えられるか──神義論をめぐる5つの答え』、J. ポーキングホーン『科学と宗教』、『自然科学とキリスト教』、A. E. マクグラス『キリスト教の将来』、『十字架の謎』、『キリスト教の天国』、『総説キリスト教』、G. M. バーグ／D. ラウバー編『だれもが知りたいキリスト教神学Q&A』など多数。

［装丁］桂川　潤
［編集・DTP制作］山﨑博之

悪と苦難の問題へのイエスの答え──イエスと神義論

2018年2月28日　第1版第1刷発行　　　　　　　　　　© 本多峰子 2018

著　者　本　多　峰　子
発行所　株式会社キリスト新聞社
〒162-0814　東京都新宿区新小川町9–1
電話 03（5579）2432
URL. http://www.kirishin.com
E-Mail. support@kirishin.com
印刷所　モリモト印刷

ISBN 978-4-87395-739-5　C0016（日キ販）　　　　　Printed in Japan